U0962512

新编高等院校财经金融管理类课程规划教材

证券与期货

主　编　张　力　李晓冬
副主编　马昕田　张伟伟

中国商业出版社

图书在版编目(CIP)数据

证券与期货/张力,李晓冬主编. —北京:中国商业出版社, 2014.1

ISBN 978-7-5044-8227-3

Ⅰ.①证… Ⅱ.①张…②李… Ⅲ.①证券交易②期货交易 Ⅳ.①F830.9

中国版本图书馆 CIP 数据核字(2013)第 211428 号

责任编辑:蔡凯

中国商业出版社出版发行
010-63180647 www.c-cbook.com
(100053 北京广安门内报国寺 1 号)
新华书店总店北京发行所经销
北京燕龙印刷有限公司印刷

* * * * *

787×1092 毫米 开本:1/16 印张:19 字数:320 千字
2014 年 1 月第 1 版 2014 年 1 月第 1 次印刷

定价:39.80 元

* * * * *

(如有印装质量问题可更换)

前　言

证券是人类社会经济活动的重要创新之一。作为直接融资的主要形式，证券为各类发行主体通过金融市场获取资本资金提供了十分重要的渠道，也为金融资源更加合理地配置提供了载体。股票、债券等基础资产是证券市场的早期品种，也是证券市场的根基。衍生证券虽然是近些年才快速发展的新型证券，但其发展速度十分惊人，并日益在金融市场中扮演着更加重要的角色。我国证券市场的历史较短，但却实现了跨越式发展。股票、债券、证券投资基金、股指期货、权证等证券形式纷纷出现，市场容量迅速扩大。如今，证券市场已经成为我国经济体系当中市场化程度最高、交易最为活跃的领域。

为适应我国证券市场快速发展对证券业人才的需求，我们根据教学实践的信息反馈，结合国内外证券市场发展的最新动态，编写了本教材。作为一本入门级教材，本教材的适用范围是经济金融专业本科基础课程、非金融专业的通识课程、高职高专经济金融专业的专业课程，以及证券投资者了解证券市场的基础资料。编写过程中，我们坚持理论与实践并重、注重教材的实用性原则。既不回避证券与期货所涉及的数理模型，也注重介绍市场最新的动向，通过案例的形式加深学生对证券期货知识的理解。全书共分为9章：导论部分回顾了全球与我国证券期货市场发展的历史进程，使学生对金融产品与市场产生基本的理解和认知；第一章主要介绍了基础证券，包括股票、债券和证券投资基金；第二章介绍了衍生证券，包括期货、期权和其他衍生工具；第三章介绍了基础证券市场，包括基础证券的发行、交易市场；第四章介绍了衍生证券市场，包括期货市场、期权市场和其他衍生品市场；第五章介绍了基础证券的价值，包括股票的价值、债券的价值和证券投资基金的价值；第六章介绍了衍生证券交易，包括使用衍生工具进行的套期保值、套利和投机交易；第七章介绍了证券投资方法，包括证券与期货投资的基本分析和技术分析；第八章介绍了证券投资的组合管理。

本书由张力、李晓冬担任主编，马昕田、张伟伟担任副主编，具体编写分工如下：第一、三章由张力副教授完成；导论、第二、四、六章由李晓冬博士完成；第五、七章由马昕田博士完成;第八章由张伟伟副教授完成。吉林财经大学金融学院研究生王喜丹、邓勇、常燕对本书的资料收集整理、录入与排版工作也作出了贡献。本书由张力负责总纂和定稿工作。

本书写作过程中还得到了吉林财经大学金融学院金融工程教研室各位同事的支持，在此一并表示感谢，由于时间紧张，加之作者水平有限，本书难免存在不足之处，希望读者不吝赐教。

编　者

2014 年 1 月

◆目 录

◆导　论

一、全球证券市场发展历程

股份制是工业革命以来人类在经济组织形态上的重大创新，它适应了社会化工业生产需要，实现了资本的积聚与优化配置。股份制汇聚了居民手中持有的零散资金，为工商企业使用，促进了生产规模的扩张。股份制的直接融资形式降低了经济发展对银行体系间接融资的依赖，以更低的成本促进了金融资源的优化配置。同时，以股份制为基础的现代企业制度，明晰了工业生产中各主体的利益关系，实现了激励相容的经营体系，促进了世界市场的形成与发展。而股票的发行与交易作为股份制的核心实现形式，促进了金融市场的发展，为居民管理财富提供了更加直接的途径和手段。

早期的股份制和股票交易出现在欧洲。荷兰是全球最早实施股份制并建立股票交易市场的国家。当时的荷兰海上贸易发达，对资金的需求量巨大。为了募集更多的资金，荷兰采用了股份制的形式组织远洋贸易。第一个股份有限公司是荷兰的东印度公司，该公司具有与东亚进行远洋贸易的垄断权。通过招募股票的方式，该公司募集大量资金为远洋贸易服务。因为当时还没有完备的股票流通市场，更没有独立的股票交易所，所以只能靠本地的商人们零星地进行股票买卖中介，股票交易也只能在阿姆斯特丹的综合交易所里与调味品、谷物等商品混合在一起交易。1602 年，世界上最早的股票交易所在阿姆斯特丹建立。

荷兰的股份制属于原始股份制，每次远洋贸易前招募股份，并在结束后返本分红。该制度不利于资金的长期使用和公司的永续经营。17 世纪后半叶，全球经济中心转移到了英国，在荷兰创立的股份公司在伦敦得到了飞跃发展。英国对股份制和股票市场进行了改造。首先，股票募集后不再退股，而是在公司内长期使用，股东只能通过出售的方式收回投资。股份公司获得了永久性的资本金，有利于股份公司的长期经营，最终形成了现代股份制的基本架构；其次，股票投资者获取收益的方式由原来单纯依赖股息收入，转变为股息收入与股票买卖价差收入相结合，促进了股票二级市场的发展与繁荣；再次，股票转让方式从原来的内部转让转变为可以在任意投资者间转让，增加了股票的流动性。总之，英国对股份制的改造奠定了现代股份制的基础，现代股份制与股票市场都是在英国模式基础上的发展和完善。到 1680 年，以股份制形式组建的公司在英国已经有 49 家，英国开始从法律形式确认其独立的、固定的组织形式，股份有限制度和“独立法人”的观念开始出现。

17 世纪后期，资产阶级革命和工业革命的爆发，使得欧洲资本主义经济迅速崛起。诞生于航海业的股份制也因其优势，成为催生其他产业的重要制度基础，首先被应用在银行业和运输业。1694年成立的第一家资本主义国家银行——英格兰银行是以发行股票为基础成立的股份有限公司。为适应股份制发展和股票交易需求，伦敦最古老的交易所——皇家交易所将进行股票买卖的交易商独立出来，在市内的咖啡馆里进行买卖。1773年在伦敦柴思胡同的约那森咖啡馆中，股票经济商正式组织了第一个证券交易所，即当今伦敦交易所的前身，这就是现代证券市场的原型。1802年伦敦交易所新大厦落成开业，当时在交易所内交易的证券主要是英格兰银行、南海公司和东印度公司的股票。

南海公司成立于1711年，其经营策略主要是通过与政府交易以换取经营特权并以此牟取暴利。当时英国战争负债有一亿英镑，为了应付债券，南海公司与英国政府协议债券重组计划，由南海公司认购总价值近1000万英镑的政府债券。作为回报，英国政府对南海公司经营的酒、醋、烟草等商品实行永久性退税政策，并给予其对南海（即南美洲）的贸易垄断权。1719年，英国政府允许中奖债券与南海公司股票进行转换。随着南美贸易障碍的清除，加之公众对股价上扬的预期，促进了债券向股票的转换，进而又带动股价的上升。次年，南海公司承诺接收全部国债，作为交易条件，政府逐年向公司偿还。为了刺激股票的发行，南海公司允许投资者以分期付款的方式购买新股票。当英国下议院通过接受南海公司交易的议案后，南海公司的股票立即从每股129英镑跳升到160英镑；而当上议院也通过议案时，股票价格又涨到每股390英镑。投资者趋之若鹜，其中包括半数以上的参议员，就连国王也禁不住诱惑，认购了10万英镑的股票。由于购买踊跃，股票供不应求，因而价格狂飙，到7月，每股又狂飙到1000英镑以上，半年涨幅高达700%。在南海公司股价扶摇直上的示范效应下，全英170多家新成立的股份公司的股票以及所有的公司股票，都成了投机对象。一时间，股票价格暴涨，平均涨幅超过5倍。

至此，全球股票市场上第一次大规模的泡沫事件完成了其光鲜的前半程。然而当时这些公司的真实业绩与人们期待的投资回报相去甚远，公司股票的市场价格与上市公司实际经营前景完全脱节。1720年6月，为了制止各类“泡沫公司”的膨胀，英国国会通过了“泡沫法案”（The Bubble Act），即“取缔投机行为和诈骗团体法”，自此许多公司被解散，公众开始清醒，对一些公司的怀疑逐渐扩展到南海公司。从7月份起，南海股价一落千丈，12月份更跌至每股124英镑，“南海泡沫”由此破灭。“南海泡沫”事件以及“泡沫法案”，对英国证券市场发展造成了重大影响，之后上百年左右的时间股票发行都在受到这个法律的制约，使英国股票市场几乎停滞不前，发展极为迟缓。这种情况一直持续到英国的工业革命。

18世纪上半叶，“南海泡沫”事件一百年之后，随着英国工业革命的不断深入，大量的基础产业建设需要大量的资金投入，刺激了公司股票发行与交易，股票市场再度开始活跃起来。这期间由于产业革命取得成功，英国成为世界上最早的“世界工厂”。为了促进工业品的输出，英国一边对海外进行资本输出，一边在国内发展纺织等行业，进而在1830－1840年代发展重工业。在这个过程中，为了加强产业基础而进行的国家公共事业投资以及银行、保险等公司的数量开始急剧增加。首先以股份公司的形式登场的是运河公司的股票，虽然在股票市场进行培育的进展并不大，但其后铁道公司的股票在全国形成了投机热潮，引发了在全国各地开设证券交易所进行股票交易的热潮。至1914年“第一次世界大战”前，英国共有22家地方证券交易所。

如果说是英国人使股份制完成了向现代股份制的转变，那么是美国人将股份制的优点发挥到极至。美国的证券市场是以债券市场为基础的，最初正是独立战争中大量发行的国债为华尔街市场的诞生提供了大量的交易品种。股票市场在美国发展要晚于债券市场，最早的美国证券市场是为了开发运河、铁道等国内产业基础而坚实地发展起来的。美国最早的证券市场是在宾夕法尼亚州的费城。当时费城不但是美国的政治中心，也是美国的金融中心。华尔街则是1653年前后荷兰殖民者们作为交易基地而在曼哈顿岛的南部划分出一部分地方建立起来的。伴随着美国的殖民地经济的发展，华尔街也开始逐步繁荣，证券交易中介商人们所汇集的咖啡馆也不断地增加。最初交易者们聚集在露天街角一起进行买卖，随着经济发展以及投资者上升的热潮所支撑着的证券交易量不断地增加。

场外交易的混乱无序加剧了经纪人之间的恶性竞争。为避免无序竞争的影响，1792年，当时交易量最大的24位经纪商经过秘密协商，制定出著名的“梧桐树协议”，该协议规定经纪人停止不当竞争，只在24人之间进行证券买卖交易，最低手续费为0.25%，每日在梧桐树下聚会交易等。这成为美国最早的股票市场，也就是纽约证券交易所的前身。1817年，这些经纪人通过一项正式章程，并定名为“纽约证券交易会”，至此一个集中的证券交易市场基本形成。1863年，“纽约证券交易会”易名为“纽约证券交易所”。

19世纪上半叶，美国进入工业化迅速发展时期，这为证券业带来了新的发展机遇。这一时期发展水陆运输成为美国经济发展的中心环节。为了筹集道路、桥梁、运河等土木事业的资金，美国发行了联邦债券、州政府债券、民间事业债券、股票等，使证券市场的交易量大幅度地增加，当时市场上最热门的股票就是伊利运河公司的股票。紧跟在运河热之后的交易热点是铁道股票热。Mohawk&Hudson铁道公司是最初上市的铁道股票，其交易从1830年就开始了。之后铁道股票的上市持续地增加，使得在交易所内进行的买卖交易更加活跃。这种情形一直持续，直到1837年股价暴跌，其后5年左右华尔街一直是处在一种非常低迷的状态之下。

在1842－1853年期间，电报的发明与建设，加利福尼亚的黄金开采热(美国的西部大开发)，对墨西哥战争等因素造成的景气扩大，再次唤醒了美国的经济活力，证券市场也开始逐渐地活跃起来了。其所交易的证券从以铁道股票为中心，逐步扩大到了包含银行股票、保险股票、运河股票等，股票数量与交易量都明显地增加，证券交易中介商人也急剧地增加了。1865年，随着美国南北战争的结束，中断了的铁道建设再度开始继续，经济也开始达到了前所未有的发展。

19世纪的最后20年间，美国经济结构从自由竞争走向寡头垄断，特别是重化工业中趋势更为明显。与此同时，金融资本开始与产业资本结合，以增加对经济的控制力。其结果导致股票市场的波动性持续增加。而投资者仍然没有一个可以全面了解市场价格信息的指标。1882年11月，道－琼斯公司成立，1889年，《华尔街日报》问世。1896年5月26在《华尔街日报》上发表“道氏理论”和“工业平均指数”，股票价格指数问世。股价指数的出现为投资者全面地掌握市场价格变化提供了指引，其后逐渐成为股市价格的风向标。

1920年，美国经济的高速发展刺激股票市场走强，美国进入“飞扬的二十年代”。1921年8月到1929年9月，道琼斯指数上升了468%。那时人们可以进行保证金交易，即可以用10%的保证金融资购买股票，而股市的繁荣极大地刺激了保证金交易的数量，到1929年10月初，经纪人贷款总额激增至68亿美元的顶峰，比1928年1月的38亿美元高出约80%。1929年7月，美联储将贴现利率从5%提高到6%。与此同时，美国经济在8月到达顶峰后疲态初露，商品批发价格出现了下降，个人收入和工业产值开始停止增长。但市场对此视而不见，终于在经历了长达十多年的牛市后美国股市从9月3日的386.1点开始掉头向下，到

1929年10月29日，美国历史上最大的股灾爆发了，单日下跌达18.5%，美国股市由此进入漫长的熊市。1932年6月30日，道琼斯指数跌至41点。与股灾前相比，美国钢铁公司的股价由每股262美元跌至21美元，通用汽车公司从92美元跌至7美元。

在这场股灾中，数以千计的人跳楼自杀。20世纪前期美国最负盛名的大经济学家欧文·费雪几天之中损失了几百万美元，顷刻间倾家荡产，从此负债累累，直到1947年在穷困潦倒中去世。这次股灾彻底打击了投资者的信心。人们闻股色变，投资心态长期不能恢复。股市暴跌后，投资者损失惨重，消费欲望大减，商品积压更为严重。同时，股市和银行出现危机，企业找不到融资渠道，生产不景气，反过来又加重了股市和银行的危机，国民经济雪上加霜。由于美国在世界经济中占据着重要地位，其经济危机又引发了遍及整个资本主义世界的大萧条：5000万人失业，无数人流离失所，上千亿美元财富付诸东流，生产停滞，百业凋零。

纽约股市崩溃发生之后，美国参议院即对股市进行了调查，发现有严重的操纵、欺诈和内幕交易行为，1932年银行倒闭风潮，又暴露出金融界的诸多问题。在痛定思痛、总结教训的基础上，从1933年开始，罗斯福政府对证券监管体制进行了根本性的改革，建立了一套行之有效的以法律为基础的监管构架，重树了广大投资者对股市的信心，保证了证券市场此后数十年的平稳发展，并为世界上许多国家所仿效。具体包括，美国1933年颁布了《证券法》，主要规定了股票发行制度。1934年又颁布了《证券交易法》，用于解决股票交易问题，并依该法成立了证券委员会作为股票市场的主管机关。1934年美国证券交易委员会（证监会）成立。至此，一个现代化的、科学的和有效监管的金融体系在美国宣告诞生。经历了大混乱与大崩溃之后，美国股市终于开始迈向理性、公正和透明。此后，经过罗斯福新政和二次大战对经济的刺激，美国股市逐渐恢复元气，到1954年终于回到了股灾前的水平。其后美国经济持续发展，股市欣欣向荣，继续向上，走出了数轮持续十多年的超级大牛市。

20世纪70年代以来，随着全球资本管制的放宽、金融工具的创新和金融交易技术的进步，以股票为代表的资本市场国际化进程加速。在20世纪前50年，国际资本流动主要采取银行贷款的形式。从50年代到80年代直接投资的形式逐渐成为主流。在80年代以后，证券投资的形式异军突起。这主要得益于全球化浪潮下，发达国家在20世纪70年代开始放宽对国际资本流动的限制。进入90年代中期，发达国家已基本上取消了对资本流动的汇兑管制。同时，发展中国家也从80年代开始放宽对国际资本流动的限制，并在90年代加快放宽对国际资本流动限制的进程。另一方面，各国资本市场的发展也为资本市场国际化提供了客观基础。发达国家的资本市场经过数百年的发展，已形成较为成熟的体系。发展中国家70、80年代以来也越来越强烈地意识到资本市场对于经济发展的重要意义，努力推动资本市场的建立和发展。资本市场国际化的技术原因是金融创新和电子计算机技术的进步。80年代以来的金融创新带来了金融衍生品种如互换、期货、期权，这些金融衍生品种加强了各国资本市场的联系，使各国资本市场更加密切地联系在一起。另外，电子计算机技术的发展使资本市场广泛采用计算机系统甚至互联网传递和处理信息以及达成交易，从而扩大了资本市场的覆盖范围和加强了资本市场之间的联系，推动了资本市场国际化。

经过40余年的发展，目前，证券市场的国际化程度已经空前提高。首先，从各国投资者持有的国际证券占他们持有的总证券或者占他们持有的国内证券的比例来看，在1997年，发达国家发行的未清偿的国际借贷票据数额占国内借贷票据数额的比例为29.14 %，发展中国家净发行的国际借贷票据数额占国内借贷票据数额的比例为57.10 %。其次，从各国金融市场交易的外国金融资产的种类所占的比例来看，2001年，纽约证券交易所有392家外国公司的股票上市交易，占上市股票种数的12.98 %；伦敦证券交易所有552家外国公司的股票上市交易，占上市股票种数的18.71%；纳斯达克证券市场有441家外国公司的股票上市交易，占上市股票种数的8.7 %。再次，20世纪90年代出现了证券交易所的国际联合和合并的浪潮。1999年，阿姆斯特丹、布鲁塞尔、法兰克福、伦敦、马德里、米兰、巴黎、苏黎世8家交易所签订了建立全欧市场(Pan－European market)的协议，相互之间可以买卖任何一家参与全欧市场的交易所的证券和金融衍生品种。1999年6月，2000年3月18日，阿姆斯特丹交易所、布鲁塞尔交易所、巴黎交易所的总裁签署协议，决定把这三家交易所合并为叫做“欧洲的未来”(EURONEXT)的交易所。伦敦证券交易所和法兰克福证券交易所于2000年5月3日正式宣布合并，组建成新的“国际交易所”(International Exchange)。

国际化推动了国际证券市场的整合，增强了国际资本市场配置资源的能力，但同时也增加了证券市场风险的国际传导。进入20世纪90年代以来，以股市崩盘为开始的金融危机频繁出现，规模也越来越大，成为资本市场全球化挥之不去的隐痛。2000年纳斯达克泡沫破灭引起全球性衰退、2007年美国次贷危机更是在次年引起了全球金融危机，这都为全球证券市场的发展提出了新的课题。未来，全球证券市场的整合程度会进一步提高，特别是发展中国家进入国际市场的进程加快，促进了国际证券市场间的联系日趋紧密。这就要求从创新和监管两个角度促进证券市场的完善，为全球经济平稳增长提供金融基础。

二、中国证券市场发展历程

中国的证券市场最早可以追溯到19世纪下半叶。鸦片战争后《南京条约》的签订允许外国资本进入中国，同时也将股份制与股票带入了中国。早期的股票交易主要是外资在华企业发行的，且只在外国人间进行交易。随着洋务运动的开展，清政府洋务派在引进欧美生产技术的同时也引入了股份制和股票交易。1872年创办的轮船招商局和1878年创办的开平矿务局都是股份制企业。1882年中国出现了股票交易热潮，市民们除了抢购招商局、开平矿务局这些“绩优的蓝筹股”外，即使一些中小企业，只要有股票发行，市民就竞相抢购。当时的报纸也专门开辟专栏介绍各只股票，正式有案可查的股票，一年间就上市了16家，筹措到白银300万两。其中，有些投资大户是向外国银行和山西钱庄借钱来抢购股票的。泡沫破灭的导火线是一家金嘉记丝栈的大商号亏损56万两白银突然倒闭，牵涉到40家借钱给它的钱庄收不回贷款，于是钱庄采取旧债未收回之前，不再发放新债。这样又引起借贷无门的40多家企业先后倒闭，而经营股票和房地产的广东投资者欠了钱庄150万两白银而宣告破产，牵连22家钱庄。加上中法战争即将爆发，一向把钱拆借给钱庄的外国银行和山西票号停止再借钱给钱庄。于是爆发了一场滚雪球般的金融危机。钱庄从78家降到年终的10家，停业的企业商号多达四百家，没有倒闭的几家企业的股票价格狂泻。原始股票市场的萌芽在没有规范交易制度和经济土壤的条件下，结局只能是在泡沫破灭中陷入沉寂。

进入民国时期，中国近代证券市场经历了内容最丰富、变化最复杂的重要发展时期。这一时期，中国近代证券市场走完其形成、发展和衰亡的全过程。第一次世界大战前后，由于中国近代产业经济的发展和政府公债的大量发行，证券数量和品种迅速增加。而证券发行规模的扩大，又进一步推动了证券交易市场的形成和发展。证券交易市场承接晚清的发展，迅速突破“茶会”和“公会”的松散市场形式，步入有组织的证券交易所时代，证券交易形式也由现期交易的单一形式，发展为现期、定期和便期等多种交易形式。但 1921 年“信交风潮”的爆发，使产业证券市场再次跌入低谷，公债市场取而代之，后来居上。这种公债唱“独角戏”的财政市场一直持续到 1939 年 2 月。当公债市场开始衰落的时候，股票市场却在 40 年代初的上海租界悄然复苏并迅速繁荣。然而，此时出现和发展的股票市场，不是产业经济发展的产物，而是社会游资投机需要的结果，与产业经济联系很少。从此中国股票市场开始走上脱离产业经济的畸形发展轨道。抗战中期出现的通货膨胀到南京国民党政府后期发展为恶性通货膨胀，一方面使政府前期举借的内债轻而易举地全部还清，然而政府却因此彻底失去民心和债信；另一方面，通货膨胀速度愈快，投机利润也就愈大，股票市场也就发展愈快。在此背景下，中国股票市场出现了短暂的“繁荣”。但是恶性通货膨胀最终导致社会经济的全面崩溃。随着南京政府的倒台，畸形发展的股票市场也走到了尽头。

建国初期，我国经历过一段存在股份制与证券市场的时期，并曾经在 1949 年和 1950 年设立天津证券交易所和北京证券交易所，证券市场为社会主义经济建设的恢复起到了一定的作用。但随着社会主义改造的完成，公有制体制的建立，使得我国经济进入了大一统的计划经济时期。从 1958 年开始，股份制企业被视为私有制企业，是资本主义的代名词，因而长期受到禁止，只有在极少数领域还存在着股份制与股票。其中最典型的是信用合作社领域，但证券市场和证券交易已经彻底消失。

1978 年，中共十一届三中全会确立了改革开放的大政方针政策，由此开启了中国经济快速发展的新局面。在中国经济发展与快速增长的情况下，中国当代证券市场适应我国市场经济发展的需求应运而生。1981 年财政部首次发行国库券，揭开了新时期中国证券市场新发展的序幕。上个世纪 80 年代，随着国民经济发展对社会资金的巨大需求，国家开始了股份制改革试点工作，并率先在上海、深圳等地展开。改革开放后国内第一只股票——上海飞乐音响于 1984 年 11 月诞生。1986 年 9 月 26 日，新中国第一家代理和转让股票的证券公司——中国工商银行上海信托投资公司静安证券业务部宣告营业，从此恢复了我国中断了 30 多年的证券交易业务，开始上海股票的柜台交易。1988 年，深圳特区尝试对一些企业进行股份制改制，选择了 5 家企业作为股票发行上市的试点，其中包括一家由深圳几家农村信用社改组而成的股份制银行——深圳发展银行，由此产生了经人民银行批准公开发行上市的中国第一只股票。同年，深圳经济特区证券公司成立，开始了深圳股票的柜台交易。与此同时，全国各地也开始仿效上海和深圳进行股份制改革试点，并相继设立证券公司或交易部进行柜台交易，提供证券交易服务。

由于投资者对股票的需求旺盛，所以交易非常活跃。但是当时的交易很原始，极为不规范，没有交易记录，没有成交确认制度，没有过户交割机制，没有交易监控制度，没有信息披露制度等等，市场极为混乱，纠纷不断。在 1989 年，中国人民银行起草了具有很大意义的《股票发行与证券交易暂行办法》，是关于中国证券市场运行规则的第一部规章。1990 年春，16 名人大代表联名提案，建议设立统一的证券监管机构，但没有引起注意。后来，股市热了起来后，人民银行经请示国务院同意，设立了股票市场办公会议制度，由 8 个部委参加，协调企业股份制和股票发行问题。1990 年，国务院批复上海浦东新区开发政策，同意在上海设立证券交易所。同年 11 月，上海证券交易所经国务院授权，人民银行批准，正式宣告成立。第二年，即 1991 年 4 月，深圳证券交易所得到批准正式成立。沪深交易所成立后，本地发行的股票开始进场交易，这就是所谓的上海“老八股”和深圳“老五股”。之后国内其他地方发行的公司股票开始陆续在沪深两个证券交易所上市交易，国内证券交易开始逐步规范化。

刚开始，上海交易所对股票的交易价格进行管制，将股票交易的涨跌幅严格限制在1%以内。1992年1月20日，邓小平南巡，肯定股票试点作用，造就了国内证券市场一轮大行情。由于股票供不应求，市场迅速上升，而股市的上升带来的"财富效应"进一步刺激了投资大众对股票的需求，于是国家开始加大股票供给，以发行股票认购证进行摇号抽签的形式发行新股，沪深股票市场规模开始迅速扩大。1992年2月后，体改委联合有关部委制定了13项股份制试点配套法规，随后各地股份制公司很快地发展起来，出现了新一轮股票热。1992年5月21日，上海证券交易所全面放开股价，实行自由竞价交易，大盘开始快速上涨，沪深股市上涨超过200%。

1992年8月10日，当时在"邓小平南巡讲话"的激励下，中国证券市场的合法地位正式确立，沪深股票市场走出了一轮气势磅礴的牛市行情，其中深圳股市涨幅超过2倍，股票供不应求。为平抑股价，增加供给，8月7日深圳市宣布当年发行5亿股公众股，发售500万张抽签表，中签率为10%，每张抽签表可以购1 000股。但是当时市场极度热烈，对股票的需求量及其巨大，出现了百万人争购抽签表的局面，并且引发了内部人营私舞弊暗中套购认购表的行为，结果多数人因为没有买到中签表而到市政府示威，从而引发了震惊全国的"8·10"事件。该事件的爆发使得国家管理高层极度震惊，引发了对社会稳定的担忧，并触发了公众投资者对证券市场存废问题的忧虑，导致沪深股市深幅狂泻，上海市场三天之内暴跌400余点。"8·10"事件，折射出中国证券市场创立初期的露骨但却低水平的腐败，也暴露了制度建设滞后对证券市场发展的束缚，这直接催生了中国证监会的出世。"8·10"事件后，国务院紧急做出反应，决定成立专门的证券监管机构，由此产生了由13个部委组成的国务院证券委，另成立中国证监会，负责日常监管和决策执行。1998年国务院机构改革时，国务院证券委和中国证监会合并为"中国证监会"，履行国务院规定的有关职责，形成了控制股票发行和上市的完整体系。其后，1993年4月22日，经李鹏总理签署的国务院令第112号，《股票发行与交易管理暂行条例》正式颁布实施。1993年7月7日，国务院证券委员会发布《证券交易所管理暂行办法》。全文共分8章，分别就证券交易所的设立、组织、活动、解散等具体问题做了详细规定。中国证券市场制度建设的进程加速。

1993年，为抑制经济过热和通货膨胀，国家开始进行宏观调控，沪深股票市场开始反复走低，投资者关注的重点开始转移到国债期货市场。国债期货市场是上交所于1992年12月建立，开始只允许部分券商进行自营买卖。1993年10月25日，上交所向个人投资者开放了国债期货交易，国债期货交易日渐活跃。到了1994年秋天，国债期货发展的政策环境出现了重大的变化，面对高达两位数的通货膨胀率，央行出台储蓄保值贴补政策，国债的固定利率也变成了浮动利率，国债期货的价格波动加大，全国各地投资者趋之若鹜，成交额明显放大，交易所国债期货清算保证金高达140亿元。与此同时，上交所管理层对经济与政策环境变化后的风险扩大缺乏足够的认识，没有作出相应的调整，终于在1995年2月发生了"327国债期货事件"。"327"是1992年发行的3年期国库券的代号，240亿元的327国债1995年6月到期，它的9.5%的票面利息加上保值补贴率，每百元债券到期应兑付132元。但是，"327"国债的价格却一直在148元上下波动，因为市场认为与同期银行储蓄存款利率12.24%相比，"327"的回报太低，财政部可能到时会提高利率，以148元的面值兑付。1995年2月23日，财政部发布提高"327"国债利率的消息，多方趁此逼空。当时空方主力万国证券在148.5价格封盘失败后，在交易最后8分钟大量透支操作，用700万手价值1400亿元的空单，直接把价格打到147.5元收盘。"327国债"合约价格暴跌3.8元，当日开仓的空头全部爆仓。最终上交所宣布当日最后8分钟的交易无效。"327国债"事件之后，国债期货市场仍是动荡不安，5月17日，中国证监会暂停国债期货交易试点。

开展国债期货交易是我国进行金融衍生产品创新的一次重要的开拓性尝试，极大地提高了国债在投资者心中的地位，促进了我国国债市场的发展，改变了以往国债乏人问津的局面。虽然这次创新最终以失败而告终，但它作为我国开展金融衍生产品创新的第一次试验，为我们提供了重要的研究样本，为今后开展金融衍生产品创新业务时如何进行风险控制提供了很好的借鉴作用。

与此同时，在1994－1995年，国家采取各种政治、经济措施反通货膨胀并取得重要成果。到1995年下半年，物价逐步稳定并慢慢回落至正常水平。市场开始预期宏观调控将要结束，央行将采取降息等措施以刺激经济发展，于是在1996年第二季度沪深证券市场开始恢复性上涨。到12月中旬，在9个月的时间内沪深股市累计上涨300%以上，涨幅惊人。由于担心股市过快上涨冲击实体经济危害社会安全与稳定，12月14日《人民日报》发表题为《正确认识当前股票市场》的特约评论员文章批评股市存在的严重过度投机，同时沪深交易所开始实行涨跌幅限制，导致沪深股市暴跌，部分投机者损失惨重。其后股票开始一轮又一轮冲高与回落，周而复始。

1998年12月29日，酝酿5年多的《证券法》终于获得人大常委会的通过。于1999年7月1日起正式实施，它是我国证券市场健康发展的强有力的保障。2005年10月27日重新修订《证券法》，并与2006年1月1日开始实施。

2001年6月14日，国务院出台《减持国有股筹集社会保障资金管理暂行》办法引发了投资者对股票市场股权分置等内在结构性缺陷的担忧，由此引发股市下跌，结束了长达5年的牛市。在其后的4年中沪深股市进入漫漫熊途，受企业经营业绩下滑、大股东或实际控制人占款甚至侵害上市公司利益、股权分置等众多不利因素的影响，上证指数一度击穿1000点的整数关口，一些公司的股票价格大幅下降到不到前期高点的十分之一，证券市场极为萧条，投资融资功能遭受了极大的破坏。一些投资者信心遭受严重打击，投资者甚至喊出了"远离毒品、远离股市"的口号，证券市场投融资等基本功能几乎丧失殆尽。

在这样情况下，为促进证券市场的健康发展，国务院发布了《关于推进资本市场改革开放和稳定发展的若干意见》，大力发展资本市场。2005年5月，在经过全面讨论与广泛认证之后，股权分置改革工作终于全面推出。三一重工、清华同方等纳入第一批股改试点范围。在股改对价、证监会加强上市公司监管、提高清欠力度、贸易资本双顺差而导致的流动性过剩、人民币升值、上市公司业绩提升等一系列利好因素的影响下，中国证券市场开始步入新一轮牛市。截止到2007年5月，沪深股市累计升幅达到300%以上，部分个股更是上升10倍以上。一些缺乏业绩支撑的股票在所谓整体上市、资产注入、重组等题材的刺激下大幅上升，涨幅惊人。其后，随着2007年美国次贷危机引发的全球金融危机全面爆发，中国的股市也进入了漫长的调整过程之中。长期来看，由于我国是一个新兴市场，经济发展潜力巨大，因此证券市场发展前景十分广阔。

纵观国内外证券市场的发展历史，我们可以得出三点结论。第一，在证券市场的发展过程中，繁荣与危机总是相生相伴的，市场的暴涨和暴跌总是如影随形，既没有只涨不跌的市场，也没有只跌不涨的市场。第二，虽然存在许许多多的波折，但证券市场发展的总体趋势是健康向上的，“前途是光明的，道路是曲折的”，因此长期来看，只有那些坚定持有具有长期投资价值的公司股票的投资者，才能获利成为市场最终的胜利者。第三，每一次的经济大发展与大繁荣，都会带来证券市场的大发展与大繁荣。美国飞扬的“二十年代”造就了1920－1929年的十年大牛市，从而也为1929年的市场崩溃埋下了祸根。二战之后世界经济的飞速发展创造了美国证券市场长达二十年的大牛市，也导致了1973年的石油危机与股市危机。目前，中国经济自改革开放以来经历了长达三十多年的快速增长，因此我国证券市场走出目前的大牛市也不足为奇。然而，投资者也不能因此掉以轻心，应时刻注意防范风险。

三、期货市场的发展历程

（一）国外期货市场发展历程

期货的英文为Futures，是由“未来”一词演化而来。其含义是：交易双方不必在买卖发生的初期就交收实货，而是共同约定在未来的某一时候交收实货，因此中国人就称其为“期货”。

期货市场最早萌芽于欧洲。早在古希腊和古罗马时期，就出现过中央交易场所、大宗易货交易，以及带有期货贸易性质的交易活动。最初的期货交易是从现货远期交易发展而来。随着现代商品经济的发展和社会劳动生产力的极大提高，国际贸易普遍开展，世界市场逐步形成，市场供求状况变化更为复杂，仅有一次性地反映市场供求预期变化的远期合约交易价格已经不能适应现代商品经济的发展，而要求有能够连续地反映潜在供求状况变化全过程的价格，以便广大生产经营者能够及时调整商品生产，以及回避由于价格的不利变动而产生的价格风险，使整个社会生产过程顺利地进行，在这种情况下，期货交易就产生了。

最初的期货交易源于16世纪的日本，在日本的大米市场得到了发展。直到19世纪，仍是日本独有，后来渐渐被全世界效仿。

1848年美国芝加哥的82位商人为了降低粮食交易风险，发起组建了芝加哥期货交易所（CBOT），CBOT的成立，标志着期货交易的正式开始。1865年，CBOT推出了标准化合约并实行了保证金制度；1882年，CBOT开始允许以对冲方式免除履约责任；1925年，芝加哥期货交易所结算公司（BOTCC）成立，同时规定芝加哥期货交易所的所有交易都要进入结算公司结算。至此，真正现代意义上的期货交易开始形成。

期货交易的产生，不是偶然的，是在现货远期合约交易发展的基础上，基于广大商品生产者、贸易商和加工商的广泛商业实践而产生的。1833年，芝加哥已成为美国国内外贸易的一个中心，南北战争之后，芝加哥由于其优越的地理位置而发展成为一个交通枢纽。到了19世纪中叶，芝加哥发展成为重要的农产品集散地和加工中心，大量的农产品在芝加哥进行买卖，人们沿袭古老的交易方式在大街上面对面讨价还价进行交易。这样，价格波动异常剧烈，在收获季节农场主都运粮到芝加哥，市场供过于求导致价格暴跌，使农场主常常连运费都收不回来，而到了第二年春天谷物匮乏，加工商和消费者难以买到谷物，价格飞涨。实践提出了需要建立一种有效的市场机制以防止价格的暴涨暴跌，需要建立更多的储运设施。

为了解决这个问题，谷物生产地的经销商应运而生。当地经销商设立了商行，修建起仓库，收购农场主的谷物，等到谷物湿度达到规定标准后再出售运出。当地经销商通过现货远期合约交易的方式收购农场主的谷物，先储存起来，然后分批上市。当地经销商在贸易实践中存在着两个问题：他需要向银行贷款以便从农场主手中购买谷物储存，在储存过程中要承担着巨大的谷物过冬的价格风险。价格波动有可能使当地经销商无利可图甚至连成本都收不回来。解决这两个问题的最好的办法是"未买先卖"，以远期合约的方式与芝加哥的贸易商和加工商联系，以转移价格风险和获得贷款，这样，现货远期合约交易便成为一种普遍的交易方式。

然而，芝加哥的贸易商和加工商同样也面临着当地经销商所面临的问题，所以，他们只肯按比他们估计的交割时的远期价格还要低的价格支付给当地经销商，以避免交割期的价格下跌的风险。由于芝加哥贸易商和加工商的买价太低，到芝加哥去商谈远期合约的当地经销商为了自身利益不得不去寻找更广泛的买家，为他们的谷物讨个好价。一些非谷物商认为有利可图，就先买进远期合约，到交割期临近再卖出，从中盈利。这样，购买远期合约的渐渐增加，改善了当地经销商的收入，当地经销商支付给农场主的收入也有所增加。

1848 年 3 月 13 日，第一个近代期货交易所——芝加哥期货交易所（CBOT）成立，芝加哥期货交易所成立之初，还不是一个真正现代意义上的期货交易所，还只是一个集中进行现货交易和现货中远期合约转让的场所。

在期货交易发展过程中，出现了两次堪称革命的变革，一是合约的标准化，二是结算制度的建立。1865 年，芝加哥期货交易所实现了合约标准化，推出了第一批标准期货合约。合约标准化包括合约中品质、数量、交货时间、交货地点以及付款条件等的标准化。标准化的期货合约反映了最普遍的商业惯例，使得市场参与者能够非常方便地转让期货合约，同时，使生产经营者能够通过对冲平仓来解除自己的履约责任，也使做市商者能够方便地参与交易，大大提高了期货交易的市场流动性。芝加哥期货交易所在合约标准化的同时，还规定了按合约总价值的 10% 缴纳交易保证金。

随着期货交易的发展，结算出现了较大的困难。芝加哥期货交易所起初采用的结算方法是环形结算法，但这种结算方法既繁琐又困难。1891 年，明尼亚波里谷物交易所第一个成立了结算所，随后，芝加哥交易所也成立了结算所。直到现代结算所的成立，真正意义上的期货交易才算产生，期货市场才算完整地建立起来。因此，现代期货交易的产生和现代期货市场的诞生，是商品经济发展的必然结果，是社会生产力发展和生产社会化的内在要求。

从 1848 年到 20 世纪 70 年代，期货市场的交易品种主要是商品期货，它们可以分为以小麦、玉米、大豆等为代表的农产品期货；以铜、铝、锡、银等为代表的金属期货和以原油、汽油、丙烷等为代表的能源期货三大类型。

上世纪 70 年代，利率、股票和股票指数、外汇等金融期货相继推出，而美国长期国债期货期权合约于 1982 年 10 月 1 日 在 CBOT 的上市，又为其他商品期货和金融期货交易开辟了一方新天地。

1972 年 5 月，芝加哥商业交易所正式成立国际货币市场分部，推出了七种外汇期货合约，从而揭开了金融期货市场创新发展的序幕。从 1976 年以来，外汇期货市场迅速发展，交易量激增了数十倍。1978 年纽约商品交易所也增加了外汇期货业务，1979 年，纽约证券交易所亦宣布，设立一个新的交易所来专门从事外币和金融期货。1981 年 2 月，芝加哥商业交易所首次开设了欧洲美元期货交易。随后，澳大利亚、加拿大、荷兰、新加坡等国家和地区也开设了外汇期货交易市场，从此，外汇期货市场便蓬勃发展起来。

1975 年 10 月，芝加哥期货交易所推出了政府国民抵押贷款协会（GNMA）抵押凭证期货合约，标志着利率期货这一新的金融期货类别的诞生。在这之后不久，为了满足人们管理短期利率风险的需要，1976 年 1 月，芝加哥商业交易所的国际货币市场推出了 3 个月期的美国短期国库券期货交易，并大获成功，在整个 70 年代后半期，它一直是交易最活跃的短期利率期货。1977 年 8 月 22 日，美国长期国库券期货合约在芝加哥期货交易所上市。这一合约获得了空前的成功，成为世界上交易量最大的一个合约。长期国库券则信用等级高，流动性强，对利率变动的敏感度高，且交割简便，成为市场的首选品种，甚至美国财政部发行新的长期国库券时，都刻意选择在长期国库券期货合约的交易日进行。继美国推出国债期货之后，其他国家和地区也纷纷以其本国的长期公债为标的，推出各自的长期国债期货。其中，比较成功的有英国、法国、德国、日本等。1981 年 12 月，国际货币市场推出了 3 个月期的欧洲美元定期存款期货合约。这一品种发展很快，其交易量现已超过短期国库券期货合约，成为短期利率期货中交易最活跃的一个品种。

1982 年美国堪萨斯期货交易所(KCBT)推出价值线指数期货合约，其后国际股票指数期货不断发展，是金融期货中历史最短、发展最快的金融产品，已成为国际资本市场中最有活力的风险管理工具之一。上世纪 70－80 年代，西方各国受石油危机的影响，经济活动加剧通货膨胀日益严重，投机和套利活动盛行，股票市场价格大幅波动，股市风险日益突出。股票投资者迫切需要一种能够有效规避风险实现资产保值的手段。在这一前景下，1982 年 2 月 24 日，美国堪萨斯期货交易所推出第一份股票指数期货合约——价值线综合指数期货合约。同年 5 月，纽约期货交易所推出纽约证券交易所综合指数期货交易。

(二)我国期货市场发展简要历程

改革开放以来，我国期货市场作为新生事物历经了 20 多年的发展，从无到有，从小到大，从无序到有序。我国期货市场发展过程主要分为三个阶段:起步探索阶段、治理整顿阶段、规范发展阶段。

1. 起步探索阶段(1990－1993 年)

1990 年 10 月，郑州粮食批发市场正式建立。它以现货交易为基础，同时引入期货交易机制，标志着新中国商品期货市场的诞生。郑州粮食批发市场的积极作用和示范效应很快便反映出来，全国各地纷纷效仿，积极创办期货交易所，至 1993 年底，国内各类期货交易所达 50 多家，同时，期货经纪公司也相继创办。

但是，在各方利益驱动下，中国期货市场逐渐出现了盲目无序的发展局面。重复建设、过度投机、操纵市场、交易欺诈等行为严重扰乱了市场秩序，期货市场不仅难以发挥规避风险的功能，反而多次酿成了系统风险。对此，从 1993 年开始，政府有关部门开始了对期货市场的全面治理整顿。

2. 治理整顿阶段(1993－2000 年)

1993 年 11 月，国务院发布《关于制止期货市场盲目发展的通知》，提出“规范起步、加强立法、一切经过试验和从严控制”的原则。这标志着第一轮治理整顿的开始。

为了规范期货市场行为，国务院及有关部门先后颁布了一系列法规，不断加强对期货市场的监管力度，这预示着整个期货市场将进入一个新的发展阶段。2000 年 12 月 ，中国期货业协会成立，标志着中国期货行业自律组织诞生，将新的自律机制引入监管体系。

3. 稳步发展阶段(2000 年至今)

新世纪以来，期货市场的规范化程度不断提高，新的期货品种循序推出，期货交易量实现恢复性增长后连创新高，积累了服务产业及国民经济发展的初步经验，具备了在更高层次服务国民经济发展的能力。

在这一阶段，中国期货保证金监控中心于2006年5月成立，中国金融期货交易所于2006年9月在上海成立，并于2010年4月推出了沪深300指数期货。金融期货交易所的成立和股票指数期货的推出，标志着中国期货市场进入了商品期货与金融期货共同发展的新阶段。

我国的期货市场正在不断地迅速发展，但与国民经济发展提出的更高要求相比，期货市场仍然存在差距。我国期货市场正处于“从量的扩张向质的提升转变”的关键时期，发展中的问题要在中国期货市场继续稳步发展中解决。

第一章

基础证券

【内容提要】

本章介绍了证券的概念，并重点关注了有价证券的概念和分类。在此基础上，本章将研究内容聚焦于基础证券，具体包括股票、债券和证券投资基金。基础证券是证券市场的主要交易品种，也是衍生证券市场发展的前提条件。

本章共分为四节，具体内容如下：

第一节是证券的概念。在这一节中共讨论了两个问题，即证券的概念以及证券的分类。重点关注有价证券的概念及其类别。

第二节介绍了股票。这一节分别从股票的概念、分类以及我国的股票类型展开，比较详尽地介绍了股票的相关知识。同时，本节还对我国的股权分置改革进行了回顾。

第三节介绍了债券。在这一节中共有四个大问题，即债券的概念与要素、债券的分类、债券的特征以及我国债券市场发展的状况。

第四节介绍了证券投资基金。在这一节中共有四个大问题，即证券投资基金的概念、证券投资基金的特征与作用、证券投资基金的分类以及我国证券投资基金发展的状况。

【学习目标】

1. 掌握证券，特别是有价证券的概念、特征和分类。
2. 重点掌握股票的概念、特征和分类，了解我国股票的类型和股权分置改革。
3. 重点掌握债券的概念、特征和分类，了解我国债券发展的状况。
4. 了解证券投资基金的概念、特征与分类，了解我国证券投资基金发展的状况。

【关键词】

证券 有价证券 股票 债券 证券投资基金 股权分置改革

第一节　证券的概念

一、证券的概念

（一）证券的概念

证券是指各类记载并代表一定权利的法律凭证。它用以证明持有人有权依其所持凭证记载的内容而取得应有的权益。从一般意义上来说，证券是指用以证明或设定权利所做成的书面凭证，它表明证券持有人或第三者有权取得该证券拥有的特定权益，或证明其曾经发生过的行为。证券可以采取纸面形式或证券监管机构规定的其他形式。

（二）证券的基本特征

证券实质上是具有财产属性的民事权利，证券的特点在于把民事权利表现在证券上，使权利与证券相结合，权利体现为证券，即权利的证券化。它是权利人行使权利的方式和过程用证券形式表现出来的一种法律现象，是投资者投资财产符号化的一种社会现象，是社会信用发达的一种标志和结果。证券作为表现一定民事权利的书面凭证，它具有以下几个基本特征：

1. 证券表现的是具有财产价值的权利凭证。在现代社会，人们已经不满足于对财富形态的直接占有、使用、收益和处分，而是更重视对财富的终极支配和控制，证券这一新型财产形态应运而生。持有证券，意味着持有人对该证券所代表的财产拥有控制权，但该控制权不是直接控制权，而是间接控制权。

2. 证券是流通性权利凭证。传统的民事权利始终面临转让上的诸多障碍，就民事财产权利而言，由于并不涉及人格及身份，其转让在性质上并无不可，但其转让是个复杂的民事行为。民事权利证券化后，财产权利分成品质相同的若干相等份额，造就出一种“规格一律的商品”，那么这种财产转让不再局限于转让方和受让方之间按照协议转让，而是在更广的范围内，以更高的频率进行转让，甚至通过公开市场进行交易，从而形成了高度发达的财产转让制度。证券可多次转让构成了流通，通过变现为货币还可实现其规避风险的功能。证券的流通性是证券制度顺利发展的基础。

3. 证券是收益性权利凭证。证券持有人的最终目的是获得收益，这是证券持有人投资证券的直接动因。一方面，证券本身是一种财产性权利，反映了特定的财产权，证券持有人可通过行使该项财产权而获得收益，如取得股息收入（股票）或者取得利息收入（债券）；另一方面，证券持有人可以通过转让证券获得收益，如二级市场上的低价买入、高价卖出，证券持有人可通过差价而获得收益，尤其是投机收益。

4. 证券是风险性权利凭证。证券的风险性，表现为由于证券市场的变化或发行人的原因，使投资者不能获得预期收入，甚至发生损失的可能性。证券投资的风险和收益是相联系的。在实际的市场中，任何证券投资活动都存在着风险，完全回避风险的投资是不存在的。

二、证券的分类

按其性质不同，证券可以分为有价证券和凭证证券两大类。凭证证券则为无价证券，包括活期存款单、仓单、借据、收据等。有价证券是证券的主体，通常，狭义的证券是指有价证券。

(一)有价证券的定义

有价证券是指标有票面金额，用于证明持有人或该证券指定的特定主体对特定财产拥有所有权或债权的凭证。这类证券本身没有价值，但由于它代表着一定量的财产权利，持有人可凭该证券直接取得一定量的商品、货币，或是取得利息、股息等收入，因而可以在证券市场上买卖和流通，客观上具有了交易价格。

(二)有价证券的分类

广义的有价证券包括商品证券、货币证券和资本证券，狭义的有价证券即指资本证券。

商品证券是证明持有人拥有商品所有权或使用权的凭证，取得这种证券就等于取得这种商品的所有权，持有人对这种证券所代表的商品所有权是受法律保护的。属于商品证券的有提货单、运货单、仓库栈单等。

货币证券是指本身能使持有人或第三者取得货币索取权的有价证券。货币证券主要包括两大类:一类是商业证券，主要是商业汇票和商业本票;另一类是银行证券，主要是银行汇票、银行本票和支票。

资本证券是指由金融投资或与金融投资有直接联系的活动而产生的证券。持有人有一定的收入请求权。资本证券是有价证券的主要形式。

有价证券的种类多种多样，可以从不同的角度按不同的标准进行分类。

1. 按证券发行主体的不同，有价证券可分为政府证券、政府机构证券和公司证券。政府证券通常是指由中央政府或地方政府发行的债券。中央政府债券也称国债，通常由一国财政部发行。地方政府债券由地方政府发行，以地方税或其他收入偿还。政府机构证券是由经批准的政府机构发行的证券。公司证券是公司为筹措资金而发行的有价证券，公司证券包括的范围比较广泛，有股票、公司债券及商业票据等。此外，在公司证券中，通常将银行及非银行金融机构发行的证券称为“金融证券”，其中金融债券尤为常见。

2. 按是否在证券交易所挂牌交易，有价证券可分为上市证券与非上市证券。上市证券是指经证券主管机关核准发行，并经证券交易所依法审核同意，允许在证券交易所内公开买卖的证券。非上市证券是指未申请上市或不符合证券交易所上市条件的证券。非上市证券不允许在证券交易所内交易，但可以在其他证券交易市场交易。凭证式国债、电子式储蓄国债、普通开放式基金份额和非上市公众公司的股票属于非上市证券。

3. 按募集方式分类，有价证券可以分为公募证券和私募证券。公募证券是指发行人通过中介机构向不特定的社会公众投资者公开发行的证券，审核较严格并采取公示制度。私募证券是指向少数特定的投资者发行的证券，其审查条件相对宽松，投资者也较少，不采取公示制度。目前我国信托投资公司发行的集合资金信托计划以及商业银行和证券公司发行的理财计划均属私募证券;上市公司如采取定向增发方式发行的有价证券也属私募证券。

4. 按证券所代表的权利性质分类，有价证券可以分为股票、债券和其他证券三大类。股票和债券是证券市场两个最基本和最主要的品种;其他证券包括基金证券、证券衍生产品等，如金融期货、可转换证券、权证等。

(三)有价证券的特征

1. 收益性

收益性是指持有证券本身可以获得一定数额的收益，这是投资者转让资本所有权或使用权的回报。证券代表的是对一定数额的某种特定资产的所有权或债权，投资者持有证券也就同时拥有取得这部分资产增值收益的权利，因而证券本身具有收益性。

2. 流动性

流动性是指证券变现的难易程度。证券具有极高的流动性必须满足三个条件：很容易变现、变现的交易成本极小、本金保持相对稳定。证券的流动性可通过到期兑付、承兑、贴现、转让等方式实现。不同证券的流动性是不同的。

3. 风险性

风险性是指实际收益与预期收益的背离，或者说是证券收益的不确定性。从整体上说，证券的风险与其收益成正比。通常情况下，风险越大的证券，投资者要求的预期收益越高；风险越小的证券，投资者要求的预期收益越低。

4. 期限性

债券一般有明确的还本付息期限，以满足不同筹资者和投资者对融资期限以及与此相关的收益率需求。债券的期限具有法律约束力，是对融资双方权益的保护。股票没有期限，可以视为无期证券。

第二节　股　票

一、股票的概念

（一）股票的定义

股票是一种有价证券，它是股份有限公司发行的用以证明投资者的股东身份和权益，并据以获得股息和红利的凭证。股票一经发行，购买股票的投资者即成为公司的股东。股票实质上代表了股东对股份公司的所有权，股东凭借股票可以获得公司的股息和红利，参加股东大会并行使自己的权利，同时也承担相应的责任与风险。

股票作为一种所有权凭证，有一定的格式。从股票的发展历史看，最初的股票票面格式既不统一，也不规范，由各发行公司自行决定。随着股份制度的发展和完善，许多国家对股票的票面格式做了规定，明确票面应载明的事项和具体要求。我国《公司法》规定，股票采用纸面形式或者国务院证券监督管理机构规定的其他形式。股票应载明的事项主要有：公司名称、公司成立的日期、股票种类、票面金额及代表的股份数、股票的编号。股票由法定代表人签名，公司盖章。发起人的股票，应当标明“发起人股票”字样。

（二）股票的性质

1. 股票是有价证券

股票具有有价证券的特征：第一，虽然股票本身没有价值，但股票是一种代表财产权的有价证券，它包含着股东可以依其持有的股票要求股份公司按规定分配股息和红利的请求权。第二，股票与它代表的财产权有不可分离的关系，两者合为一体。换言之，行使股票所代表的财产权，必须以持有股票为条件，股东权利的转让应与股票占有的转移同时进行，股票的转让就是股东权的转让。股票应具备《公司法》规定的有关内容，如果缺少规定的要件，股票就无法律效力。

2. 股票是证权证券

证券可分为设权证券和证权证券。设权证券是指证券所代表的权利本来不存在，而是随着证券的制作而产生，即权利的发生是以证券的制作和存在为条件的。证权证券是指证券是权利的一种物化的外在形式，它是权利的载体，权利是已经存在的。股票代表的是股东权利，它的发行是以股份的存在为条件的，股票只是把已存在的股东权利表现为证券的形式，它的作用不是创造股东的权利，而是证明股东的权利。所以说，股票是证权证券。

3. 股票是资本证券

发行股票是股份公司筹措自有资本的手段。因此，股票是投入股份公司资本份额的证券化，属于资本证券。但是，股票又不是一种现实的资本，股份公司通过发行股票筹措的资金，是公司用于营运的真实资本。股票独立于真实资本之外 ，在股票市场上进行着独立的价值运动，是一种虚拟资本。

4. 股票是综合权利证券

股票既不属于物权证券，也不属于债权证券，而是一种综合权利证券。物权证券是指证券持有者对公司的财产有直接支配处理权的证券；债权证券是指证券持有者为公司债权人的证券。股票持有者作为股份公司的股东，享有独立的股东权利。换言之，当公司股东将出资交给公司使用，股东对其出资财产的所有权就转化为股东权（股权）了。股东权是一种综合权利，股东依法享有资产收益、重大决策、选择管理者等权利。股东虽然是公司财产的所有人，享有种种权利，但对于公司的财产不能直接支配处理，而对财产的直接支配处理是物权证券的特征，所以股票不是物权证券。另外，一旦投资者购买了公司股票，即成为公司部分财产的所有人，但该所有人在性质上是公司内部的构成分子，而不是与公司对立的债权人，所以股票也不是债权证券。

（三）股票的收益与风险

收益性是股票最基本的特征，它是指股票可以为持有人带来收益的特征。持有股票的目的在于获取收益。股票的收益来源可分成两类：一是来自股份公司。认购股票后，持有者即对发行公司享有经济权益，其实现形式是公司派发的股息、红利，数量多少取决于股份公司的经营状况和盈利水平。二是来自股票流通。股票持有者可以持股票到依法设立的证券交易场所进行交易，当股票的市场价格高于买入价格时，卖出股票就可以赚取差价收益。这种差价收益称为资本利得。

股票风险的内涵是股票投资收益的不确定性，或者说实际收益与预期收益之间的偏离。投资者在买入股票时，对其未来收益会有一个预期，但真正实现的收益可能会高于或低于原先的预期，这就是股票的风险。很显然，风险是一个中性概念，风险不等于损失，高风险的股票可能给投资者带来较大损失，也可能带来较大的收益，这就是“高风险高收益”的含义。

二、股票的分类

（一）普通股票和优先股票

按股东享有权利的不同，股票可以分为普通股票和优先股票。

1. 普通股票。普通股票是最基本、最常见的一种股票，其持有者享有股东的基本权利和义务。普通股票的股利完全随公司盈利的高低而变化。在公司盈利较多时，普通股票股东可获得较高的股利收益，但在公司盈利和剩余财产的分配顺序上列在债权人和优先股票股东之后，故其承担的风险也较高。与优先股票相比，普通股票是标准的股票，也是风险较大的股票。

2. 优先股票。优先股票是一种特殊股票，在其股东权利、义务中附加了某些特别条件。优先股票的股息率是固定的，其持有者的股东权利受到一定限制，但在公司盈利和剩余财产的分配顺序上比普通股票股东享有优先权。

（二）记名股票和无记名股票

按是否记载股东姓名，股票可以分为记名股票和无记名股票。

1. 记名股票。记名股票是指在股票票面和股份公司的股东名册上记载股东姓名的股票。很多国家的公司法都对记名股票的有关事项作出了具体规定。一般来说，如果股票是归某人单独所有，则应记载持有人的姓名；如果股票是归国家授权的投资机构或者法人所有，则应记载国家授权的投资机构或者法人的名称；如果股票持有者因故改换姓名或者名称，就应到公司办理变更股东姓名或者名称的手续。我国公司法规定，公司发行的股票可以为记名股票，也可以为无记名股票。股份有限公司向发起人、法人发行的股票，应当为记名股票，并应当记载该发起人、法人的名称或者姓名，不得另立户名或者以代表人姓名记名。公司发行记名股票的，应当置备股东名册，记载下列事项：股东的姓名或者名称及住所、各股东所持股份数、各股东所持股票的编号、各股东取得股份的日期。

2. 无记名股票。无记名股票是指在股票票面和股份公司股东名册上均不记载股东姓名的股票。无记名股票也称不记名股票，与记名股票的差别不是在股东权利等方面，而是在股票的记载方式上。无记名股票发行时一般留有存根联，它在形式上分为两部分：一部分是股票的主体，记载了有关公司的事项，如公司名称、股票所代表的股数等；另一部分是股息，用于进行股息结算和行使增资权利。我国《公司法》规定，发行无记名股票的，公司应当记载其股票数量、编号及发行日期。

（三）有面额股票和无面额股票

按是否在股票票面上标明金额，股票可以分为有面额股票和无面额股票。

1. 有面额股票。有面额股票是指在股票票面上记载一定金额的股票。这一记载的金额也被称为票面金额、票面价值或股票面值。股票票面金额的计算方法是用资本总额除以股份数求得，但实际上很多国家是通过法规予以直接规定，而且一般是限定了这类股票的最低票面金额。另外，同次发行的有面额股票的每股票面金额是相等的，票面金额一般以国家主币为单位。大多数国家的股票都是有面额股票。我国《公司法》规定，股份有限公司的资本划分为股份，每一股的金额相等。

2. 无面额股票。无面额股票也被称为比例股票或份额股票，是指在股票票面上不记载股票面额，只注明它在公司总股本中所占比例的股票。无面额股票的价值随股份公司每股净资产和预期每股收益的增减而相应增减。公司净资产和预期收益增加，每股价值上升；反之，公司净资产和预期收益减少，每股价值下降。无面额股票淡化了票面价值的概念，与有面额股票的差别仅在表现形式上，即无面额股票代表着股东对公司资本总额的投资比例。20 世纪早期，美国纽约州最先通过法律，允许发行无面额股票，以后美国其他州和其他一些国家也相继仿效，但目前世界上很多国家（包括中国）的公司法规定不允许发行这种股票。

三、我国的股票类型

(一)按投资主体的性质分类

1. 国家股

国家股是指有权代表国家投资的部门或机构以国有资产向公司投资形成的股份，包括公司现有国有资产折算成的股份。在我国企业的股份制改造中，原来一些全民所有制企业改组为股份公司，从性质上讲，这些全民所有制企业的资产属于国家所有，因此在改组为股份公司时，就折成国家股。另外，国家对新组建的股份公司进行投资,就构成了国家股。国家股由国务院授权的部门或机构持有，或根据国务院决定，由地方人民政府授权的部门或机构持有。国家股从资金来源上看，主要有三个方面：

第一，现有国有企业改组为股份公司时所拥有的净资产；

第二，现阶段有权代表国家投资的政府部门向新组建的股份公司的投资；

第三，经授权代表国家投资的投资公司、资产经营公司、经济实体性总公司等机构向新组建股份公司的投资。如以国有资产折价入股的，须按国务院及国有资产管理部门的有关规定办理资产评估、确认、验证等手续。

2. 法人股

法人股是指企业法人或具有法人资格的事业单位和社会团体以其依法可支配的资产投入公司形成的股份。法人持股所形成的也是所有权关系，是法人经营自身财产的一种投资行为。法人股股票以法人记名。

如果是具有法人资格的国有企业、事业单位及其他单位以其依法占用的法人资产向独立于自己的股份公司出资形成或依法定程序取得的股份，则被称为“国有法人股”。国有法人股属于国有股权。作为发起人的企业法人或具有法人资格的事业单位和社会团体在认购股份时，可以用货币出资，也可以用其他形式的资产，如实物、工业产权、非专利技术、土地使用权等作价出资。但对其他形式资产必须进行评估作价，核实财产，不得高估或者低估作价。

3. 社会公众股

社会公众股是指社会公众依法以其拥有的财产投入公司时形成的可上市流通的股份。在社会募集形式下，股份公司发行的股份，除了由发起人认购一部分外，其余部分应该向社会公众公开发行。我国《证券法》规定，公司申请股票上市的条件之一是：向社会公开发行的股份达到公司股份总数的25%以上；公司股本总额超过人民币 4 亿元的，向社会公开发行股份的比例为10%以上。

4. 外资股

外资股是指股份公司向外国和我国香港、澳门、台湾地区投资者发行的股票。这是我国股份公司吸收外资的一种方式。外资股按上市地域可以分为境内上市外资股和境外上市外资股。

(1) 境内上市外资股。境内上市外资股原来是指股份有限公司向境外投资者募集并在我国境内上市的股份，投资者限于：外国的自然人、法人和其他组织；我国香港、澳门、台湾地区的自然人、法人和其他组织；定居在国外的中国公民等。这类股票被称为“B 股”。B 股采取记名股票形式，以人民币标明股票面值，以外币认购、买卖，在境内证券交易所上市交易。但从2001 年 2 月对境内居民个人开放 B 股市场后，境内投资者逐渐成为 B 股市场的重要投资主体，B 股的外资股性质发生了变化。境内居民个人可以用现汇存款和外币现钞存款以及从境外汇入的外汇资金从事 B 股交易，但不允许使用外币现钞。境内居民个人与非居民之间不得进行 B 股协议转让。境内居民个人所购 B 股不得向境外转托管。经有关部门批准，境内上市外资股或者其派生形式，如认股权凭证和境外存股凭证，可以在境外流通转让。公司向境内上市外资股股东支付股利及其他款项，以人民币计价和宣布，以外币支付。

（2）境外上市外资股。境外上市外资股是指股份有限公司向境外投资者募集并在境外上市的股份。它也采取记名股票形式，以人民币标明面值，以外币认购，在境外上市时，可以采取境外存股凭证形式或者股票的其他派生形式。在境外上市的外资股除了应符合我国的有关法规外，还须符合上市所在地国家或者地区证券交易所制定的上市条件。依法持有境外上市外资股、其姓名或者名称登记在公司股东名册上的境外投资人，为公司的境外上市外资股股东。公司向境外上市外资股股东支付股利及其他款项，以人民币计价和宣布，以外币支付。

境外上市外资股主要由 H 股、N 股、S 股等构成。H 股是指注册地在我国内地、上市地在我国香港的外资股。香港的英文是 HONG KONG，取其首字母，在香港上市的外资股被称为“H”股。依此类推，纽约的第一个英文字母是 N，新加坡的第一个英文字母是 S，伦敦的第一个英文字母是 L，因此，在纽约、新加坡、伦敦上市的外资股分别被称为“N 股”、“S 股”、“L 股”。

（二）按流通受限与否分类

1. 已完成股权分置改革的公司的股权分类

（1）有限售条件股份。有限售条件股份是指股份持有人依照法律、法规规定或按承诺有转让限制的股份，包括因股权分置改革暂时锁定的股份，内部职工股，董事、监事、高级管理人员持有的股份等。具体包括：①国家持股。国家持股是指有权代表国家投资的机构或部门（如国有资产授权投资机构）持有的上市公司股份。②国有法人持股。国有法人持股是指国有企业、国有独资公司、事业单位以及第一大股东为国有及国有控股企业且国有股权比例合计超过 50% 的有限责任公司或股份有限公司持有的上市公司股份。③其他内资持股。其他内资持股是指境内非国有及国有控股单位（包括民营企业、中外合资企业、外商独资企业等）及境内自然人持有的上市公司股份。其中，又分为境内法人持股和境内自然人持股两类。④外资持股。外资持股是指境外股东持有的上市公司股份。其中，又分为境外法人持股和境外自然人持股两类。

（2）无限售条件股份。无限售条件股份是指流通转让不受限制的股份。具体包括：①人民币普通股，即 A 股，含向社会公开发行股票时向公司职工配售的公司职工股。②境内上市外资股，即 B 股。③境外上市外资股，即在境外证券市场上市的普通股，如 H 股。④其他。

2. 未完成股权分置改革的公司的股权分类

（1）未上市流通股份。未上市流通股份是指尚未在证券交易所上市交易的股份，具体包括：①发起人股份。发起人股份包括国家持有股份、境内法人持有股份、境外法人持有股份、其他。其中，国家持有股份指按照《股份有限公司规范意见》设立的公司所设的国家股及其增量；境内法人持有股份指发起人为境内法人时持有的股份；境外法人持有股份指按《股份有限公司规范意见》设立的公司，其发起人为适用外资法律的法人所持有的股份；其他指个别公司发起人与以上分类有区别的特殊情况。②募集法人股份。这是指在《公司法》实施之前成立的定向募集公司所发行的、发起人以外的法人认购的股份。③内部职工股。这是指在《公司法》实施之前成立的定向募集公司所发行的、在报告时尚未上市的内部职工股。④优先股或其他。这是指上市公司发行的优先股或无法计入其他类别的股份。

（2）已上市流通股份。已上市流通股份是指已在证券交易所上市交易的股份，具体包括:①境内上市人民币普通股票，即A股，含向社会公开发行股票时向公司职工配售的公司职工股。②境内上市外资股，即B股。③境外上市外资股，即在境外证券市场上市的普通股，如H股。④其他。

截至2011年底，我国证券市场境内上市公司2342家，境内上市外资股108家，境外上市公司数171家。股票发行总股本36 095. 52亿股，其中流通股本28 850.26亿股。股票市价总值214 758. 10亿元，其中流通股票市值164 921. 30亿元。

四、我国的股权分置改革

由于历史原因，我国证券市场存在股权分置现象。股权分置是指A股市场上的上市公司股份按能否在证券交易所上市交易，被区分为非流通股和流通股，这是我国经济体制转轨过程中形成的特殊问题。股权分置不能适应资本市场改革开放和稳定发展的要求，必须通过股权分置改革，消除非流通股和流通股的流通制度差异。

《国务院关于推进资本市场改革开放和稳定发展的若干意见》明确指出，应“积极稳妥解决股权分置问题”，提出“在解决这一问题时要尊重市场规律，有利于市场的稳定和发展，切实保护投资者特别是公众投资者合法权益”的总体要求。2005年4月29日，经国务院批准，中国证监会发布《关于上市公司股权分置改革试点有关问题的通知》，启动了股权分置改革的试点工作。经过两批试点，取得了一定经验，具备了转入积极稳妥推进的基础和条件。经国务院批准，2005年8月23日，中国证监会、国务院国有资产监督管理委员会(简称国资委)、财政部、中国人民银行、商务部联合发布《关于上市公司股权分置改革的指导意见》;9月4日，中国证监会发布《上市公司股权分置改革管理办法》，我国的股权分置改革进入全面铺开阶段。

上市公司股权分置改革是通过非流通股股东和流通股股东之间的利益平衡协商机制消除A股市场股份转让制度性差异的过程，是为非流通股可上市交易作出的制度安排。上市公司股权分置改革遵循公开、公平、公正原则，由A股市场相关股东在平等协商、诚信互谅、自主决策的基础上进行。中国证监会依法对股权分置改革各方主体及其相关活动实行监督管理，组织、指导和协商推进股权分置改革工作。证券交易所根据中国证监会的授权和有关规定，对上市公司股权分置改革工作实施一线监管，协调、指导上市公司股权分置改革业务，办理非流通股份可上市交易的相关手续。

公司股权分置改革的动议，原则上应当由全体非流通股股东一致同意提出。非流通股股东提出改革建议，应委托公司董事会召集A股市场相关股东举行会议，审议公司股权分置改革方案。改革方案应当兼顾全体股东的即期利益和长远利益，有利于公司发展和市场稳定，并可根据公司实际情况，采用控股股东增持股份、上市公司回购股份、预设原非流通股股份实际出售的条件、预设回售价格、认沽权等具有可行性的股价稳定措施。相关股东会议投票表决改革方案，须经参加表决的股东所持表决权的2/3以上通过，并经参加表决的流通股股东所持表决权的2/3以上通过。改革方案获得相关股东会议表决通过，公司股票复牌后，市场称这类股票为“G股”。改革后公司原非流通股股份的出售应当遵守以下规定：自改革方案实施之日起，在12个月内不得上市交易或转让;持有上市公司股份总数5%以上的原非流通股股东在上述规定期满后，通过证券交易所挂牌交易出售原非流通股股份，出售数量占该公司股份总数的比例在 12 个月内不得超过 5% ，在 24 个月内不得超过 10% 。

股权分置改革是为解决 A 股市场相关股东之间的利益平衡问题而采取的举措，对于同时存在 H 股或 B 股的 A 股上市公司，由 A 股市场相关股东协商解决股权分置问题。证券监督管理机构根据股权分置改革进程和市场整体情况择机实行“新老划断”，即对首次公开发行公司不再区分流通股和非流通股。股权分置改革基本完成和其他市场化改革措施的实施，解决了长期影响我国资本市场健康发展的重大历史遗留问题，理顺了市场机制，释放了市场潜能，使资本市场融资和资源配置功能得以恢复，并引领资本市场活跃向上。更为重要的是，资本市场已经开始对中国经济社会产生重要影响，不仅中国社会的各个层面感受到资本市场给经济发展带来的获利，而且中国的资本市场已成为全球投资者关注的焦点。目前，我国绝大多数上市公司的股权分置改革已经完成。尚未完成股权分置改革的公司有 10 余家，股票代码前加“S”标示。

第三节　债　券

一、债券的概念与要素

（一）债券的定义

债券是一种有价证券，是社会各类经济主体为筹集资金而向债券投资者出具的、承诺按一定利率定期支付利息并到期偿还本金的债权债务凭证。债券所规定的资金借贷双方的权责关系主要有：第一，所借贷货币资金的数额；第二，借贷的时间；第三，在借贷时间内的资金成本或应有的补偿（即债券的利息）。

债券所规定的借贷双方的权利义务关系包含四个方面的含义：第一，发行人是借入资金的经济主体；第二，投资者是出借资金的经济主体；第三，发行人必须在约定的时间付息还本；第四，债券反映了发行者和投资者之间的债权债务关系，而且是这一关系的法律凭证。债券有以下基本性质：

1. 债券属于有价证券。首先，债券反映和代表一定的价值。债券本身有一定的面值，通常它是债券投资者投入资金的量化表现；另外，持有债券可按期取得利息，利息也是债券投资者收益的价值表现。其次，债券与其代表的权利联系在一起，拥有债券就拥有了债券所代表的权利，转让债券也就将债券代表的权利一并转移。

2. 债券是一种虚拟资本。债券尽管有面值，代表了一定的财产价值，但它也只是一种虚拟资本，而非真实资本。因为债券的本质是证明债权债务关系的证书，在债权债务关系建立时所投入的资金已被债务人占用，债券是实际运用的真实资本的证书。债券的流动并不意味着它所代表的实际资本也同样流动，债券独立于实际资本之外。

3. 债券是债权的表现。债券代表债券投资者的权利，这种权利不是直接支配财产权，也不以资产所有权表现，而是一种债权。拥有债券的人是债权人，债权人不同于公司股东，是公司的外部利益相关者。

（二）债券的票面要素

1. 债券的票面价值

债券的票面价值是债券票面标明的货币价值，是债券发行人承诺在债券到期日偿还给债券持有人的金额。在债券的票面价值中，首先要规定票面价值的币种，即以何种货币作为债券价值的计量标准。确定币种主要考虑债券的发行对象。币种确定后，则要规定债券的票面金额。票面金额大小不同，可以适应不同的投资对象，同时也会产生不同的发行成本。票面金额定得较小，有利于小额投资者购买，持有者分布面广，但债券本身的印刷及发行工作量大，费用可能较高；票面金额定得较大，有利于少数大额投资者认购，且印刷费用等也会相应减少，但使小额投资者无法参与。因此，债券票面金额的确定也要根据债券的发行对象、市场资金供给情况及债券发行费用等因素综合考虑。

2. 债券的到期期限

债券到期期限是指债券从发行之日起至偿清本息之日止的时间。各种债券有不同的偿还期限，因而债券分为短期债券、中期债券和长期债券之分。发行人在确定债券期限时，要考虑多种因素的影响，主要有：

(1)资金使用方向。债务人借入资金可能是为了弥补临时性资金周转之短缺，也可能是为了满足对长期资金的需求。在前者情况下可以发行短期债券，在后者情况下可以发行中长期债券。这样安排的好处是既能保证发行人的资金需要，又不因占用资金时间过长而增加利息负担。

(2)市场利率变化。当未来市场利率趋于下降时，应选择发行期限较短的债券，可以避免市场利率下跌后仍须支付较高的利息；而当未来市场利率趋于上升时，应选择发行期限较长的债券，这样能在市场利率趋高的情况下保持较低的利息负担。

(3)债券的变现能力。如果流通市场发达，债券容易变现，长期债券较能被投资者接受；如果流通市场不发达，投资者买了长期债券而又急需资金时不易变现，长期债券的销售就可能不如短期债券。

3. 债券的票面利率

债券票面利率也称名义利率，是债券年利息与债券票面价值的比率，通常年利率用百分数表示。利率是债券票面要素中不可缺少的内容。债券利率亦受很多因素影响，主要有：

(1)借贷资金市场利率水平。市场利率较高时，债券的票面利率也相应较高，否则，投资者会选择其他金融资产投资而舍弃债券；反之，市场利率较低时，债券的票面利率也相应较低。

(2)筹资者的资信。如果债券发行人的资信状况好，债券信用等级高，投资者的风险小，债券票面利率可以定得比其他条件相同的债券低一些；如果债券发行人的资信状况差，债券信用等级低，投资者的风险大，债券票面利率就需要定得高一些。此时的利率差异反映了信用风险的大小，高利率是对高风险的补偿。

(3)债券期限长短。一般来说，期限较长的债券流动性差，风险相对较大，票面利率应该定得高一些；而期限较短的债券流动性强，风险相对较小，票面利率就可以定得低一些。但是，债券票面利率与期限的关系较复杂，它们还受其他因素的影响，所以有时也会出现短期债券票面利率高而长期债券票面利率低的现象。

4. 债券发行者名称

这一要素指明了该债券的债务主体，既明确了债券发行人应履行对债权人偿还本息的义务，也为债权人到期追索本金和利息提供了依据。

此外，债券票面上有时还包含一些其他要素，如，有的债券具有分期偿还的特征，在债券的票面上或发行公告中附有分期偿还时间表；有的债券附有一定的选择权，即发行契约中赋予债券发行人或持有人具有某种选择的权利，包括附有赎回选择权条款的债券、附有出售选择权条款的债券、附有可转换条款的债券、附有交换条款的债券、附有新股认购权条款的债券等。附有赎回选择权条款的债券表明债券发行人具有在到期日之前买回全部或部分债券的权利；附有出售选择权条款的债券表明债券持有人具有在指定的日期内以票面价值将债券卖回给发行人的权利；附有可转换条款的债券表明债券持有人具有按约定条件将债券转换成发行公司普通股票的选择权；附有交换条款的债券是指债券持有人具有按约定条件将债券与债券发行公司以外的其他公司的普通股票交换的选择权；附有新股认购权条款的债券表明债券持有人具有按约定条件购买债券发行公司新发行的普通股票的选择权。

二、债券的分类

（一）按发行主体分类

根据发行主体的不同，债券可以分为政府债券、金融债券和公司债券。

1. 政府债券

政府债券的发行主体是政府。中央政府发行的债券被称为“国债”，其主要用途是解决由政府投资的公共设施或重点建设项目的资金需要和弥补国家财政赤字。根据不同的发行目的，政府债券有不同的期限，从几个月至几十年不等。政府债券的发行规模、期限结构、未清偿余额，关系着一国政治、经济发展的全局。除了政府部门直接发行的债券外，有些国家把政府担保的债券也划归为政府债券体系，称为“政府保证债券”。这种债券由一些与政府有直接关系的公司或金融机构发行，并由政府提供担保。

2. 金融债券

金融债券的发行主体是银行或非银行金融机构。银行和非银行金融机构是社会信用的中介，其发行债券的目的主要有：筹资用于某种特殊用途；改变本身的资产负债结构。对于金融机构来说，吸收存款和发行债券都是它的资金来源，构成了它的负债。存款的主动权在存款人，金融机构只能通过提供服务条件来吸引存款，而不能完全控制存款，是被动负债；发行债券则是金融机构的主动负债，金融机构有更大的主动权和灵活性。金融债券的期限以中期较为多见。

3. 公司债券

公司债券是公司依照法定程序发行、约定在一定期限还本付息的有价证券。公司债券的发行主体是股份公司，但有些国家也允许非股份制企业发行债券，所以，归类时，可将公司债券和企业发行的债券合在一起，称为“公司债券”。公司发行债券的目的主要是为了满足经营需要。由于公司的情况千差万别，有些经营有方、实力雄厚、信誉高，也有一些经营较差，甚至可能处于倒闭的边缘，因此，公司债券的风险性相对于政府债券和金融债券要大一些。公司债券有中长期的，也有短期的，视公司的需要而定。

（二）按付息方式分类

1. 贴现债券

贴现债券又被称为“贴水债券”，是指在票面上不规定利率，发行时按某一折扣率，以低于票面金额的价格发行，发行价与票面金额之差额相当于预先支付的利息，到期时按面额偿还本息的债券。

2. 附息债券

附息债券的合约中明确规定，在债券存续期内，对持有人定期支付利息(通常每半年或每年支付一次)。按照计息方式的不同，这类债券还可细分为固定利率债券和浮动利率债券两大类。固定利率债券是在债券存续期内票面利率不变的债券。浮动利率债券是在票面利率的基础上参照预先确定的某一基准利率予以定期调整的债券。有些附息债券可以根据合约条款推迟支付定期利率，故被称为“缓息债券”。

3. 息票累积债券

与附息债券相似，这类债券也规定了票面利率，但是，债券持有人必须在债券到期时一次性获得本息，存续期间没有利息支付。

(三) 按募集方式分类

1. 公募债券

公募债券是指发行人向不特定的社会公众投资者公开发行的债券。公募债券的发行量大，持有人数众多，可以在公开的证券市场上市交易，流动性好。

2. 私募债券

私募债券是指向特定的投资者发行的债券。私募债券的发行对象一般是特定的机构投资者。2011 年4 月29 日，中国银行间市场交易商协会制定的《银行间债券市场非金融企业债务融资工具非公开定向发行规则》正式发布实施，我国非金融企业已可以发行私募债券。

(四)按担保性质分类

1. 有担保债券

有担保债券指以抵押财产为担保发行的债券。按担保品不同，分为抵押债券、质押债券和保证债券。抵押债券以不动产作为担保，又称不动产抵押债券，是指以土地、房屋等不动产作抵押品而发行的一种债券。若债券到期不能偿还，持券人可依法处理抵押品受偿。质押债券以动产或权利作担保，通常以股票、债券或其他证券为担保。发行人主要是控股公司，用作质押的证券可以是它持有的子公司的股票或债券、其他公司的股票或债券，也可以是公司自身的股票或债券。质押的证券一般应以信托形式过户给独立的中介机构，在约定的条件下，中介机构代全体债权人行使对质押证券的处置权。

保证债券以第三人作为担保，担保人或担保全部本息，或仅担保利息。担保人一般是发行人以外的其他人，如政府、信誉好的银行或举债公司的母公司等。一般公司债券大多为担保债券。

2. 无担保债券

无担保债券也被称为“信用债券”，是仅凭发行人的信用而发行，不提供任何抵押品或担保人而发行的债券。由于无抵押担保，所以债券的发行主体须具有较好的声誉，并且必须遵守一系列的规定和限制，以提高债券的可靠性。国债、金融债券、信用良好的公司发行的公司债券，大多为信用债券。

(五)按债券形态分类

1. 实物债券

实物债券是一种具有标准格式实物券面的债券。在标准格式的债券券面上，一般印有债券面额、债券利率、债券期限、债券发行人全称、还本付息方式等各种债券票面要素。有时债券利率、债券期限等要素也可以通过公告向社会公布，而不在债券券面上注明。无记名国债就属于这种实物债券，它以实物券的形式记录债权、面值等，不记名，不挂失，可上市流通。实物债券是一般意义上的债券，很多国家通过法律或者法规对实物债券的格式予以明确规定。

2. 凭证式债券

凭证式债券的形式是债权人认购债券的一种收款凭证，而不是债券发行人制定的标准格式的债券。我国1994年开始发行凭证式国债。

我国的凭证式国债通过各银行储蓄网点和财政部门国债服务部而向社会发行，券面上不印制票面金额，而是根据认购者的认购额填写实际的缴款金额，是一种国家储蓄债，可记名、挂失，以凭证式国债收款凭证记录债权，不能上市流通，从购买之日起计息。在持有期内，持券人如遇特殊情况需要提取现金，可以到原购买网点提前兑取。提前兑取时，除偿还本金外，利息按实际持有天数及相应的利率档次计算，经办机构按兑付本金的1‰收取手续费。

3. 记账式债券

记账式债券是没有实物形态的票券，利用证券账户通过电脑系统完成债券发行、交易及兑付的全过程。我国1994年开始发行记账式国债。目前，上海证券交易所和深圳证券交易所已为证券投资者建立了电子证券账户，发行人可以利用证券交易所的交易系统来发行债券。投资者进行记账式债券买卖，必须在证券交易所设立账户。记账式国债可以记名、挂失，安全性较高，同时由于记账式债券的发行和交易均无纸化，所以发行时间短，发行效率高，交易手续简便，成本低，交易安全。

三、债券的特征

1. 偿还性

偿还性是指债券有规定的偿还期限，债务人必须按期向债权人支付利息和偿还本金。债券的偿还性使资金筹措者不能无限期地占用债券购买者的资金，换言之，他们之间的借贷经济关系将随偿还期结束、还本付息手续完毕而不复存在。这一特征与股票的永久性有很大的区别。在历史上，债券的偿还性也有例外，曾有国家发行过无期公债或永久性公债。这种公债无固定偿还期，持券者不能要求政府清偿，只能按期取息。当然，这只能视为特例，不能因此而否定债券具有偿还性的一般特性。

2. 流动性

流动性是指债券持有人可按需要和市场的实际状况，灵活地转让债券，以提前收回本金和实现投资收益。流动性首先取决于市场为转让所提供的便利程度；其次取决于债券在迅速转变为货币时，是否在以货币计算的价值上蒙受损失。

3. 安全性

安全性是指债券持有人的收益相对稳定，不随发行者经营收益的变动而变动，并且可按期收回本金。一般来说，具有高度流动性的债券同时也是较安全的，因为它不仅可以迅速地转换为货币，而且还可以按一个较稳定的价格转换。债券不能收回投资的风险有两种情况：

(1)债务人不履行债务，即债务人不能按时足额按约定的利率支付利息或者偿还本金。不同的债务人不履行债务的风险程度是不一样的，一般政府债券不履行债务的风险最低。

(2)流通市场风险，即债券在市场上转让时因价格下跌而承受损失。许多因素会影响债券的转让价格，其中较重要的是市场利率水平。

4. 收益性

收益性是指债券能为投资者带来一定的收入，即债券投资的报酬。在实际经济活动中，债券收益可以表现为三种形式:一是利息收入，即债权人在持有债券期间按约定的条件分期、分次取得利息或者到期一次取得利息。二是资本损益，即债权人到期收回的本金与买入债券或中途卖出债券与买入债券之间的价差收入。从理论上说，如果市场利率在持有债券期间一直不变，这一价差就是自买入债券或是自上次付息至卖出债券这段时间的利息收益表现形式。但是，由于市场利率会不断变化，债券在市场上的转让价格将随市场利率的升降而上下波动。债券持有者能否获得转让价差、转让价差的多少要视市场情况而定。三是再投资收益，即投资债券所获现金流量再投资的利息收入。再投资收益主要受市场收益率变化的影响。

四、我国债券市场发展状况

(一)我国的国债市场

1. 我国国债市场的发展历史

我国国债发行基本上分为两个阶段:20 世纪 50 年代是第一阶段，20 世纪 80 年代以来是第二阶段。

20 世纪 50 年代，我国发行过两种国债。一种是 1950 年发行的人民胜利折实公债。当时，一方面刚解放，经济基础薄弱，财政收入有限;另一方面要继续支援人民解放战争，迅速统一全国，还要恢复和发展经济，财政支出较大，同时通货膨胀情况也比较严重。于是，中央人民政府决定举借折实公债，其发行对象是城市工商业者、城乡殷实富户和富有的退职人员，其他社会阶层人士可自愿购买。人民胜利折实公债的募集与还本付息，均以实物为计算标准，其单位定名为“分”。每分公债应折合的金额由中国人民银行每旬公布一次。另一种是 1954 - 1958 年发行的国家经济建设公债。我国进入第一个“五年计划”建设时期以后，为了加速国家经济建设，中央人民政府决定于 1954 年开始连续发行建设公债，一共发行了 5 次，发行对象是社会各阶层人士。在 20 世纪 60 年代和 70 年代，我国停止发行国债。

进入 20 世纪 80 年代以后，随着改革开放的不断深入，我国国民收入分配格局发生了变化，政府财政收入占国民收入的比重逐渐下降，部门、企业和个人收入所占比重上升，同时也为了更好地利用国债调节经济，中央政府于 1981 年恢复发行国债。1981 - 1994 年，面向个人发行的国债一直只有无记名国库券一种。1994 年我国面向个人发行的债种从单一型逐步转向多样型。随着 2000 年国家发行的最后一期实物券的全面到期，无记名国债宣告退出国债发行市场的舞台。1997 年亚洲金融危机爆发后，我国出现有效需求不足和通货紧缩的现象，在这种特殊背景下，为扩大内需，我国政府连续 7 年实施积极的财政政策，增发国债。这一时期的国债主要采取凭证式国债形式。2006 年财政部研究推出新的储蓄债券品种——储蓄国债（ 电子式）。

2. 我国发行的国债品种

(1)普通国债。目前我国发行的普通国债有记账式国债、凭证式国债和储蓄国债(电子式)。

①记账式国债。我国的记账式国债是从 1994 年开始发行的一个上市券种，它是由财政部面向全社会各类投资者、通过无纸化方式发行的、以电子记账方式记录债权并可以上市和流

通转让的债券。记账式国债的发行采用公开招标方式，分为证券交易所发行、银行间债券市场发行以及同时在银行间债券市场和证券交易所市场发行三种情况。个人投资者可以购买证券交易所市场发行和跨市场发行的记账式国债，而银行间债券市场的发行主要面向银行和非银行金融机构等机构投资者。

②凭证式国债。这是指由财政部发行的、有固定票面利率、通过纸质媒介记录债权债务关系的国债。发行凭证式国债采用承购包销方式，一般不印制实物券面，而采用填制“中华人民共和国凭证式国债收款凭证”的方式，通过部分商业银行和邮政储蓄柜台，面向城乡居民个人和各类投资者发行，是一种储蓄性国债。凭证式国债购买方便，变现灵活，利率优惠，收益稳定安全无风险，是我国重要的国债品种。

③储蓄国债(电子式)。这是指财政部面向境内中国公民储蓄类资金发行的、以电子方式记录债权的不可流通的人民币债券。目前，储蓄国债发行采用包销或代销方式，通过试点商业银行面向个人投资者销售。储蓄国债（电子式）自发行之日起计息，付息方式分为利随本清和定期付息两种，储蓄国债(电子式）试点期间，财政部将先行推出固定利率固定期限和固定利率变动期限两个品种，投资者在同一试点商业银行只允许开设一个账户，从我国债券市场发展的情况看，凭证式国债和储蓄国债(电子式）这两个品种将在我国长期并存。凭证式国债和储蓄国债(电子式)都在商业银行柜台发行，不能上市流通，但都是信用级别最高的债券，以国家信用作保证，而且免缴利息税。

我国发行的普通国债的总体情况大致是:一是规模越来越大。1981 －1984 年每年发行 40 亿元左右;1990 年突破 100 亿元;1994 年突破 1000 亿元;到 2010 年，财政部共发行国债 19778 亿元，其中代地方政府发行债券 2000 亿元。2011 年，财政部共发行国债 17100 亿元，其中代地方政府发行 2000 亿元。二是期限趋于多样化。1981 －1984 年发行的国债主要为 10 年期，1985 －1991 年发行的国债为 3 －5 年期。从 1994 年开始，一方面发行 2 年、1 年、半年和 3 个月的中短期国债，另一方面开始发行 10 年期、15 年期、20 年期、30 年期的长期国债。目前国债最长的期限为 50 年。三是发行方式趋于市场化。1991 年之前主要采用行政摊派的发行方式;从 1991 年开始引入承购包销的发行方式;从 1996 年开始引入招标发行方式。目前我国记账式国债的发行方式分为荷兰式、美国式和混合式招标，投标标的有利率或利差、价格、数量。四是市场创新日新月异。如 2001 年 7 月 2 日开始在银行间债券市场实行净价交易的方式，并于 2002 年开始在沪、深证券交易所推广;再如在 2002 年年底，银行间国债市场引入非金融机构法人投资者;又如 2002 年 6 月 3 日，正式启动国债银行柜台交易市场等。

(2)其他类型国债。为适应国家经济发展和筹措财政资金的需要，1987 年以来，财政部曾发行多种其他类型的国债，主要有国家重点建设债券、国家建设债券、财政债券，特种债券、保值债券、基本建设债券等。

①特别国债。特别国债是为了特定的政策目标而发行的国债。1998 －2007 年，财政部发行了两次特别国债。为了增加国有商业银行的资本金，经第八届全国人大常委会第三十次会议审议通过，并经国务院批准，财政部于 1998 年 8 月 18 日发行了 2700 亿元特别国债。该国债为记账式附息国债，期限为 30 年，年利率为 7.2%，向四大国有商业银行定向发行，所筹资金专项用于拨补四大国有商业银行资本金。

根据外汇储备增长趋势和货币政策操作需要，第十届全国人大常委会第二十八次会议经审议，批准财政部于 2007 年发行 15500 亿元人民币特别国债，用于购买约 2000 亿美元外汇，作为组建国家外汇投资公司的资本金来源，并相应调整2007年年末国债余额限额。

②长期建设国债。为执行积极的财政政策，经第九届全国人大常委会第四次会议通过，财政部于1998年9月向四大国有商业银行定向发行了1000亿元、年利率为5.5%、期限为10年的附息国债，专项用于国民经济和社会发展急需的基础设施投入。在这以后，1999－2004年，为实施积极财政政策而发行的长期建设国债总计近万亿元。

（二）我国的地方政府债券

地方政府债券是政府债券的形式之一，在新中国成立初期就已经存在。如早在1950年，东北人民政府发行过东北生产建设折实公债，但1981年恢复国债发行以来，却未发行地方政府债券。我国1995年起实施的《中华人民共和国预算法》规定，地方政府不得发行地方政府债券（除法律和国务院另有规定外）。

近几年，国债发行总规模中有少量中央政府代地方政府发行的债券。1998－2004年实施积极财政政策时，中央政府代地方政府举债并转贷地方用于国家确定项目的建设。由于国债转贷地方是中央发债，地方使用，不列中央赤字，因此，转贷资金既不在中央预算中反映，也不在地方预算中反映，只在往来科目列示，不利于监督。同时，由于举借债务与资金使用主体脱节，责权不清，增加了中央财政的负担和风险。

2009年，为应对国际金融危机，增强地方安排配套资金和扩大政府投资的能力，根据《预算法》特别条款规定，国务院决定，在规模控制的前提下允许地方政府发行债券。2009年以来的地方政府债券，是指经国务院批准同意，以省、自治区、直辖市和计划单列市政府为发行和偿还主体，由财政部代理发行并代办还本付息和支付发行费的可流通记账式债券。地方政府债券冠以发债地方政府名称。2009年以来的地方政府债券由省级政府在国务院核准的额度内，提请同级人民代表大会或同级人民代表大会常务委员会审查批准发行一定数量的地方政府债券，筹措的资金纳入政府本级预算管理，有利于依法规范解决上述问题。中央政府代地方政府发行的债券，2009年为2000亿元，2010年为2000亿元，2011年地方财政赤字为2000亿元，继续发行2000亿元地方政府债券。

为建立规范的地方政府举债融资机制，2011年10月，财政部发布《2011年地方政府自行发债试点办法》（以下简称《试点办法》）。自行发债是指试点省（市）在国务院批准的发债规模限额内，自行组织发行本省（市）政府债券的发债机制。《试点办法》规定，试点省（市）发行政府债券实行年度发行额管理，2011年度发债规模限额当年有效，不得结转下年。试点省（市）发行的政府债券为记账式固定利率附息债券，期限分为3年和5年，期限结构为3年债券发行额和5年债券发行额，分别占国务院批准的发债规模的50%。

经国务院批准，2011年上海市、浙江省、广东省、深圳市开展地方政府自行发债试点。经国务院批准，财政部核定，2011年上海市地方政府债券规模为71亿元，浙江省的规模为80亿元（含宁波市13亿元），广东省的规模为69亿元（不含深圳市），深圳市为22亿元。其中，宁波市的13亿元地方政府债券已由财政部代理发行，四省市限额合计229亿元。这229亿元属于2011年中央政府代地方政府发行2000亿元债券的发行额度内。

（三）我国的金融债券

1. 我国金融债券市场发展历程

我国金融债券的发行始于北洋政府时期，后来，国民党政府时期也曾多次发行过金融公债、金融长期公债和金融短期公债。新中国成立之后的金融债券发行始于1982年，该年，中国国际信托投资公司率先在日本的东京证券市场发行了外国金融债券。为推动金融资产多样化，筹集社会资金，国家决定于1985年由中国工商银行、中国农业银行发行金融债券，开办特种贷款。这是我国经济体制改革以后国内发行金融债券的开端。在此之后，中国工商银行和中国农业银行又多次发行金融债券，中国银行、中国建设银行也陆续发行了金融债券。1988年，部分非银行金融机构开始发行金融债券。1993年，中国投资银行被批准在境内发行外币金融债券，这是我国首次发行境内外币金融债券。1994年，我国政策性银行成立后，发行主体从商业银行转向政策性银行，当年仅国家开发银行就7次发行了金融债券，总金额达758亿元。1997 –1998年，经中国人民银行批准，部分金融机构发行了特种金融债券，所筹集资金专门用于偿还不规范证券回购交易所形成的债务。

目前我国的金融债券在全国银行间债券市场发行和交易。2005年4月27日，中国人民银行发布《全国银行间债券市场金融债券发行管理办法》，2009年4月，中国人民银行发布《全国银行间债券市场金融债券发行管理操作规程》，对金融债券的发行进行规范。根据《全国银行间债券市场金融债券发行管理办法》的规定，金融债券是指依法在中华人民共和国境内设立的金融机构法人在全国银行间债券市场发行的、按约定还本付息的有价证券。金融债券可以在全国银行间债券市场公开发行或定向发行。金融债券的发行可以采取一次足额发行或限额内分期发行的方式。金融债券的发行应由具有债券评级能力的信用评级机构进行信用评级。

2. 我国金融债券的种类

（1）政策性金融债券

政策性金融债券是政策性银行在银行间债券市场发行的金融债券。我国的政策性银行包括国家开发银行、中国进出口银行、中国农业发展银行。按规定，政策性银行按年向中国人民银行报送金融债券发行申请，经核准后便可发行。1999年以后，我国金融债券的发行主体集中于政策性银行，其中，以国家开发银行为主。国家开发银行在银行间债券市场是仅次于财政部的第二发债主体，发行金融债券已成为它筹措资金的主要方式，同时，对政策性金融债券的发行也进行了发行方式和债券品种的探索性改革。国家开发银行在银行间债券市场相继推出投资人选择权债券、发行人普通选择权债券、长期次级债券、本息分离债券、可回售债券与可赎回债券、可掉期债券等新品种。2010年，国家开发银行及政策性银行共发行债券13193亿元，并发行5亿美元外币债券。2011年国家开发银行及政策性银行共发行政策性金融债19973亿元。

2007年6月，中国人民银行、国家发展和改革委员会发布《境内金融机构赴香港特别行政区发行人民币债券管理暂行办法》，境内政策性银行和商业银行经批准可在香港发行人民币债券。

（2）商业银行债券

符合条件的商业银行可以向中国人民银行申请发行金融债券。商业银行债券有普通债券、次级债券、混合资本债券和小微企业专项金融债券。2010年，我国发行银行次级债券、混合资本债券920亿元，银行普通债券10亿元。2011年发行商业银行次级债、混合资本债3169亿元，银行普通债券350亿元。

商业银行普通债券是指商业银行发行的信用债券。商业银行次级债券是指由商业银行发行的，固定期限不低于5年（含5年），除非银行倒闭或清算不用于弥补银行日常经营损失，且该项债务的索偿权排在存款和其他负债之后的商业银行的长期债务。次级定期债务的募集方式是商业银行向具有企业法人资格的目标债权人定向募集。由于是以私募方式发行，次级定期债务的发行规模和流动性都受到限制。

2006年9月5日，中国人民银行发布第11号公告，就商业银行发行混合资本债券的有关事宜进行了规定。混合资本债券是一种混合资本工具，同时兼有股本性质和债务性质，但比普通股票和债券更加复杂。《巴塞尔协议》并未对混合资本工具进行严格定义，仅规定了混合资本工具的一些原则特征，而赋予各国监管部门更大的自由裁量权，以确定本国混合资本工具的认可标准。中国银监会借鉴其他国家对混合资本工具的有关规定，严格遵照《巴塞尔协议》要求的原则特征，选择以银行间市场发行的债券作为我国混合资本工具的主要形式，并由此命名我国的混合资本工具为混合资本债券。我国的混合资本债券是指商业银行为补充附属资本发行的、清偿顺序位于股权资本之前但列在一般债务和次级债务之后、期限在15年以上、发行之日起10年内不可赎回的债券。

为解决小企业融资方面的突出问题，不断优化小企业融资环境，促进小企业金融业务可持续发展，2011年5月中国银监会发布《关于支持商业银行进一步改进小企业金融服务的通知》，同年10月，中国银监会发布《关于支持商业银行进一步改进小型微型企业金融服务的补充通知》。两项通知就关于支持商业银行发行专项用于小型微型企业贷款的金融债作出规定。通知指出，对于小企业贷款余额占企业贷款余额达到一定比例的商业银行，在满足相关法律法规和审慎监管要求的条件下，优先支持其发行专项用于小企业贷款的金融债，同时严格监控所募集资金的流向。允许商业银行金融债券所对应的单户500万元（含）以下的小微企业贷款不纳入存贷比考核范围。申请发行小型微型企业贷款专项金融债的商业银行应出具书面承诺，承诺将发行金融债所筹集的资金全部用于发放小型微型企业贷款。银监会对商业银行申请发行小型微型企业贷款专项金融债进行审批。各级监管机构严格监管发债募集资金的流向，确保资金全部用于发放小型微型企业贷款。2011年11月，首单小微企业专项金融债券获准发行。

（3）证券公司债券和债务

证券公司债券包括普通债券、短期融资债券和次级债务。

①证券公司债券。2003年8月29日，中国证监会发布《证券公司债券管理暂行办法》，并于2004年10月进行了修订。根据规定，证券公司债券是指证券公司依法发行的、约定在一定期限内还本付息的有价证券。证券公司债券不包括证券公司发行的可转换债券和次级债券。证券公司债券可以向社会公开发行，也可以向合格投资者定向发行。中国证监会依法对证券公司债券的发行和转让行为进行监督管理。

②短期融资券。2004年10月，经商中国证监会和中国银监会，中国人民银行制定并发布《证券公司短期融资券管理办法》。证券公司短期融资券是指证券公司以短期融资为目的，在银行间证券市场发行的约定在一定期限内还本付息的金融债券。

③证券公司次级债务。2010年9月1日，中国证监会发布《证券公司借入次级债务规定》。规定所称次级债务，是指证券公司经批准向股东或其他符合条件的机构投资者定向借入的清偿顺序在普通债务之后，先于证券公司股权资本的债务。

④保险公司次级债务。2011年10月6日，中国保监会发布了《保险公司次级定期债务管

理办法》。保险公司次级债是指保险公司为了弥补临时性或者阶段性资本不足，经批准募集、期限在五年以上（含五年），且本金和利息的清偿顺序列于保单责任和其他负债之后、先于保险公司股权资本的保险公司债务。募集人可以委托中央国债登记结算有限责任公司或者中国证券登记结算有限责任公司作为次级债的登记、托管机构，并可委托其代为兑付本息。债权人可以向其他合格投资者转让次级债。中国保监会依法对保险公司次级债的募集、管理、还本付息和信息披露行为进行监督管理。

⑤财务公司债券。2007 年 7 月，中国银监会下发《企业集团财务公司发行金融债券有关问题的通知》，明确规定企业集团财务公司发行债券的条件和程序，并允许财务公司在银行间债券市场发行财务公司债券。通知规定，财务公司发行金融债券应当经银监会批准，由财务公司的母公司或其他有担保能力的成员单位提供相应担保。财务公司发行金融债券可在银行间债券市场公开发行或定向发行，可采取一次足额发行或限额内分期发行的方式并由符合条件的金融机构承销。金融债券发行结束后，经中国人民银行批准，可以在银行间债券市场进行流通转让。

⑥金融租赁公司和汽车金融公司的金融债券。2009 年 8 月中国人民银行和中国银行业监督管理委员会发布公告，对金融租赁公司和汽车金融公司发行金融债券进行规范。公告所称金融租赁公司是指经中国银行业监督管理委员会批准设立，以经营融资租赁业务为主的非银行金融机构；汽车金融公司是指经中国银行业监督管理委员会批准设立，为中国境内的汽车购买者及销售者提供金融服务的非银行金融机构。符合条件的金融租赁公司和汽车金融公司可以在银行间债券市场发行和交易金融债券。中国人民银行和中国银行业监督管理委员会依法对金融租赁公司和汽车金融公司金融债券的发行进行监督管理。中国人民银行对金融租赁公司和汽车金融公司在银行间债券市场发行和交易金融债券进行监督管理；中国银行业监督管理委员会对金融租赁公司和汽车金融公司发行金融债券的资格进行审查。

7. 资产支持证券。2005 年 4 月，中国人民银行、中国银行业监督管理委员会发布《信贷资产证券化管理办法》，同年 11 月，中国银行业监督管理委员会发布《金融机构信贷资产证券化试点监督管理办法》，对资产支持证券加以规范。根据规定，资产支持证券是指由银行业金融机构作为发起机构，将信贷资产信托给受托机构，由受托机构发行的、以该财产所产生的现金支付其收益的受益证券。

（四）我国的企业债券

1. 我国企业债券市场发展历程

我国的企业债券是指企业依照法定程序公开发行并约定在一定期限内还本付息的有价证券，包括依照《公司法》设立的公司发行的公司债券和其他企业发行的企业债券。但是，金融债券和外币债券除外。根据规定，企业可以发行无担保信用债券、资产抵押债券、第三方担保债券。企业债券的发行应组织承销团以余额包销方式承销。企业债券发行完成后，经核准可以在证券交易所上市，挂牌买卖，也可以进入银行间市场流通转让。

我国企业债券的发展大致经历了四个阶段：

（1）萌芽期。1984 - 1986 年是我国企业债券发行的萌芽期。我国企业债券出现于 1984 年，当时企业债券的发行并无全国统一的法规，主要是一些企业自发地向社会和企业内部集资。至 1986 年年底，我国累计发行企业债券约 100 亿元。

（2）发展期。1987 - 1992 年是我国企业债券发行的第一个高潮期。1987 年 3 月，国务院颁布了《企业债券管理暂行条例》，并开始编制企业债券发行计划。这一阶段企业债券的发展表现为：一是规模迅速扩张，仅 1992 年 1 年企业债券的发行规模就达 350 亿元；二是品种多样，在此期间发行的企业债券有国家投资债券、国家投资公司债券、中央企业债券、地方企业债券、地方投资公司债券、住宅建设债券和内部债券等 7 个品种。

（3）整顿期。1993 – 1995 年是我国企业债券发行的整顿期。为规范企业债券的发行，1993 年 8 月国务院颁布了《企业债券管理条例》，规定企业进行有偿筹集资金活动必须通过公开发行企业债券的形式进行，企业发行债券必须符合一定的条件，而且要按规定进行审批，未经审批不得擅自发行和变相发行。从使用方向上看，企业发行企业债券所筹资金应按审批机关批准的用途用于本企业的生产经营。企业发行债券都由证券经营机构承销。通过整顿，企业债券的发行出现了两点变化：一是规模急剧萎缩，如 1993 年和 1994 年企业债券的实际发行量分别仅为 20 亿元和 45 亿元；二是品种大大减少，从 1994 年起，我国企业债券归纳为中央企业债券和地方企业债券两个品种。

（4）再度发展期。从 1996 年起，我国企业债券的发行进入了再度发展期。其间有些年份，如 1999 年和 2000 年，企业债券的发行情况虽仍不理想，但从整体上看，基本摆脱了持续低迷状态。1996 – 1998 年，企业债券的发行规模分别达到 250 亿元、300 亿元和 380 亿元，重点安排了一批国家审批建设项目。如铁路、电力、石化、石油、三峡工程等。进入 21 世纪，我国企业债券的发行规模逐年扩大。2010 年，我国发行企业债券，包括企业债券、短期融资券、中期票据、中小企业集合票据、可转换债券、可分离债券和公司债券，共 16812 亿元，其中，短期融资券 6742 亿元、中期票据 4924 亿元、公司债券 603 亿元。2011 年共发行企业债券（包括企业债券、短期融资券、超短期融资券、中期票据、中小企业集合票据，非公开债务融资工具及公司债券）23103 亿元，其中短期融资券 8032 亿元，中期票据 7270 亿元，公司债券 1253 亿元。

2. 我国企业债券的种类

（1）短期融资券和超短期融资券。2005 年 5 月，中国人民银行发布《短期融资券管理办法》和《短期融资券承销规程》、《短期融资券信息披露规程》两个配套文件，允许符合条件的企业在银行间债券市场向合格机构投资者发行短期融资券。短期融资券是指企业依照《短期融资券管理办法》规定的条件和程序在银行间债券市场发行和交易，约定在一定期限内还本付息，最长期限不超过 365 天的有价证券。短期融资券的发行采取注册制，注册机构是中国人民银行。短期融资券可以在银行间债券市场机构投资人之间流通转让。

为进一步完善银行间债券市场，促进非金融企业直接债务融资的发展，中国人民银行于 2008 年 4 月 13 日发布《银行间债券市场非金融企业债务融资工具管理办法》（简称《管理办法》），于当年 4 月 15 日起施行。《管理办法》规定，短期融资券适用该办法。自《管理办法》实施之日起，《短期融资券管理办法》和两个配套文件同时终止执行。短期融资券的注册机构变更为中国银行间市场交易商协会。

（2）中期票据。根据《银行间债券市场非金融企业债务融资工具管理办法》，非金融企业债务融资工具是指具有法人资格的非金融企业在银行间债券市场发行的、约定在一定期限内还本付息的有价证券。《管理办法》规定，企业发行债务融资工具应在中国银行间市场交易商协会注册，由在中国境内注册且具备债券评级资质的评级机构进行信用评级，由金融机构承销，在中央国债登记结算有限责任公司登记、托管、结算，可以在全国银行间债券市场机构投资人之间流通转让。全国银行间同业拆借中心为债务融资工具在银行间债券市场的交易提供服务，企业发行债务融资工具应在银行间债券市场披露信息。

根据中国银行间市场交易商协会发布的、与《管理办法》配套的《银行间债券市场非金融企业中期票据业务指引》规定，中期票据是指具有法人资格的非金融企业在银行间债券市场按照计划分期发行的、约定在一定期限内还本付息的债务融资工具。企业发行中期票据应遵守国家相关法律法规，中期票据偿还余额不得超过企业净资产的40% 。企业发行中期票据所募集的资金应用于企业生产经营活动，并在发行文件中明确披露资金具体用途；企业在中期票据存续期内变更募集资金用途应提前披露。

（3）中小非金融企业集合票据。2009 年 11 月，根据《银行间债券市场非金融企业债务融资工具管理办法》，中国银行间市场交易商协会制定并发布了《银行间债券市场中小非金融企业集合票据业务指引》。根据规定，“中小非金融企业”是指国家相关法律法规及政策界定为中小企业的非金融企业；“集合票据”是指 2 个（含）以上、10 个（含）以下具有法人资格的中小非金融企业，在银行间债券市场以统一产品设计、统一券种冠名、统一信用增进、统一发行注册方式共同发行的，约定在一定期限内还本付息的债务融资工具。

中小非金融企业发行集合票据，应在中国银行间市场交易商协会注册。中小非金融企业发行集合票据募集的资金应用于符合国家相关法律法规及政策要求的企业生产经营活动。中小非金融企业发行集合票据应制定偿债保障措施，并在发行文件中披露。中小非金融企业发行集合票据应有符合条件的承销机构承销，并可在银行间债券市场流通转让。

（4）非公开定向发行债券。2011 年 5 月，中国银行间市场交易商协会根据中国人民银行《银行间债券市场非金融企业债务融资工具管理办法》及相关法律法规，制定并发布《银行间债券市场非金融企业债务融资工具非公开定向发行规则》。规则所称非公开定向发行是指具有法人资格的非金融企业，向银行间市场特定机构投资人发行债务融资工具，并在特定机构投资人范围内流通转让的行为。在银行间债券市场以非公开定向发行方式发行的债务融资工具称为非公开定向债务融资工具（以下简称定向工具）。定向工具不向社会公众发行。企业在注册有效期内可分期发行定向工具。企业发行定向工具应由符合条件的承销机构承销，定向工具的发行价格按市场化方式确定。定向工具采用实名记账方式在中国人民银行认可的登记托管机构登记托管。定向工具在《定向发行协议》约定的定向投资人之间流通转让。

（五）我国的公司债券

公司债券是指公司依照法定程序发行、约定在 1 年以上期限内还本付息的有价证券。公司债券的发行人是依照《公司法》在中国境内设立的有限责任公司和股份有限公司。发行公司债券应当符合《证券法》、《公司法》和《公司债券发行试点办法》规定的条件，并经中国证监会核准。

公司债券发行申请获得中国证监会核准后，符合一定条件的公司债券原则上可以在证券交易所采用“网上发行和网下发行相结合”的方式向全市场投资者发行，否则，只能向机构投资者发行。公司债券发行完成后经核准可以在证券交易所挂牌买卖。符合条件的公司债券可以通过证券交易所集中竞价系统、大宗交易系统和固定收益证券综合电子平台进行交易。中国人民银行规定，符合条件的公司债券可以进入银行间市场发行、交易流通和登记托管，但目前所有公司债券都仅在证券交易所市场上市。

1997 年 3 月经国务院批准、国务院证券委员会发布《可转换公司债券管理暂行办法》，我国上市公司开始发行可转换公司债券。2001 年 4 月，中国证监会发布《上市公司发行可转换公司债券实施办法》，对可转换公司债券的发行细则作出规定。2006 年 5 月，中国证监会颁布《上市公司证券发行管理办法》，进一步明确发行可转换公司债券是上市公司再融资的方式之一。经中国证监会核准，我国上市公司 2004 年在境内证券市场发行可转换公司债券 7 期 148.73 亿元，2006 年发行 8 期 45.87 亿元，2007 年发行 9 期 104.48 亿元，2008 年发行 4 期 71.8 亿元，2009 年发行 6 期 46.61 亿元，2010 年发行 717.3 亿元，2011 年发行 8 期 406 亿元。

2006 年 5 月，中国证监会颁布的《上市公司证券发行管理办法》中首次提出上市公司可以公开发行认股权和债券分离交易的可转换公司债券(简称可分离交易债券)。可分离交易债券又称附认股权证公司债，是指上市公司在发行公司债券的同时附有认股权，是公司债券加上认股权证的组合产品。经中国证监会核准，我国上市公司 2006 年发行分离交易的可转换公司债券 3 期 99 亿元，2007 年发行 6 期 193.8 亿元，2008 年发行 9 期 596.35 亿元，2009 年发行 1 期 30 亿元，2009 年以后没有再发行可分离交易债券。

2008 年 10 月 17 日，中国证收会发布《上市公司股东发行可交换公司债券试行规定》。可交换公司债券的推出，为上市公司股东进行市值管理和债务融资提供了一种可供选择的渠道和新的流动性管理工具；为机构投资者提供了新的固定收益类投资工具，有利于加强股票市场和债券市场的连通；有利于稳定市场预期，引导投资理念的长期化和理性化。

(六)我国的国际债券

从 1982 年首次在国际市场发行国际债券至今，我国各类筹资主体已在国际债券市场发行了 100 多次债券，主要的债券品种有以下几种：

1. 政府债券

1987 年 10 月，财政部在德国法兰克福发行了 3 亿马克的公募债券，这是我国经济体制改革后政府首次在国外发行债券。1994 年 7 月，我国政府在日本发行公债券；1995 年 11 月又发行 400 亿日元债券，其中，20 年期为 100 亿日元，7 年期为 300 亿日元。1996 年我国政府成功地在美国发行 4 亿美元 100 年期扬基债券，极大地提高了我国政府的国际形象，在国际资本市场确定了我国主权信用债券的较高地位和等级。1997 年和 1998 年，我国利用国际债券融资进入了一个新的阶段，两年共发行美元债券 34.31 亿、德国马克债券 5 亿、日元债券 140 亿。2001 年 5 月 17 日，中国政府在海外成功发行了总值达 15 亿美元的欧元和美元债券。这是中国政府自 1998 年 12 月以来首次在国际资本市场上发行债券。其中，10 亿美元的 10 年期美元债券年息率为 6.8%，由高盛、J. P. 摩根大通、摩根士丹利、法国巴黎、德意志银行及巴克莱资本等投资银行承销。此次发行债券不仅保持了中国在国际资本市场上经常发行人的地位，而且向国际金融社会展示了中国经济的活力，是一次具有战略眼光的融资行为。

2. 金融债券

1982 年 1 月，中国国际信托投资公司在日本东京资本市场上发行了 100 亿日元的债券，期限 12 年，利率 8.7%，采用私募方式发行。随后，在 20 世纪 80 年代中后期，福建投资信托公司、中国银行、上海国际信托投资公司、广东国际信托投资公司、天津国际信托投资公司、交通银行等，也先后在日本东京、德国法兰克福、中国香港、新加坡、英国伦敦发行国际债券，发行币种包括日元、港币、德国马克、美元等，期限均为中、长期，最短的 5 年，最长的 12 年，绝大多数采用公募方式发行。1993 年，中国投资银行被批准首次在境内发行外币金融债券，发行数量为 5000 万美元，发行对象为城乡居民，期限为 1 年，采取浮动利率制，利率高于国内同期限美元存款利率 1 个百分点。

3. 可转换公司债券

到2001年年底，南玻B股转券、镇海炼油、庆铃汽车H股转券、华能国际N股转券等4种可供境外投资者投资的券种已先后发行。

截至2003年12月底，我国共发行各种国际债券约200多亿美元。我国国际债券的发行地遍及亚洲、欧洲、美洲等地；债券的期限结构有1年、5年、7年、10年、30年等数个品种。2004年，我国财政部在境外发行10亿欧元10年期债券和5亿美元5年期债券，中国进出口银行发行两期共10亿美元10年期债券，国家开发银行发行6亿美元和3.25亿欧元两期债券。2007年国家开发银行和中国进出口银行在国际市场各发行1期美元债券，发行额各为7亿美元。同年，中石化在境外发行15亿美元可转换为境外上市外资股的可转换公司债券。尽管近年的发行量不大，但却保持了我国在国际资本市场上经常发行人的地位，树立了我国政府和金融机构的国际形象，在国际资本市场确立了我国主权信用债券的地位和等级，并对我国金融业的对外开放起到了重要的推动作用。

（七）我国债券市场展望

近年来，我国直接债务融资市场获得快速发展，但从直接融资所占比例来看，与市场需求仍有不小差距，债券存量占国民生产总值的比例远低于美国和日本。对此，“十二五”规划明确提出，要加快多层次金融市场体系建设，显著提高直接融资比重，积极发展债券市场。

种种迹象表明，当前我国银行间债券市场发展规模不断壮大，市场结构不断优化。截至2013年1月底，债券市场债券托管量为26.4万亿元，其中银行间债券市场债券托管量为25.2万亿元，占债券市场债券托管量的95.4%。2012年银行间债券市场全年各类债券累计成交（包括债券现券、回购和远期交易）216.9万亿元，较2011年全年债券成交量增长了20.5%。其中，非金融企业债务融资工具全年成交44.9万亿元，较2011年增长了24.9%，增幅明显。

除了市场规模明显扩大外，投资结构多元的态势基本确立。随着基金、保险、证券公司等其他投资机构更加活跃地参与债券市场的交易，债券市场的投资者多元化趋势不断凸显。从公司信用类债券来看，投资人结构日趋均衡。过去5年来，商业银行持债比例始终保持在50%以下，而基金等集合投资人的市场参与度不断提升，持债比例自2011年开始超过20%，跃升为第二大持债主体。

在债务融资工具市场上，这一趋势体现得尤为明显。自2007年以来，商业银行的持有比例已下降了13个百分点；同期，基金等集合投资人的持债比例则上升了20个百分点。2012年，基金等集合投资人作为第二大投资人类别，构成了债务融资工具市场31%的资金来源。投资者单一化的问题初步得到缓解。

对于债券市场下一步的发展，要加快推进投资主体多元化，逐步提高非存款货币类机构投资人持有债券比重，有条件引入境外合格机构投资人，为社保基金、年金等入市创造条件，不断丰富投资人结构。此外，在融资市场上一向弱势的中小企业和民营企业也在更多地分享这场债市崛起的成果。

在债务融资工具市场上，中小企业发行人逐年增加，2012年有142家中小企业成功进行融资，占当年全部发行人比例的12.32%，这一比例比2009年提高了5个百分点。下一步，要提高非国有企业和中小企业发债比重，不断增强直接债务融资市场的弹性和包容能力，使不同发展阶段、发展类型和不同特点的创新型企业都能得到金融支持。

第四节 证券投资基金

一、证券投资基金的概念

基金有广义和狭义之分，从广义上说，基金是指为了某种目的而设立的具有一定数量的资金。例如，信托投资基金、公积金、保险基金、退休基金，各种基金会的基金。人们平常所说的基金主要是指证券投资基金。

证券投资基金是指通过公开发售基金份额募集资金，由基金托管人托管，由基金管理人管理和运用资金，为基金份额持有人的利益，以资产组合方式进行证券投资的一种利益共享、风险共担的集合投资方式。

作为一种大众化的信托投资工具，各国对证券投资基金的称谓不尽相同，如美国称共同基金，英国和我国香港地区称单位信托基金，日本和我国台湾地区则称证券投资信托基金等。一般认为，基金起源于英国，是在 18 世纪末、19 世纪初产业革命的推动下出现的。当时，产业革命的成功使英国生产力水平迅速提高，工商业都取得较大的发展，其殖民地和海外贸易遍及全球，大量的资金为追逐高额利润而涌向其他国家。可是大多数投资者缺乏国际投资知识，又不了解外国的情况，难以直接参加海外投资。于是，人们便萌发了众人集资，委托专人经营和管理的想法。这一想法得到了英国政府的支持。1868 年由政府出面组建了海外和殖民地政府信托组织，公开向社会发售受益凭证。海外和殖民地政府信托组织是公认的最早的基金机构，以分散投资于国外殖民地的公司债为主，其投资地区遍及南北美洲、中东、东南亚地区和意大利、葡萄牙、西班牙等国，当时的投资总额共达 48 万英镑。该基金类似股票，不能退股，也不能兑现，认购者的权益仅限于分红和派息。

100 多年来，随着社会经济的发展，世界证券投资基金从无到有，从小到大，尤其是 20 世纪 70 年代以来，随着世界投资规模的剧增、现代金融业的创新，品种繁多、名目各异的基金风起云涌，形成了一个庞大的产业。以美国为例，2010 年年底，美国共同基金的资产总额已达 11. 8 万亿美元。基金业已经与银行业、证券业、保险业并驾齐驱，成为现代金融体系的四大支柱之一。

二、证券投资基金的特征与作用

(一)证券投资基金的特征

1. 集合投资。基金的特点是将零散的资金汇集起来，交给专业机构投资于各种金融工具，以谋取资产的增值。基金对投资的最低限额要求不高，投资者可以根据自己的经济能力决定购买数量，有些基金甚至不限制投资额大小，因此，基金可以最广泛地吸收社会闲散资金，集腋成裘，汇成规模巨大的投资资金。在参与证券投资时，资本越雄厚，优势越明显，而且可能享有大额投资在降低成本上的相对优势，从而获得规模效益的好处。

2. 分散风险。以科学的投资组合降低风险、提高收益是基金的另一大特点。在投资活动中，风险和收益总是并存的，因此，“不能将鸡蛋放在一个篮子里”。但是，要实现投资资产的多样化，需要一定的资金实力。对小额投资者而言，由于资金有限，很难做到这一点，而基金则可以帮助中小投资者解决这个困难，即可以凭借其集中的巨额资金，在法律规定的投资范围内进行科学的组合，分散投资于多种证券，实现资产组合多样化。通过多元化的投资组合，一方面借助于资金庞大和投资者众多的优势使每个投资者面临的投资风险变小；另一方面，利用不同投资对象之间收益率变化的相关性，达到分散投资风险的目的。

3. 专业理财。将分散的资金集中起来以信托方式交给专业机构进行投资运作，既是证券投资基金的一个重要特点，也是它的一个重要功能。基金实行专业理财制度，由受过专门训练、具有比较丰富的证券投资经验的专业人员运用各种技术手段收集、分析各种信息资料，预测金融市场上各个品种的价格变动趋势，制订投资策略和投资组合方案，从而可以避免投资决策失误，提高投资收益。对于那些没有时间，或者对市场不太熟悉的中小投资者来说，投资于基金可以分享基金管理人在市场信息、投资经验、金融知识和操作技术等方面所拥有的优势，从而尽可能地避免盲目投资带来的失误。

(二)证券投资基金的作用

1. 基金为中小投资者拓宽了投资渠道。对中小投资者来说，存款或购买债券较为稳妥，但收益率较低；投资于股票有可能获得较高收益，但风险较大。证券投资基金作为一种新型的投资工具，将众多投资者的小额资金汇集起来进行组合投资，由专家来管理和运作，经营稳定，收益可观，为中小投资者提供了较为理想的间接投资工具，大大拓宽了中小投资者的投资渠道。在美国，有50%左右的家庭投资于基金，基金占所有家庭资产的40%左右。因此可以说，基金已进入了寻常百姓家，成为大众化的投资工具。

2. 有利于证券市场的稳定和发展。第一，基金的发展有利于证券市场的稳定。证券市场的稳定与否同市场的投资者结构密切相关。基金的出现和发展，能有效地改善证券市场的投资者结构。基金由专业投资人士经营管理，其投资经验比较丰富，收集和分析信息的能力较强，投资行为相对理性，客观上能起到稳定市场的作用。同时，基金一般注重资本的长期增长，多采取长期的投资行为，较少在证券市场上频繁进出，能减少证券市场的波动。第二，基金作为一种主要投资于证券市场的金融工具，它的出现和发展增加了证券市场的投资品种，扩大了证券市场的交易规模，起到了丰富和活跃证券市场的作用。随着基金的发展壮大，它已成为推动证券市场发展的重要动力。

三、证券投资基金的分类

(一)契约型基金和公司型基金

按基金的组织形式划分，证券投资基金分为契约型基金和公司型基金。契约型基金又称为单位信托基金，是指将投资者、管理人、托管人三者作为信托关系的当事人，通过签订基金契约的形式发行受益凭证而设立的一种基金。契约型基金是基于信托原理而组织起来的代理投资方式，没有基金章程，也没有公司董事会，而是通过基金契约来规范三方当事人的行为。基金管理人负责基金的管理操作；基金托管人作为基金资产的名义持有人，负责基金资产的保管和处置，对基金管理人的运作实行监督。

公司型基金是依据基金公司章程设立，在法律上具有独立法人地位的股份投资公司。公司型基金以发行股份的方式募集资金，投资者购买基金公司的股份后，以基金持有人的身份成为投资公司的股东，凭其持有的股份依法享有投资收益。公司型基金在组织形式上与股份有限公司类似，由股东选举董事会，由董事会选聘基金管理公司，基金管理公司负责管理基金的投资业务。

契约型基金与公司型基金的区别：

1. 资金的性质不同。契约型基金的资金是通过发行基金份额筹集起来的信托财产；公司型基金的资金是通过发行普通股票筹集的公司法人的资本。

2. 投资者的地位不同。契约型基金的投资者购买基金份额后成为基金契约的当事人之一，投资者既是基金的委托人，即基于对基金管理人的信任，将自己的资金委托给基金管理人管理和营运，又是基金的受益人，即享有基金的受益权。公司型基金的投资者购买基金公司的股票后成为该公司的股东，因此，公司型基金的投资者对基金运作的影响比契约型基金的投资者大。

3. 基金的营运依据不同。契约型基金依据基金契约营运基金，公司型基金依据投资公司章程营运基金。

由此可见，契约型基金和公司型基金在法律依据、组织形式以及有关当事人的地位等方面是不同的，但它们都是把投资者的资金集中起来，按照基金设立时所规定的投资目标和策略，将基金资产分散投资于众多的金融产品上，获取收益后再分配给投资者的投资方式。目前我国的基金全部是契约型基金。

（二）封闭式基金和开放式基金

按基金运作方式划分，证券投资基金分为封闭式基金和开放式基金。封闭式基金是指经核准的基金份额总额在基金合同期限内固定不变，基金份额可以在依法设立的证券交易场所交易，但基金份额持有人不得申请赎回的基金。由于封闭式基金在封闭期内不能追加认购或赎回，投资者只能通过证券经纪商在二级市场上进行基金的买卖。封闭式基金的期限是指基金的存续期，即基金从成立起到终止之间的时间。基金期限届满即为基金终止，管理人应组织清算小组对基金资产进行清产核资，并将清产核资后的基金净资产按照投资者的出资比例进行公正合理的分配。

开放式基金是指基金份额总额不固定，基金份额可以在基金合同约定的时间和场所申购或者赎回的基金。为了满足投资者赎回资金、实现变现的要求，开放式基金一般都从所筹资金中拨出一定比例，以现金形式保持这部分资产。这虽然会影响基金的盈利水平，但作为开放式基金来说是必需的。

封闭式基金与开放式基金的主要区别如下：

表 1－1　封闭式基金与开放式基金的区别

	开放式基金	封闭式基金
基金规模和存续期限	根据投资人申购和赎回而增减	存续期内规模不变
交易关系	申购和赎回始终在基金投资者和基金管理者之间进行	交易在基金投资者之间进行
交易价格	根据基金单位资产净值加减一定费用确定	由市场供求关系确定
交易费用	投资者需要缴纳的费用均包含在基金价格之中	需要支付一定比例的交易税和手续费

续表

投资策略	为应对赎回，需要保留较多现金，一般投资变现能力强的资产	流动性要求低于开放式基金，可进行长期投资
基金管理人约束	受到流动性限制，约束较强	约束较弱

（三）债券基金、股票基金、货币市场基金等

按基金的投资标的划分，证券投资基金可分为债券基金、股票基金、货币市场基金等。

1. 债券基金

债券基金是一种以债券为主要投资对象的证券投资基金。由于债券的年利率固定，因而这类基金的风险较低，适合于稳健型投资者。债券基金的收益会受市场利率的影响，当市场利率下调时，其收益会上升；反之，若市场利率上调，其收益将下降。除此以外，如果基金投资于境外市场，汇率也会影响基金的收益，管理人在购买国际债券时，往往还需要在外汇市场上进行套期保值。在我国，根据《证券投资基金运作管理办法》的规定，80% 以上的基金资产投资于债券的，为债券基金。

2. 股票基金

股票基金是指以上市股票为主要投资对象的证券投资基金。基金管理人拟定投资组合，将资金投放到一个或几个国家甚至全球的股票市场，以达到分散投资、降低风险的目的。股票基金是最重要的基金品种，它的优点是资本的成长潜力较大，投资者不仅可以获得资本利得，还可以通过它将较少的资金投资于各类股票，从而实现在降低风险的同时保持较高收益的投资目标。股票基金还可以细分为多种类型，其中较有代表性的是按投资目标不同，分为价值型股票基金、成长型股票基金和平衡型股票基金。价值型基金主要投资于收益稳定、价值被低估、安全性较高的股票；成长型基金主要投资于收益增长速度快、未来发展潜力大的股票，同时投资于价值型股票和成长型股票的基金是平衡型基金。在我国，根据《证券投资基金运作管理办法》的规定，60% 以上的基金资产投资于股票的，为股票基金。

3. 货币市场基金

货币市场基金是以货币市场工具为投资对象的一种基金，其投资对象期限较短，一般在 1 年以内，包括银行短期存款、国库券、公司短期债券、银行承兑票据及商业票据等货币市场工具。根据《证券投资基金运作管理办法的规定》，仅投资于货币市场工具的，为货币市场基金。货币市场基金的优点是资本安全性高，购买限额低，流动性强，收益较高，管理费用低，有些还不收取赎回费用。因此，货币市场基金通常被认为是低风险的投资工具。

4. 衍生证券投资基金

衍生证券投资基金是一种以衍生证券为投资对象的基金，包括期货基金、期权基金、认股权证基金等。这种基金风险大，因为衍生证券一般是高风险的投资品种。

5. 混合型基金

基金募集完毕后，依投资目标不同，将基金资产在股票和债券之间进行配比，统称混合型基金。偏股基金对股票的配置比例较高，一般为 50% ~70% ，债券的配置比例为 20% ~40% 。债券型基金对债券的配置比例较高，对股票的配置比例相对较低。股债平衡型基金对股票和债券的配置较为均衡，约为 40% ~60% 左右。灵活配置型基金对股票和债券的配

置比例会依市场状况进行调节。

（五）主动型基金和被动型基金

按基金的投资理念划分，证券投资基金可分为主动型基金和被动型基金。

1. 主动型基金。主动型基金是指力图取得超越基准组合表现的基金。

2. 被动型基金。被动型基金一般选取特定指数作为跟踪对象，因此通常又被称为“指数基金”。指数基金是20世纪70年代以来出现的新的基金品种。由于其投资组合模仿某一股价指数或债券指数，收益随着即期的价格指数上下波动，因此当价格指数上升时，基金收益增加；反之，收益减少，基金因始终保持即期的市场平均收益水平，因而收益不会太高，也不会太低。

指数基金的优势是：(1) 费用低廉。指数基金的管理费较低，尤其交易费用较低。(2) 风险较小。由于指数基金的投资非常分散，可以完全消除投资组合的非系统风险，而且可以避免由于基金持股集中带来的流动性风险。(3) 在以机构投资者为主的市场中，指数基金可获得市场平均收益率，可以为股票投资者提供比较稳定的投资回报。(4) 指数基金可以作为避险套利的工具。对于投资者尤其是机构投资者来说，指数基金是他们避险套利的重要工具。由于指数基金收益率的稳定性、投资的分散性以及高流动性，特别适合于社保基金等数额较大、风险承受能力较低的资金投资。

（六）公募基金和私募基金

按基金的募集方式划分，证券投资基金可分为公募基金和私募基金。公募基金是可以面向社会公众公开发售的基金。公募基金可以向社会公众公开发售基金份额和宣传推广，基金募集对象不固定；基金份额的投资金额要求较低，适合中小投资者参与；基金必须遵守有关的法律法规，接受监管机构的监管并定期公开相关信息。

私募基金是向特定的投资者发售的基金。私募基金不能进行公开发售和宣传推广，只能采取非公开方式发行；基金份额的投资金额较高，风险较大，监管机构对投资者的资格和人数会加以限制；基金的投资范围较广，在基金运作和信息披露方面所受的限制和约束较少。

（七）特殊类型的基金

1. 交易所交易基金ETF

ETF是英文“Exchange Traded Funds”的简称，常被译为“交易所交易基金”，上海证券交易所则将其定名为“交易型开放式指数基金”。ETF是一种在交易所上市交易的、基金份额可变的一种基金运作方式。ETF结合了封闭式基金与开放式基金的运作特点，一方面可以像封闭式基金一样在交易所二级市场进行买卖，另一方面又可以像开放式基金一样申购、赎回。不同的是，它的申购是用一篮子股票换取ETF份额，赎回时也是换回一篮子股票而不是现金。这种交易方式使该类基金存在一级、二级市场之间的套利机制，可有效防止类似封闭式基金的大幅折价现象。

ETF是以某一选定的指数所包含的成分证券为投资对象，依据构成指数的证券种类和比例，采用完全复制或抽样复制的方法进行被动投资的指数型基金。根据ETF跟踪的指数不同，可分为股票型ETF、债券型ETF等，并且还可以进一步细分。ETF最大的特点是实物申购、赎回机制，即它的申购是用一篮子股票换取ETF份额，赎回时是以基金份额换回一篮子股票而不是现金。ETF有“最小申购、赎回份额”的规定，通常最小申购、赎回单位是50万份或100万份，申购、赎回必须以最小申购、赎回单位的整数倍进行，一般只有机构投资者才有实力参与一级市场的实物申购与赎回交易。ETF实行一级市场和二级市场并存的交易制度。在一级市场，机构投资者可以在交易时间内以ETF指定的一篮子股票申购ETF份额或以ETF份额赎回一篮子股票。在二级市场，ETF与普通股票一样在证券交易所挂牌交易，基金买入申报数量为100份或其整数倍，不足100份的基金可以卖出，机构投资者和中小投资者都可以按市场价格进行ETF份额交易。

2. 上市开放式基金LOF

上市开放式基金（Listed Open - ended Funds，LOF）是一种既可以同时在场外市场进行基金份额申购、赎回，又可以在交易所进行基金份额交易和基金份额申购或赎回，并通过份额转托管机制将场外市场与场内市场有机地联系在一起的一种开放式基金。

尽管同样是交易所交易的开放式基金，但就产品特性看，深圳证券交易所推出的LOF在世界范围内具有首创性。与ETF相区别，LOF不一定采用指数基金模式，也可以是主动管理型基金；同时，申购和赎回均以现金进行，对申购和赎回没有规模上的限制，可以在交易所申购、赎回，也可以在代销网点进行。LOF所具有的可以在场内外申购、赎回，以及场内外转托管的制度安排，使LOF不会出现封闭式基金大幅度折价交易的现象。2004年10月14日，南方基金管理公司募集设立了南方积极配置证券投资基金（LOF），并于2004年12月20日在深圳证券交易所上市交易。

3. 保本基金

保本基金是指通过采用投资组合保险技术，保证投资者在投资到期时至少能够获得投资本金或一定回报的证券投资基金。保本基金的投资目标是在锁定下跌风险的同时力争有机会获得潜在的高回报。

按照中国证监会于2010年发布的《关于保本基金的指导意见》，保本基金是指通过一定的保本投资策略进行运作，同时引入保本保障机制，以保证基金份额持有人在保本周期到期时，可以获得投资本金保证的基金。保本保障机制包括：

（1）由基金管理人对基金份额持有人的投资本金承担保本清偿义务，同时基金管理人与符合条件的担保人签订保证合同，由担保人和基金管理人对投资人承担连带责任。

（2）基金管理人与符合条件的保本义务人签订风险买断合同，约定由基金管理人向保本义务人支付费用，保本义务人在保本基金到期出现亏损时，负责向基金份额持有人偿付相应损失。保本义务人在向基金份额持有人偿付损失后，放弃向基金管理人追偿的权利。

（3）经中国证监会认可的其他保本保障机制。投资保本基金并不等于将资金作为存款存放在银行或存款类金融机构，保本基金在极端情况下仍然存在本金损失的风险。保本基金可以投资于股票、债券、货币市场工具、权证、股指期货及中国证监会允许投资的其他金融工具。

4. QDII基金

QDII是Qualified Domestic Institutional Investors（合格境内机构投资者）的首字缩写。QDII基金是指在一国境内设立，经该国有关部门批准从事境外证券市场的股票、债券等有价证券投资的基金。它为国内投资者参与国际市场投资提供了便利。2007年我国推出了首批QDII基金。

5. 分级基金

分级基金又被称为“结构型基金”、“可分离交易基金”，是指在一只基金内部通过结构化的设计或安排，将普通基金份额拆分为具有不同预期收益与风险的两类（级）或多类（级）份额并可分离上市交易的一种基金产品。分级基金通常分为低风险收益端（优先份额）和高风险收益端（进取份额）两类份额。

四、我国证券投资基金市场发展状况

证券投资基金在我国发展的时间还比较短，但在证券监管机构的大力扶植下，在短短几年时间里获得了突飞猛进的发展。1997 年 11 月，国务院颁布《证券投资基金管理暂行办法》;1998 年 3 月，两只封闭式基金——基金金泰、基金开元设立，分别由国泰基金管理公司和南方基金管理公司管理;2004 年 6 月 1 日，我国《证券投资基金法》正式实施，以法律形式确认了证券投资基金在资本市场及社会主义市场经济中的地位和作用，成为中国证券投资基金发展史上的一个重要里程碑。证券投资基金从此进入崭新的发展阶段，基金数量和规模迅速增长，市场地位日趋重要，呈现出下列特点：

1. 基金规模快速增长，开放式基金后来居上，逐渐成为基金设立的主流形式。1998 年 - 2001 年 9 月是我国封闭式基金发展阶段，在此期间，我国证券市场只有封闭式基金。2000 年 10 月 8 日，中国证监会发布了《开放式证券投资基金试点办法》;2001 年 9 月，我国第一只开放式基金诞生。此后，我国基金市场进入开放式基金发展阶段，开放式基金成为基金设立的主要形式。而封闭式基金由于一直处于高折价交易状态，2002 年 8 月后的 5 年内没有发行新的封闭式基金，封闭式基金的发展陷入停滞状态。自 2006 年开始，随着我国早期发售的封闭式基金到期日的逐步临近，陆续有到期封闭式基金转为开放式基金。

截至 2011 年年底，我国共有证券投资基金 914 只，净值总额合计约为 2. 19 万亿元。在 914 只基金中，有 57 只封闭式基金，基金净值总额约 0. 09 万亿元;有 857 只开放式基金，基金净值总额合计约 2. 10 万亿元。

2. 基金产品差异化日益明显，基金的投资风格也趋于多样化。我国的基金产品除股票型基金外，债券基金、货币市场基金、保本基金、指数基金等纷纷问世。近年来，基金品种不断丰富，如出现了结构化基金、ETF 联接基金等。

在投资风格方面，除传统的成长型基金、混合型基金外，还有收益型基金、价值型基金等。

3. 中国基金业发展迅速，对外开放的步伐加快。近年来，我国基金业发展迅速，基金管理公司家数不断增加，管理基金规模不断扩大。截至 2011 年年末，我国已有基金管理公司 69 家，其中中外合资基金管理公司 39 家。2007 年我国出现了第 1 家管理基金规模超过千亿元的基金公司。在基金管理公司数量不断增加的同时，其业务范围也有所扩大。2007 年 11 月，中国证监会基金部发布《基金管理公司特定客户资产管理业务试点办法》，允许符合条件的基金管理公司开展为特定客户管理资产的业务。此外，2006 年中国基金业开始了国际化航程，获得 QDII 资格的国内基金管理公司可以通过募集基金投资国际市场，即设立 QDII 基金。2008 年起，部分基金管理公司获准到香港设立分公司，从事资产管理业务。

【要点小结】

1. 证券是指各类记载并代表一定权利的法律凭证。它用以证明持有人有权依其所持凭证记载的内容而取得应有的权益。

2. 有价证券是指标有票面金额，用于证明持有人或该证券指定的特定主体对特定财产拥有所有权或债权的凭证。有价证券是证券的主要品种。这类证券本身没有价值，但由于它代表着一定量的财产权利，持有人可凭该证券直接取得一定量的商品、货币，或是取得利息、股息等收入，因而可以在证券市场上买卖和流通，客观上具有了交易价格。

3. 有价证券可以分为基础证券和衍生证券两类，本章主要研究基础证券。具体包括：股票、债券和证券投资基金。

4. 股票是一种有价证券，它是股份有限公司发行的用以证明投资者的股东身份和权益，并据以获得股息和红利的凭证。

5. 债券是一种有价证券，是社会各类经济主体为筹集资金而向债券投资者出具的、承诺按一定利率定期支付利息并到期偿还本金的债权债务凭证。

6. 证券投资基金是指通过公开发售基金份额募集资金，由基金托管人托管，由基金管理人管理和运用资金，为基金份额持有人的利益，以资产组合方式进行证券投资的一种利益共享、风险共担的集合投资方式。

【思考与练习】

1. 什么是有价证券？
2. 有价证券的基本特征有哪些？
3. 有价证券有哪些分类？
4. 什么是股票？
5. 我国股票的种类有哪些？
6. 什么是债券？
7. 债券的基本特征和要素有哪些？
8. 我国债券市场的主要品种有哪些？
9. 什么是证券投资基金？
10. 我国证券投资基金的种类有哪些？

第二章 衍生证券

【内容提要】

本章介绍了衍生证券的概念、特征与分类，介绍了期货、期权、互换、可转换债券等衍生证券品种。其中，期货合约是本章内容的核心。学习过程中需重点掌握期货合约的概念、期货合约的条款和主要期货合约的内容与交易情况。了解期权合约、可转换债券与互换交易的基本内容与交易特点。本章共分为四节。

第一节是衍生证券的概念。在这一节中共讨论了三个问题，即衍生证券的概念与特征、衍生证券的分类以及衍生证券与金融工程的关系。重点关注衍生证券的分类。

第二节介绍了期货合约。这一节分别从期货合约的概念、分类展开，比较详尽地介绍了期货的相关知识。同时，本节还重点关注了金融期货合约。

第三节介绍了期权。在这一节中共有三个大问题，即期权的概念、分类以及期权合约。

第四节介绍了其他衍生证券。在这一节关注了三种其他衍生证券，即可转换债券、互换交易和资产支持证券。

【学习目标】

1. 全面了解衍生证券的概念、特征与分类。
2. 重点掌握期货合约的概念、基本特征、主要分类和合约的主要内容。
3. 了解期权、可转换债券、互换交易等其他衍生证券的基本内容。

【关键词】

衍生证券 期货合约 期权合约 可转换债券 互换交易

第一节 衍生证券的概念

一、衍生证券的概念与特征

(一)衍生证券的概念

衍生证券(Derivative Security)也被称为金融衍生品(Financial Derivatives)，交易者在此类

资产投资的盈利与亏损取决于其他商品或有价证券的价格变动，即交易者本身并不买卖相应的商品或证券。通常情况下，金融衍生品的交易是在交易所场内进行的，交易所会将金融衍生品交易合约除价格外的所有条款都予以标准化，因而交易者实际买卖的是标准化合约，故而我们可以认为交易者进行的是证券交易，交易的合约也被称为衍生证券。

衍生证券的价格与原生资产之间存在着密切的关联，但其市场交易的组织、价格变化又与原生资产交易存在着明显的区别。投资于衍生证券市场的交易者，其投资的盈亏与原生商品或资产市场投资并无直接关联，但却与原生商品或资产价格直接相关。例如，股指期货作为一项常见的衍生证券品种，投资者显然无法购买股票指数本身，因为指数是一项虚拟的商品。但随着股票价格指数的变化，投资者在股指期货上的盈亏却可以随时出现。

衍生证券是20世纪70年代之后，在金融自由化浪潮中大量出现的金融创新产品。虽然金融衍生品出现的较晚，但其发展速度却十分惊人。目前，衍生证券已经成为金融市场中最为活跃的金融创新品种。

（二）金融衍生工具的基本特征

1. 交易的虚拟性。虚拟性是指衍生证券的交易独立于基础证券交易之外，其收益的获取与风险的承担并不与实体经济或基础证券的占有直接相关。衍生工具本身并没有价值，只是交易双方风险与收益重新划分的契约。金融衍生工具的投资者只需买入卖出即可获得合意的风险收益组合，而不需要持有衍生证券对应的实际金融资产。

2. 交易的跨期性。金融衍生工具通常具有在不同时间配置资金的功能，交易双方通过对利率、汇率、股价等资产价格变动趋势的预测，约定在未来时间按照一定条件进行交易或选择是否交易的合约。金融衍生工具投资依赖于交易者未来一段时间内或未来某时点上的现金流，具有典型的跨期交易特点。

3. 交易的杠杆性。杠杆性体现在金融衍生工具的保证金交易特征。由于金融衍生工具依赖于未来价格的变化，合约缔结时并无实际交易，因而可以有比较大的杠杆效应。金融衍生工具交易一般只需要支付少量保证金或权利金就可以签订远期大额合约或互换不同的金融工具。但交易者所承担的风险也会同时放大，金融衍生工具的杠杆性效应一定程度上决定了它的高投机性和高风险性。

4. 交易的高风险性。金融衍生工具的投资结果取决于交易者对标的资产未来价格的预测的准确程度。基础工具价格的变幻莫测决定了金融衍生工具交易盈亏的不稳定性，同时，金融衍生工具的高杠杆性特征也会进一步放大交易风险。另外，金融衍生品交易还面临着信用风险、市场风险、流动性风险、结算风险、操作风险等多种风险。

二、衍生证券的分类

金融衍生工具按照基础工具的种类、风险－收益特性以及自身交易方法的不同而有不同的分类。

首先，根据产品形态分类，金融衍生工具可分为独立衍生工具和嵌入式衍生工具。

其次，按照交易场所分类，金融衍生工具可分为场内交易衍生工具和场外衍生工具。

再次，按照基础工具种类分类，金融衍生工具可以划分为股权类衍生工具、货币衍生工具、利率衍生工具、信用衍生工具以及其他衍生工具。

最后，按照金融衍生工具自身交易的方法及特点分类可分为金融远期合约、金融期货、金融期权、金融互换和结构化金融衍生工具。

在现实中通常使用两种方法对衍生工具进行分类。

(1)按照产品类型，可以将金融衍生工具分为远期，期货，期权和掉期四大类型。

(2)按照衍生工具的原生资产性质，可以将金融衍生工具分为股票类，利率类，汇率类和商品类。

三、衍生证券与金融工程

衍生证券是金融工程的产物。金融工程(Financial Engineering)是20世纪50年代后出现，并在80年代后迅速发展的金融创新方式。它包括创新型金融工具与金融手段的设计、开发与实施，以及对金融问题给予创造性的解决。狭义的金融工程主要是指利用先进的数字及通讯工具，在各种现有基本金融产品的基础上，进行不同形式的组合分解，以设计出符合客户需要并具有特定收益—风险特征的新金融产品。而广义的金融工程则是指一切利用工程化手段来解决金融问题的技术开发，它不仅包括金融产品设计，还包括金融产品定价、交易策略设计、金融风险管理等各个方面。

金融工程中，其核心在于对新型金融产品或业务的开发设计，其实质在于提高效率，它包括:第一，新型金融工具的创造，如创造第一个零息债券，第一个互换合约等；第二，已有工具的发展应用，如把期货交易应用于新的领域，发展出众多的期权及互换的品种等;第三，把已有的金融工具和手段运用组合分解技术，复合出新的金融产品，如远期互换、期货期权、新的财务结构的构造等。

第二节 期货合约

一、期货的概念

期货合约是由合约双方订立的，在将来某个时点按照某个确定价格买卖某种特定商品或金融资产的合约。期货合约从某种意义上说是特殊的远期合约。

期货交易萌芽于16世纪的欧洲，作为早期大宗商品贸易的一种形式出现。通常认为，现代期货交易始于1848年CBOT商会的建立。该市场通过引入保证金交易、对冲了解合约、逐日结算等交易方式为现代期货交易奠定了制度基础。期货交易自产生以来，经过从商品期货到金融期货的发展过程。1972年芝加哥商业交易所正式成立国际货币市场分部，推出了七种外汇期货合约;1975年芝加哥期货交易所推出利率期货合约;1982年美国堪萨斯期货交易所(KCBT)推出价值线指数期货合约。自此，金融期货交易逐步替代了商品期货成为期货交易的主体。

(一)期货交易的基本特征

1.合约标准化。期货合约标准化是指除价格外的所有合约条款都由期货交易所统一制定。合约标准化便利了期货交易，降低了交易成本。交易双方不需对交易的具体条款进行协商，节约交易时间，减少交易纠纷。

2.杠杆机制。期货交易实行保证金制度，交易者在期货交易时只缴纳合约价款的一部分作为保证金，一般为合约价值的5%～10%。因而期货交易具有以少量资金就可以进行较大价值额的投资特点，这一机制被称为“杠杆机制”。期货交易的杠杆机制使期货交易具有高收益和高风险的特点。

3. 双向交易机制。由于期货合约交易与交割之间存在时间差，期货交易者在不持有现货的情况下仍可进行卖出交易，从而实现了双向交易机制。同时，期货合约的标准化也为双向交易提供了便利和可能。双向交易是指期货交易者既可以买入期货合约建仓，也可以卖出期货合约建仓，实现“买空卖空”。

4. 对冲机制。在期货交易中大多数交易者并不是通过合约到期时进行交割来了解合约，而是通过与建仓时的交易方向相反的交易来解除履约责任，具体说就是买入建仓之后可以通过卖出相同合约的方式解除履约责任，卖出建仓后可以通过买入相同合约的方式解除履约责任。

5. 当日无负债结算制度。在每个交易日结束后，交易所的结算部门会对交易者当天的盈亏状况进行结算，在不同交易者之间根据盈亏情况进行资金划转，如果交易者亏损严重，保证金账户资金不足时，则要求交易者必须在下一日开市前追加保证金，做到“当日无负债”，以有效防范风险，保证期货市场的正常运转。

6. 交易集中化。期货交易必须在期货交易所内进行。期货交易所实行会员制，只有会员方能进场交易。处在场外的广大客户若想参与期货交易，只能委托期货公司代理交易。所以，期货市场是一个高度组织化的市场，期货交易最终在期货交易所内集中完成。

（二）期货合约交易与其他资产交易比较

1. 期货交易与现货交易

（1）期货交易与现货交易的联系。现货交易是交易双方根据对商品需求或供给目的，实时进行商品交收和钱款结清的交易方式，是商品与资产交易最普通与常见的形式。期货交易是一种高度组织化的交易方式，对交易对象、交易时间、交易空间等方面有较为严格的限定。期货交易的对象是标准化的期货合约，是由期货交易所统一制定的，规定在将来某一特定的时间和地点交割一定数量和质量商品的标准化合约。现货交易与期货交易同为商品或资产交易的具体形式，两者互为补充、互相支持。没有期货交易，现货交易的价格波动风险难以回避；没有现货交易，期货交易就没有了产生的根基，两者相互补充、共同发展。

（2）期货交易与现货交易的区别。期货交易在交易条件与交易过程方面与现货交易存在差异。具体的区别可以归纳为：

首先，交易对象不同。现货交易的对象是实物商品或金融商品，期货交易的对象是标准化合约。因而期货交易的实质是有价证券交易，而非具体商品或基础金融资产交易。由于期货合约的标的物只包含特定种类的商品或资产，并不是所有的现货交易品种都能够有期货合约交易，因而期货交易对象的范围要小于现货交易。

其次，交割时间不同。现货交易中，物流、现金流与信息流基本上是同步发生的，交易者基于对需求、供给及商品价格的判断缔结交易合约并完成交易。而期货交易从成交到收付之间存在着时间差，发生了商流与物流的分离。同时，期货交割前，信息流的发生会对交易者的交易行为产生影响，导致合约缔结与最终交割并非完全对应。

再次，交易目的不同。现货交易的目的是获得或让渡商品或金融资产的所有权，是满足买卖双方需求的直接手段。期货交易的目的除了获得商品或金融资产本身外，更多的为了进行风险管理或者追求风险收益，期货交易具有典型的金融属性。

再次，交易场所与方式不同。现货交易一般不受交易时间、地点的限制，交易方式灵活方便。期货交易必须在高度组织化的期货交易所内以公开竞价的方式集中进行，投资者参与期货交易须委托期货公司代理交易。

最后，结算方式不同。现货交易主要采用一次性结清的结算方式，同时也有货到付款方式和信用交易中的分期付款方式等。期货交易实行每日无负债结算制度，交易双方必须缴纳一定数额的保证金，并且在交易过程中始终要维持一定的保证金水平。

2. 期货交易与远期交易

（1）期货交易与远期交易的联系。远期交易是指买卖双方签订远期合同，规定在未来某一时间进行商品交收的一种交易方式。远期交易属于现货交易，是现货交易在时间上的延伸。期货交易与远期交易有相似之处，主要表现在两者均为买卖双方约定于未来某一特定时间以约定价格买入或卖出一定数量的商品。期货交易是远期交易的一个特例，是标准化的远期交易。

（2）期货交易与远期交易的区别。

首先，交易对象不同。从本质上讲，远期合约交易的仍然是具体的商品或金融资产，双方进行交易时仍需要就标的物的数量、等级、质量、交收地点等相关要素进行协商。而期货交易的对象是交易所统一制定的标准化合约。另外，远期交易的适应范围更加广泛。

其次，交易目的不同。与现货交易类似，远期交易是为了在未来某一时间获取或转让商品。而期货交易的目的不是为了获取或转让商品或金融资产，而是为了转移风险或者追求风险收益。

第三，功能作用不同。期货交易的功能是规避管理和价格发现。交易者利用期货交易进行套利或套期保值交易可以管理现货风险。同时，期货交易集中度高，并带有预期性，有利于大宗商品或金融资产价格的合理化。远期交易有着与期货交易类似的功能，但受制于流动性差异，其功能存在不足。

第四，履约方式不同。期货交易有对冲平仓与到期交割两种履约方式，其中绝大多数期货合约都是通过对冲平仓的方式了结交易。远期交易履约方式主要采用商品交收方式，虽然也可采用背书转让方式，但最终的履约方式是商品交收。

第五，信用风险不同。期货交易以保证金制度为基础，实行每日无负债结算制度，每日进行结算且由交易所担保履约，所以信用风险较小。远期交易从交易达成到最终完成商品交割有相当长的一段时间，此间市场会发生各种变化，各种不利于履约的行为都有可能出现。总体来说，远期交易风险高于期货交易。

最后，保证金制度不同。期货交易有特定的保证金制度，按照成交合约价值的一定比例向买卖双方收取保证金，通常是合约价值的5%～10%。而远期交易是否收取或收取多少定金由交易双方商定。

二、期货的分类

期货合约的标准化交易限制了期货交易在所有现货品种中的应用。特定的具有标准化性质的商品或金融资产成为期货交易的品种，如大宗商品和金融资产。国际期货品种的发展，经历了商品期货到金融期货的发展过程，随着期货市场实践的深化和发展，天气期货、选举期货、各种指数期货等其他期货品种也开始出现。

（一）商品期货

商品期货是指标的物为实物商品的期货合约。商品期货历史悠久，种类繁多，主要包括农产品期货、金属期货和能源期货。

（1）农产品期货。农产品期货是指以农产品为标的物的期货合约。国际市场主要农产品期货合约包括小麦、玉米、燕麦、大米等谷物，以及棉花、大豆、豆油、豆粕、菜籽油、橙汁、咖啡、可可、白糖等经济作物，生猪、活牛、育牛、猪腩、羊毛等畜禽产品，木材、天然橡胶等林产品期货。

（2）金属期货。金属期货是指以金属为标的物的期货合约。目前，世界上金属期货品种主要是有色金属。1876 年成立的伦敦金属交易所（LME），开金属期货交易之先河。1899 年伦敦金属交易所引入铜、锡交易，1920 年铅、锌两种金属正式上市。伦敦金属交易是国际金属市场核心之一。目前，主要经营品种有铜、锡、铅、锌、铝、镍等。美国金属期货的出现晚于英国。纽约商品交易所（COMEX）成立于 1933 年，由经营皮革、生丝、橡胶和金属的交易所合并而成，交易品种有黄金、白银、铜、铝等。纽约商品交易所于 1974 年推出黄金期货合约，该品种的影响力逐渐扩大。从全球来看，目前交易的金属期货品种有：铜、铝、铅、锌、镍、锡、金、银、钯期货。世界上主要的金属交易所是 LME 和 NYMEX 的分部 COMEX。

（3）能源期货。能源期货是以能源产品为标的物的期货合约。20 世纪 70 年代初发生的石油危机，给世界石油市场带来巨大冲击，石油等能源产品价格波动剧烈，直接导致了石油等能源期货的产生。目前，纽约商品交易所（NYMEX）是世界上最具影响力的能源产品交易所，上市的品种有原油、汽油、取暖油、天然气、电力等。

（二）金融期货

金融期货是指以金融产品为标的物的期货合约，其产生的背景是金融自由化和经济全球化进程下金融资产价格风险的膨胀。20 世纪 70 年代以来，布雷顿森林体系瓦解，固定汇率制被浮动汇率制所取代，利率管制等政策逐渐取消，汇率、利率频繁剧烈波动，促使人们将期货市场的规避风险功能与金融产品的风险需求结合起来创建金融期货产品。金融期货经历了外汇期货——利率期货——股指期货的发展历程。

1972 年 5 月，芝加哥商业交易所（CME）设立了国际货币市场分部（IMM），首次推出包括英镑、加拿大元、法国法郎、日元和瑞士法郎等在内的外汇期货合约，成为金融期货交易的发端。目前，CME 交易的外汇期货品种有：欧元、加拿大元、英镑、人民币、人民币/欧元、人民币/日元、瑞士法郎等。1975 年 10 月，芝加哥期货交易所上市国民抵押协会债券（GNMA）期货合约，利率期货交易宣告诞生。1977 年 8 月，美国长期国债期货合约在芝加哥期货交易所（CBOT）上市。1982 年 2 月，美国堪萨斯期货交易所（KCBT）开发了价值线综合指数期货合约，首次将股票价格指数作为期货交易的标的。

在股指期货产生后，还出现了股票期货、多种金融工具交叉的期货品种等其他金融期货品种创新。金融期货的出现，使期货市场发生了巨大变化，彻底改变了期货市场的发展格局。目前，在国际期货市场上，金融期货已经占据了主导地位，并且对整个世界经济产生了深远的影响。

（三）其他期货品种

金融期货交易的出现，特别是现金交割模式的流行为期货交易向其他领域的发展提供了交易机制上的基础。期货交易作为一种规范、成熟的风险管理工具，作为一种高效的信息汇集、加工和反映机制，其应用范围并不局限于商品和金融领域。因而国际期货市场上出现了天气期货、信用期货、其他指数期货、选举期货等其他期货交易品种的实践和设想。

(1)天气期货

天气的变化往往会给能源、农业、保险和旅游业等产业带来巨大的影响，这种影响不仅反映在价格上，还反映在对相关企业产品的需求量上。为了规避这种需求量变化所导致的风险，芝加哥商业交易所率先推出了交易所交易的天气指数期货和期权，共包括 4 大类天气期货品种，分别为温度期货(Temperature Futures)、降雪量期货(Snowfall Futures)、霜冻期货(Frost Futures)和飓风期货(Hurricanes Futures)，每一期货类型下还包含多个期货合约。天气期货采用现金结算方式，为气候风险的管理提供了高效率风险管理手段。

(2)各种指数期货

其他指数期货包括经济指数期货以及覆盖宏观经济变动风险的 GDP 指数期货、房地产指数期货(Real Estate Futures)、消费者物价指数期货等。比较有代表性的是美国 CRB 期货合约，该期货合约于 1986 年由纽约期货交易所根据商品研究局价格指数(CRB)开发推出。2005 年 6 月 20 日，路透集团(Reuters)与 Jefferies 集团旗下的 Jefferies 金融产品公司进行合作，调整路透商品研究局指数，更名为路透/Jefferies 商品研究局指数(RJ/CRB)。该指数由于能有效地反映出大宗商品的总体趋势，同时也为宏观经济景气的变化提供有效的预警信号，成为著名的商品指数。纽约期货交易所从 2005 年 7 月 11 日起推出新的商品期货指数合约。目前，该指数在国内外市场中被广泛关注和应用。

三、金融期货合约

(一)外汇期货合约

外汇期货合约是指买卖双方约定未来某一时期汇率，买卖一定数量的某种外汇的标准化协议。外汇期货合约为广大投资者和金融机构等经济主体提供了回避汇率风险的有效套期保值工具。

1. 外汇期货的种类

国际外汇期货交易的主要市场是美国芝加哥商业交易所(CME)的国际货币市场(IMM)和美国纽约期货交易所。CME 国际货币市场是世界最大的外汇期货与期权市场，目前上市 19 种货币衍生的 41 种期货合约和 31 种期权合约。纽约期货交易所的外汇期货市场目前交易包括以美元为基础和以欧元及其他货币为基础的货币对共 29 对，此外，还交易美元货币指数和欧元货币指数的期货与期权合约。美国以外的交易所的外汇交易品种相对较少，如伦敦国际金融期货交易所目前仅交易欧元/美元和美元/欧元的期货与期权合约。

目前国际外汇期货交易的主要品种可以分为三类：以本国货币为基础的货币对外汇期货合约、交叉汇率外汇期货合约和外汇指数期货合约。

在以本国货币为基础的货币对外汇期货合约中，本国货币可以是基础货币，也可以是目标货币。在国际货币市场以美元为基础的货币对期货合约中，主要货币对的期货交易量往往最大，因为外汇风险回避的主要需求也集中于此。

交叉汇率期货合约反映了一种外币对另一种外币的价值，其推出是为了适应交易的全球化与交易所规模拓展、跨国经营的需要，其中不少都是近年推出的。

外汇指数期货是以一揽子货币汇率为交易标的的外汇期货合约。外汇价格指数是度量某国货币与其主要贸易伙伴的货币之间的汇率的加权平均值的变动情况，从汇率指数的变化可以看出该国货币币值的升降趋势。汇率指数也是一种贸易加权指数，显示了某货币对一揽子货币的总体外在价值，因此，也可用来衡量汇率变动对贸易转移的影响。计算汇率指数，须先选定一组国家（地区）的货币，并根据其在双边贸易和国际贸易中的地位确定其在指数中的权重。纽约期货交易所于 1985 年开始美元指数期货期权的交易；CME 于 2003 年 3 月开始交易外汇指数期货合约（CME $ INDEX®）。纽约期货交易所于 2006 年 1 月开始交易欧洲货币指数（ECX）期货期权合约。

表 2－1　　CME 国际货币市场外汇期货品种

以美元为基础的货币对期货合约	欧元/美元、加拿大元/美元、英镑/美元、日元/美元、瑞士法郎/美元、澳大利亚元/美元、巴西雷亚尔/美元、人民币/美元、捷克克朗/美元、欧元/美元小型合约、日元/美元小型合约、匈牙利福林/美元、以色列谢克尔/美元、韩国元/美元、墨西哥比索/美元、新西兰元/美元、挪威克朗/美元、波兰兹罗提/美元、俄罗斯卢布/美元、南非兰特/美元、瑞典克朗/美元
交叉汇率外汇期货合约	欧元/澳大利亚元、欧元/英镑、欧元/加拿大元、欧元/捷克克朗、欧元/匈牙利福林、欧元/日元、欧元/挪威克朗、欧元/波兰兹罗提、欧元/瑞典克朗、欧元/瑞士法郎、澳大利亚元/加拿大元、澳大利亚元/新西兰元、澳大利亚元/日元、英镑/瑞士法郎、英镑/日元、加拿大元/日元、瑞士法郎/日元、人民币/欧元、人民币/日元
货币指数期货合约	CME 外汇指数期货合约（CME $ INDEX）

表 2－2　　纽约期货交易所外汇期货品种

以美元为基础的货币对期货合约	澳大利亚元/美元、美元/瑞典克朗、美元/挪威克朗、美元/瑞士法郎、英镑/美元、美元/日元、美元/南非兰特、新西兰元/美元、欧元/美元大型合约、美元/加拿大元、欧元/美元、美元/匈牙利福林、美元/捷克克朗、美元/日元小型合约、美元/加拿大元小型合约、美元/瑞士法郎、英镑/美元小型合约、澳大利亚元/美元小型合约、新西兰元/美元小型合约
交叉汇率外汇期货合约	澳大利亚元/新西兰元、澳大利亚元/加拿大元、澳大利亚元/日元、英镑/瑞士法郎、英镑/日元、加拿大元/日元、欧元/加拿大元、欧元/英镑、欧元/日元、欧元/挪威克朗、欧元/瑞典克朗、欧元/澳大利亚元、欧元/瑞士法郎、瑞士法郎/日元、欧元/匈牙利福林、欧元/捷克克朗、挪威克朗/瑞典克朗、欧元/南非兰特、英镑/澳大利亚元、英镑/新西兰元、英镑/加拿大元、英镑/挪威克朗、英镑/南非兰特、英镑/瑞典克朗、新西兰元/日元、挪威克朗/日元、瑞典克朗/日元、英镑/日元小型合约
货币指数期货合约	美元指数（USDX）合约、欧元货币指数（ECX）合约

2. 外汇期货合约的主要条款

（1）交易单位

交易单位是指单位合约所交易的货币数量。例如 CME 的日元/美元期货合约的交易单位为 12 500 000 日元。

（2）报价方式

报价方式指外汇期货合约的报价单位。传统的外汇期货合约报价方式是以基础货币作为报价标准，将外汇视为“商品”进行报价。如 CME 最早的以美元为基础的货币，都是用单位外汇的美元价值来标价。若加拿大元的远期标价为 1 美元 = 1.250 0 加拿大元，则其对应的期货标价则为 1 加拿大元 = 0.800 0 美元。

（3）合约月份

合约月份是指外汇期货合约到期结束交易并进行实物交割的月份。如 CME 的澳大利亚元/美元期货，合约月份规定为“以 3 月份为循环的 6 个季度月”，表明交割月份为每年的 3 月、6 月、9 月和 12 月，同时挂牌 6 个合约。

（4）交割日

除少数品种外，绝大多数外汇期货合约都采用了实物交割方式。在 CME，除墨西哥比索和南非兰特外，大多数品种一年要进行四次实物交割，交割时间分别为合约到期月份的第三个星期三。

（5）最后交易日

最后交易日指外汇期货合约最后可以交易的时间，最后交易日后，合约就进入交割阶段。在 CME，大多数品种的最后交易日是交割月第三个星期三之前的第二个交易日。

（6）最小变动价位

最小变动价位是指买卖期货合约时合约价格的最小变动点。在交易场内，经纪人所做的出价或叫价只能是变动价位的整倍数。CME 的以美元为基础的期货合约中，几种主要外汇期货合约的最小变动价位如下：英镑 0.000 1 美元、加拿大元 0.000 1 美元、欧元 0.000 1 美元、日元 0.000 001 美元、墨西哥比索 0.000 025 美元、瑞士法郎 0.000 1 美元。

（7）最小变动值

最小变动值是指买卖期货时一张期货合约（即一个交易单位）最小的波动值，它是合约最小变动值和交易单位相乘之积。如，欧元的最小变动值为 0.000 1（最小变动价位）×125 000（交易单位）= 12.5 美元。

（8）日涨跌幅限制

日涨跌幅限制是期货合约价格在当前交易日内高于或低于前一个交易日结算价格的最大幅度。由于外汇市场具有较强的流动性，且不易受操纵，其现货市场不存在涨跌停板。期货交易中，CME 对外汇合约最初规定了日涨跌限制，后调整为只在每日开市后的 7:20 至 7:35 之间设置；目前，CME 则对其外汇期货合约取消了涨跌限制。

（9）交易时间

CME 交易期货品种的交易时间为芝加哥时间上午 7:20 至下午 2:00，其电子交易系统的交易时间较长。

表 2－3　　纽约期货交易所以美元为基础的外汇期货合约的主要内容

合约	代码	交易单位	报价	最小变动价位
澳大利亚元/美元	AU	200 000 澳大利亚元	每澳大利亚元多少美元，小数点后 4 位	0.000 1 或每张合约 20 美元
美元/瑞典克朗	KU	200 000 美元	每美元多少瑞典克朗，小数点后 4 位	0.000 1 或每张合约 20 瑞士克朗

续表

美元/挪威克朗	NS	200 000 美元	每美元多少挪威克朗，小数点后 4 位	0.000 1 或每张合约 20 挪威克朗
美元/瑞士法郎	YF	200 000 美元	每美元多少瑞士法郎，小数点后 4 位	0.000 1 或每张合约 20 瑞士法郎
英镑/美元	YP	125 000 英镑	每英镑多少美元，小数点后 4 位	0.000 1 或每张合约 12.50 美元
美元/日元	YY	200 000 美元	每美元多少日元，小数点后 2 位	0.01 或每张合约 2 000 日元
美元/南非兰特	ZR	100 000 美元	每美元多少兰特，小数点后 4 位	0.000 5 或每张合约 50 兰特
新西兰元/美元	ZX	200 000 新西兰元	每新西兰元多少美元，小数点后 4 位	0.000 1 或每张合约 20 美元
欧元/美元大型合约	EU	200 000 欧元	每欧元多少美元，小数点后 4 位	0.000 1 或每张合约 20 美元
美元/加拿大元	YD	200 000 美元	每美元多少加拿大元，小数点后 4 位	0.000 1 或每张合约 20 加拿大元
欧元/美元	EO	100 000 欧元	每欧元多少美元，小数点后 4 位	0.000 1 或每张合约 10 美元
美元/匈牙利福林	UF	200 000 美元	每美元多少福林，小数点后 2 位	0.01 或每张合约 2 000 福林
美元/捷克克朗	UZ	200 000 美元	每美元多少克朗，小数点后 3 位	0.00 1 或每张合约 200 克朗
美元/日元小型合约	SN	100 000 美元	每美元多少日元，小数点后 2 位	0.01 或每张合约 1 000 日元
美元/加拿大元小型合约	SV	100 000 美元	每美元元多少日元，小数点后 4 位	0.000 1 或每张合约 10 加拿大元
美元/瑞士法郎小型合约	MF	100 000 美元	每美元多少瑞士法郎，小数点后 4 位	0.000 1 或每张合约 10 瑞士法郎
英镑/美元小型合约	MP	62 500 英镑	每英镑多少美元，小数点后 4 位	0.000 1 或每张合约 6.25 美元

续表

澳大利亚元/美元小型合约	AA	100 000 澳大利亚元	每澳大利亚元多少美元，小数点后 5 位	0.000 10 或每张合约 10 美元
新西兰元/美元小型合约	ZA	100 000 新西兰元	每新西兰元多少美元，小数点后 5 位	0.000 10 或每张合约 10 美元；套利交易为 0.000 05 或每张合约 5 美元

表 2－4　纽约期货交易所交叉汇率外汇期货合约的主要内容

合约	代码	交易单位	报价	最小变动价位
澳大利亚元/新西兰元	AR	200 000 澳大利亚元	每澳大利亚元多少新西兰元，小数点后 4 位	0.000 1 或每张合约 20 新西兰元
澳大利亚元/加拿大元	AS	200 000 澳大利亚元	每澳大利亚元多少加拿大元，小数点后 4 位	0.000 1 或每张合约 20 加拿大元
澳大利亚元/日元	YA	200 000 澳大利亚元	每澳大利亚元多少日元，小数点后 2 位	0.01 或每张合约 2 000 日元
英镑/瑞士法郎	SS	125 000 英镑	每英镑多少瑞士法郎，小数点后 4 位	0.000 1 或每张合约 12.5 瑞士法郎
英镑/日元	SY	125 000 英镑	每英镑多少日元，小数点后 2 位	0.01 或每张合约 1 250 日元
加拿大元/日元	HY	200 000 加拿大元	每加拿大元多少日元，小数点后 2 位	0.01 或每张合约 2 000 日元
欧元/加拿大元	EP	100 000 欧元	每欧元多少加拿大元，小数点后 4 位	0.000 1 或每张合约 10 加拿大元
欧元/英镑	GB	100 000 欧元	每欧元多少英镑，小数点后 4 位	0.000 1 或每张合约 10 英镑
欧元/日元	EJ	100 000 欧元	每欧元多少日元，小数点后 2 位	0.01 或每张合约 20 日元
欧元/挪威克朗	OL	100 000 欧元	每欧元多少挪威克朗，小数点后 4 位	0.000 5 或每张合约 50 挪威克朗
欧元/瑞典克朗	RK	100 000 欧元	每欧元多少瑞典克朗，小数点后 4 位	0.000 5 或每张合约 50 瑞典克朗

续表

欧元/澳大利亚元	RA	100 000 欧元	每欧元多少澳大利亚元，小数点后 4 位	0.000 1 或每张合约 10 澳大利亚元
欧元/瑞士法郎	RZ	100 000 欧元	每欧元多少瑞士法郎，小数点后 4 位	0.000 1 或每张合约 10 瑞士法郎
瑞士法郎/日元	ZY	200 000 瑞士法郎	每瑞士法郎多少日元，小数点后 2 位	0.01 或每张合约 2 000 日元
欧元/匈牙利福林	HR	100 000 欧元	每欧元多少匈牙利福林，小数点后 2 位	0.01 或每张合约 1 000 匈牙利福林
欧元/捷克克朗	EZ	100 000 欧元	每欧元多少捷克克朗，小数点后 3 位	0.001 或每张合约 100 捷克克朗
挪威克朗/瑞典克朗	NJ	500 000 挪威克朗	每挪威克朗多少瑞典克朗，小数点后 4 位	0.000 1 或每张合约 50 瑞典克朗
欧元/南非兰特	YZ	100 000 欧元	每欧元多少南非兰特，小数点后 4 位	0.000 5 或每张合约 50 南非兰特
英镑/澳大利亚元	QA	125 000 英镑	每英镑多少澳大利亚元，小数点后 4 位	0.000 1 或每张合约 12.50 澳大利亚
英镑/新西兰元	GN	125 000 英镑	每英镑多少新西兰元，小数点后 4 位	0.000 1 或每张合约 12.50 新西兰元
英镑/加拿大元	PC	125 000 英镑	每英镑多少加拿大元，小数点后 4 位	0.000 1 或每张合约 12.50 加拿大元
英镑/挪威克朗	PK	125 000 英镑	每英镑多少挪威克朗，小数点后 4 位	0.000 5 或每张合约 62.50 挪威克朗
英镑/南非兰特	PZ	125 000 英镑	每英镑多少南非兰特，小数点后 4 位	0.000 5 或每张合约 62.50 南非兰特
英镑/瑞典克朗	PS	125 000 英镑	每英镑多少瑞典克朗，小数点后 4 位	0.000 5 或每张合约 62.50 瑞典克朗
新西兰元/日元	ZJ	200 000 新西兰元	每新西兰元多少日元，小数点后 2 位	0.01 或每张合约 2 000 日元
挪威克朗/日元	KY	2000 000 挪威克朗	每挪威克朗多少日元，小数点后 4 位	0.000 5 或每张合约 1 000 日元
瑞典克朗/日元	KJ	2000 000 瑞典克朗	每瑞典克朗多少日元，小数点后 4 位	0.000 5 或每张合约 1 000 日元

续表

英镑/日元小型合约	YS	62 500 英镑	每英镑多少日元，小数点后 3 位	0.010 或每张合约 625 日元，套利交易为 0.005 或每张合约 312.5 日元

表 2－5 伦敦国际金融期货交易所(EURONEXT－LIFFE)外汇期货合约内容简介

合约内容	美元/欧元期货合约	欧元/美元期货合约
交易单位	20 000 美元	20 000 欧元
合约月份	初始到期时间:1、2、3 个月循环:每月 初始到期时间:6、9、12 个月循环:3 月份、6 月份、9 月份和 12 月份 初始到期时间:3 年循环:9 月份	初始到期时间:1、2、3 个月循环:每月 初始到期时间:6、9、12 个月循环:3 月份、6 月份、9 月份和 12 月份 初始到期时间:3 年循环:9 月份
标价方式	每单位美元多少欧元(0.01 相当于每张合约 200 欧元)	每单位欧元多少欧元(0.01 相当于每张合约 200 美元)
最小变动价位/最小变动值	0.01 欧元，每张合约 2 欧元	0.01 美元，每张合约 2 美元
最后交易日	交割月第三个周五阿姆斯特丹时间 13:00，如遇非交易日，则为前一交易日	交割月第三个周五阿姆斯特丹时间 13:00，如遇非交易日，则为前一交易日
现金结算	以欧元外汇市场 EuroFX 阿姆斯特丹时间 13:00 的欧元/美元汇率为基准	以欧元外汇市场 EuroFX 阿姆斯特丹时间 13:00 的欧元/美元汇率为基准
交易时间	阿姆斯特丹时间 9:00 至 17:30	阿姆斯特丹时间 9:00 至 17:30
交易平台	LIFFE CONNECT®	LIFFE CONNECT®

注:对合约月份的说明:如果是在 2005 年 1 月 5 日，则挂牌的合约月份包括 2005 年 1 月份到期、2 月份到期、3 月份到期、6 月份到期、9 月份到期、12 月份到期，以及 2006 年 9 月份到期、2007 年 9 月份到期的合约;2005 年 5 月 4 日，则挂牌的合约月份包括 2005 年 5 月到期、6 月到期、7 月到期、9 月到期、12 月到期、2006 年 3 月份到期，以及 2006 年 9 月份到期、2007 年 9 月份到期的合约。每一旧合约到期后，将按照循环规则补充新合约。

3. 主要的外汇期货合约

(1)货币对外汇期货合约

CME 国际货币市场分部交易的外汇期货合约占了全球的 90% 以上的交易量，而其中交易最活跃的为以美元为基础的欧元、日元、加拿大元、瑞士法郎、英镑、墨西哥比索和澳大利亚元期货合约。这些合约都在交易池和电子交易系统同时交易。

表 2-6　　CME 澳大利亚元期货合约

交易单位		100 000 澳大利亚元	
报价描述		1 点 = 每澳大利亚元 0.000 1 美元 = 每张合约 10.00 美元	
合约月份		以 3 月份为循环的 6 个季度月（3、6、9、12 月）	
产品代码		AD	
场内交易	交易时间	上午 7:20 至下午 2:00	
	涨跌停板限制	无	
	最小变动价位	常规	0.000 1 = 10.00 美元
		全部成交否则取消指令（All or None）	0.000 05 = 5.00 美元
电子交易系统	交易时间	周一至周四：下午 5:00 至次日下午 4:00，周日与假期：下午 5:00 至次日下午 4:00	
	涨跌停板限制	无	
	最小变动价位	0.000 1 = 10.00 美元	

* 交易时间从当天下午 5:00 到次日下午 4:00，连续 23 小时交易。

表 2-7　　CME 人民币/美元期货合约

交易单位	1000 000 人民币
点数描述	1 点 = 每元人民币 0.000 01 美元 = 每张合约 10 美元
挂牌合约	13 个连续月份加上 2 个以 3 月份为循环的远期季度月
交易场所	CME® Globex®（电子交易）
交易时间	周一至周四：下午 5:00 至次日下午 4:00，周日与假期：下午 5:00 至次日下午 4:00
涨跌停板限制	无
最小变动价位	0.000 01 = 10.00 美元
	0.000 005 = 5.00 美元

表 2-8　　CME 交易池以美元为基础的外汇期货合约的主要内容

币种	交易单位	最小变动价位	涨跌限制	交割月份
英镑	62 500 英镑	0.000 1，每合约 6.25 美元	无	以 3 月份为循环的 6 个季度月
澳大利亚元	100 000 澳大利亚元	0.000 1，每合约 10.00 美元；全部执行或取消指令，0.000 05，每合约 5.00 美元	无	以 3 月份为循环的 6 个季度月

续表

巴西雷亚尔	100 000 巴西雷亚尔	0.000 05，每合约5.00美元（半个价位）	无	12个连续月份
加拿大元	100 000 加拿大元	0.000 1，每合约10.00美元;全部执行或取消指令，0.000 05，每合约5.00美元	无	以3月份为循环的6个季度月
捷克克朗	4000 000 捷克克朗	0.000 002，每合约8.00美元;全部执行或取消指令，0.000 001，每合约4.00美元	无	以3月份为循环的6个季度月
欧元	125 000 欧元	0.000 1，每合约12.50美元;全部执行或取消指令，0.000 05，每合约6.25美元	无	以3月份为循环的6个季度月
匈牙利福林	30 000 000 匈牙利福林	0.000 000 2 = 6.00美元;全部执行或取消指令，0.000 000 1 = 3.00美元	无	以3月份为循环的6个季度月
日元	12 500 000 日元	0.000 001 = 12.50美元;全部执行或取消指令，0.000 000 5 = 6.25美元	无	以3月份为循环的6个季度月
墨西哥比索	500 000 墨西哥比索	0.000 025，每合约12.50美元	无	13个连续月份加上2个以3月份为循环的远期季度月
新西兰元	100 000 新西兰元	0.000 1，每合约10.00美元;全部执行或取消指令，0.000 05，每合约5.00美元	无	以3月份为循环的6个季度月
波兰兹罗提	500 000 波兰兹罗提	0.000 2，每合约10.00美元;全部执行或取消指令，0.000 1，每合约5.00美元	无	以3月份为循环的6个季度月
俄罗斯卢布	2 500 000 俄罗斯卢布	0.000 01，每合约25.00美元	无	4个季度月
南非兰特	500 000 南非兰特	0.000 025，每合约12.50美元	无	13个连续月份加上2个以3月份为循环的远期季度月
瑞士法郎	125 000 瑞士法郎	0.000 1，每合约12.50美元;全部执行或取消指令，0.000 05，每合约6.25美元	无	以3月份为循环的6个季度月

(2)交叉汇率外汇期货合约

CME 交叉汇率期货合约的报价方式为每交易货币单位多少最小变动货币来衡量。以欧元/日元期货合约为例，即为每欧元变动多少日元，每张合约要求交割 125 000 欧元，此时欧元是交易单位（Trading Unit），每日结算以日元进行，此时日元是最小变动货币（Minimum Fluctuation Currency）。

表 2－9　　CME 欧元/澳大利亚元交叉汇率期货合约

交易单位	125 000 欧元
点数描述	1 点＝每欧元 0.000 1 澳大利亚元＝每张合约 12.50 美元
挂牌合约	以 3 月份为循环的 6 个季度月
交易场所	CME® Globex®（电子交易）
交易时间	周日至周五下午 5:00 至次日次日下午 4:00
涨跌停板限制	无
最小变动价位	常规 0.000 1＝12.5 澳大利亚元 跨期套利 0.000 05＝6.25 澳大利亚元 全部成交否则取消指令 0.000 05＝6.25 澳大利亚元

表 2－10　　CME 交易池交叉汇率外汇期货合约的主要内容

交叉汇率	交易单位	最小变动价位	涨跌限制	交割月份
欧元/英镑	125 000 欧元	0.000 05＝6.25 英镑 0.000 025＝3.125 英镑	无	以 3 月份为循环的 6 个季度月
捷克克朗/欧元	4000 000 捷克克朗	0.000 002＝8.00 欧元 0.000 001＝4.00 欧元	无	以 3 月份为循环的 6 个季度月
匈牙利福林/欧元	30 000 000 匈牙利福林	0.000 000 2＝6.00 欧元 0.000 000 1＝3.00 欧元	无	以 3 月份为循环的 6 个季度月
欧元/日元	125 000 欧元	0.01＝1250 日元 0.005＝625 日元	无	以 3 月份为循环的 6 个季度月
波兰兹罗提/欧元	500 000 兹罗提	0.000 02＝10.00 欧元 0.000 01＝5.00 欧元	无	以 3 月份为循环的 6 个季度月
欧元/瑞士法郎	125 000 欧元	0.000 1＝12.5 瑞士法郎 0.000 05＝6.25 瑞士法郎	无	以 3 月份为循环的 6 个季度月
澳大利亚元/加拿大元	200 000 澳大利亚元	0.000 05＝10.00 加拿大元	无	以 3 月份为循环的 6 个季度月
澳大利亚元/新西兰元	200 000 澳大利亚元	0.000 05＝10.00 新西兰元	无	以 3 月份为循环的 6 个季度月
澳大利亚元/日元	200 000 澳大利亚元	0.005＝1 000 日元	无	以 3 月份为循环的 6 个季度月

（3）外汇指数期货合约

CME 外汇指数是包含了七国货币的几何指数合约，反映美国商品的国际相对竞争力。指数内每一汇率的权重以美联储发布的贸易竞争性权重系列为基础。美联储往往在年初或其他时间对货币权重进行调整，交易所随之对期货合约指数的权重作出相应调整。

表 2－11　　CME 外汇指数的权重

国家或地区/货币	2005 年权重/%	2006 年权重/%
欧元区/欧元	44.798 4	43.956 3
日元/日元	23.054 2	23.387 6
英国/英镑	16.580 7	16.030 2
瑞士/瑞士法郎	5.279 9	5.554 2
澳大利亚元/澳元	3.595 7	3.634 8
加拿大/加元	2.694 4	2.898 5
瑞典/瑞典克朗	3.996 7	4.538 4

表 2－12　　CME 外汇指数合约

<table>
<tr><td colspan="2">交易单位</td><td colspan="2">1 000 美元乘以 CME 外汇指数</td></tr>
<tr><td colspan="2">报价描述</td><td colspan="2">1 点 = 每指数点 0.01 美元 = 每张合约 10 美元</td></tr>
<tr><td colspan="2">合约月份</td><td colspan="2">以 3 月份为循环的 6 个季度月(3、6、9、12 月)</td></tr>
<tr><td rowspan="4">场内交易</td><td>交易时间</td><td colspan="2">上午 7:20 至次日下午 2:00</td></tr>
<tr><td>涨跌停板限制</td><td colspan="2">无</td></tr>
<tr><td rowspan="2">最小变动价位</td><td>常规</td><td>0.01 = 10.00 美元</td></tr>
<tr><td>全部成交否则取消指令</td><td>0.005 = 5.00 美元</td></tr>
<tr><td rowspan="3">电子交易系统</td><td>交易时间</td><td colspan="2">周一至周四：下午 5:00 至次日下午 4:00，周日与假期：下午 5:00 至次日下午 4:00</td></tr>
<tr><td>涨跌停板限制</td><td colspan="2">无</td></tr>
<tr><td>最小变动价位</td><td colspan="2">0.01 = 10.00 美元</td></tr>
</table>

美元指数(USDX)于 1973 年开始编制，用来衡量美元对一揽子货币的汇率变化程度，综合反映美元在国际外汇市场的汇率情况的另一重要指标。美元指数通过计算美元和对选定的一揽子货币的综合的变化率，来衡量美元的强弱程度，从而间接反映美国的出口竞争能力和进口成本的变动情况。美元指数反映了美元相对于 1973 年 3 月基准点的几何加权平均值，基准点为 100.00。目前，用来计算美元指数的六种货币及其权重分别为欧元 57.6%、日元 13.6%、英镑 11.9%、加拿大元 9.1%、瑞典克朗 4.2% 和瑞士法郎 3.6%。

表 2－13　　NYBOT 美元指数外汇合约

交易单位	1 000 美元乘以指数值
报价	以 100 为基日值的指数点报价，计算到小数点后 2 位
合约月份	3、6、9、12 月

续表

交易时间	下午 7:00 至 10:00 上午 2:00 至 8:05 上午 8:05 至下午 3:00
最后交易日	到期月份第三个星期三前两个交易日
实物交割	到期月份第三个星期三
涨跌限制	无
最小变动价位	每指数点的 0.01 美元或每张合约为 10 美元;套利交易可为半个价位

欧洲货币指数(ECX)是欧元对五种货币价值的几何平均数，这五种货币及其权重分别为:美元 31.55%、英镑 30.56%、日元 18.91%、瑞士法郎 11.13% 和瑞典克朗 7.85%。

表 2-14　　NYBOT 欧元指数外汇合约

交易单位 1 000 欧元乘以指数值	
报价	以指数点报价，计算到小数点后 2 位
合约月份	3、6、9、12 月
交易时间	纽约时间下午 7:00 至 10:00 下午 2:00 至 3:00
最后交易日	到期月份第三个星期三前二个交易日
实物交割	到期月份第三个星期三
涨跌限制	无
最小变动价位	每指数点的 0.01 欧元或每张合约为 10 欧元

4. 外汇合约的交割

到期未平仓外汇期货合约须进行实物交割。由于外汇期货的实物交割涉及两种货币，因此其过程有不同于一般商品期货和金融期货品之处。CME 的一般外汇期货合约一年进行四次实物交割，交割期为每年的 3、6、9、12 月的第三个星期三。例外的是巴西雷亚尔和俄罗斯卢布采用现金结算的方式。

以对于大多数以美元为基础的货币对交易来说，CME 要求多头方支付美元进入在美国的 IMM 交割账户，空头方将从该账户获得美元支付。同样，外币在其所在国发生转移，空头方的交割银行将货币转移至该国的 IMM 交割账户，然后，从该账户将外币转入多头方所选择的银行账户。

(二)利率期货合约

利率期货合约是买卖双方同意在约定的将来某个日期按约定条件买卖一定数量的某种利率工具的标准化协议。利率期货的标的物是各种利率工具，这些利率工具被称为利率期货的基础产品。

1. 利率工具

利率期货的标的是货币市场和资本市场的各种利率工具。货币市场证券是期限很短的利率工具，其特点是期限短、流动性很强、风险低。常见的货币市场工具包括短期国债、同业拆借、商业票据、银行承兑汇票、可转让定期订单、回购协议、欧洲美元存单等。资本市场上的利率工具主要有各国政府发行的中长期国债、地方政府发行的市政债券、各类公司发行的公司债券、金融公司与机构发行的金融债券以及国际市场的外国债券、欧洲债券等。利率工具按照其期限的不同，可以分为短期（不超过 1 年）、中期（1 ~ 10 年）、长期（超过 10 年）三类。

2. 利率期货相关工具

利率期货的标的物应当具有市场规模大、流动性强的特点。目前，全球短期利率期货的交易中，最活跃的品种为 CME 的 3 月期欧洲美元定期存款期货和泛欧交易所 - 伦敦国际金融期货交易所（EURONEXT - LIFFE）的 3 月期欧洲银行间欧元利率期货；在中长期利率期货的交易中，最活跃的有：纽约期货交易所的 5 年期、10 年期和 30 年期国债期货；欧洲期货交易所（EUREX）的 EURO - SCHATZ 债券期货、EURO - BOBL 债券期货和 EURO - BUND 债券期货。

（1）欧洲美元定期存单

欧洲美元（Eurodollar）是存放在美国境外的各国银行和美国银行设在境外的分支机构的美元存款，或是从这些银行借到的美元贷款。20 世纪 80 年代后金融一体化浪潮的出现，极大地推动了欧美美元市场的持续繁荣与发展。欧洲美元市场是一个不受美国联邦储备系统管辖的国际资本市场，接受以美元存款为主的外国银行和美国银行境外分支机构无须执行法定存款准备金标准，因而资金成本低且利率灵活。

欧洲美元存单是美国境外银行发行的以美元为面值的一种大额定期存单，有固定的存款期限，其存款期限一般为 3 个月或 6 个月。欧洲美元存单最早出现于 1966 年，由于 20 世纪 60 年代市场利率上升而美国商业银行受 Q 条例的存款利率上限限制，欧洲美元存单数量迅速增加，并成为欧洲美元市场的主流工具。目前欧洲美元存单市场的中心在伦敦，但欧洲美元存单的发行范围并不仅限于欧洲。

欧洲美元伦敦同业银行拆借利率（London Interbank Offered Rate，简称 LIBOR）反映了新发行的欧洲美元定期存单的利率行情。LIBOR 拆借期分为日、周、1 - 6 个月期等，英国银行家协会（British Banker Associates，简称 BBA）负责按照一定的规则进行统计并对外发布。目前 LIBOR 已经成为国际性同业贷款利率的基础和利率变动的风向标。

（2）欧洲银行间欧元同业拆借利率

1999 年 1 月 1 日起，欧元成为欧元区统一货币。德国、法国、西班牙、比利时、荷兰等各国原有的银行间同业拆借利率不复存在，取而代之的是欧洲银行间欧元同业拆借利率（European Interbank Offered Rate，EURI - BOR）。EURIBOR 的确定方法类似于 LIBOR，由欧洲银行家协会负责按照一定的规则进行统计并对外发布。它以布鲁塞尔时间为准，以 360 日为一年计息。

（3）短期和中长期国债

美国短期国债是期限小于 1 年的美国国库券。短期国债的期限分为 3 个月（13 周或 91 天）、6 个月（26 周或 182 天）或 1 年。短期国债通常采用贴现方式发行，面值兑付。美国中长期国债是附息债券，基本上都以 1 000 美元的面值发行，每半年付息 1 次，到期偿还本金。其中中期国债期限一般为 2 年、3 年、5 年或 10 年，在到期之前不可赎回。美国政府长期债券的期限一般为 20 年或 30 年。中长期债券的二级市场交易规模大，而且流动性很强。中长期国债的报价方式与短期国债不同，出价和要价的价格以百分点和一个百分点的 1/32 表示，该价格表示中长期国债的价格占面额的百分比。例如，99:16 表示价格为债券面值的 $99\% + 1\% \times 16/32 = 99.5\%$，如果面值为 1 000 美元，那么价格为 995 美元。

德国国债有长期债(10－30年)、中期债(2－7年)、短期债(1年以下)，固定利息，每年或每半年付息一次，到期偿还。德国国债在二级市场上交易的方式比较多，有净价交易、全价交易、期货和利率调期交易等。

3. 利率期货的种类

利率期货合约按其标的产品的期限与特点不同，可分为短期利率期货合约、中长期利率期货合约以及利率指数期货合约三大类。

(1)短期利率期货合约

短期利率期货是指期货合约标的资产期限在一年以内的各种利率期货，即以货币市场的各类债务凭证为标的的利率期货。目前，CME 和 EURONEXT 是欧洲交易短期利率期货合约的最重要的交易所。1976年 CME 推出3个月期短期国债期货合约。其后，CME 于1981年推出欧洲美元期货合约，1984年，欧洲美元期货在诞生3年后就超越了短期国债期货。经过20余年的发展，欧洲美元期货已成为世界上流动性最强、交易量最大的短期利率期货合约之一。

(2)中长期利率期货合约

中长期利率期货则是指期货合约标的产品的期限在一年以上的各种利率期货，即以资本市场的各类债务凭证为标的的利率期货，包括各种期限的中长期国债期货等。1975年，芝加哥期货交易所(CBOT)推出了政府国民抵押协会抵押证券(GN－MA)期货合约，标志着利率期货这一新的金融期货类别的诞生。1977年 CBOT 推出了美国长期国债期货，1982年，CBOT 又推出了10年期国债期货合约，现已成为 CBOT 最成功的期货合约。

(3)利率指数期货合约

利率指数期货合约是利率期货中的新产品。MTS 系统是欧洲地区最大的电子债券交易市场，该市场推出的 EUROMTS 指数可用来衡量欧元区一系列政府债券的总收益，是最早推出的欧元区政府债券指数。2007年1月24日，EURONEXT－LIFFE 与 EUROMTS Ltd(“EU-ROMTS”)联合推出了一系列以 EUROMTS 国债总收益指数为标的的债券指数期货合约，其中包括7－10年期欧元区政府债券指数期货、7－10年期 MTS 法国国债指数期货、7－10年期 MTS 意大利国债指数期货、7－10年期 MTS 德国国债指数期货。

4. 主要利率期货合约

目前 CME 是世界上最大的短期利率期货与期权交易市场。CME 最主要的产品是欧洲美元期货合约，此外，CME 还交易1个月美元 LIBOR 期货、13周美国国债期货等利率期货。

表2－15　CME 的主要利率期货品种

利率期货品种	标的工具	合约规模	最小变动价位	合约月份
3个月欧洲美元期货	3个月欧洲美元定期存单	面值1 000 000美元的存单	0.01，每张合约25美元	40个以3月份为循环的季度月以及最近4个连续月
LIBOR 期货	1个月美元 LI－BOR	3 000 000美元	0.002 5，每张合约6.25美元	连续12个月

续表

13 周美国国债期货	3 个月(13 周)美国国债	面值 1 000 000 美元的美国国债	0.005,每张合约 12.50 美元	4 个季度月加上 2 个日历月
CME 小型欧洲美元 5 年期期货	3 个月欧洲美元定期存单	名义价值为每张 100 000 美元,合约价值因子为 5 000 美元	0.002 5,每张合约 12.50 美元	3、6、9、12 月
日本国债期货	3 个月(13 周)美国国债	面值 10 000 000 日元的日本国债	0.01,每张合约 1 000 日元	5 个季度月
互换期货	2、5 和 10 年期美元利率互换利率	500 000 美元(2 年期),200 000 美元(5 年期),100 000 美元(10 年期)	0.002 5,每张合约 25.00 美元	2 个合约(3、6、9、12 月)
欧洲日元 TI-BOR 期货	3 个月日元 TI-BOR(东京银行间拆借利率)	100 000 000 日元	0.005,每张合约 1 250 日元	20 个合约(3、6、9、12 月,跨 5 年)
欧洲日元 LI-BOR 期货	3 个月日元 LI-BOR	100 000 000 日元	0.005,每张合约 1 250 日元	20 个合约(3、6、9、12 月,跨 5 年)
欧元区 HICP 期货	EUROSTAT 公布的欧元区消费者价格指数	10 000 欧元乘以欧元区 HICP	0.01,每张合约 100 欧元	连续 12 个月
信用指数事件期货	CME 北美投资级公司高波动性指数系列 1	100 000 美元	0.005,每张合约 5 日元	3、6、9、12 月,跨 5 年

2000 年,由法国、荷兰及比利时的相关交易所通过互换股份,成立了泛欧交易所(EURONEXT),随后,里斯本交易所加入。2002 年,EURONEXT 完成了对 LIFFE 的战略性收购。目前,EURONEXT 进行证券现货交易和各种产品的期货期权交易,其利率期货合约在其伦敦金融期货交易所分部 EURONEXT-LIFFE 进行交易。EURONEXT-LIFFE 是目前利率期货品种最多的欧洲期货交易所,特别是其短期利率期货期权合约品种涵盖了欧元、英镑、瑞士法郎和日元基准利率;EURIBOR(欧元银行间同业拆借利率)是欧元利率的基准之一,EURIBOR 期货合约是 EURONEXT-LIFFE 最为活跃的期货品种。欧元利率的另一个基准是欧洲隔夜平均指数(EONIA,Euro Over-Night Index Average),2003 年 2 月 4 日,EURONEXT-LIFFE 推出了以 EONIA 为基础的一个月欧洲隔夜平均指数(EONIA)期货,为货币市场提供了更为短期的风险回避与投资工具。EURONEXT-LIFFE 还推出了欧元和美元互换期货。其互换期货以互换市场为参照,并以现金结算,欧元区交易者可用其对长期非政府债券收益进行套期保值。EURONEXT-LIFFE 还即将开始交易债券指数期货。

表 2-16　　EURONEXT 的主要利率期货品种

利率期货品种	标的工具	合约规模	最小变动价位	合约月份
英国长期国债期货合约	英国长期国债	面值 100 000 英镑、息票率 6% 的英国长期国债	0.01，每张合约 10 英镑	3、6、9、12 月，交易最近的 3 个月份
日本国债期货	日本长期国债	面值 100 000 000 日元、息票率 6% 的日本长期国债	0.01，每张合约 10 000 日元	3、6、9、12 月，交易最近的 2 个月份
一个月欧洲隔夜平均指数期货	一个月欧洲隔夜平均指数	3 000 000 欧元	0.005，每张合约 12.50 欧元，以 100.00 - 利率报价	连续月份，同时交易 9 个合约
3 个月欧元银行间同业拆借利率期货合约	3 个月欧元定期存款	1 000 000 欧元	0.005，每张合约 12.50 欧元，以 100.00 - 利率报价	季度月加上 4 个近期月份，其中最近 6 个月份为连续月，共有 25 个合约可以交易
3 个月欧洲美元利率期货	3 个月存单	1 000 000 美元	0.005，每张合约 12.50 美元，以 100.00 - 利率报价	季度月加上 4 个近期月份，其中最近 6 个月份为连续月，共有 24 个合约可以交易
3 个月英镑利率期货	3 个月存单	500 000 英镑	0.01，每张合约 12.50 英镑，以 100.00 - 利率报价	季度月加上 2 个近期月份，其中最近 3 个月份为连续月，共有 23 个合约可以交易
3 个月欧洲瑞士法郎利率期货	3 个月存单	1 000 000 瑞士法郎	0.01，每张合约 25 瑞士法郎，以 100.00 - 利率报价	季度月加上 4 个近期月份，共有 8 个合约可以交易
3 个月欧洲日元利率期货	3 个月存单	1 00 000 000 日元	0.005，每张合约 1 250 日元，以 100.00 - 利率报价	季度月，共有 12 个合约可以交易
2 年期欧元互换期货	2 年期、面值 100 000 欧元，票面固定利率 6.0% 的互换	面值 100 000 欧元	0.005，每张合约 5 欧元，以每百欧元面值为基础报价	季度月，共有 2 个最近的季度月份合约可以交易

续表

5年期欧元互换期货	5年期、面值100 000欧元，票面固定利率6.0%的互换	面值100 000欧元	0.01，每张合约10欧元，以每百欧元面值为基础报价	季度月，共有2个最近的季度月份合约可以交易
10年期欧元互换期货	10年期、面值100 000欧元，票面固定利率6.0%的互换	面值100 000欧元	0.01，每张合约10欧元，以每百欧元面值为基础报价	季度月，共有2个最近的季度月份合约可以交易
2年期美元互换期货	2年期、面值200 000美元，票面固定利率6.0%的互换	面值100 000美元	0.005，每张合约10美元，以每百欧元面值为基础报价	季度月，共有2个最近的季度月份合约可以交易
5年期美元互换期货	5年期、面值100 000美元，票面固定利率6.0%的互换	面值100 000美元	0.01，每张合约10美元，以每百欧元面值为基础报价	季度月，共有2个最近的季度月份合约可以交易
10年期美元互换期货	10年期、面值100 000美元，票面固定利率6.0%的互换	面值100 000美元	0.02，每张合约20美元，以每百欧元面值为基础报价	季度月，共有2个最近的季度月份合约可以交易

除了CME和EURONEXT之外，芝加哥期货交易所(CBOT)也是国际利率期货交易的主要市场之一。

表2-17　　CBOT的主要利率期货品种

利率期货品种	标的工具	合约规模	最小变动价位	合约月份
30年期美国长期国债期货	美国长期国债	面值100 000美元	每100点1/32点，每张合约31.25美元；跨期套利为每100点1/32点的1/4，每张合约7.812 5美元	3、6、9、12月
10年期美国国债期货	美国长期国债	面值100 000美元	每100点1/32点的1/2，每张合约15.625美元(四舍五入)；跨期套利为每100点1/32点的1/4，每张合约7.812 5美元	3、6、9、12月

续表

5 年期美国国债期货	美国中期国债	面值 100 000 美元	每 100 点 1/32 点的 1/2，每张合约 15.625 美元(四舍五入)；跨期套利为每 100 点 1/32 点的 1/4，每张合约 7.812 5 美元	3、6、9、12 月
2 年期美国国债期货	美国中期国债	面值 200 000 美元	每 100 点 1/32 点的 1/4，每张合约 15.625 美元(四舍五入)	3、6、9、12 月
10 年期利率互换期货	10 年期利率互换。每半年互换一次利率，以 3 月 LIBOR 利率为基础将固定利率年率 6% 交换为浮动利率	面值 100 000 美元	每 100 点 1/32 点的 1/2，每张合约 15.625 美元(四舍五入)；跨期套利为每 100 点 1/32 点的 1/4，每张合约 7.812 5 美元	3、6、9、12 月中的最近 3 个月份
5 年期利率互换期货	5 年期利率互换。每半年互换一次利率，以 3 月 LIBOR 利率为基础将固定利率年率 6% 交换为浮动利率	面值 100 000 美元	每 100 点 1/32 点的 1/2，每张合约 15.625 美元(四舍五入)；跨期套利为每 100 点 1/32 点的 1/4，每张合约 7.812 5 美元	3、6、9、12 月中的最近 3 个月份
30 日联邦基金利率期货	30 日联邦基金利率	5 000 000 美元	一个基点的 1/2，每张合约 20.835 美元	最近的 24 个月份
小型欧洲美元期货合约	3 个月欧洲美元存单	500 000 美元	一个基点的 1/2，每张合约 6.25 美元	3、6、9、12 月，20 个合约可交易

EUREX 是由德国期货交易所(DTB)和瑞士期权及金融期货交易所(SOFFEX)于 1997 年 9 月 4 日合并成立的。2000 年 10 月 6 日，EUREX 推出国债期货交易，现已成为全球最大的利率衍生品交易所。其利率期货品种包括固定收益期货、货币市场期货、债券期货与回购期货四大类。在 EUREX 的利率期货中，成交最活跃的是 EURO－BUND 国债期货。

表 2-18 EUREX 的主要利率期货品种

利率期货品种	标的工具	合约规模	最小变动价位	合约月份
EURO - SCHATZ 期货合约	德国政府发行的剩余期限在 1.75 年至 2.25 年之间，息票率为 6% 的债券	面值 100 000 欧元	0.005，每张合约 5 欧元最近 3 个季度月	
EURO - BOBL 期货	德国政府发行的剩余期限在 4.5 年至 5.5 年之间，息票率为 6% 的债券	面值 100 000 欧元、息票率 6% 的德国中期国债 0.01，每张合约 10 欧元	最近 3 个季度月	
EURO - BUND 期货	德国政府发行的剩余期限在 8.5 年至 10.5 年之间，息票率为 6% 的债券	面值 100 000 欧元、息票率 6% 的德国中长期国债	0.01，每张合约 10 欧元	最近 3 个季度月
EURO - BUNL 期货合约	德国政府发行的剩余期限在 24 年至 35 年之间，息票率为 6% 的债券	面值 100 000 欧元、息票率 6% 的德国长期国债	0.02，每张合约 20 欧元	最近 3 个季度月
CONF 期货	瑞士政府发行的剩余期限在 8 年至 13 年之间，息票率为 6% 的债券	面值 100 000 瑞士法郎	0.01，每张合约 10 瑞士法郎	最近 3 个季度月
一个月 EONIA（欧洲央行计算的欧元隔夜平均指数）期货	1 个月期间欧元有效隔夜参考利率的平均利率	3 000 000 欧元	0.005，每张合约 12.50 欧元，以 100.00 - 利率报价	12 个连续月份
3 个月欧元利率期货	欧洲银行间 3 个月存单利率	1 000 000 欧元	0.005，每张合约 12.50 欧元，以 100.00 - 利率报价	最近 12 个季度月

（三）股指期货

1. 股指期货的概念

股票价格指数期货是以股票价格指数作为标的物的金融期货合约，简称股指期货。由于股票指数基本上能代表整个市场中股票价格变动的趋势和幅度，把股票指数改造成一种可交易的期货合约，并利用它对所有股票进行套期保值，规避系统风险。股指期货的特点包括：

第一，股指期货的标的特殊。股票指数由于是众多股票价格平均水平的表现形式，在很大程度上可以作为代表股票资产的相对指标。股票价格指数上升或下降表示股票资本增多或减少，这样，股票价格指数就具备了成为金融期货标的物的条件。利用股指期货可以规避股市波动所带来的系统性风险。

第二，股指期货的标的指数应具有权威性。目前，由期货交易所开发成功的所有股指期货合约都是以权威的股票价格指数为基础。比如，CME 的 S&P500 指数期货合约就是以标准·普尔公司公布的 500 种股票价格指数为基础。权威性股票指数的基本特点就是具有客观反映股票市场行情的总体代表性和影响的广泛性。这一点保证了期货市场具有较强的流动性和广泛的参与性，是股票价格指数期货成功的先决条件。

第三，股指期货的标价方式特殊。股票价格指数都是以点数表示的。例如，S&P500 指数 6 月份为 260 点，这 260 点也是 6 月份的股票价格指数合约的价格。以指数点乘以一个确定的金额数值就是合约的金额。在美国，绝大多数的股票价格指数期货合约的金额是用指数乘以 500 美元，例如，在 S&P500 指数 260 点时，S&P500 指数期货合约代表的金额为 260 × 500 = 13 000 美元。指数每涨跌一点，该指数期货交易者就会有 500 美元的盈亏。

第四，股指期货的交割方式特殊。股指期货合约采用现金交割，首先源于股票价格指数是一种特殊的金融虚拟资产，其变化非常频繁，而且是众多股票价格的平均值的相对指标，实物交割不可行；其次，股指期货合约的交易者不愿意交收该股指所代表的实际股票，他们的目的在于保值和投机，而采用现金交割和最终结算，既简单快捷，又节省费用。

2. 股指期货的市场功能

（1）价格发现功能

价格发现功能，是指利用期货市场公开竞价交易等交易制度，形成一个反映市场供求关系的市场价格。股指期货市场的价格能够对股票市场未来走势作出预期反映，同现货市场上的股票指数一起对国家的宏观经济作出预期。

（2）风险管理功能

股票市场风险巨大，股票投资人面临着由于受到特定因素影响的特定股票的市场价格波动给该股票持有者带来的非系统性风险，也面临着作用于整个市场的因素的影响下，市场上所有股票一起涨跌所带来的系统风险。对于非系统风险，投资者用增加持有股票种数，构造投资组合的方法来消除；对于后一种风险，投资者单靠购买一种或多种股票很难规避，因为一种或几种股票的组合不可能代表整个市场的走势，而一个人无法买卖所有股票。股票价格指数基本上代表了全市场股票价格变动的趋势和幅度。如果把股票价格指数改造成一种可买卖的商品，便可以利用这种商品的期货合约对全市场进行保值。利用股指期货对股票进行保值的根本原因在于股票价格指数和整个股票市场价格之间的正相关关系。

（3）投资功能

首先，股指期货可以丰富市场投资品种，为机构投资者提供更多选择。由于股指期货具有运行平稳、不易被操纵的优点，往往成为新兴市场开发衍生投资工具的首选，其他证券类衍生工具如股票期货、股指期权的创新也需要推出股指期货来奠定市场基础。其次，股指期货是一种理想的套利工具。一般情况下，期货市场的价格走势与现货市场价格走势保持着高度的同步性，期价与现价之间具有高度的相关性。但两个市场之间，也会不时地产生一些价格偏差，这就给在两个市场之间的套利交易提供了条件和基础。最后，股指期货降低了交易成本，产生出杠杆效应。相对现货交易，指数期货交易的成本是相当低的。指数期货交易的成本包括:交易佣金、买卖价差、用于支付保证金的机会成本和可能的税项。有专家统计，指数期货交易成本仅为股票交易成本的1/10。股指期货交易采用保证金的形式来进行，保证金只是交易金额的很小部分。

3. 主要的股指期货合约

(1)合约内容

①标准·普尔500综合股票指数期货

CME于1982年4月推出标准·普尔股票价格指数期货合约。标准·普尔股票指数包括400种工业股票、20种运输业股票、40种公用事业股票和40种金融业股票，以1941年至1943年抽样股票的平均市价为基期，以上市股票数为权数，按基期进行加权计算，基点数为10。1996年CME又推出了E–MINI S&P 500指数期货及期权交易，它们与S&P 500指数期货之间的差别就在于前者合约价值只有后者的1/5。就个人投资者而言，E–MINI S&P 500期货和期货期权的价值虽小，但提供了独特的风险管理和市场参与交易机会，因此影响甚大。

②NASDAP–100期货与E–MINI NASDAP–100期货

CME于1996年退出NASDAQ–100指数的期货和期货期权合约交易。该指数包括在NASDAQ股票市场上市的、以调整过的市值为基础的美国国内100只最大的非金融普通股。指数反映了包括计算机硬件和软件、电信、零售/批发交易、医药制品和生物技术的主要工业集团中迅速成长的公司，但不包含金融公司(如投资公司)。1999年CME也提供了NASDAQ–100期货合约的E–MINI版本，同其他的MINI指数期货合约一样，E–MINI NASDA–100期货合约也为原NASDAQ–100期货合约价值的1/5。

③香港恒生指数期货(HIS)和小型恒指期货

1986年5月6日香港推出恒生指数期货合约。恒生指数于1969年11月24日由香港恒生银行发布，包括了从香港500多家上市公司中挑选出来的33家有代表性且经济实力雄厚的大公司股票的股价编制。2000年10月9日，为满足对香港股票市场感兴趣的散户投资者的需要，香港期货交易所推出了小型恒生指数期货合约(简称“小指”)，小型期货合约指数的合约乘数每点只有恒生指数期货合约的1/5，即10港币。

④日经指数

日经指数的全称是日本经济新闻社道·琼斯股票平均价格指数。这是利用修正的美国道·琼斯公司股票价格平均数的计算方法。股票的选择、指数的计算与发布均由日本经济新闻社进行。1986年，新加坡国际金融交易所抢在日本之前推出日经225指数期货，成为国际金融机构进行日经225股指交易的主要场所，开创了以别国股指为期货交易标的物的先例。

⑤韩国KOSPI200股指期货

1996年5月，韩国股票交易所推出KOSPI200的股指期货交易，次年7月，又推出股指期权交易。1999年4月，为加强期货交易的专门管理，韩国政府成立了韩国期货交易所，并于2004年把KOSPI 200股指期货与期权交易从韩国股票交易所移到韩国期货交易所，现在韩国股票交易所与期货交易所也已合并，进一步促进了韩国在国际金融衍生品交易中的地位。

(2)报价方式

股票指数期货的标的物股票指数是一种非常特殊的“商品”，是一种既看不见、也摸不着的东西，属现金结算的方式，而不是实物交割的方式。期货市场只以各合约的标的指数的点来报出它的价格。例如在CBOT上市的主要市场指数期货合约规定交易单位为250美元与主要市场指数的乘积。若期货市场报出主要指数为100点，则表示一张合约的价值为25，000美元。主要市场指数每上涨(下跌)1点，则表示1张合约的价值增加(减少)250美元。值得一提的是，期货市场报出的指数在一定程度上反映着交易双方对未来股市行情的预测。

(3)合约规定

股指期货合约标的物为表示股价总水平的一系列股票价格指数，由于标的物没有自然单位，这种股价总水平只能以指数的点数与某一既定的货币金额的乘数的乘积来表示，乘数表明了每一指数点代表的价格。因此，股指期货合约价值是标的指数的点数乘以一个乘数，这个乘数称为合约乘数。合约乘数是将以"点"为计价单位的股价指数转化为以货币为计价单位的金融资产的乘数，而合约价值则等于合约指数报价乘合约乘数。

合约价值的大小与标的指数的高低和规定的乘数大小有关。例如，股票指数为300点，如果乘数为500美元，合约价值就是300×500=15(万美元)。当股票指数上涨到1000点时，合约价值就变为1000×500=50(万美元)。比如S&P500指数在1994年之前最高不过400多点，即使当时乘数为500美元，合约价值也不超过25万美元，而近几年S&P500指数一直在1400点左右，尽管乘数已降为250美元，但合约价值仍高达35万美元左右。又如,香港的恒指期货于1986年5月推出，当时的指数没有超过2000点，乘数为50港元，意味着每张合约价值不超过10万港元。然而现在恒生指数已是在15 000点甚至更高的水平上运行，这样，每张合约的价值就上升到75万港元。正是鉴于指数上升导致合约价值过高这一原因，CME才在1997年11月将原乘数500美元缩小为250美元，以降低合约价值。在之前的同年9月9日，CME又推出了E-MINI S&P 500指数期货及期权交易，它们与原有的S&P 500指数期货及期权合约之间的差别就在于前者的乘数仅为50美元，也就是说，其合约价值只是后者的1/5。同样，香港期货交易所在2000年10月9日也新推出小型恒生指数期货合约交易，该合约的乘数为10港元，其合约价值也是恒生指数期货合约的1/5。交易所通过合约乘数大小的不同规定，可以达到有效控制合约价值大小的目的。

4.现金结算方式

股指期货交易中，大多数交易所采用当天期货交易的收盘价作为当天的结算价，CME的S&P500期指合约与香港的恒生指数期货合约交易都采用此法。也有一些交易所不采用此法，如西班牙股票衍生品交易所的IBEX-35期指合约规定为收市时最高买价和最低卖价的算术平均值。最后结算价是期货合约的最后清盘价。在最后结算日，不仅仅是所有的未平仓合约必须按逐日盯市的方法结算，即按最后结算价结算盈亏，而且还意味着所有的未平仓合约已按照最后结算价全部平仓了。显然，这最后结算价如何确定是至关重要的，如果采用每日公布结算价的制定方法，按期货交易的收盘价确定，极易被人为操作。为避免这种情况的发生，股指期货的最后结算价都是依据现货指数确定的。CME采用最后结算日S&P500现指开盘价为最后结算价;香港采用最后交易日现货恒指每5分钟报价的平均值整数为最后的结算价;而法国的MATIF在CAC 40期指交易中，采用最后交易日相应现指在下午3时40分至4时的所有指数值及4时后第一个指数值的算术平均值为最后结算价。

第三节 期 权

金融期权是在20世纪70年代的金融创新中发展起来的一种新兴的金融交易形式。早在古希腊、古罗马时期，一些地方就已经出现了期权交易的雏形。在十八、十九世纪，美国和欧洲的农产品期权交易已经相当流行。然而，和各种普通商品期权相比，金融期权交易是相对后期的。世界上首先产生的金融期权是股票期权。这种期权虽然19世纪末就已经在美国产生，但是在20世纪70年代之前，股票期权交易都只是在场外进行，交易的品种十分单一，交易量也十分有限，不足以引起人们的重视。直到1973年4月26日，美国成立芝加哥期权交易所(CBOE)，开始了股票期权的场内交易，不仅使股票期权的交易规模迅速发展，而且还在很短的时间内推出了货币期权、利率期权、股价指数期权，以及其他各种类型的金融期权，从而使得金融期权成为当时最引人注目的金融创新产品之一。与金融期货一样，自从产生以来，期权的发展异常迅猛，得到了广泛的应用，特别是在各种金融风险管理中，期权更是一种颇受投资者欢迎的套期保值的新型工具。

一、期权的概念

(一)期权的概念及特点

期权(Options)是一种选择权，是一种能在未来某特定时间以特定价格买入或卖出一定数量的某种特定资产的权利。期权交易是一种权利的买卖，是指期权的买方支付了权利金后，便取得了在未来某特定时间买入或卖出某种特定资产的权利的交易方式。这种权利是买进者拥有的一种权利，并非一种义务。

期权具有以下特点：

第一，买方要想获得权利必须向卖方支付一定数量的费用(权利金)。

第二，期权买方取得的权利是未来的权利，或在未来一段时间内，或在未来某一特定日期。

第三，期权买方在未来的买卖标的物是特定的。

第四，期权买方在未来买卖标的物的价格是事先规定好的。

第五，期权买方取得的是买卖的权利，而不负有必须买进或卖出的义务。买方有执行的权利，也有不执行的权利，完全可以灵活选择。

第六，买方拥有权利并为此支付权利金，仅承担有限的风险，却掌握巨大的获利潜力。

(二)期权的功能

1.套期保值的功能

是指通过设立一个与现货数量相等、方向相反的期权头寸，买进现货时，同时持有卖权；卖出现货时，同时持有买权。这样对冲组合的总价值将会保持不变。

投资者通过买进或卖出看涨期权或卖出看跌期权，不仅可以达到商品或期货合约保值的目的，还可以获得由于商品或期权合约价格升降而带来的盈利机会。不过在运用期权进行套期保值的时候，只是把不利风险转移出去而把有利风险留给自己。同时，期权还可以作为一种投机手段为投资者谋取更高的利益。

2. 投机功能

在期货交易中，只有价格发生方向性变化时，市场才有投资的机会。若价格波动较小，市场中就缺乏投资机会。但在期权交易中，不管期货价格处于牛市、熊市还是盘整期，都可以为投资者提供投资机会。而且期权的交易策略可以基于期货价格的变动方向，也可以基于期货价格波动率进行交易，策略相对要多。

3. 杠杆作用

与期货保证金相比，用较少的权利金就可以控制同样数量的合约。也就是说，期权可以为投资者提供更大的杠杆作用，尤其是到期日较短的虚值期权。

期权的杠杆作用往往能够成为投资者用来赚钱的工具，它可以帮助投资者用有限的资金获得更多收益。但万一市场出现不利变化，投资者可能损失更多的权利金。

二、期权的分类

（一）现货期权和期货期权

按照期权合约标的物的不同，期权可以分为现货期权和期货期权。现货期权到期交割的是现货商品或采用现金交割，期货期权到期交割的是相关期货合约。

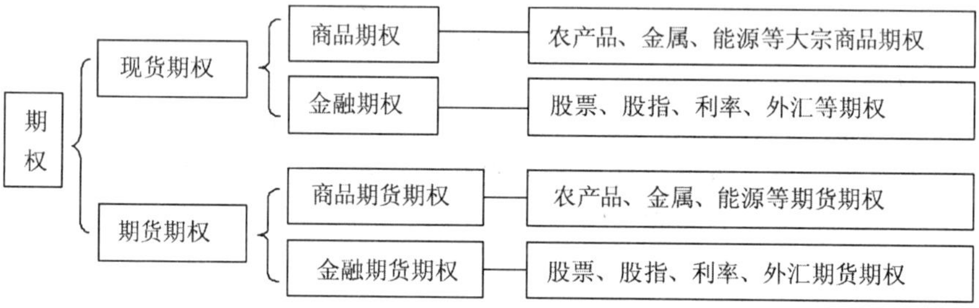

图2－1　期权的种类

（二）看涨期权和看跌期权

期权从买方的权利来划分，有看涨期权、看跌期权。看涨期权和看跌期权是投资者在交易时必须选择的。

1. 看涨期权。看涨期权（Call Options），是指期权的买方向卖方支付一定数额的权利金后，即拥有在期权合约的有效期内或特定时间，按执行价格向期权卖方买入一定数量的标的物的权利，但不负有必须买进的义务。看涨期权又称买权、买入选择权、认购期权、买方期权等。

2. 看跌期权。看跌期权（Put Options），是指期权的买方向卖方支付一定数额的权利金后，即拥有在期权合约的有效期内，按执行价格向期权卖方卖出一定数量标的物的权利，但不负有必须卖出的义务。看跌期权又称卖权、卖出选择权、认沽期权、卖方期权等。

（三）美式期权和欧式期权

按照行使期权期限的不同，期权主要包括美式期权和欧式期权两类。

1. 美式期权（American Options）。美式期权是指在规定的有效期限内的任何时候都可以行使权利。期权买方既可以在期权合约到期日这一天行使权利，也可以在期权到期日之前的任何一个交易日行使权利。到期日之后，期权自动作废。

2. 欧式期权(European Options)。欧式期权是指在规定的合约到期日方可行使权利。期权买方在期权合约到期日之前不能行使权利,过了期限,期权合约就自动作废。美式期权与欧式期权的划分并无地域上的区别。近年来无论在欧洲还是在美国,或是其他地区,美式期权已占据主流,欧式期权虽仍存在,但其交易量已比不上美式期权。

三、金融期权合约

(一)期货期权合约的主要内容

目前,期权交易的主要形式是期货期权,期货期权合约也是标准化合约,是由期货交易所统一制定的、规定买方有权在将来特定时间以特定价格买入或卖出相关期货合约的标准化合约。

表 2-19　美国芝加哥期货交易所小麦期货和期货期权合约

	期权合约	期货合约
交易单位	一个小麦期货合约单位(5000 蒲式耳)	5000 蒲式耳
最小变动价位	每蒲式耳 1/8 美分(每张合约 6.25 美元)	每蒲式耳 1/4 美分(每张合约 12.50 美元)
执行价格间距	前两个月为 5 美分/蒲式耳;其他月份为 10 美分/蒲式耳。在交易开始时,公布一个平值期权和 5 个实值期权、5 个虚值期权	-
交割品级	-	标准品:2 号软红、2 号硬红冬、2 号北方黑春麦以及 2 号北方春麦;替代品:见交易所有关规定
合约月份	7、9、12 及次年 3、5 月;当前一月份不是一个标准期权合约时,则增加一个月(系列)期权。每月期权合约履约时头寸转换到最近的期货合约,比如 8 月期权履约时头寸进入 9 月的期货合约部位	7 月、9 月、12 月、3 月、5 月
最后交易日	对于标准期权合约:相关小麦期货合约第一通知日至少两个营业日之前的最后一个星期五;对于系列期权合约:期权合约前一月最后一个营业日至少两个营业日前的最后一个星期五	交割月第 15 个日历日前一个交易日
履约日	期货期权的买方可以在到期日之前的任一营业日履约,但需在芝加哥时间下午 6:00 之前向芝加哥清算公司提出。期权履约后转换为一个相关标的期货部位。最后交易日实值期权自动履约	-
合约到期日	最后交易日之后的第一个星期六上午 10:00(芝加哥时间)未履约的期权到期	交割日:交割月最后交易日之后的第七个营业日

续表

交易时间	公开叫价:周一至周五上午 9:30 至下午 1:15(芝加哥时间);电子交易:周日至周五下午 6:00 至上午 6:00(芝加哥时间)。到期合约的交易时间与标的期货合约最后交易日(下午 1:15)时间相同	公开叫价:周一至周五上午 9:30 至下午 1:15(芝加哥时间);电子交易:周日至周五下午 6:00 至上午 6:00(芝加哥时间)。到期合约的交易时间为最后交易日 12:00
交易代码	公开叫价:看涨期权 WY;看跌期权 WZ 电子交易:OZW	公开叫价:W 电子交易:ZW
每日价幅限制	在前一结算价的基础上根据市场条件的变动设置三个价幅限制:0.60、0.90、1.35 美分/蒲式耳。交割月没有限制(从交割月前一个交易日开始)	在前一结算价的基础上根据市场条件的变动设置三个价幅限制:0.60、0.90、1.35 美分/蒲式耳。交割月没有限制(从交割月前一个交易日开始)

资料来源:http//www.cmegroup.com。

作为标准合约，除了下列要素外，期货期权合约几乎包括了相关期货合约的所有标准化要素。

1. 权利金(Premium)。权利金是期货期权的价格，是期货期权的买方为获取期权合约所赋予的权利而必须支付给卖方的费用，又称为期权费、保险费。对卖方来说，它是卖出期货期权的报酬，也就是期货期权的成交价。期权权利金对于期货期权的买方来说，是其买入期权可能遭受损失的最高限度。对于卖方而言，卖出期货期权立即可以获得一笔权利金收入，而不必马上进行期货合约的交割。当然，它同时使卖方面临一定的市场风险，即无论期货市场的价格如何变动，卖方都必须做好履约的准备。与期货交易相同，在期权交易中，期权权利金即期权成交价格是期权合约中唯一能在交易所内讨价还价的要素，其他合约要素均已标准化。

2. 执行价格(Exercise Price)。执行价格是指期货期权的买方有权按此价买入或卖出一定数量的期货合约的价格，也是卖方在履行合约时卖出或买入一定数量的期货合约的价格，又称为履约价格、敲定价格(Strike Price)、约定价格。这一价格一经确定，则在期权有效期内，无论期权的标的物市场价格上涨或下跌到什么水平，只要期权买方要求执行该期权，期权卖方都必须以此执行价格履行其必须履行的义务。

执行价格并未在合约中给出，二是单独由交易所按阶梯的形式给出一组来，投资者在进行期权交易时必须选择其中一个价格。每种期权有多少种执行价格取决于该种期权标的物价格的波动幅度。在合约挂盘时，交易所一般会先给出几个执行价格，然后根据价格波动适时增加。

3. 合约到期日。合约到期日是指期货期权合约停止交易的时间，如果期权买方在合约到期日之前不行使期权，则该期权自动作废。期权合约到期日一般在相关期货合约交割日期之前一个月的某一时间。这是为了让期权卖方在买方行使期权时，还有一定的时间在期货市场上进行反向的期货合约交易来对冲平仓，使期权卖方有机会来避免他可能不愿或不准备进行到期交割局面的出现。

表 2-20 芝加哥期货交易所大豆期货期权合约

合约单位 Contract Size	一张芝加哥期货交易所特定月份的大豆期货合约(5 000 蒲式耳)
最小变动价位 Tick Size	1/8 美分/蒲式耳,每份合约 6.25 美元
执行价格 Strike Price Intervals	最近两个月份的合约以 10 美分为间隔,其余月份以 20 美分为间隔。开始交易时,设置一个接近平值期权的执行价.同时在其上方和下方各设置 5 个执行价
合约月份 Contract Month	9 月、11 月、1 月、3 月、5 月、7 月、8 月。如果前面的月份不是标准期权合约,则安排一个(系列)月份的期权合约。该(系列)月份期权合约在执行时将转为最近月份的期货合约,例如,10 月份(系列)期权合约在执行后将转为 11 月的期货头寸
最后交易日 Last Trading Day	对于标准期权合约:期货合约第一通知日(交割月前一个交易日)前数两个工作日之前的最后一个星期五; 对于系列期权合约:期权月份前一个月最后一个交易日前数两个工作日之前的最后一个星期五。如最后一个星期五为非交易日,则提前至前一个交易日
执行 Exercise	在期权到期之前任何时间,期权买方都有权执行,将期权头寸转为期货头寸,但必须在芝加哥时间下午 6:00 之前通知芝加哥期货交易所结算所。在最后交易日,所有实值期权将被自动执行
合约到期日 Expiration	没有被执行的期权将会在最后交易日的下午 7:00 到期
交易时间 Trading Hours	公开喊价:周一到周五,美国中部时间上午 9:30 至下午 1:15; 电子盘:周日到周五,美国中部时间下午 7:33 至上午 6:00。交割月合约最后交易日的收盘时间为中午
代码 Ticker Symbols	公开喊价:CZ 看涨期权,PZ 看跌期权; 电子盘:OZS
每日价幅限制 Daily Price Limit	前一交易日结算价上下 50 美分/蒲式耳(2 500 美元/合约),最后交易日取消限制
保证金要求 Margin Information	有关信息可以在保证金要求(Margin Requirements)中找到

同期货合约相比,期货期权合约中有三款内容是独有的,分别是“执行价格”、“执行”和“合约到期日”。具体地,期权合约的合约条款内容如下:

(1)合约单位。也称交易单位。规定了每张期货期权合约的交易规格。由于期货期权的交易标的是期货合约,因而期货期权合约的交易单位与标的期货合约相同。例如,CBOT 大豆期货合约的数量规格为 5 000 蒲式耳,因而期权合约涉及大豆数量规格自然也是 5 000 蒲式耳。

(2)交割等级。交割等级是对期货进行实物交割时交割物的质量规定。在期货期权交易中,由于交割品是期权合约,因而并不存在交割等级上的差异,期货期权的条款中没有这项内容。

(3)最小变动价位。在期货和期货期权合约中，报价的单位都是美分/蒲式耳。在期货中，报价以1/4美分或1/4美分的整数倍出现，由于一张期货合约代表5 000蒲式耳，故1/4美分/蒲式耳的变动对于每张合约而言代表12.50(5 000×1/4美分)美元的变动。在期货期权合约中，报价以1/8美分或1/8美分的整数倍出现，对于每张合约而言代表6.25(5 000×1/8美分)美元的变动。

报价的形式中，经常能见到如下的方式:510.6(5106)、14.3(143)。报价中出现的尾数实际上是指1/8(或0.125)美分的倍数，510.6表示的是510+1/8×6=510.75美分，14.3表示的是14+1/8×3=14.375美分。在大豆期货的报价尾数中，只可能出现0、2、4、6这几个数字，不可能出现其他数字。而在大豆期货期权的报价中，只可能出现0至7这两个数字，不可能出现其他数字。

(4)合约月份。期货合约的交割月份通常只有部分特定月份，如CBOT大豆期货合约的交割月份只有7个，但期货期权的可交割月份却不止7个。比如，芝加哥期货交易所既有5月大豆期货期权合约也有4月大豆期货期权合约，这两个合约所针对的基础资产同样都是5月份的期货合约，差别仅仅在于两者的最后交易日或到期日不同。芝加哥期货交易所将那些与期货月份一致的期权月份合约叫做“标准期权合约”。否则就称为“系列期权合约”。

(5)最后交易日。在期货交易中，最后交易日指的是该合约月份第15个日历日前一个交易日。在期货期权交易中，最后交易日的规定分两种情况。标准期权合约的最后交易日规定为:期货合约第一通知日(交割月前一个交易日)前数两个工作日之前的最后一个星期五。系列期权合约的最后交易日规定为:期权月份前一个月最后一个交易日前数两个工作日之前的最后一个星期五。从期货期权合约的最后交易日规定中可以看出，其最后交易日实际上比合约名义上的月份提前了一个月。之所以这么做，是因为必须给期权交易者留下足够的时间来处理行使权利后手中持有的期货头寸。

(6)执行价格的间距。CBOT规定:最近两个月份的期货期权合约以10美分为间隔，其余月份合约以20美分为间隔。

①对于新推出的远期期货期权合约，设置一个与上一交易日的期货结算价最接近的整数执行价，以此为基准，分别设置5个实值期权和5个虚值期权。比如，上一交易日的结算价为625.4/蒲式耳，与其最接近的执行价为620，同时推出的执行价还有640、660、680、700、720、600、580、560、540、520。如此，共有11个执行价。如果上一交易日的期货结算价恰好在两个执行价中间，比如正好是590(在580和600中间)，交易所对此的规定是取其中较大的值，即以600为基准执行价。

②随着时间的推移，期货价格会变动，一旦期货价格有较大的变动，就可能打破上下各有5个执行价的状况。对此，交易所通过适时增加新的执行价来解决。

③对于系列期权而言，由于推出时间即属于最近的两个期权月份，故一开始便以10美分为间隔。对于标准期权，随着时间推移进入最近两个期权月份时，开始增补。比如，2000年6月26日，7月期货期权合约已经在上一交易日到期而没有了，9月期货期权递补为第二个最近的合约，于是在该日开始增补。

(7)期权执行。作为美式期权的一种，CBOT大豆期货期权合约规定，在期权到期之前任何时间，期权买方都有权执行，将期权头寸转为期货头寸。买方提出执行，必须在芝加哥时间下午6:00之前通知芝加哥期货交易所结算。

(8)合约到期。CBOT大豆期货期权合约的到期时间为最后交易日的下午7:00。在此之前，由于对应的期货合约早已收盘，因而当日的期货结算价已经被确定下来。

①将执行价与期货结算价进行比较，对买方而言，凡是没有提出申请作废的实值期权将全部被自动执行，申请作废的交易者必须在下午6:00之前向清算公司提出申请。

②没有被执行的期权全部作废。

③鉴于种种原因，交易所有权对期货结算价进行调整。

(9)每日价幅限制。CBOT期货每日价幅限制为:前一交易日结算价上下50美分/蒲式耳(2 500美元/合约)，进入交割月无涨跌停板。现货月份没有限制(进入交割月前2个交易日开始取消限制)。期权每日价幅限制为:前一交易日结算价上下50美分/蒲式耳(2 500美元/合约)，最后交易日取消限制。

第四节 其他衍生证券

一、可转换债券

(一)可转换债券的概念

可转换债券是指持有者在一定时期内按一定比例或价格将之转换成一定数量股票的证券。债转股有两个转换条件:一是转换期限，二是转股价。

可转换债券的转换期限是指可转换债券转换为股票的起始日至结束日的期间。在该期限内，允许持有人按转换比率或转换价格转换成发行人的股票。转股价是事先确定好的股票价格，转股时，根据面值得出应转换的股份数。转换比率(转换比率 = 转债面值/转股价)表示在转换中每一可转换债券能够转换到的股票数。

可转换债券的特点是其具有债性和股性两重性。在转股前，可转换债券是一种公司债券，具备债券的一切特征，它可以是附息票债券，也可以是零息票债券。它的发行者是上市公司，但也有非上市公司发行。在转股后，它是一种股票，具备股票的一切特征，持有人从债权人转变为股东。

可转换债券可以被视为附送认购权证的债券品种，同时约定权证行权的支付对价为原债券。因而，可转换债券是债券与期权的复合品种。可转换债券集合了债券和期权的优势，对于发行人和投资者都实现了更好的投融资组合。发行可转换债券与发行债券相比，可转换债券的票面利率比债券低，因为投资者希望转股获得收益而愿意接受较低的票面利率，因此发行公司支付的利息要低于普通债券。发行可转换债券与发行股票(增发或配股)相比，转股价一般要比增发或配股价格高很多。所以从融资角度，发行可转换债券获取的融资效果要高于同等条件下的股票再发行。对于投资者而言，由于具有可转换性，可转换债券既可以在转股条件不具备时享受固定收益，也可在股价上涨中享受公司成长的超额收益，因此更具投资价值。

（二）可转换债券主要条款

1. 面值

面值就是可转换债券到期时可转换债券发行人应该偿付给可转换债券持有人的本金，包括票面金额和票面标价的币种两个部分。可转换债券未来基本上都实现转股，发行量大，一方面将扩大实际流通量，另一方面将稀释每股税后利润，从市场的角度看，这两方面都对市价不利。

2. 票面利率

票面利率是指可转换债券票面表明的利息与票面价值的比率。作为可转换债券的发行人使用可转换债券融资的资金成本，它受到无风险利率、发行人的资信评级、偿还期限以及相对应的资本市场上资金供求情况等因素的影响。票面利率通常以年利率表示。

3. 债券期限

可转换债券的期限是指可转换债券从起始日至到期日的时间。上市公司在确定可转换债券的期限时，要考虑使用可转换债券资金周转期的长短、未来市场利率的发展趋势和可转换债券市场的流动性等因素。

4. 转股期

发行公司的可转换债券在何时进行债权向股权的转换工作，取决于发行合约中订立的条件。发行公司限定一个特定的转换期限受理可转换债券的换股事宜，一般来说，不会在可转换债券发行后就允许进行转换。

5. 转股价及其修正条款

转股价是指可转换债券转换为每股股票所需的可转换债券的票面金额，是可转换债券的基本要素中最重要的，是决定可转债的投资者是否行使转换权利的关键。转换价格既要使可转换债券的投资者未来有转股获利的机会，又不能使公司现有股东的股权产生过大程度的稀释。

转股价修正条款，用于在标的股票价格下跌而转股机会降低时，向下修正转股价从而提高转股可能性。国内已发行或拟发行的可转换债券，转换价格修正可以有多次，每次修正幅度通常定位在20%以内。转股价在发行公司股票除权的情况下需要进行调整。转股价的调整与转股价的修正不同，转股价调整是因为发行公司的股份发生了变化，如发行公司进行股份的拆细。转股价调整并没有降低原有的转股的要求。

6. 赎回条款

当基准股价上涨到某一高度且持续一段时间时，公司有权按事先约定的价格赎回可转换债券。赎回条款是绝对有利于发行公司的条款，它起到保护发行公司和原有股东利益的作用。赎回条款实质上是赋予发行公司的一种买权，发行公司可以根据市场的变化来选择是否行使这种权利。投资者在赎回条件下无法选择，必须在赎回条件生效前作出不是最优投资选择的决策。赎回条款可以使发行公司避免利率下降而产生的利率风险，加速可转换债券的转换进程。

7. 回售条款

当公司股价低迷，转换无法实现时，投资者有权在约定的时期内，按约定的高于面值一定比例的价格将可转换债券回售给发行公司。回售条款可以保证投资者获得某一固定的，其实质是发行公司为保护投资者的投资收益，为投资者提供了重新选择投资目标的机会，其实质是友行收益所作出的保证承诺。回售条款使投资者的投资风险降至最低，也正是这一点，使附加回售条款的可转换债券更具吸引力。

【案例】 同仁转债

北京同仁堂股份有限公司于2012年12月4日发行可转换公司债券（简称"同仁转债"）120.50万手（12.05亿元）。

表2－21 同仁转债主要条款

债券名称	北京同仁堂股份有限公司可转换公司债券		
债券简称	同仁转债	债券代码	
发行额（亿）	12.05	发行价（元）	100.000
发行方式	协议发行，上网定价发行，向原股东配售	期限（年）	5.00
计息日	2012－12－04	到期日	2017－12－04
发行日	2012－12－04		
发行单位	北京同仁堂股份有限公司	还本付息方式	按年付息
到期收益率（％）	－5.33	初始转股价格（元）	17.72110022
票面利率（％）	票面利率（％）：第一年0.50％，第二年0.70％，第三年1.30％，第四年1.70％，第五年2.00％		
转换期间	2013－06－05至2017－12－04		
回售条件	公司股票在最后两个计息年度任何连续30个交易日的收盘价格低于当期转股价格的70％时		
提前赎回条件：	在转股期内，如果公司股票在任何连续30个交易日中至少20个交易日的收盘价格不低于当期转股价格的130％（含130％）；当本次发行的可转债未转股余额不足3 000万元时		

二、互换交易

互换交易指对相同货币的债务和不同货币的债务通过金融中介进行互换的一种行为。互换交易是继20世纪70年代初出现金融期货后，又一典型的金融市场创新业务。目前互换交易已经从量向质的方面发展，甚至还形成了互换市场同业交易市场。在这个市场上，互换交易的一方当事人提出一定的互换条件，另一方就能立即以相应的条件承接下来。利用互换交易，可依据不同时期的不同利率、外汇或资本市场的限制动向筹措到理想的资金，因此，从某个角度来说，互换市场是最佳筹资市场。互换交易不但为金融市场增添了新的保值工具，也为金融市场的运作开辟了新境地。

外汇互换是另一种常见的互换。协议的双方是不同货币债务的借款人，它们在协议之初互相交换借款本金，在协议执行过程中互相支付对方的全额利息，在到期日再次将本金互换。例如，美国公司A为加拿大的投资筹集资金，需要加元，而加拿大公司B则需要美元进行海外投资。显然美国公司借美元债务成本比较低，而加拿大公司则在加元债务方面有比较优势。双方可以通过外汇互换协议来降低借款成本。在协议签署之后，双方交换金额相当的本金，协议执行期间，美国公司A将向加拿大公司B定期全额支付加元利息，而加拿大公司B则向美国公司A支付美元利息，在协议结束的时候美国公司A将约定金额的加元支付给加拿大公司B换取它本来借的美元。

（一）互换交易的概念

互换(Swap)，又称掉期或调换，是指交易双方在约定的期限内以规定的方式交换彼此的货币种类、利率基础及其他金融资产等一连串的现金流的一种交易。现金流由某一资产产生，因此互换是一种资产的交换。本质上，互换是一种远期合约。

（二）互换交易的种类

互换分类一般依据的是互换所赖以建立的基础资产。这些基础资产包括银行贷款、外汇商品、有价证券等。近年来，互换交易工具的变种不断出现，主要涉及互换安排方式和双方交换现金流形式的一系列特殊变化，具体包括时间选择、到期日选择和名义本金等方面的重新设计，以及收益曲线互换、欠款再安排互换和指数差价互换等现金流的互换交易。此外，互换期权市场发展迅速，隐含利率和货币期权等特点的混合互换交易也相继涌现。

1. 利率互换

利率互换是指交易双方签订的一种合约，约定在规定的一段时间内，互相交换一笔象征性本金数额的具有不同性质的利率款项。相当于交换两种能产生不同利息现金流的资产，通常是浮动利率和固定利率的相互交换，并不交换本金。利率互换是由于交易者具有筹集某类资金的比较优势，或者对利率走势的判断和预测存在分歧，同时也与利率的波动有关。

例如，某基金公司收取按固定利率计算的利息，但它对利率看涨，希望获取利率上升的利益。另一交易商收取按浮动利率计算的利息，但它对利率看跌，希望锁定利率，规避利率波动的风险。于是基金公司以固定利率与交易商的浮动利率交换。在互换合约中也事先规定名义交易金额、交换的次数和时间间隔等其他条款。这样通过利率互换，交易双方都满足了各自的需求。

2. 货币互换

货币互换是指交易双方签订的一种合约，约定在规定的时间内，相互交换不同币种的本金和利息。相当于交换两种能产生不同本币现金流的资产。

例如，国际基金公司有外币收入，需将外币兑换成本币向国内的投资者分配盈利，它预期外币会贬值，希望规避汇率波动风险。交易商预期外币升值。因此，国际基金公司以浮动汇率与交易商的固定汇率交换，希望在互换合约中获取外币升值的利益，确定一个名义交易额(如100万外币)，并规定交换的次数和时间间隔等条款。通过互换，国际基金公司获得按固定汇率计算的本币现金流，交易商获得按浮动汇率计算的本币现金流。但实际上，交易双方只要以收付相抵后的净额结算即可。

3. 商品互换

商品互换是一种特殊类型的金融交易，交易双方为了管理商品价格风险，同意交换与商品价格有关的现金流。它包括固定价格及浮动价格的商品价格互换和商品价格与利率的互换。

4. 其他互换

除了上述主要互换协议类型外，互换交易还在其他领域出现，作为新型金融衍生工具品种改善投融资的收益风险结构。如股权互换、信用互换、气候互换和互换期权等。

(三)互换交易的特点

1. 有期限

互换本质上是一种远期合约，具有一定的期限，需在未来某个时间或某些时间交换现金流。但与一般远期合约不同的是，互换建立在交易双方交换有差别的同类基础资产之上。

2. 非标准化

互换是一种交易双方在某个时间上交换现金流的协议，有关条款都可以由双方根据各自现金流量的实际情况协商而定，没有统一的合约，做到了“量体裁衣”，具有较大的灵活性。1985 年以来，国际互换交易协会试图通过“主协议机制”(基本 + 附加)的形式，使互换合约向标准化方向发展。

3. 双方议价

互换由交易双方协商定价，而不是通过集中竞价，这与期货和期权交易不同。也正由于互换是通过交易双方协商定价的，对互换交易参与者的履约能力要求较高，因此，互换的参与者多数是国际金融机构、银行、政府机构、大型企业、保险公司等。

三、资产支持证券

(一)资产支持证券概述

资产支持证券(Asset - Backed Security, ABS)是一种债券性质的金融工具，是指由银行业金融机构作为发起机构，将信贷资产信托给受托机构，由受托机构发行的、以该财产所产生的现金支付其收益的证券。其向投资者支付的本息来自于基础资产池(pool of underlying assets)产生的现金流或剩余权益。与股票和一般债券不同，资产支持证券不是对某一经营实体的利益要求权，而是对基础资产池所产生的现金流和剩余权益的要求权，是一种以资产信用为支持的证券。

资产支持证券是在西方国家融资证券化、直接化的金融大环境下应运而生的，最早出现在上世纪70 年代的美国金融市场，随后被众多成熟市场经济国家接受和采用，近年来又在许多新兴市场国家得以推行，对提高资产流动性、分散信用风险、推动金融市场发展起到了积极作用。目前，美国和欧洲的资产支持证券市场规模较大，其他地区相对较小，我国刚刚起步。

资产支持证券最初采用的基础资产为住房抵押贷款，随着证券化技术的不断提高和金融市场的日益成熟，用于支持发行的基础资产类型也不断丰富，目前还包括汽车消费贷款、信用卡应收款、学生贷款、住房权益贷款(home equity loan)、设备租赁费、厂房抵押贷款(manufacturing housing)、贸易应收款等。

2005 年 12 月 8 日，国家开发银行和中国建设银行在银行间市场发行了首批资产支持证券，总量为 71.94 亿元。

(二)资产支持证券的法律依据

在美国，资产支持证券的发行和交易与公司债券等其他证券基本相同，受 1933 年《证券法》(Securities Act)和 1934 年《证券交易法》(Securities Exchange Act)约束，同时也涉及《投资公司法》、《破产法》、《投资信托法》有关内容及专门的会计、税收政策等。在欧洲，法国于 1988 年颁布了《资产证券化法》，英国于 1989 年出台了《贷款转让与证券化准则》，意大利、荷兰、西班牙等国家也出台了相关的法律规范资产支持证券市场。

在亚洲，为推动资产支持证券市场发展，自上世纪90年代以来很多国家纷纷推出专门法律，比如菲律宾1991年颁布的《资产支持证券注册和销售规则》、韩国1998年出台的《资产证券化法案》、泰国1998年实施的《证券化法》、日本2000年修订的《资产流动化法》、中国台湾2002年颁布的《金融资产证券化条例》等。

我国目前适用于信贷资产证券化的法律依据主要有:《信托法》、《信贷资产证券化试点管理办法》、《金融机构信贷资产证券化试点监督管理办法》、《资产支持证券信息披露规则》、《信贷资产证券化试点会计处理规定》、《关于个人住房抵押贷款证券化涉及的抵押权变更登记有关问题的试行通知》、《关于资产支持证券在银行间债券市场的登记、托管、交易和结算等事项的公告》、《资产支持证券交易操作规则》、《资产支持证券发行登记与托管结算业务操作规则》等。我国于2005年3月出台的《信贷资产证券化试点管理办法》，标志着我国正式开展资产支持证券业务试点。

(三)资产支持证券的优点

资产支持证券相对于其他的证券产品而言，它具有以下几个方面优点。

1.资产支持证券具有可预期的现金流。许多类型资产支持证券的现金流的稳定性与可预测性都得到了很好的设置。购买资产支持证券的投资者具有极强的信心按期进行期望中的偿付。然而，对近期内出现的类似于担保的资产支持证券，有可能具有提前偿付的不确定因素，因此投资者必须清楚的是，此时现金流的可预测性就不那么准确了。这种高度不确定性往往由高收益性反映出来。

2.资产支持证券拥有着较为可观的收益。在评级为3A级的资产中，资产支持证券比到期日与之相同的美国国债具有更高的收益率，其收益率与到期日和信用评级相同的公司债券或抵押支持型债券的收益率大致相当。

3.资产支持证券投资多元化与多样化。资产支持型证券市场是一个在结构、收益、到期日以及担保方式上都高度多样化的市场。用以支持证券的资产涵盖了不同的业务领域，从信用卡应收账款到汽车、船只和休闲设施贷款，以及从设备租赁到房地产和银行贷款。另外，资产支持证券向投资者提供了方便的条件，使他们能够将传统上集中于政府债券、货币市场债券或公司债券的固定收益证券进行多样化的组合。

4.资产支持证券的事件风险小。由于资产支持证券能够得到标的资产的保证，从而提供了针对事件风险而引起的评级下降的保护措施，与公司债券相比，这点更加显而易见。投资者对于没有保证的公司债券的主要担心在于，不论现在的评级有多高，一旦发生对发行人产生严重影响的事件，评级机构将调低其评级。类似的事件包括兼并、收购、重组及重新调整资本结构，这通常都是由于公司的管理层为了提高股东的收益而实行的。

5.资产支持证券有着较高的信用评级。从信用角度来讲，资产支持证券是最安全的投资工具之一。与其他债务工具类似，它们也是在其按期偿还本利息与本金能力的基础之上进行价值评估与评级的。但与大多数公司债券不同的是，资产支持证券有担保物品的保护，并由其内在结构特征通过外部保护措施使其得到信用增级，从而进一步保证了债务责任得到实现。大多数资产支持证券从主要的信用评级机构得到了最高信用评级即3A级。

(四)资产支持证券的意义

1.资产支持证券对于发起人来讲具有重要意义

首先，资产支持证券可以增强资产的流动性。对于发起人，资产支持证券提供了将流动性相对弱、个别的资产转变成流动性高、可在资本市场上交易的金融商品的手段。借助资产支持证券，发起者能够补充资金，用来进行其他投资。譬如，商业银行利用资产支持证券提高其资产流动性。一方面，对于流动性较差的资产，通过证券化处理，可将其转化为能够在市场上交易的证券，在不增加负债的前提下，商业银行可以获得更多资金来源，从而加快资金周转，提高资产流动性。另一方面，资产支持证券可以使银行在流动性短缺时获得除央行再贷款、再贴现之外的救助手段，为整个金融体系增加一种新的流动性机制，提高流动性水平。

其次，发起人能够获得较低成本的融资。通过资产支持证券市场筹资比通过银行或其他资本市场筹资的成本要低许多，因为发起者通过资产证券化发行的证券具有比其他长期信用工具更高的信用等级，等级越高，发起者付给投资者的利息就越低，从而降低筹资成本。资产证券化为发起者增加了筹资渠道，使他们不再仅仅局限于股权和债券两种筹资方式。

再次，可以减少发起人的风险资产。资产证券化有利于发起者将风险资产从资产负债表中剔除出去，有助于发起者改善各种财务比率，提高资本的运用效率，满足风险资本指标的要求。譬如，《巴塞尔协议》和我国《商业银行法》要求一个稳健经营的商业银行，资本净额占表内外风险加权资产总额的比例不得低于8%，其中核心资本不得低于4%。为满足这一要求，许多银行必须增加资本或出售资产。由于增加资本是昂贵的，通过资产证券化交易出售资产就成为商业银行满足要求的有效途径。资产证券化可以将一部分资产从资产负债表上分离出去，减少分母资产数额，提高资本充足率以更好地满足监管要求。

最后，便于发起人进行资产负债管理。资产支持证券为发起者提供了更为灵活的财务管理模式。这使发起者可以更好地进行资产负债管理。借短贷长的特点使商业银行不可避免地承担资产负债期限不匹配风险，通过资产支持证券市场，商业银行就可以出售部分期限较长、流动性较差的资产，将所得投资于高流动性的金融资产，也可以将长期贷款的短期资金来源转换为通过发行债券获得的长期资金来源，从而实现风险的合理配置，改善了银行的资产负债管理。同时，资产支持证券允许将发起、资金服务等功能分开，分别由各个机构承担，有利于体现各金融机构的竞争优势，便于确立金融机构各自的竞争策略。

2. 资产支持证券对于投资者也有着重要意义

资产担保类证券提供了比政府担保债券更高的收益。这部分高收益主要来源于资产担保类证券的信用质量。资产支持证券品种一般是以超过一个基准利率的利差来交易的。

资产支持证券可以帮助投资者扩大投资规模。一般地，证券化产品的风险权重比基础资产的风险权重低得多。比如，美国住房贷款风险权重为50%，而由联邦国民住房贷款协会发行的以住房抵押贷款为支撑的过手证券却只占20%的风险权重，金融机构持有的这类投资工具可以大大节省为满足资本充足率要求所须要的资本金，从而可以扩大投资规模，提高资本收益率。资本金所创造的压力已经成为对银行等金融机构对支撑证券进行投资的主要驱动力。

投资者的风险偏好各不相同，资产支持证券为投资者提供了多样化的投资品种，例如，有的投资者厌恶风险，就会选择国债等风险较低的投资品种，相应会得到较低的收益，而有的投资者风险偏好较高，就会投资股票或衍生金融工具，所要求的收益也较高。

【要点小结】

1. 衍生证券（Derivative Security）也被称为金融衍生品（Financial Derivatives），交易者在此

类资产投资的盈利与亏损取决于其他商品或有价证券的价格变动，即便交易者本身并不买卖相应的商品或证券。

2. 目前全球主要基本衍生证券交易中，期货合约交易、期权合约交易、可转换债券交易和互换交易是最为重要的交易形式。

3. 期货合约是由合约双方订立的，在将来某个时点按照某个确定价格买卖某种特定商品或金融资产的合约。期货交易具有合约标准化、双向交易、杠杆机制、逐日盯市等特征。

4. 期权(Options)是一种选择权，是一种能在未来某特定时间以特定价格买入或卖出一定数量的某种特定资产的权利。期权可以分为看涨期权与看跌期权、欧式期权与美式期权等种类。期权合约是期货交易所上市交易的标准化期权，其标的物通常为期货合约。

5. 可转换债券是指持有者在一定时期内按一定比例或价格将之转换成一定数量股票的证券。可转换债券的特点是其具有债性和股性两重性。在转股前，可转换债券是一种公司债券;在转股后，它是一种股票，具备股票的一切特征，持有人从债权人转变为股东。

6. 互换交易指对相同货币的债务和不同货币的债务通过金融中介进行互换的一种行为。常见的互换交易包括货币互换和利率互换。

7. 资产支持证券(Asset - Backed Security，ABS)是一种债券性质的金融工具，是指由银行业金融机构作为发起机构，将信贷资产信托给受托机构，由受托机构发行的、以该财产所产生的现金支付其收益的证券。资产支持证券最初采用的基础资产为住房抵押贷款，目前市场发展的趋势是只要有稳定的现金流支持的资产都可以实施证券化。

【思考与练习】

1. 衍生证券对金融市场以及宏观经济的作用有哪些?
2. 期货合约交易的功能有哪些?
3. 期货交易与基础资产交易的区别有哪些?
4. 期权合约的基本特点是什么?
5. 衍生证券市场发展的未来趋势是什么?

◆第三章 基础证券市场

【内容提要】

本章介绍了基础证券市场的基本情况。基础证券市场是股票、债券、投资基金等有价证券发行和交易的场所。证券市场是市场经济发展到一定阶段的产物，是为了解决资本供求矛盾和流动性而产生的市场。从广义上讲，证券市场是指一切以证券为对象的交易关系的总和。本章重点关注证券市场的结构、组成要素与交易制度，同时重点关注了证券发行和交易两级市场的特征，并对证券市场监管问题进行了简要说明。

本章共分为四节，具体内容如下：

第一节是证券市场。在这一节中共有四个大问题，即证券市场概述、证券市场的分类与结构、证券市场参与主体以及证券市场的中介机构。

第二节是证券发行。在这一节中共有三个大问题，即证券发行的概念、证券发行的流程以及证券发行价格的确定。

第三节是证券交易。在这一节中共有四个大问题，即证券交易概述、证券交易体系、证券交易流程以及证券交易的组织方式。

第四节是证券市场监管。在这一节中共有三个大问题，即证券市场的监管体系、监管方式以及中国证券市场的监管。

【学习目标】

1. 掌握证券市场的含义；了解证券市场的主要功能；熟悉证券市场的分类与结构；了解证券市场参与主体；了解证券市场的中介机构。

2. 掌握证券发行的概念；了解证券发行的流程；熟悉股票发行的目的和方式；熟悉债券的发行方式和流程；掌握股票的发行价格；掌握债券的发行价格。

3. 了解证券交易的种类；掌握证券交易的方式；熟悉证券的交易机制；掌握证券的交易流程；熟悉证券交易的组织方式；掌握证券交易的原则和规则。

4. 了解证券市场监管的目标；了解证券市场监管的手段；了解证券市场监管的方式。

【关键词】

证券发行市场 证券交易市场 证券交易所 场外交易市场 第三市场 第四市场

第一节 证券市场

一、证券市场概述

(一)证券市场的定义

证券市场是股票、债券、投资基金等有价证券发行和交易的场所。证券市场是市场经济发展到一定阶段的产物，是为了解决资本供求矛盾和流动性而产生的市场。从广义上讲，证券市场是指一切以证券为对象的交易关系的总和。从经济学的角度，可以将证券市场定义为：通过自由竞争的方式，根据供需关系来决定有价证券价格的一种交易机制。证券市场以债券发行与交易的方式实现了筹资与投资的对接，有效地化解了资本的供求矛盾和资本结构调整的难题。

(二)证券市场的特征

证券市场具有以下三点显著的特征：

1. 证券市场是价值直接交换的场所。有价证券是价值的直接代表，其本质上只是价值的一种直接表现形式。虽然证券交易的对象是各种各样的有价证券，但证券市场本质上是价值的直接交换场所。

2. 证券市场是财产权利直接交换的场所。证券市场上的交易对象是作为经济权益凭证的股票、债券、投资基金等有价证券，它们本身仅是一定量财产权利的代表，所以，代表着对一定数额财产的所有权或债权以及相关的收益权。证券市场实际上是财产权利的直接交换场所。

3. 证券市场是风险直接交换的场所。有价证券既是一定收益权利的代表，同时也是一定风险的代表。有价证券的交换在转让出一定收益权的同时，也把该有价证券所持有的风险转让出去。所以，从风险的角度分析，证券市场也是风险直接交换的场所。

(三)证券市场的功能

在现代发达的市场经济中，证券市场是完整的金融体系的重要组成部分。证券市场以其独特的方式和活力对社会经济生活产生多方面影响，在筹集资本、引导投资、配置资源宏观调控、分散风险等方面有着不可替代的独特功能。

1. 筹资 – 投资功能

证券市场的筹资功能是指证券市场为资金需求者筹集资金的功能。这一功能的另一个作用是为资金供给者提供投资对象。在证券市场上交易的任何证券，既是筹资的工具也是投资的工具。在经济运行过程中，既有资金盈余者，又有资金短缺者，资金盈余者为使自己的资金价值增值，就必须寻找投资对象。在证券市场上，资金盈余者可以通过买入证券而实现投资。而资金短缺者为了发展自己的业务，就要向社会寻找资金。为了筹集资金，资金短缺者就可以通过发行各种证券来达到筹资的目的。

2. 资产定价功能

证券市场的第二个基本功能就是为资本决定价格。证券是资本的存在形式，所以证券的价格实际上是证券所代表的资本的价格。证券的价格是证券市场上证券供求双方共同作用的结果。证券市场的运行形成了证券需求者竞争和证券供给者的竞争关系，这种竞争的结果是：能产生高投资回报的资本，市场的需求就大，其相应的证券的价格就高；反之，证券的价格就低。因此，证券市场提供了资本的合理定价机制。

3. 资源配置功能

证券市场的资源配置功能是指通过证券价格引导资本的流动从而实现资本的合理配置的功能。资本的趋利性，决定了社会资金要向经济效益最高的行业和企业集中。在证券市场上，证券价格的高低是由该证券所能提供的预期报酬率的高低来决定的。证券价格的高低实际上是该证券筹资能力的反映。而能提供高报酬率的证券一般来自于那些经营好、发展潜力巨大的企业，或者是来自于新兴行业的企业。由于这些证券的预期报酬率高，因而其市场价格也就相应高，从而其筹资能力就强，这样，证券市场就引导资本流向能产生高报酬的企业或行业，从而使资本产生尽可能高的效率，进而实现资本的合理配置。

4. 宏观调控功能

证券市场可以充当政府进行宏观调控的工具，例如中央银行可以通过在证券市场上买卖政府债券，调控基础货币，进而调节流通中的货币数量，实现扩张或紧缩的政策效果。

5. 分散风险功能

从证券发行者看，通过发行证券把企业的经营风险转移给了投资者，从投资者看，一方面通过证券的转让，可以分散风险，另一方面通过组合投资，可以分散风险。

二、证券市场的分类与结构

(一)证券市场的分类

1. 按功能划分

按证券市场的功能不同可分为证券发行市场和证券流通市场。

证券发行市场。证券发行市场又称"一级市场"或"初级市场"，是发行人以筹集资金为目的，按照一定的法律规定和发行程序，向投资者出售证券所形成的市场。证券发行市场作为一个抽象的市场，其买卖成交活动并不局限于一个固定的场所。证券发行市场体现了证券由发行主体流向投资者的市场关系。发行者之间的竞争和投资者之间的竞争，是证券发行市场赖以形成的契机。在证券发行市场上，不仅存在着由发行主体向投资者的证券流，而且存在着由投资者向发行主体的货币资本流。因此，证券发行市场不仅是发行主体筹措资金的市场，也是给投资者提供投资机会的市场。

证券交易市场。证券交易市场是已发行的证券通过买卖交易实现流通转让的场所。相对于发行市场而言，证券交易市场又称为"二级市场"或"次级市场"。证券经过发行市场的承销后，即进入流通市场，它体现了新老投资者之间投资退出和投资进入的市场关系。因此，证券流通市场具有两个方面的职能：其一是为证券持有者提供需要现金时按市场价格将证券出卖变现的场所；其二是为新的投资者提供投资机会。证券交易市场又可以分为有形的交易所市场和无形的场外市场。

证券发行市场与交易市场紧密联系，互相依存，互相作用。发行市场是交易市场的存在基础，发行市场的发行条件及发行方式影响着交易市场的价格及流动性。而交易市场又能促进发行市场的发展，为发行市场所发行的证券提供了变现的场所，同时交易市场的证券价格及流动性又直接影响发行市场新证券的发行规模和发行条件。

2. 按交易组织形式划分

按交易组织形式不同可分为场内市场和场外市场。

场内市场。场内市场是指证券交易所交易市场，是证券交易的主要场所。证券交易所是一个高度组织化、高度规范化的集中交易场所，有严格规章管理制度，对交易的具体内容有明确的规定，例如交易地点必须集中在证券交易所的营业大厅;交易时间相对固定;交易对象通常是上市证券;参与交易的主体必须是证券交易所的会员，会员须交纳会员费、年费、席位费，非会员从事证券交易都要委托会员进行。

场外交易市场。场外交易市场是指在证券交易所以外进行交易的场所。场外交易市场包括:

(1)柜台市场:又称为店头市场。它是指证券投资者在证券公司开办的证券交易柜台上进行证券交易的市场。它的特点是:交易佣金比较低，成交速度快，交易主体一般是大的机构投资者。

(2)第三市场:是指不是某一证券交易所会员的证券商在证券交易所之外的场外从事已在证券交易所挂牌上市的证券交易而形成的证券场外市场。

(3)第四市场:又被称为机构交易网，是证券交易双方绕开证券经纪人，彼此之间利用电子计算机网络进行大宗交易的市场。

3. 按交易对象划分

按交易对象可分为股票市场、债券市场和基金市场、衍生证券市场等，并且各个子市场之间是相互联系的。

股票市场。股票市场是股票发行和买卖交易的场所。股票市场的发行人为股份有限公司。股份公司在股票市场上筹集的资金是长期稳定、属于公司自有的资本。股票市场交易的对象是股票，股票的市场价格除了与股份公司的经营状况和盈利水平有关外，还受到其他诸如政治、社会、经济等多方面因素的综合影响。因此，股票价格经常处于波动之中。

债券市场。债券市场是债券发行和买卖交易的场所。债券的发行人有中央政府、地方政府、政府机构、金融机构、公司和企业。债券市场交易的对象是债券。债券因有固定的票面利率和期限，其市场价格相对股票价格而言比较稳定。

基金市场。基金市场是基金证券发行和流通的市场。封闭式基金在证券交易所挂牌交易，开放式基金是通过投资者向基金管理公司申购和赎回实现流通的。

衍生证券市场。衍生证券市场是以基础证券的存在和发展为前提的。其交易品种主要有金融期货与期权、可转换证券、存托凭证、认股权证等。

(二)证券市场的结构

证券市场的结构是指证券市场的构成及其各部分之间的量比关系。证券市场的结构可以有许多种，但较为重要的结构有:

1. 层次结构

这是一种按证券进入市场的顺序而形成的结构关系，按这种顺序关系划分，证券市场的构成可以分为发行市场和交易市场。证券发行市场又称为“一级市场”或“初级市场”，是发行人以筹集资金为目的，按照一定的法律规定和发行程序，向投资者出售新证券所形成的市场。证券交易市场又称为“二级市场”或“次级市场”，是已发行的证券通过买卖交易实现流通转让的市场。

证券发行市场和流通市场相互依存、相互制约，是一个不可分割的整体。证券发行市场是流通市场的基础和前提，有了发行市场的证券供应，才有流通市场的证券交易，证券发行的种类、数量和发行方式决定着流通市场的规模和运行。流通市场是证券得以持续扩大发行的必要条件，为证券的转让提供市场条件，使发行市场充满活力。此外，流通市场的交易价格制约和影响着证券的发行价格，是证券发行时需要考虑的重要因素。

2. 品种结构

这是依有价证券的品种而形成的结构关系。这种结构关系的构成主要有股票市场、债券市场、基金市场、衍生品市场等。

股票市场是股票发行和买卖交易的场所。股票市场的发行人为股份有限公司。股份有限公司通过发行股票募集公司的股本，或是在公司营运过程中通过发行股票扩大公司的股本。股票市场交易的对象是股票，股票的市场价格除了与股份公司的经营状况和盈利水平有关外，还受到其他如政治、社会、经济等多方面因素的综合影响，因此，股票价格经常处于波动之中。

债券市场是债券发行和买卖交易的场所。债券的发行人有中央政府、地方政府、中央政府机构、金融机构、公司（企业）。债券发行人通过发行债券筹集的资金一般都有期限，债券到期时，债务人必须按时归还本金并支付约定的利息。债券有债权凭证，债券持有者与债券发行人之间是债权债务关系。债券市场交易的对象是债券。债券有固定的票面利率和期限，因此，相对于股票而言，市场价格比较稳定。

基金市场是基金份额发行和流通的市场。封闭式基金在证券交易所挂牌交易，开放式基金则通过投资者向基金管理公司申请和赎回实现流通转让。此外，近年来，全球各主要市场均开设了交易型开放式指数基金（ETF）或上市开放式基金（LOF）交易，使开放式基金也可以在交易所挂牌交易。

衍生品市场是各类衍生产品发行和交易的市场。随着金融创新在全球范围内的不断深化，衍生品市场已经成为金融市场不可或缺的重要组成部分。

3. 交易场所结构

按交易活动是否在固定场所进行，证券市场可以分为有形市场和无形市场。通常人们也把有形市场称为“场内市场”，是指有固定场所的证券交易所市场。该市场是有组织、制度化了的市场。有形市场的诞生是证券市场走向集中化的重要标志之一。一般而言，证券必须达到证券交易所规定的上市标准才能够在场内交易。有时人们也把无形市场称为“场外市场”，是指没有固定交易场所的市场。随着现代通讯技术的迅速发展和电子计算机网络的广泛应用、交易技术和交易组织形式的演进，越来越多的证券交易不在有形的场内市场进行，而是通过经纪人或交易商的电话、电传、电报、网络等洽谈成交。

目前场内市场和场外市场之间的截然划分已经不复存在，出现了多层次的证券市场机构。很多传统意义上的场外市场由于报价商和电子撮合系统的出现而具有了集中交易特征，而证券交易所市场也开始逐步推出兼容场外交易的交易组织形式。

4. 多层次的资本市场

对于多层次资本市场不同学者有不同的看法。巴曙松认为，我国资本市场应当包括证券交易所市场、场外交易市场，即 OTC 市场、三板市场、产权交易市场和代办股份转让市场等几个层次。王国刚认为，多层次是指资本市场应由交易所市场、场外市场、区域性市场、无形市场等多个层次的市场构成。还有一种说法则认为，多层次的资本市场是指能够为满足不同投融资市场主体的资本要求而建立起来的有层次性的配置资本性资源的市场。根据所服务和覆盖的上市公司类型，证券市场可以分为全球性市场、全国性市场和区域性市场等。根据上市公司规模、监管要求等差异，证券市场可以分为主板市场、二板市场（创业板或高新企业板）。根据交易方式，证券市场可以分为集中交易市场、柜台市场等。

三、证券市场参与主体

（一）证券发行人

证券发行人是指为筹措资金而发行股票、债券等证券的发行主体。证券发行是把证券向投资者销售的行为。证券发行人包括：

1. 公司（企业）

企业的组织形式可以分为独资制、合伙制和公司制。现代股份制公司主要采取股份有限公司和有限责任公司两种形式。其中，股份有限公司既可以发行股票，也可以发行公司债券；有限责任公司只能发行公司债券，无权发行股票。公司发行股票所筹集的资本属于自有资本，而通过发行债券所筹集的资本属于借入资本，发行股票和长期公司（企业）债券是公司（企业）筹措长期资本的主要途径，发行短期债券则是补充流动资金的重要手段。

2. 政府和政府机构

随着国家干预经济理论的兴起，政府（中央政府和地方政府）以及中央政府直属机构已成为证券发行的重要主体之一，但政府发行证券的品种一般仅限于债券，不包括股票。政府发行债券所筹集的资金既可以用于协调财政资金短期周转、弥补财政赤字、兴建政府投资的大型基础性的建设项目，也可以用于实施某种特殊的政策，在战争期间还可以用于弥补战争费用的开支。

由于中央政府拥有税收、货币发行等特权，通常情况下，中央政府债券不存在违约风险，因此，这一类证券被视为无风险证券，相对应的证券收益率被称为无风险利率，是金融市场上最重要的价格指标。

（二）证券投资人

1. 机构投资者

（1）政府机构

政府机构参与证券投资主要是为了调剂资金余缺和进行宏观调控。各级政府及政府出现资金剩余时，可以通过购买政府债券、金融债券等投资于证券市场。

（2）金融机构

①证券经营机构

证券经营机构是证券市场上最活跃的投资者，以其自有资本、营运资金和受托投资资金进行证券投资。我国的证券经营机构主要是证券公司。按照《证券法》的规定，证券公司可以通过从事证券自营业务和证券资产管理业务，以自己的名义或代其客户进行证券投资。

②银行业金融机构

银行业金融机构包括商业银行、城市信用合作社、农村信用合作社等吸收公众存款的金融机构以及政策性银行。受自身业务特点和政府法令的制约，银行业金融机构投资一般仅限于政府债券和地方政府债券，而且通常以短期国债作为其超额储备的持有形式。目前，我国的法律规定，银行业金融机构可用自有资金及中国银监会规定的可用于投资的表内资金买卖政府债券和金融债券，对于因处置贷款质押资产而被动持有的股票，只能单向卖出。银行业金融机构经中国银监会批准后，也可以通过理财计划募集资金进行有价证券投资。

③保险经营机构

《中华人民共和国保险法》规定，债券、股票、证券投资基金份额等有价证券均属保险公司资金运用范围，经国务院保险监督管理机构会同国务院证券监督管理机构批准，保险公司可以设立保险资产管理公司从事证券投资活动，还可运用受托管理的企业年金进行投资。2010年8月31日实施的《保险资金运用管理暂行办法》规定，保险集团（控股）规定，保险公司从事保险资金运用应当符合的比例要求是：投资于银行活期存款、政府债券、中央银行票据、政策性银行债券和货币市场基金等资产的账面余额，合计不低于本公司上季末总资产的5%；投资于无担保企业（公司）债券和非金融企业债务融资工具的账面余额，合计不高于本公司上季末总资产的20%；投资于股票和股票型基金的账面金额，合计不高于本公司上季末总资产的20%；投资于未上市企业股权的账面余额，不高于本公司上季末总资产的5%；投资于未上市企业股权相关金融产品的账面余额，不高于本公司上季末总资产的4%；两项合计不高于本公司上季末总资产的5%；投资于不动产的账面余额，不高于本公司上季末总资产的10%；投资于不动产相关金融产品的账面余额，不高于本公司上季末总资产的3%；两项合计不高于本公司上季末总资产的10%；保险集团（控股）公司、保险公司对其他企业实现控股的股权投资，累计投资成本不得超过其净资产。

此外，投资连结保险产品和非寿险非预定收益投资型保险产品的资金运用，应当在资产隔离、资产配置、投资管理、人员配备、投资交易和风险控制等环节，独立于其他保险资产，具体办法由中国保险监督管理委员会（简称“中国保监会”）制定。

④合格境外机构投资者（QFII）

QFII制度是一国（地区）在货币没有实现完全可自由兑换、资本项目尚未开放的情况下，有限地引进外资、开放资本市场的一项过渡性的制度。按照《合格境外机构投资者境内证券投资管理办法》的规定，合格境外机构投资者在经批准的投资额度内，可以投资于中国证监会批准的人民币金融工具，具体包括在证券交易所挂牌交易的股票，在证券交易所挂牌交易的债券、证券投资基金，在证券交易所挂牌交易的权证以及中国证监会允许的其他金融工具。合格境外机构投资者可以参与新股发行、可转换债券发行、股票增发和配股的申购。

⑤主权财富基金

随着国际经济、金融形势的变化，目前不少国家尤其是发展中国家拥有了大量的官方外汇储备，为管理好这部分资金，成立了代表国家进行投资的主权财富基金。经国务院批准，中国投资有限公司于2007年9月29日宣告成立，注册资本为2000亿美元。作为专门从事外汇资金业务的国有投资公司，中投公司以境外金融组合产品为主，开展多元投资，实现外汇产品保值增值，被视为中国主权财富基金的发端。

⑥其他金融机构

其他金融机构包括信托投资公司、企业集团财务公司、金融租赁公司等。这些机构通常也在自身章程和监管机构许可的范围内进行证券投资。

信托投资公司可以受托经营资金信托、有价证券信托和作为投资基金或者基金管理公司的发起人从事投资基金业务。企业集团财务公司达到相关监管规定的，也可以申请从事对金融机构的股权投资和证券投资业务。目前尚未批准金融租赁公司从事证券投资业务。

(3)企业和事业法人

企业可以用自己的积累资金或暂时不用的闲置资金进行证券投资。企业可以通过股票投资实现对其他企业的控股或参股，也可以将暂时闲置的资金通过自营或委托专业机构进行证券投资以获取收益。我国现行的规定是，各类企业可参与股票配售，也可以投资于股票二级市场;事业法人可以用自有资金和有权自行支配的预算外资金进行证券投资。

(4)各类基金

基金性质的机构投资者包括证券投资基金、社保基金、企业年金和社会公益基金。

证券投资基金是指通过公开发售基金份额筹集资金，由基金管理人管理，基金托管人托管，为基金份额持有人的利益，以资产组合方式进行证券投资活动的基金。《中华人民共和国证券投资基金法》规定，我国的证券投资基金可投资于股票、债券和国务院证券监督管理机构规定的其他证券品种。

在一般国家，社保基金分为两个层次:其一是国家以社会保障税等形式征收的全国性基金;其二是由企业定期向员工支付并委托基金公司管理的企业年金。由于资金来源不一样，且最终用途也不一样，这两种形式的社保基金管理方式亦完全不同。全国性社会保障基金属于国家控制的财政收入，主要用于支付失业救济和退休金，是社会福利网的最后一道防线，对资金的安全性和流动性要求非常高。这部分资金的投资方向有严格限制，主要投向国债市场。而由企业控制的企业年金，资金运作周期长，对账户资产增值有较高要求，但对投资范围限制不多。在我国，社保基金主要有两部分组成:一部分是社会保障基金。其资金来源包括国有股减持划入的资金和股权资产、中央财政拨入资金、经国务院批准以其他方式筹集的资金及其投资收益;同时，确定从2001年起新增发行彩票公益金的80%上缴社保基金。另一部分是社会保险基金。它是指社会保险制度确定的用于支付劳动者或公民在患病、年老、伤残、生育、死亡、失业等情况下所享受的各项保险待遇的基金，一般由企业等用人单位(或雇主)和劳动者(或雇员)或公民个人缴纳的社会保险费以及国家财政给予的一定补贴组成。

企业年金是指企业及其职工在依法参加基本养老保险的基础上，自愿建立的补充养老保险基金。按照我国现行法规，企业年金可由年金受托人或受托人指定的专业投资机构进行证券投资。

社会公益基金是指将收益用于指定的社会公益事业的基金，如福利基金、科技发展基金、教育发展基金、文学奖励基金等。我国有关政策规定，各种社会公益基金可用于证券投资，以求保值增值。

2. 个人投资者

个人投资者是指从事证券投资的社会自然人，他们是证券市场最广泛的投资者。个人进行证券投资应具备一些基本条件，这些条件包括国家有关法律、法规关于个人投资者投资资格的规定和个人投资者必须具备一定的经济实力。为保护个人投资者利益，对于部分高风险证券产品的投资，监管法规还要求相关个人具有一定的产品知识并签署书面的知情同意书。

3. 投资者的风险特征与投资适当性

证券投资者的风险特征。证券市场的风险特征主要体现为证券价格的波动性、不确定性和证券市场的不稳定性。这是由证券的本质及证券市场运作的复杂性所决定的。对证券投资者而言，进入证券市场可能会遇到的风险主要有:

(1)市场价格波动风险。无论是成熟股市，还是新兴股市，价格波动风险都是存在的。因为波动是股市的本质特征，是不可避免的。但在新兴股市，价格波动大，风险也大。在大的价格波动中，盲目的股票买卖往往给投资者特别是短线投资者带来巨大损失。

(2)上市公司经营风险。证券市场交易的股票本身没有使用价值，仅仅具有交换价值，其交换价值大小由上市公司的经营业绩决定。然而，上市公司本身的经营是有风险的，经营业绩有很大的不确定性，这将直接影响其股票的市场价格。

(3)政策风险。政策风险在新兴股市表现得尤为突出。首先，作为新兴市场，从试点到规范运作，有一个政策、法规出台和调整过程。每一项政策、法规的出台或调整，对证券市场都会有一定的影响，有的甚至会产生很大的影响，从而引起市场较大波动。其次，经济政策调整，如银行利率的上调或下调，产业或区域政策的调整，税率的变化等，这些经济政策调整对股市也有较大的影响，股票价格有可能出现较大幅度的上涨或下跌，政策风险也就显示出来了。

证券投资者的适当性。投资者适当性制度，是股指期货市场制度体系的重要组成部分。第一，投资者适当性制度并不是限制投资者参与股指期货的权利，只是通过设定适当的程序和要求，从源头上深化投资者教育，充分揭示风险。第二，作为风险管理工具的股指期货，具有专业性强、杠杆高、风险大的特点，客观上要求参与者具备较高的专业水平、较强的经济实力和风险承受能力，不适合一般投资者广泛参与。

四、证券市场的中介机构

证券市场中介机构是指为证券的发行与交易提供服务的各类机构，包括证券公司和其他证券服务机构，通常把两者合称为证券中介机构。中介机构是连接证券投资者与筹资人的桥梁，证券市场功能的发挥，很大程度上取决于证券中介机构的活动。通过它们的经营服务活动，沟通了证券需求者与证券供应者之间的联系，不仅保证了各种证券的发行和交易，还起到维持证券市场秩序的作用。

1. 证券公司

证券公司，是指依法设立可经营证券业务的、具有法人资格的金融机构。证券公司的主要业务有承销、经纪、自营、投资咨询、受托资产管理、融资融券等。证券公司一般分为综合类证券公司和经纪类证券公司。

证券承销是指证券公司代理证券发行人发行证券的行为。发行人向不特定对象公开发行的证券，法律、行政法规规定应当由证券公司承销的，发行人应当同证券公司签订承销协议。

证券经纪业务又称代理买卖证券业务，是指证券公司接受客户委托代客户买卖有价证券的业务。证券经纪业务分为柜台代理买卖证券业务和通过证券交易所代理买卖证券业务。

证券自营业务是指证券公司以自己的名义，以自有资金或者依法募集的资金，为本公司买卖依法公开发行的股票、债券、权证、证券投资基金及中国证监会认可的其他证券，以获取盈利的行为。

证券投资咨询业务是指证券公司及其相关业务人员运用各种有效信息，对证券市场或个别证券的未来走势进行分析预测，对投资证券的可行性进行分析评判;为投资者的投资决策提供分析、预测、建议等服务，倡导投资理念，传授投资技巧，引导投资者理性投资的业务活动。

证券资产管理业务是指证券公司根据有关法律、法规和投资委托人的委托，作为管理人，与委托人签订资产管理合同，将委托人委托的资产在证券市场上从事股票、债券等金融工具的组合投资，以实现委托资产收益最大化的行为。

融资融券业务是指向客户出借资金供其买入上市证券或者出借上市证券供其卖出，并收取担保物的经营活动。

经纪类证券公司是指接受客户的委托，以自己的名义从事证券买卖，收取一定佣金的经济组织。公司通常提供交易的基本条件和服务。

综合类证券公司是指既可以从事经纪业务，又可以开展自营、承销及其他业务，因而是同时为本人或客户从事证券买卖、为客户提供服务的经济组织。

2. 证券服务机构

证券服务机构是指依法设立的从事证券服务业务的法人机构，主要包括证券登记结算公司、证券投资咨询公司、证券信用评级机构、资产评估机构、会计师事务所、律师事务所等。

证券登记结算公司是为证券交易提供集中登记、存管与结算服务，不以盈利为目的的法人。

证券投资咨询公司又称证券投资顾问公司，是指对证券投资者和客户的投融资、证券交易活动和资本营运提供咨询服务的专业机构。目前，我国证券投资咨询公司主要有两种类型：一是专门从事证券咨询业务的专营咨询机构，另一类是兼作证券投资咨询业务的兼营咨询机构。

证券信用评级是指信用评级机构根据科学的指标体系，采用严谨的分析方法，运用简明的文字符号，对被评级对象履行经济责任能力及其资信情况进行客观公正的评价，并确定其信用等级的一种经济活动。

资产评估机构是指专门从事资产评估业务的中介机构。资产评估是指在市场经济条件下，由专业机构和人员，依据国家有关规定和有关材料，根据特定的目的，遵循适用原则，依照法定程序，选择适当的价值类型，运用科学方法，对资产价值进行评定和估算的行为。

会计师事务所是指依法独立承办注册会计师业务，实行自收自支、独立核算、依法纳税的中介服务机构。在证券市场中，会计师事务所是站在社会公正立场上，本着“独立、客观、公正”的原则，对有关公司的资本到位状况、财务状况、资产状况、盈利状况等进行验资审计，为社会公众提交真实、合法、有效的报告。

律师事务所是指中华人民共和国律师执行职务进行业务活动的工作机构。律师事务所在组织上受司法行政机关和律师协会的监督和管理。证券法律业务是指律师事务所接受当事人委托，为其证券发行、上市和交易等证券业务活动，提供的制作、出具法律意见书等文件的法律服务。

第二节　证券发行

一、证券发行的概念

证券发行（securities issuance），是指政府、金融机构、工商企业等以募集资金为目的向投资者出售代表一定权利的有价证券的活动。任何一个经济体系中都有资金的盈余单位（有储蓄的个人、家庭和有闲置资金的企业）和资金的短缺单位（有投资机会的企业、政府和有消费需要的个人），为了加速资金的周转和利用效率，需要使资金从盈余单位流向短缺单位。根据发行价格和票面面额的关系，可以将证券发行分为溢价发行、平价发行和折价发行三种形式。

二、证券发行的流程

(一)股票的发行

股票发行是指符合条件的发行人以筹资或实施股利分配为目的，按照法定的程序，向投资者或原股东发行股份或无偿提供股份的行为，即拟上市的公司通过中介机构间接向投资者出售新发行的股票，或者是公司直接向投资者出售新发行的股票，这种行为就叫股票发行。发行股票需要一套完整的程序，并且股票发行是股票交易的前提。这种股票的发行行为所形成的市场就叫股票发行市场，又被称为初级市场或一级市场。

股票发行市场是股票市场的重要组成部分，也是整个股票市场的起点和股票交易的基础。它与股票流通市场相互依存，共同构成了完整的股票市场。

股票发行市场通常没有具体的市场形式和固定的场所，是一个无形的市场。股票的发行可以在投资银行、信托投资公司和证券公司等场所发生，也可以通过市场公开出售新股票。股票发行市场体现了股票由发行主体流向投资者的市场关系，通过一种纵向关系将发行者和投资者联系起来，而股票流通市场则通过一种横向关系将股票的买卖双方联系起来。

在股票发行过程中，公司通常是通过证券公司向投资者出售新发行的股票，而不是投资者之间互相交易股票。股票发行人是资金的需求者和股票的供应者;股票投资者是资金的供应者和股票的需求者，证券中介机构则是联系发行人和投资者的专业性中介服务组织。

1.股票发行的目的

公司进行首次公开发行的目的，是为适应公司业务的发展进一步筹集资金。但公司筹集资金的方式不仅仅是通过发行股票，还包括发行公司债券或向银行贷款。如果公司仅仅是为了筹集资金，通常会选择成本较低的公司债券或银行贷款。因此，公司发行股票的目的还包括以下四点。

(1)为新建股份公司筹集资金。股份公司的成立有两种形式:一种是发起设立，即由公司发起人认购全部股票。发起设立程序简单，发起人出资后公司设立即告完成，但这类公司规模较小;另一种是募集设立，即除发起人本身出资外，还需向社会公开发行股票募集资金。按照我国《公司法》的规定，以募集设立方式设立股份公司的发起人认购的股份不得少于股份总额的35%，这类公司的规模一般较大。

(2)改善经营。现有股份公司为扩大经营规模或范围，提高公司的竞争能力而投资新的项目时，需增加发行股票筹集资金，通常称为增资发行。

(3)改善财务结构。当公司负债率过高时，通过发行股票增加公司资本，可以有效地降低负债比例，改善公司财务结构。

(4)其他类目的，如满足公司上市标准、公积金转增股本及股票派息、转换证券、股份的分割与合并、非股份有限公司改制成股份有限公司和公司兼并等。

公司发行股票可以选择网下向配售对象询价配售，或者网上资金申购两种方式。所谓网下询价配售主要是针对机构投资者，通过询价来最终确定发行价格。网上资金申购针对个人投资者，以指定的价格进行申购。

2.股票发行方式

在各国不同的政治、经济、社会条件下，特别是金融体制和金融市场管理的差异使得股票的发行方式也是多种多样的。根据不同的分类方法，可以概括如下：按发行的对象不同分为公募发行与私募发行；按发行的主体不同分为直接发行与间接发行、包销发行、代理发行和承销发行。

（1）公募发行，是指公开向社会非特定的投资者广泛募集资金的股票发行方式。公募发行可以采用股份公司自己直接发售的方法，也可以支付一定的发行费用通过证券中介机构代理发行。采用这种方式，能够在较短的时间内筹集到大量的资金，可以扩大股东的范围，分散持股可以防止股票被囤积或被少数人操纵，有利于提高公司的社会性和知名度，也可增加股票的适销性和流通性。

（2）私募发行，是指向特定的投资者募集资金的一种股票发行方式。通常在两种情况下采用：一是股东配股，又称股东分摊，即股份公司按股票面值向原有股东分配该公司的新股认购权，动员股东认购。这种新股发行价格往往低于市场价格，事实上成为对股东的一种优待，一般股东都乐于认购。如果有的股东不愿认购，他可以自动放弃新股认购权，也可以把这种认购权转让他人；二是私人配股，又称第三方分摊，即股份公司将新股票分售给股东以外的本公司职工、往来客户等与公司有特殊关系的第三者。采用这种方式往往出于两种考虑：一方面是为了按优惠价格将新股分摊给特定投资者，以示照顾；另一方面是当新股票发行遇到困难时，向第三者分摊以求支持，无论是股东还是私人配售，由于发行对象是既定的，因此不必通过公募方式，这不仅可以节省委托中介机构的手续费，降低发行成本，还可以调动股东和内部的积极性，巩固和发展公司的公共关系。

（3）直接发行又叫直接招股。是指股份公司自己承担股票发行的一切事务和发行风险，直接向认购者推销出售股票的方式。采用直接发行方式时，要求发行者熟悉招股手续，精通招股技术并具备一定的条件。当认购额达不到计划招股额时，新建股份公司的发起人或现有股份公司的董事会必须自己认购出售的股票。因此，直接发行只适用于有既定发行对象或发行风险少、手续简单的股票。一般情况下，私募发行的股票或因公募发行有困难（如信誉低所致的市场竞争力差、承担不了大额的发行费用等）的股票；或是实力雄厚，有把握实现巨额私募以节省发行费用的大股份公司股票，才采用直接发行的方式。

（4）间接发行又称间接招股，或委托代理发行，是指发行者不直接参与股票的发行过程，而是委托给一家或几家证券发行中介机构出售股票的方式。中介机构作为股票的推销者，办理一切发行事务，承担一定的发行风险并从中提取相应的收益。根据股票发行机构所承担的发行责任的大小不同，可分为包销发行、代理发行和承销发行。

（5）包销发行，又称包买招股，指股票发行单位与股票发行机构签订购买合同，由证券发行中介机构先用自己的资金一次性地把将要公开发行的股票全部买下，然后再转售给其他投资者的发行方式。

（6）代理发行，又称代销，是指受托者只代理股票发行者发售股票的一种发行方式。代理人只负责按照发行者的条件推销股票，代理招股业务，而不承担任何发行风险。发售到约定期时，代理方要将收入的资金或连同未销出去的股票退还给股票发行者。

（7）承销发行，又称余股承购，股票发行者与证券发行中介机构签订推销合同明确规定，在约定期限内，如果中介机构实际推销的结果未能达到合同规定的发行数额，其差额部分由中介机构自己承购下来。这种发行方法的特点是能够保证完成股票发行额度，一般较受发行者的欢迎，而中介机构因需承担一定的发行风险，故承销费高于代销的手续费。

股票间接发行时究竟采用哪一种方法，发行者和推销者考虑的角度是不同的，需要双方协商确定。一般说来，发行者主要考虑自己在市场上的信誉、用款时间、发行成本和对推销者的信任程度；推销者则主要考虑所承担的风险和所能获得的收益。

3. 股票发行的条件

我国《公司法》、《证券法》和相关的法规对首次公开发行股票、上市公司配股、增发、发行可转换债券、非公开发行股票，以及首次公开发行股票并在创业板上市的条件分别作出规定。

（1）首次公开发行股票的条件。我国《证券法》规定，公司公开发行新股，应当具备健全且运行良好的组织机构，具有持续盈利能力，财务状况良好，最近3年财务会计文件无虚假记载，无其他重大违法行为以及经国务院批准的国务院证券监督管理机构规定的其他条件。

（2）创业板首次公开发行股票的条件。按照2009年3月发布的《首次公开发行股票并在创业板上市管理暂行办法》，首次公开发行股票并在创业板上市主要应符合的条件是：发行人应当具备一定的盈利能力；发行人应当具有一定的规模和存续时间；发行人应当主营业务突出；对发行人公司治理提出从严要求。

（3）上市公司公开发行证券的条件。为规范上市公司证券发行行为，中国证监会于2006年5月制定并发布《上市公司证券发行管理办法》，对上市公司发行证券的一般性条件及上市公司配股、增发，发行可转换债券、认股权证和债券分离交易的可转换公司债券以及非公开发行股票的条件作出了规定：上市公司公开发行证券条件的一般规定；向原股东配售股份（配股）的条件；向不特定对象公开募集股份（增发）的条件；发行可转换公司债券的条件；非公开发行股票的条件。

4. 股票发行的流程

（1）首次公开发行流程

公司决定了公开发行股票的意愿后，一般要经过以下流程和步骤。

①股票发行前期的准备阶段。这一阶段对于能否取得发行资格，能否顺利发行股票具有非常重要的意义。发行公司在研究和分析发行市场情况的基础上，拟订股票发行方案和形成股票发行决议后，需要聘请一家证券承销商负责本公司此次发行事宜，并由承销商负责组织一个包括律师、会计师、资产评估师等组成的专家小组，负责对发行公司的尽职调查和发行前的准备工作。准备工作主要包括：对发行公司进行改造，重组整合成适于公开发行及随后上市的公司；对发行公司进行评估，准备招股说明书等申请文件并为大致确定公司的价值和发行价格准备各类资料；编制招股说明书。

②股票发行的申请和审核阶段。主承销商会同发行公司将申请书、招股说明书、承销协议等申请文件送交证券管理机关，申请公开招股。各国公开发行股票的审核制度分为注册制和核准制两种。注册制在生效期后发行公司可销售股票，核准制只有在申请被批准后发行公司才能销售股票。

新修订的《证券法》第14条规定，公司公开发行新股，应当向国务院证券监督管理机构报送募集申请和下列文件：公司营业执照；公司章程；股东大会决议；招股说明书；财务会计报告；代收股款银行的名称及地址；承销机构名称及有关的协议。依照《证券法》规定聘请保荐人的，还应当报送保荐人出具的发行保荐书。

③股票发行与承销的实施阶段。在提出发行申请到发行申请被批准或注册生效之间的时间内，发行公司与主承销商可以推介或促销拟发行的证券，包括提前通知市场有关新股发行

情况，大致确定目标投资群体，通过巡回展示或其他推介形式创造对新股的需求，引起投资者的购买兴趣。

在注册期满或申请被批准后，发行公司须提交并公开招股说明书的最后文本，同时要与主承销商正式签署承销协议，并由主承销商负责组织承销团。承销团成立后，便可以在公开发行日向投资者发售了。股票全部发售完毕，主承销商负责公布认购结果并将所筹资金转交发行公司办理股份登记。如果发行公司想成为上市公司，主承销商还要负责上市事宜及上市后的市场维持。

（2）增发股票的流程

增发股票主要是向原股东配股，大致程序为：①制订新股发行计划，召开董事会形成增资配股决议，并经股东大会讨论通过；②公告配股日期，停止公司股东名册记载事项的变更；③提出增资配股申请文件；④向股东发送配股通知书、认购申请书、配股说明书；⑤办理配股认购申请事务；⑥确定或处理失权股或转配事宜；⑦股东支付配股认购款；⑧交付股票，发行公司办理股份变更登记。

（二）债券的发行

1. 债券发行方式

（1）定向发行，又被称为“私募发行”、“私下发行”，即面向特定投资者发行。一般由债券发行人与某些机构投资者，如人寿保险公司、养老基金、退休基金等直接洽谈发行条件和其他具体事务，属直接发行。

（2）承购包销，指发行人与由商业银行、证券公司等金融机构组成的承销团通过协商条件签订承购包销合同由承销团分销拟发行债券的发行方式。

（3）招标发行，指通过招标方式确定债券承销商和发行条件的发行方式。按照国际惯例，根据标的物不同，招标发行可分为价格招标、收益率招标；根据中标规则不同，可分为荷兰式招标（单一价格中标）和美式招标（多种价格中标）。

2. 债券的发行流程

债券的发行必须按照政府有关法律法规进行。以公司债券为例：

（1）制订发行方案。发行方案主要包括债券发行金额、资金用途、期限、利率、发行范围、发行方式、公司现有资产、收益分配状况、筹资项目的可行性研究或经济效益预测、还本资金来源等。

（2）董事会决议。发行公司债券，需经董事会通过决议，且要有 2/3 以上董事出席以及超过半数的出席董事通过方为有效。董事会的决议，决定公司债券发行的总额、票面金额、发行价格、利率、发行日、偿还期限和偿还方式等内容。必须在公司债发行前形成董事会的决议。

（3）申请政府主管部门批准。申请发行公司债的公司，应向政府主管部门报送下列文件：发行公司债券的申请书；营业执照；公司董事会决议文件；准予进行公司固定资产投资的批准文件；发行公司债券的章程或者办法；公司财务报表；政府主管部门要求提供的其他文件。政府主管部门根据上述文件对发行公司债券的申请进行审批。

（4）签订承销协议。这是由发行公司和承销者之间签订的协议。协议主要规定：承销者所承担的责任和义务、承销者报酬、承销者缴款日期等。

（5）订立承销团协议。承销团协议是参加承销团的所有成员必须签订履行的。协议内容包括：承销团承销债券的数量、承销报酬；承销团各成员分担的份额。协议还应对承销团各成员不得自行做主降低价格出售债券及保证其推销份额的完成等加以规定。

(6)签订信托合同。在发行抵押公司债的情况下，发行公司必须和受托公司签订信托合同。信托合同中主要规定受托人的权利和义务，根据信托合同，受托公司取得抵押权。

(7)制作认购申请书、债券和债权者名簿。认购申请书上载有:认购金额、认购者住所、签书、盖章等栏目。认购申请书实际上是交易合同，投资者有按所填写金额缴款的义务。

(8)发出募集公告。发行公司或募集者以公告形式公布发行内容，募集投资者。公告内容主要有公司经营管理简况、公司财务状况、发行计划、发行债券目的、债券总金额、发行条件、还本付息方式、募集期限等。

(9)正式募集。在募集期间，由申请认购者填写认购申请书，其后在交割日缴纳价款，领取债券。

(10)呈报发行情况。债券募足后，董事会应在一定时间内(一般为15天内)向政府主管部门呈报发行情况。

三、证券发行价格的确定

(一)股票发行价格的确定

1.股票发行价格

股票发行价格是指投资者认购新发行的股票时实际支付的价格。根据我国《公司法》和《证券法》的规定，股票发行价格可以等于票面金额，也可以超过票面金额，但不得低于票面金额。以超过票面金额的价格发行股票所得的溢价款项列人发行公司的资本公积金。股票发行采取溢价发行的，发行价格由发行人与承销的证券公司协商确定。

股票发行的定价方式，可以采取协商定价方式，也可以采取一般询价方式、累计投标询价方式、上网竞价方式等。我国《证券发行与承销管理办法》规定，首次公开发行股票以询价方式确定股票发行价格。

根据规定，首次公开发行股票的公司及其保荐机构应通过向询价对象询价的方式确定股票发行价格。询价对象是指符合中国证监会规定条件的证券投资基金管理公司、证券公司、信托投资公司、财务公司、保险机构投资者、合格境外机构投资者(QFII)以及其他经中国证监会认可的机构投资者。发行申请经中国证监会核准后，发行人应公告招股意向书并开始进行推荐和询价。询价分为初步询价和累计投标询价两个阶段。通过初步询价确定发行价格区间和相应的市盈率区间。发行价格区间确定后，发行人及保荐机构在发行价格区间向询价对象进行累计投标询价，并根据累计投标询价的结果确定发行价格和发行市盈率。首次公开发行的股票在中小企业板上市的，发行人及其主承销商可以根据初步询价结果确定发行价格，不再进行累计投标询价。

上市公司发行证券，可以通过询价方式确定发行价格，也可以与主承销商协商确定发行价格。

2.确定股价的因素

股价的发行价格过高会增加承销过程中的风险，也会抑制投资者的情绪使股票发行困难。反之，难以最大限度地满足发行人的资金需求，甚至会损害原有股东的利益。股票发行价格的确定是否合理对于股票的顺利发行以及保证股票交易市场的稳定是至关重要的。股票价格的确定有2种方法。

(1)议价法。是指由股票发行公司与承销商议定发行价格和承销价格。此过程中，主要考虑二级市场上股票价格的高低、市场利率水平的高低、发行公司的经营状况及未来前景、发行公司风险水平等因素。并根据这些因素进行加权平均。议价法的价格确定较为合理，它综合考虑了多种因素。但他要求较为完善的会计审核制度、合理的市场利率水平和比较正常的二级市场股价水平。

(2)竞价法。竞价法是指股票发行公司将其股票发行的有关资料向一定范围的股票承销商公告，各承销商根据各自情况拟定各自的标书，以投标方式相互竞争股票承销业务，出价最高者中标，该出价就是股票发行价格。

3. 我国普通股股票发行价格的确定

(1)市盈率法。通过市盈率法确定股票发行价格。首先应根据专业会计师审核后的盈利预测计算出发行人的每股净盈利；其次可根据二级市场的平均市盈率、发行人的行业情况(同类营业公司的股票市盈率)、发行人的经营状况及其成长性等拟订发行的市盈率；最后依发行市盈率与每股净盈利之乘积决定发行价。

发行价计算公式为：发行价 = 每股净盈利 × 发行市盈率

(2)净资产倍率法。又称资产现值法，指通过资产评估(物业评估)和相关会计手段确定发行人拟募股资产的净现值和每股净资产值，然后根据证券市场的状况将每股净资产值乘以一定的倍率或一定折扣，依此确定股票发行价格的方法。依此种方式确定每股发行价格不仅应考虑公平市值，而且还需考虑市场所能接受的溢价倍数或折扣倍率。

其计算公式为：发行价格 = 每股净资产 × 溢价倍数(折扣倍率)

(3)竞价确定法。指投资者在指定时间内通过交易柜台或者证券交易所交易网络。以不低于发行底价的价格并按限购比例或数量进行认购委托，申购期满后，由交易所的交易系统将所有有效申购按照价格优先、同位价格按照时间优先的原则，将投资者的认购委托由高价位向低价位累计有效认购数量。当累计数量恰好达到或超过本次发行数量的价格，即为本次发行的价格。如果在发行底价上仍不能满足本次发行股票的数量，则竞价的底价即为发行价。发行底价也可由发行人和承销商根据发行人的经营业绩、盈利预测，投资的规模、市盈率，发行市场与股票交易市场上同类股票的价格及影响发行价格的其他因素，共同研究协商确定。

(二)债券发行价格的确定

1. 债券的发行价格

债券的发行价格是指投资者认购新发行的债券实际支付的价格。债券的发行价格可以分为：平价发行，即债券的发行价格与面值相等；折价发行，即债券以低于面值的价格发行；溢价发行，即债券以高于面值的价格发行。在面值一定的情况下，调整债券的发行价格可以使投资者的实际收益率接近市场收益率的水平。

2. 债券发行价格的确定

债券发行的定价方式以公开招标最为典型。按照招标标的分类，有价格招标和收益率招标；按照价格决定方式分类，有美式招标和荷兰式招标。以价格为标的的荷兰式招标，是以募满发行额为止所有投标者的最低中标价格作为最后中标价格，全体中标者的中标价格是单一的；以价格为标的的美式招标，是以募满发行额为止中标者各自的投标价格作为各中标者的最终中标价，各中标者的认购价格是不相同的。以收益率为标的的荷兰式招标，是以募满发行额为止的中标者最高收益率作为全体中标者的最终收益率，所有中标者的认购成本是相同的;以收益率为标的的美式招标，是以募满发行额为止的中标者所投标的各个价位上的中标收益率作为中标者各自的最终中标收益率，各中标者的认购成本是不相同的。一般情况下，短期贴现债券多采用单一价格的荷兰式招标，长期附息债券多采用多种收益率的美式招标。

第三节 证券交易

一、证券交易概述

(一)证券交易的概念

证券是用来证明证券持有人有权取得相应权益的凭证。证券交易是指已发行的证券在证券市场上买卖的活动。证券交易与证券发行有着密切的联系，两者相互促进、相互制约。一方面，证券发行为证券交易提供了对象，决定了证券交易的规模，是证券交易的前提;另一方面，证券交易使证券的流动性特征显示出来，有利于证券发行的顺利进行。

(二)证券交易的特征

证券交易的特征主要体现在三个方面，分别为证券的流动性、风险性和收益性。同时，这些特征又相互联系在一起。而债券所具有的变现能力，又在一定程度上关系到证券持有者收益的实现。同时，经济发展过程中存在许多不确定因素，所以证券在流动中也存在因其价格变化给持有者带来损失的风险。

(三)证券交易的原则

证券交易的原则是反映证券交易宗旨的一般法规，应该贯穿于证券交易的全过程。为了保障证券交易功能的发挥，以利于证券交易的正常运行，证券交易必须遵循“公开、公平、公正”三个原则。

1. 公开原则。公开原则又称为“信息公开原则”，指证券交易是一种面向社会的、公开的交易活动，其核心要求是实现市场信息的公开化。根据这一原则的要求，证券交易参与各方应依法及时、真实、准确、完整地向社会发布有关信息。

2. 公平原则。公平原则是指参与交易的各方应当获得平等的机会。它要求证券交易活动中的所有参与者都有平等的法律地位，各自的合法权益都能得到公平保护。在证券交易活动中，有各种各样的交易主体，这些交易主体的资金数量、交易能力等可能各不相同，但不能因此而给予不公平的待遇或者使其受到某些方面的歧视。

3. 公正原则。公正原则是指应当公正地对待证券交易的参与各方，以及公正地处理证券交易事务。在实践中，公正原则也体现在很多方面。例如，公正地办理证券交易中的各项手续，公正地处理证券交易中的违法违规行为等。

二、证券交易体系

(一)证券交易基本要素

1. 证券交易的种类

证券交易种类通常是根据交易对象来划分的。证券交易的对象就是证券买卖的标的物。在委托买卖证券的情况下，证券交易对象也就是委托合同中的标的物。按照交易对象的品种划分，证券交易种类有股票交易、债券交易、基金交易以及其他金融衍生工具的交易等。

（1）股票交易。股票交易就是以股票为对象进行的流通转让活动。股票交易可以在证券交易所进行，也可以在场外交易市场进行。前者称为“上市交易”，后者常见的形式为柜台交易。

（2）债券交易。债券是一种有价证券，是社会各类经济主体为筹集资金而向债券投资者出具的、承诺按一定利率定期支付利息并到期偿还本金的债权债务凭证。债券交易就是以债券为对象进行的流通转让活动。

（3）基金交易。基金交易是指以基金为对象进行的流通转让活动。从基金的基本类型看，一般可以分为封闭式基金与开放式基金。

（4）金融衍生工具交易。金融衍生工具又称“金融衍生产品”，是与基础金融产品相对应的一个概念，指建立在基础产品或基础变量之上，其价格取决于后者价格变动的派生金融产品。金融衍生工具交易包括权证交易、金融期货交易、金融期权交易、可转换债券交易等。

2. 证券交易的方式

证券交易方式可以按照不同的角度来认识。根据交易合约的签订与实际交割之间的关系，证券交易的方式有现货交易、远期交易和期货交易。在短期资金市场，结合现货交易和远期交易的特点，存在着债券的回购交易。如果投资者买卖证券时允许向经纪商融资或融券，则发生信用交易。

（1）现货交易。现货交易是指证券买卖双方在成交后就办理交收手续，买入者付出资金并得到证券，卖出者交付证券并得到资金。所以，现货交易时“一手交钱，一手交货”，即以现款买现货方式进行交易。

（2）远期交易和期货交易。远期交易是指双方约定在未来某一时刻（或时间段内）按照现在确定的价格进行交易。期货交易是指在交易所进行的标准化的远期交易，即交易双方在集中性的市场以公开竞价方式所进行的期货合约的交易。

（3）回购交易。回购交易更多地具有短期融资的属性，它通常在债券交易中运用。债券回购交易是指债券买卖双方在成交的同时，约定于未来某一时间以某一价格双方再进行反向交易的行为。

（4）信用交易。信用交易是指投资者通过交付保证金取得经纪商信用而进行的交易，也称为“融资融券交易”。这一交易的主要特征在于经纪商向投资者提供了信用，即投资者买卖证券的资金或证券有一部分是从经纪商借入的。

3. 证券投资者

证券投资者是买卖证券的主体，他们可以是自然人，也可以是法人。相应地，证券投资者可以分为个人投资者和机构投资者两大类。其中，机构投资者主要是政府机构、金融机构、企业和事业法人及各类基金等。

4. 证券公司

证券公司是指依据《公司法》规定和经国务院证券监督管理机构审查批准的、经营证券业务的有限责任公司或者股份有限公司。证券公司在证券交易活动中发挥着重要的作用。一方面，证券公司为投资者提供代理证券买卖的中介服务；另一方面，证券公司也是证券市场上的机构投资者。

5. 证券交易场所

证券交易场所是供已发行的证券进行流通转让的市场。证券交易市场的作用在于：一是为各种类型的证券提供便利而充分的交易条件；二是为各种交易证券提供公开、公平、充分的价格竞争，以发现合理的交易价格；三是实施公开、公正和及时的信息披露；四是提供安全、便利、迅捷的交易与交易后服务。

6. 证券登记结算机构

我国《证券法》规定，证券登记结算机构是为证券交易提供集中登记、存管与结算服务，不以营利为目的的法人。设立证券登记结算机构必须经国务院证券监督管理机构批准。中国证券登记结算有限责任公司是我国的证券登记结算机构，该公司在上海和深圳两地各设一个公司，其中上海分公司（简称"中国结算公司上海分公司"）主要针对上海证券交易所的上市证券，为投资者提供证券登记结算服务；深圳分公司（简称"中国结算公司深圳分公司"）主要针对深圳证券交易所的上市证券，为投资者提供证券登记结算服务。

（二）证券交易机制

1. 定期交易和连续交易

从交易时间的连续特点划分，有定期交易和连续交易。在定期交易中，成交的时间是不连续的。在某一段时间到达的投资者的委托订单并不是马上成交，而是要先存储起来，然后在某一约定的时刻加以匹配。在连续交易中，并非意味着交易一定是连续的，而是指在营业时间里订单匹配可以连续不断地进行。因此，两个投资者下达的买卖指令，只要符合成交条件就可以立即成交，而不必再等待一段时间定期成交。

2. 指令驱动和报价驱动

从交易价格的决定特点划分，有指令驱动和报价驱动。指令驱动是一种竞价市场，也称为"订单驱动市场"。在竞价市场中，证券交易价格是由市场上的买方订单共同驱动的。报价驱动是一种连续交易商市场，或称"做市商市场"。在这一市场中，证券交易的买价和卖价都由做市商给出，做市商将根据市场的买卖力量和自身情况进行证券的双向报价。做市商的收入来源是买卖证券的差价。

3. 证券交易机制目标

通常，证券交易机制的目标是多重的。主要目标有：

（1）流动性。证券的流动性是证券市场生存的条件。如果证券市场缺乏流动性，或者说不能提供充分的流动性，证券市场的功能就要受到影响。从积极的意义上看，证券市场流动性包含两方面的要求，即成交速度和成交价格。如果投资者能以合理的价格迅速成交，则市场流动性好。反过来，单纯是成交速度快，并不能完全表示流动性好。

（2）稳定性。证券市场稳定性是指证券价格的波动程度。一般来说，稳定性好的市场，其价格波动性比较小，或者说其调节平衡的能力比较强。从证券市场健康运行的角度看，保持证券价格的相对稳定、防止证券价格大幅度波动是必要的。证券市场的稳定性可以用市场指数的风险度来衡量。由于各种信息是影响证券价格的主要因素，因此，提高市场透明度是加强证券市场稳定性的重要措施。

（3）有效性。证券市场的有效性包含两方面的要求：一是证券市场的高效率；二是证券市场的低成本。其中，高效率又包含两方面内容。首先是证券市场的信息效率，即要求证券价格能准确、迅速、充分反映各种信息。其次是证券市场的运行效率，即证券交易系统硬件的工作能力。低成本也包含两方面：一是直接成本；二是间接成本。

三、证券交易流程

在证券交易活动中，投资者在证券市场上买卖已发行的证券要按照一定的程序进行。所谓证券交易程序，是指投资者在二级市场上买进或卖出已上市证券所应遵循的规定过程。在现行的技术条件下，许多国家的证券交易已采用电子化形式。在电子化交易情况下，证券交易的基本过程包括开户、委托、成交、结算等几个阶段。

（一）开户

开户有两个方面，即开立证券账户和开立资金账户。由于采用电子化交易方式，证券和资金都可以记录在相应的账户中。按照我国相关制度规定，投资者应当开立实名账户。同一投资者开立的资金账户和证券账户的姓名或者名称应当一致。

投资者买卖证券的第一步是要向中国结算公司申请开立证券账户，用来记载投资者所持有的证券种类、数量和相应的变动情况。在我国，中国结算公司可以委托证券公司代为开立证券账户。自然人和一般机构投资者开立证券账户，由开户代理机构受理；证券公司和基金公司等机构开立证券账户，由中国结算公司受理。证券账户有不同的类型，有的根据投资者种类（如个人投资者和机构投资者）区分，有的根据投资品种（如 A 股和 B 股）区分。当然，对于投资者来说，除买卖 B 股需单独开立账户外，在一个 A 股证券账户中允许买卖各种证券是比较方便的。

开立证券账户后。投资者还不能直接买卖证券。由于买卖证券要涉及货币资金的收入或付出，因此投资者还必须开立资金账户。资金账户用来记载和反映投资者买卖证券的货币收付和结存数额。在我国现阶段，投资者交易结算资金已经实行第三方存管制度。根据这一制度的规定，投资者在商业银行有签约存款账户，同时在证券公司开立《客户交易结算资金第三方存管协议》中的资金台账。

开立证券账户和资金账户后，投资者买卖证券所涉及的证券、资金变化就会从相应的账户中得到反映。

（二）委托

在证券交易所市场，投资者买卖证券是不能直接进入交易所办理的，而必须通过证券交易所的会员来进行。换而言之，投资者需要通过经纪商才能在证券交易所买卖证券。在这种情况下，投资者向证券经纪商下达买进或卖出证券的指令，称为“委托”。

委托指令有多种形式，可以按照不同的依据来分类。从各国（地区）情况看，一般根据委托订单的数量，有整数委托和零数委托；根据买卖证券的方向，有买进委托和卖出委托；根据委托价格限制，有市价委托和限价委托；根据委托时效限制，有当日委托、当周委托、无期限委托、开市委托和收市委托等。

证券经纪商接到投资者的委托指令后，首先要对投资者身份的真实性和合法性进行审查。审查合格后，经纪商要将投资者委托指令的内容传送到证券交易所进行撮合。这一过程称为“委托的执行”，也称为“申报”或“报盘”。

证券交易所在证券交易中接受报价的方式主要有口头报价、书面报价和电脑报价三种。

采用口头报价方式时，证券公司的场内交易员接到交易指令后，在证券交易所规定的交易台前或者指定的区域，用口头方式喊出自己的买价或者卖价，同时辅以手势，直至成交。而在书面报价情况下，交易员将证券买卖要求以书面形式向证券交易所申报，然后按规定的竞价交易原则撮合成交。电脑报价则是指证券公司通过计算机交易系统进行证券买卖申报，其做法是：证券公司将买卖指令输入计算机终端，并通过计算机系统传给证券交易所的交易系统，交易系统接收后即进行配对处理。若买卖双方有合适的价格和数量，交易系统便自动撮合成交。目前，我国通过证券交易所进行的证券交易均采用电脑报价方式。

(三)成交

证券交易所交易系统接受申报后，要根据订单的成交规则进行撮合配对。符合成交条件的予以成交，不符合成交条件的继续等待成交，超过了委托时效的订单失效。

在成交价格确定方面，一种情况是通过买卖双方直接竞价形成交易价格；另一种情况是交易价格由交易商报出，投资者接受交易商的报价后即可与交易商进行证券买卖。

在订单匹配原则方面，根据各国(地区)证券市场的实践，优先原则主要有：价格优先原则、时间优先原则、按比例分配原则、数量优先原则、客户优先原则、做市商优先原则和经纪商优先原则等。其中，各证券交易所普遍使用价格优先原则作为第一优先原则。我国采用价格优先和时间优先原则。

(四)结算

证券交易成交后，首先需要对买方在资金方面的应付额和在证券方面的应收种类和数量进行计算，同时也要对卖方在资金方面的应收额和在证券方面的应付种类和数量进行计算。这一过程属于清算，包括资金清算和证券清算。清算结束后，需要完成证券由卖方向买方转移和对应的资金由买方向卖方转移。这一过程属于交收。清算和交收是证券结算的两个方面。

对于记名证券而言，完成了清算和交收，还有一个登记过户的环节。完成了登记过户证券交易过程才告结束。

四、证券交易的组织方式

证券交易的组织方式分为场内交易市场和场外交易市场。场内交易市场为证券交易所，场外交易市场为柜台交易、第三市场、第四市场。

(一)证券交易所

1. 证券交易所的概念

证券交易所是证券买卖双方公开交易的场所，是一个高度组织化、集中进行证券交易的市场，是整个证券市场的核心。证券交易所本身并不买卖证券，也不决定证券价格，而是为证券交易提供一定的场所和设施，配备必要的管理和服务人员，并对证券交易进行周密的组织和严格的管理，为证券交易顺利进行提供一个稳定、公开、高效的市场。我国《证券法》规定，证券交易所是为证券集中交易提供场所和设施，组织和监督证券交易，实行自律管理的法人。

2. 证券交易所的特征

证券交易所主要有以下几个特征：

(1)有固定的交易场所和交易时间；

(2)参加交易者为具备会员资格的证券经营机构，交易采取经纪制，即一般投资者不能直接进入交易所买卖证券，只能委托会员作为经纪人间接进行交易；

(3)交易的对象限于合乎一定标准的上市证券；

(4)通过公开竞价的方式决定交易价格；

(5)集中了证券的供求双方，具有较高的成交速度和成交率；

(6)实行“公开、公平、公正”原则，并对证券交易加以严格管理。

3. 证券交易所的职能

证券交易所为证券交易创造公开、公平、公正的市场环境，扩大了证券成交的机会，有助于公平交易价格的形成和证券市场的正常运行。

我国《证券交易所管理办法》第11条规定，证券交易所的职能包括：

(1)提供证券交易的场所和设施；

(2)制定证券交易所的业务规则；

(3)接受上市申请、安排证券上市；

(4)组织、监督证券交易；

(5)对会员进行监管；

(6)对上市公司进行监管；

(7)设立证券登记结算机构；

(8)管理和公布市场信息；

(9)中国证监会许可的其他职能。

4. 证券交易所的组织形式

证券交易所的组织形式大致可分为两类，即公司制和会员制两种。

(1)公司制证券交易所

公司制证券交易所是以营利为目的的，由出资人共同投资入股成立的公司法人。公司制证券交易所一般由商业银行、信托投资公司、证券公司和其他非金融公司法人共同出资建立。公司制证券交易所的组织形式与股份有限公司类似，通常都必须设立股东大会、董事会、监事会、经营管理机构。其中，股东大会是证券交易所的最高权力机构，拥有最高决策权；董事会由股东大会产生，是交易所的常设机构；监事及其所组成的监事会，是由股东大会选举产生的常设监督机构，其主要职责是监督董事会执行股东大会决议。

公司制证券交易所作为一个以营利为目的的独立的经济实体，本身不参加证券交易，只向客户提供交易场所、设施和服务，以保证证券交易的顺利进行，同时收取发行公司的证券上市费和证券成交的手续费。

(2)会员制证券交易所

会员制证券交易所是以协会形式成立的不以营利为目的的组织，主要由证券商组成。会员制交易所设会员大会、理事会和监察委员会。

会员大会是证券交易所的最高权力机构，具有以下职权：制定和修改证券交易所章程；选举和罢免会员理事；审议和通过理事会、总经理的工作报告；审议和通过证券交易所的财务预算、决算报告；决定证券交易所的其他重大事项。

理事会是证券交易所的决策机构，其主要职责是：执行会员大会的决议；制定、修改证券交易所的业务规则；审定总经理提出的工作计划；审定总经理提出的财务预算、决算方案；审定对会员的接纳；审定对会员的处分；根据需要决定专门委员会的设置；会员大会授予的其他职责。

上海证券交易所于1990年12月19日正式营业；深圳证券交易所于1991年7月3日正式营业。两家证券交易所均按会员制方式组成，是非营利性的事业法人。我国证券交易所设总经理1人，由国务院证券监督管理机构任免。

在管理上，会员制证券交易所实行会员自治、自律、自我管理原则，即交易所自行确定的管理规则，政府和立法机关不加干涉。

目前大多数国家和地区的证券交易所都采用会员制的形式，只有少数国家和地区立法允许证券交易所采取公司制的形式。

5. 我国证券交易所市场的层次结构

根据社会经济发展对资本市场的需求和建设多层次资本市场的部署，我国在以上海、深圳证券交易所作为证券市场主板市场的基础上，又在深圳证券交易所设置了中小企业板块市场和创业板市场，从而形成了交易所市场内的不同市场层次。

（1）主板市场。主板市场是一个国家或地区证券发行、上市及交易的主要场所，一般而言，各国主要的证券交易所代表着国内主板市场。主板市场对发行人的营业期限、股本大小、盈利水平、最低市值等方面的要求标准较高，上市企业多为大型成熟企业，具有较大的资本规模以及稳定的盈利能力。

（2）创业板市场。创业板市场又被称为“二板市场”，是为具有高成长性的中小企业和高科技企业融资服务的资本市场。创业板市场是不同于主板市场的独特的资本市场，具有前瞻性、高风险、监管要求严格以及明显的高技术产业导向的特点。

6. 证券交易所的运作系统

为适应市场发展的需要，我国上海、深圳证券交易所的运作系统在原有集中竞价交易系统的基础上有所发展。上海证券交易所的运作系统包括集中竞价交易系统、大宗交易系统、固定收益证券综合电子平台。深圳证券交易所的运作系统包括集中竞价交易系统、综合协议交易平台。

（1）集中竞价交易系统

集中竞价交易系统由必要的硬件设施和信息管理等软件组成，它们是保证证券交易正常、有序运行的物质基础和管理条件。现代证券交易所的运作普遍实现了高度的计算机化和无形化，建立起安全、高效的电脑运行系统，该系统通常包括交易系统、结算系统、信息系统和监察系统四部分。

（2）大宗交易系统

大宗交易是指一笔数额较大的证券交易，通常在机构投资者之间进行。在交易所市场进行的证券单笔买卖达到交易所规定的最低限额，可以采用大宗交易方式。大宗交易的成交价格不作为该证券当日的收盘价，也不纳入指数计算，不计入当日行情，成交量在收盘后计入该证券的成交总量。

（3）固定收益证券综合电子平台

固定收益证券综合电子平台，简称固定收益平台，是上海证券交易所设置的、与集中竞价交易系统平行、独立的固定收益市场体系。该体系是为国债、企业债、资产证券化债券等固定收益产品提供交易商之间批发交易和为机构投资人提供投资和流动性管理的交易平台。

（4）综合协议交易平台

综合协议交易平台是指深圳证券交易所为会员和合格投资者进行各类证券大宗交易或协议交易提供的交易系统。综合协议交易平台在原交易平台各项业务集中整合的基础上发展而来，是一个主要服务于机构投资者的交易平台。

7. 交易原则和交易规则

证券交易所采用经纪制交易方式，投资者必须委托具有会员资格的证券经纪商在交易所内代理买卖证券，经纪商通过公开竞价形成证券价格，达成交易。为了保证场内证券交易的公开、公平、公正，使其高效、有序进行，由证券交易所制定交易原则和交易规则。

（1）交易原则。证券交易通常都必须遵循价格优先原则和时间优先原则。同价位申报，依照申报时序决定优先顺序，即买卖方向、价格相同的，先申报者优先于后申报者。先后顺序按证券交易所交易主机接受申报的时间确定。

（2）交易规则。证券交易所的主要交易规则有：①交易时间。上海证券交易所和深圳证券交易所都规定，交易日为每周一至周五。国家法定假日和证券交易所公布的休市日，证券交易所市场休市日。交易时间内因故停市，交易时间不顺延。关于申报时间，上海证券交易所规定，接受会员竞价申报的时间为每个交易日 9:15－9:25、9:30－11:30、13:00－15:00 每个交易日 9:20－9:25 的开盘竞价阶段，上海证券交易所主机不接受撤单申报。其中，9:15－9:25 为开盘集合竞价时间，9:30－11:30、13:00－15:00 为连续竞价时间。深圳证券交易所规定，接受会员竞价申报的时间为每个交易日 9:15－11:30、13:00－15:00。每个交易日 9:20－9:25、14:57－15:00，深圳证券交易所主机不接受参与竞价交易的撤单申报。其中，9:15－9:25 为开盘集合竞价时间，9:30－11:30、13:00－14:57 为连续竞价时间，14:57－15:00 为收盘集合竞价时间。对于两市的每个交易日 9:25－9:30，交易主机只接受申报，但不对买卖申报或撤销申报作处理。②交易单位。一个交易单位俗称“一手”，委托买卖数量通常为一手或一手的整倍数，数量不足一手的证券称为零股。沪深证券交易所规定 A 股、B 股，基金单位为每 100 股或 100 基金单位为一手，债券以 100 元面值为一张，10 张即 1000 元面值为一手；零股可一次性卖出，但不得买入。A 股、债券的价格变化为 0.01 元人民币，基金的价格变化为 0.001 元人民币，上海证券交易所的 B 股价格变化为 0.001 美元，深圳证券交易所为 0.01 港元，国债回购为 0.01%。③报价方式。传统的证券交易所用口头叫价方式并辅之以手势作为补充。澳大利亚及东南亚一些国家和地区的证券交易所曾采用牌板报价方式。现代证券交易所多采用计算机报价方式，即证券经纪商将委托指令输入计算机终端，再通过通信网络将指令传送到交易所撮合主机参与交易。④价格决定。证券交易所按连续、公开竞价方式形成证券价格，当买卖双方在价格和交易数量上一致时，便立即成交并形成成交价格。我国上海、深圳证券交易所的价格决定采取集合竞价和连续竞价方式。集合竞价是指在规定的时间内接受的买卖申报一次性撮合的竞价方式。连续竞价是指对买卖申报逐笔连续撮合的竞价方式。⑤涨跌幅限制。为保护投资者利益，防止股价暴涨暴跌和投机盛行，证券交易所可根据需要对每日股票价格的涨跌幅度予以适当的限制。在一个交易日内，除首日上市证券外，每只股票或基金的交易价格相对于上一交易日收盘价的涨跌幅度不得超过 10%，ST 类股票涨跌幅度不得超过 5%。涨跌停板制是指一种股票或整个股价指数涨跌到一定幅度就暂停该种股票或整个股市的交易。

（二）场外交易市场

1. 场外交易市场的含义和特征

场外交易市场又称柜台交易或店头交易市场，是指证券交易所以外由证券买卖双方直接进行交易的市场。场外市场是一个分散的、无固定交易场所的无形市场。它是由许多各自独立经营的证券公司分别进行交易的，而且主要是依靠电话和计算机网络联系成交的。投资者可直接参与证券交易过程的“开放性”市场。场外交易市场区别于证券交易所的最大特征在于不采用经纪制方式，而是采用自营制方式进行交易。以未能在证券交易所批准上市的股票、定期还本付息的债券和开放型基金的受益凭证为主。

参与场外交易的证券商主要是自营商，他们自己买进和卖出证券，赚取证券卖买的收益，经纪商所占比例很小。由于证券种类繁多，相应地形成众多的经营不同证券买卖的证券商。场外交易市场管理比较宽松、分散，缺乏统一的组织和章程，其交易效率也不及交易所市场。

场外交易市场是证券交易所的必要补充，是二级市场的重要组成部分。证券交易所有严格的上市标准，许多不符合上市标准的证券客观上也有流通转手的需要，需要有可以进行买卖的交易场所。证券交易所对上市证券的数量或期限有一定要求，发行量过小、期限过短的证券难以持续进行交易而且会增加交易成本，场外交易可以不受证券数量、期限限制；证券交易所采取经纪制，并有严格的交易时间，交易程序较复杂，管理严格，场外交易市场交易时间灵活分散，交易方法简单方便，对投资者的限制少，满足了部分投资者的需要。因此场外交易市场在交易证券的种类、数量、交易方式、交易时间等方面弥补了证券交易所的不足，与证券交易所共同组成了证券流通市场。

2. 第三市场

第三市场是指不是某一证券交易所会员的证券商在证券交易所之外的场外从事已在证券交易所挂牌上市的证券交易而形成的证券场外市场。第三市场的参与者主要是机构投资者，如银行信托部、投资基金、养老基金会、保险公司和其他投资机构，也有少数个人投资者，交易所非会员经纪商和自营商也很活跃，他们在这一市场上从事经纪人业务，可以从中赚取佣金和差价。

第三市场的交易特点是佣金便宜，成本较低；价格和佣金由双方议定，往往能得到一个较好的成交价；交易手续简便，能迅速成交。第三市场的出现无疑构成了对证券交易所的强有力竞争，其结果是促进交易所，尤其是一些老资格交易所的改革，包括降低佣金比例、改善交易条件、引进先进的电子化交易手段等，以吸引更多的上市证券重新在证券交易所买卖。

3. 第四市场

又被称为机构交易网，是证券交易双方绕开证券经纪人，彼此之间利用电子计算机网络进行大宗交易的市场。

第四市场这种交易形式的优点在于：一是交易成本低，因为买卖双方直接交易，没有经纪商的介入，买卖双方无须负担佣金成本；二是价格满意、成交迅速，因为买卖双方直接洽谈成交，所以可望获得双方都满意的较好价格，成交也迅速；三是可以保守交易秘密，因无须通过经纪人进行交易，有利于机构投资者匿名进行证券交易，以保持交易的秘密性；四是不冲击证券市场，有利于防止证券市场的价格动荡。第四市场所进行的一般都是大宗证券交易，如果在证券交易所或店头市场公开进行，可能会给证券市场的价格造成较大的影响，而在第四市场交易，因其不公开出价，可以避免对证券行情产生压力。正是由于第四市场的这些优越性，确保了这一市场的发展有很大潜力。但是，这类交易进行管理监督非常困难，不易制定行为规范，所以第四市场的存在和发展也对证券市场的管理提出了挑战。

第四节 证券市场监管

证券市场是高风险和高投机的市场，影响的范围非常广泛。维持证券市场的稳定性，对国家的金融安全至关重要。为了有效防范和化解证券市场风险，促进证券市场健康发展，保护广大投资者的利益，保证证券市场公开、公平、公正和高效地运行，对证券市场加以监管是十分必要的。

我国及时总结证券市场发展的经验教训，确立了指导证券市场健康发展的“法制、监管、自律、规范”的八字方针，初步形成了有中国特色的集中统一的监管体系。

一、证券市场监管体系

（一）证券市场监管的意义和原则

1. 证券市场监管的意义

证券市场监管是指证券管理机关运用法律的、经济的以及必要的行政手段，对证券的募集、发行、交易等行为以及证券投资中介机构的行为进行监督与管理。证券市场监管是一国宏观经济监管体系中不可缺少的组成部分，对证券市场的健康发展意义重大。

（1）加强证券市场监管是保障广大投资者权益的需要。投资者是证券市场的重要参与者，他们参与证券交易、承担投资风险是以获取收益为前提的。为保护投资者的合法权益，必须坚持“公开、公平、公正”的原则，加强对证券市场的监管。只有这样，才便于投资者充分了解证券发行人的资信、证券的价值和风险状况，从而使投资者能够比较正确地选择投资对象。

（2）加强证券市场监管是维护市场良好秩序的需要。为保证证券发行和交易的顺利进行，一方面，国家要通过立法手段，允许一些金融机构、中介机构和个人在国家政策法令许可的范围内买卖证券并取得合法收益；另一方面，在现有的经济基础和条件下，市场也存在着蓄意欺诈、垄断行市、操纵市场和哄抬股价等多种弊端。为此，必须对证券市场活动进行监督检查，对非法证券交易活动进行严厉查处，以保护正当交易、维护证券市场的正常秩序。

（3）加强证券市场监管是发展和完善证券市场体系的需要。完善的市场体系能促进证券市场筹资和投资功能的发挥，有利于稳定证券市场，增强社会投资信心，促进资本合理流动，从而推动金融业、商业和其他行业以及社会福利事业的顺利发展。

（4）准确和全面的信息是证券市场参与者进行发行和交易决策的重要依据。一个发达、高效的证券市场也必定是一个信息灵敏的市场，它既要有现代化的信息通讯设备系统，又必须有组织严密的科学的信息网络机构；既要有收集、分析、预测和交换信息的制度与技术，又要有与之相适应的、高质量的信息管理人才。这些都只有通过相关的统一组织管理才能实现。

2. 证券市场监管的原则

我国证券市场在政府及其监管机构的推动下，在发展中规范，在规范中发展，取得了显著的成绩。但作为新兴的证券市场，在其发展过程中也暴露出一些问题。这些问题有的涉及体制，有的涉及理念，有的涉及具体规则的缺陷，归结起来可以认为是证券监管制度的不完善，导致监管制度效率的低下。为了提高监管效率，纠正市场失灵，防止市场出现危机，促进证券市场资源配置功能的充分发挥，必须坚持依法监管、保护投资者的利益、“三公”原则以及监督与自律相结合的原则。

(1)依法监管原则。依法治国是我国在总结新中国成立以来若干经验教训基础上形成的共识，是我国在建设现代化、民主化国家进程中最重要的公共管理原则，中国证券市场形成发展的历史也充分说明了依法监管的重要性。依法监管首先要求“有法可依”，从目前情况看，我国的证券法律法规体系正逐步健全，但还需要进一步制定相关细则；其次，依法监管还要求“有法必依”，加强对证券市场违法违规行为的查处力度，维护证券市场的正常秩序。

(2)保护投资者利益原则。投资者保护不仅关系到资本市场的规范和发展，而且也关系到整个经济的稳定增长。投资者，尤其是中小投资者，由于信息不对称、持股比例小，相对于控股股东和公司管理层处于弱势地位等原因，需要重点保护。投资者的合法权益受到保护，投资者对市场就有信心，入市的资金和人数也会相应增加。从资本市场的发展历程来看，是证券监管机构的首要任务和宗旨。一国或地区投资者保护得越好，资本市场就越发达。抵抗金融风险的能力就越强，对经济增长的促进作用也就越大。

(3)“三公”原则。“三公”即指公开原则、公平原则、公正原则。

公开原则要求证券市场具有充分的透明度，要实现市场信息的公开化。信息披露的主体不仅包括证券发行人、证券交易者，还包括证券投资者；要保障市场的透明度，除了证券发行人需要对影响证券价格的公司情况作出公开的详细说明外，监管者还应当公开有关监管程序、监管身份、对证券市场违规处罚的规定等。

公平原则要求证券市场不存在歧视，参与市场的主体具有完全平等的权利。具体而言，无论是投资者还是筹资者、是机构投资者还是个人投资者，也无论其投资规模与筹资规模的大小，只要是市场主体，则在进入与退出市场、投资机会、享受服务、获取信息等方面都享有完全平等的权利。

公正原则要求证券监管机构在公开、公平原则的基础上，对一切被监管对象给予公正待遇。根据公正原则，证券立法机构应当制定体现公平精神的法律、法规和政策；证券监管机构应当根据法律授予的权限履行监管职责，以法律为依据，对一切证券市场参与者给予公正的对待；对证券违法行为的处罚及对证券纠纷事件和争议的处理，都应当公平进行。

(4)监督与自律相结合的原则。该原则是指在加强政府、证券监管机构对证券市场监管的同时，也要加强从业者的自我约束、自我教育和自我管理。国家对证券市场的监管是证券市场健康发展的保证，而证券从业者的自我管理是证券市场正常运行的基础。国家监督与自我管理相结合的原则是世界各国共同奉行的原则。

(二)证券市场监管的目标、方式和手段

1. 证券市场监管的目标

证券市场监管的目标在于：运用和发挥证券市场机制的积极作用，限制其消极作用；保护投资者合法权益，保障合法的证券交易活动，监督证券中介机构依法经营；防止人为操纵、欺诈等不法行为，维持证券市场的正常秩序；根据国家宏观经济管理的需要，运用灵活多样的方式，调控证券发行与证券交易规模，引导投资方向，使之与经济发展相适应。

国际证监会公布了证券监管的3个目标：一是保护投资者；二是保证证券市场的公平、效率和透明；三是降低系统性风险。

2. 证券市场监管的手段

(1)法律手段。这一手段是通过建立完善的证券法律、法规体系和严格执法来实现的。这是证券市场监管部门的主要手段，具有较强的威慑力和约束力。

(2)经济手段。这一手段是通过运用利率政策、公开市场业务、信贷政策、税收政策等经济手段，对证券市场进行干预。这种手段相对比较灵活，但调节过程可能较慢，存在时滞。

(3)行政手段。这一手段是通过制定计划、政策等对证券市场进行行政性的干预。这种手段比较直接，但运用不当可能违背市场规律，无法发挥作用甚至遭到惩罚。一般多在证券市场发展初期，法制尚不健全、市场机制尚未理顺或遇突发性事件时使用。

(三)证券市场监管机构

我国证券市场经过多年的发展，逐步形成了五位一体的监管体系，即国务院证券监督管理机构、国务院证券监督管理机构的派出机构、证券交易所、行业协会和证券投资者保护基金公司为一体的监管体系和自律管理体系。

1. 国务院证券监督管理机构

国务院证券监督管理机构由中国证券监督管理委员会及其派出机构组成。

2. 国务院证券监督管理机构的职责和权限

(1)中国证券监督管理委员会的职责

①依法制定有关证券市场监督管理的规章、规则，并依法行使审批或者核准权。

②依法对证券的发行、上市、交易、登记、存管、结算进行监督管理。

③依法对证券发行人、上市公司、证券公司、证券投资基金管理公司、证券服务机构、证券交易所、证券登记结算机构的证券业务活动进行监督管理。

④依法制定从事证券业务人员的资格标准和行为准则，并监督实施。

⑤依法监督检查证券发行、上市和交易的信息公开情况。

⑥依法对中国证券业协会的活动进行指导和监督。

⑦依法对违反证券市场监督管理法律、行政法规的行为进行查处。

⑧法律、行政法规规定的其他职责。

国务院证券监督管理机构可以和其他国家或者地区的证券监督管理机构建立监督管理合作机制，实施跨境监督管理。

(2)中国证券监督管理委员会有权采取的措施

中国证券监督管理委员会在履行以上职责时，有权采取下列措施：

①对证券发行人、上市公司、证券公司、证券投资基金管理公司、证券服务机构、证券交易所、证券登记结算机构进行现场检查。

②进入涉嫌违法行为发生场所调查取证。

③询问当事人和与被调查事件有关的单位和个人，要求其对与被调查事件有关的事项作出说明。

④查阅、复制与被调查事件有关的财产权登记、通讯记录等资料。

⑤查阅、复制当事人和与被调查事件有关的单位和个人的证券交易记录、登记过户记录、财务会计资料及其他相关文件和资料;对可能被转移、隐匿或者毁损的文件和资料，可以予以封存。

⑥查询当事人和与被调查事件有关的单位和个人的资金账户、证券账户和银行账户。对有证据证明已经或者可能转移或者隐匿违法资金、证券等涉案财产或者隐匿、伪造、毁损重要

证据的，经国务院证券监督管理机构主要负责人批准，可以冻结或者查封。

⑦在调查操纵证券市场、内幕交易等重大证券违法行为时，经国务院证券监督管理机构主要负责人批准，可以限制被调查事件当事人的证券买卖，但限制的期限不得超过15个交易日；案情复杂的，可以延长15个交易日。

（四）证券市场监管的重点内容

1. 对证券发行及上市的监管

（1）证券发行核准制

证券发行上市监管的核心是发行决定权的归属，我国目前对证券发行实行的是核准制。核准制是指发行人申请发行证券，不仅要公开披露与发行证券有关的信息，符合《公司法》和《证券法》所规定的条件，而且要求发行人将发行申请报请证券监管部门决定的审核制度。

（2）信息披露制度

信息披露的意义：有利于价值判断；防止信息滥用；有利于监督经营管理；防止不正当竞争；提高证券市场效率。

信息披露的基本要求：全面性、真实性和时效性。

证券发行与上市的信息公开制度：①证券发行信息的公开。《证券法》第二十五条对证券发行人的发行信息公开明确的规定，要求发行人在证券发行申请核准后，在证券公开发行前，依法公告公开发行募集文件，并将该文件置备于指定场所供公众查阅。②证券上市信息的公开。《证券法》第五十三条、第五十九条规定，股票和公司债券上市交易申请经证券交易所审核同意后，签订上市协议的公司应当在规定的期限内公告有关文件，并将该文件置备于指定场所供公众查阅。

持续信息公开制度。《证券法》第六十五条、第六十六条对上市公司和公司债券上市交易的公司的中期报告和年度报告的报告期限、报告内容作了明确规定。

信息披露的虚假或重大遗漏的法律责任。①发行人、证券公司、保荐人在招募说明书、上市公告书、公司报告及其他文件中作出虚假陈述的；②律师事务所、会计师事务所、资产评估机构等专业性证券服务机构在其出具的法律意见书、审计报告、资产评估报告及参与制作的其他文件中作出虚假陈述的。

（3）证券发行上市保荐制度

企业发行上市不但要有保荐机构进行保荐，还需要具有保荐代表人资格的从业人员具体负责保荐工作。监管部门对符合条件的证券公司及其从业人员注册登记为保荐机构和保荐代表人。

2. 对交易市场的监管

（1）证券交易所的信息公开制度

证券交易所应当为组织公平的集中交易提供保障，公布证券交易即时行情，并按交易日制作证券市场行情表，予以公布。未经证券交易所许可，任何单位和个人不得发布证券交易即时行情。

（2）对操纵市场行为的监管

操纵市场行为包括：①单独或者通过合谋，集中资金优势、持股优势或者利用信息优势联合或者连续买卖，操纵证券交易价格或数量。②与他人串通，以事先约定的时间、价格和方式相互进行证券交易，影响证券交易价格或者证券交易量。③在自己实际控制的账户之间进行证券交易，影响证券交易价格或者证券交易量。④以其他手段操纵证券市场。

对操纵市场行为的监管包括事前监管与事后处理。事前监管是指在发生操纵行为前，证券管理机构采取必要手段以防止损害发生。

（3）对欺诈客户行为的监管

欺诈客户行为包括：违背客户的委托为其买卖证券；不在规定时间内向客户提供交易的书面确认文件；挪用客户所委托买卖的证券或者客户账户上的资金；未经客户的委托，擅自为客户买卖证券，或者假借客户的名义买卖证券；为牟取佣金收入，诱使客户进行不必要的证券买卖；利用传播媒介或者通过其他方式提供、传播虚假或者误导投资者的信息；其他违背客户真实意思表示，损害客户利益的行为。

（4）对内幕交易行为的监管

所谓内幕交易，又称为知内情者交易，是指公司董事、监事、经理、职员、主要股东、证券市场内部人员或市场管理人员，以获取利益或减少经济损失为目的，利用地位、职务等便利，获取发行人未公开的、可以影响证券价格的重要信息，进行有价证券交易，或泄露该信息的行为。

内幕交易的行为主体。证券交易内幕信息的知情人包括：发行人的董事、监事、高级管理人员；持有公司百分之五以上股份的股东及其董事、监事、高级管理人员，公司的实际控制人及其董事、监事、高级管理人员；发行人控股的公司及其董事、监事、高级管理人员；由于所任公司职务可以获取公司有关内幕信息的人员；证券监督管理机构工作人员以及由于法定职责对证券的发行、交易进行管理的其他人员；保荐人、承销的证券公司、证券交易所、证券登记结算机构、证券服务机构的有关人员；国务院证券监督管理机构规定的其他人。

重大事件包括：公司经营方针和经营范围的重大变化；公司的重大投资行为和重大的购置财产的决定；公司订立重要合同，可能对公司的资产、负债、权益和经营成果产生重要影响；公司发生重大债务和未能清偿到期重大债务的违约情况；公司发生重大亏损或者重大损失；公司生产经营的外部条件发生的重大变化；公司的董事、三分之一以上监事或者经理发生变动；持有公司百分之五以上股份的股东或者实际控制人，其持有股份或者控制公司的情况发生较大变化；公司减资、合并、分立、解散及申请破产的决定；涉及公司的重大诉讼，股东大会、董事会决议被依法撤销或者宣告无效；公司涉嫌犯罪被司法机关立案调查，公司董事、监事、高级管理人员涉嫌犯罪被司法机关采取强制措施；国务院证券监督管理机构规定的其他事项。

内幕交易的行为方式：行为主体知悉公司内幕信息，且从事有价证券的交易或其他有偿转让行为，或者泄露内幕信息或建议他人买卖证券等。

对内幕交易的监管。我国《证券法》第 76 条规定："证券交易内幕信息的知情人和非法获取内幕信息的人，在内幕信息公开前，不得买卖该公司的证券，或者泄露该信息，或者建议他人买卖该证券。持有或者通过协议、其他安排与他人共同持有公司百分之五以上股份的自然人、法人、其他组织收购上市公司的股份，本法另有规定的，适用其规定。内幕交易行为给投资者造成损失的，行为人应当依法承担赔偿责任。

3. 对上市公司的监管

对上市公司的监管包括信息披露的监管、公司治理监管和并购重组的监管等，其中信息披露的监管是对上市公司日常监管的主要内容。

（1）信息披露制度的意义。信息披露制度也被称为"公示制度""公开披露制度"，是上市公司及其信息披露义务人依照法律规定必须将其自身的财务变化、经营状况等信息和资料向社会公开或公告，以便使投资者充分了解情况的制度。

①有利于约束证券发行人的行为，促使其改善经营管理；

②有利于证券市场发行价格与交易价格的合理形成；

③有利于维护广大投资者的合法权益；

④有利于进行证券监督，提高证券市场效率。

（2）上市公司信息披露的原则。我国《证券法》规定发行人、上市公司依法披露的信息，必须真实、准确、完整，不得有虚假记载、误导性陈述或者重大遗漏。因此，上市公司信息披露应遵循以下原则：

①真实原则。真实原则是指公开的信息必须具有客观性、一致性和规范性，不得作虚假陈述。客观性是指公开的信息所反映的事实必须是公司经营活动中实际发生的，禁止为了影响市场价格而编造虚假信息；一致性是指公开的信息依据的标准应保持历史的一贯性，如有变动应作出说明；规范性是指公司所公开的信息必须符合《证券法》所规定的对不同性质信息的真实性的不同判断标准。

②准确原则。准确原则是指公司公开的信息必须准确无误，不得以模糊不清的语言使公众对其公布的信息产生误解，不得有误导性陈述。准确性原则不是强调已公开信息与信息所反映的客观事实之间的一致性，而是强调信息发布者与信息接受者之间对同一信息以及各个信息接受者之间对同一信息在理解上的一致性。

③完整原则。完整性原则是指公司必须依照法律规定或证券监管机构和证券交易所的指令将有关信息予以公开，不得有重大遗漏。信息披露的完整性，有质与量两方面的规定性。首先，应充分公开的信息，在性质上必须是重大信息。重大信息是指能够影响公司证券市场价格的信息。其次，应充分公开的信息，在数量上必须达到一定的标准，以足以使投资者在通常情况下能够据此作出适当的投资判断。

④及时原则。及时原则是指公司必须在合理的时间内尽可能迅速地公开其应公开的信息，不得延迟。无论怎样正确的信息，如果其公开的时期迟滞，作为投资判断的信息的有用性必然减退。所以，公司信息公开的内容应具有现时性的要件。首先，公司应以最快的速度公开其信息，即公司经营和财务状况发生变化后，应立即向社会公众公开其变化；其次，公司所公开的信息应保持最新的状态，不能给社会公众过时和陈旧的信息。

（3）我国上市公司信息披露制度的法律框架。目前，中国上市公司信息披露制度已形成包括基本法律、行政法规、部门规章和自律规则在内的四个层次。

第一层次为基本法律，主要是《证券法》；

第二层次为行政法规，主要包括《股票发行与交易管理暂行条例》、《股份有限公司境内上市外资股的规定》、《股份有限公司境外募集股份及上市的特别规定》、《可转换债券管理暂行办法》等；

第三层次为部门规章，主要是指中国证监会制定的适用于上市公司信息披露的制度规范，包括《禁止证券欺诈行为暂行办法》、《证券市场禁入暂行规定》、《前次募集资金使用情况专项报告指引》、《上市公司收购管理办法》、《上市公司股东持股变动信息披露编报规则》1－19号、《公开发行证券公司信息披露规范问答》、《上市公司信息披露管理办法》等；

第四层次为自律性规则，即证券交易所的《股票上市规则》。

(4)上市公司信息披露的主要内容。信息披露的内容主要有以下几点：

①招股说明书与上市公告书。公开发行股票并上市的发行人编制招股说明书应当符合中国证监会的相关规定。凡是对投资者作出投资决策有重大影响的信息，均应当在招股说明书中披露。申请证券上市交易，应当按照证券交易所的规定编制上市公告书，并经证券交易所审核同意后公告。

②定期报告。上市公司应当披露的定期报告包括年度报告、中期报告和季度报告。凡是对投资者作出投资决策有重大影响的信息，均应当披露。年度报告中的财务会计报告应当经具有证券、期货相关业务资格的会计师事务所审计。

③临时报告。当发生可能对上市公司证券及其衍生品种交易价格产生较大影响的重大事件，投资者尚未得知时，上市公司应当立即披露，说明事件的起因、目前的状态和可能产生的影响。

(5)深圳证券交易所有关创业板上市公司信息披露的规定。

①创业板临时报告的实时披露制度。深圳证券交易所要求创业板上市公司可以在中午休市期间或下午3:30后通过指定网站披露临时报告。如果在紧急情况下，公司可以向深圳证券交易所申请相关股票及其衍生品种临时停牌，并在上午开市前或者市场交易期间通过指定网站披露临时报告。

②创业板上市公司及时进行信息披露重大事件的规定。创业板上市公司在下述事项发生后应及时进行信息披露：董事会、监事会及股东大会作出决议；签署意向书或者协议；公司（含任一董事、监事或者高级管理人员）知悉或者理应知悉重大事件发生时。

③创业板上市公司后续信息披露的要求。

(6)上市公司信息披露的监督管理与法律责任。

4. 对证券经营机构的监管

(1)证券经营机构准入监管。我国《证券法》第一百二十二条规定，设立证券公司必须经国务院证券监督管理机构审查批准，任何单位和个人未经国务院证券监督管理机构审查批准，均不得经营证券业务。

(2)对证券从业人员的监管。证券从业人员需要具备证券从业资格，监管部门对证券公司董事、监事和高级管理人员的任职资格实行核准制，对从事保荐业务的保荐代表人实行注册制度，对一般从业人员，授权中国证券业协会管理。

(3)对证券公司业务的核准。我国《证券法》第一百二十五条规定了按照业务类型对证券公司进行管理，第一百二十七条原则性地规定了经营各项业务的最低实缴注册资本。对证券公司从事的创新业务，监管部门依据审慎监管的原则予以核准。

(4)对证券公司日常监管的主要形式。证券监管机构对证券公司的日常监管，分为现场监管和非现场监管两种方式。现场监管是证券监管机构的工作人员直接到证券公司的经营场所，通过现场检查方式检查证券公司经营的合规性、正常性和安全性情况，并采取相应监管措施的监管方式。非现场监管主要是证券监管机构对证券公司及其股东、实际控制人报送的信息和资料进行统计分析，并采取相应监管措施的监管方式。

(五)证券投资者保护基金制度

1. 证券投资者保护基金

为建立防范和处置证券公司风险的长效机制，维护社会经济秩序和社会公共利益，保护证券投资者的合法权益，促进证券市场有序、健康发展，2005 年 6 月 30 日，经国务院批准，中国证监会、财政部、中国人民银行联合发布《证券投资者保护基金管理办法》。证券投资者保护基金是指按照该办法筹集形成的、在防范和处置证券公司风险中用于保护证券投资者利益的资金。

（1）证券投资者保护基金的来源

①上海、深圳证券交易所在风险基金分别达到规定的上限后，交易经手费的 20% 纳入基金；

②所有在中国境内注册的证券公司，按其营业收入的 0.5% ~5% 缴纳基金，经营管理和运作水平较差、风险较高的证券公司，应当按较高比例缴纳基金；各证券公司的具体缴纳比例由基金公司根据证券公司风险状况确定后，报中国证监会批准，并按年进行调整；证券公司缴纳的基金在其营业成本中列支；

③发行股票、可转债等证券时，申购冻结资金的利息收入；

④依法向有关责任方追偿所得和从证券公司破产清算中受偿收入；

⑤国内外机构、组织及个人的捐赠；

⑥其他合法收入。

证券公司应当缴纳的基金，按照证券公司佣金收入的一定比例预先提取，并由中国证券登记结算有限责任公司代扣代收。不从事证券经纪业务的证券公司，应在每季后 10 个工作日内按该季营业收入和事先核定的比例预缴。

（2）保护基金的使用

保护基金的用途为：

证券公司被撤销、关闭和破产或被中国证监会实施行政接管、托管经营等强制性监管措施时，依照国家有关政策规定对债权人予以偿付。

国务院批准的其他用途。为处置证券公司风险需要动用保护基金的，中国证监会根据证券公司的风险状况制订风险处置方案，保护基金公司制订保护基金使用方案，报经国务院批准后，由保护基金公司办理发放基金的具体事宜。

（3）基金的监督管理

基金的资金运用限于银行存款、购买国债、中央银行债券（包括中央银行票据）和中央级金融机构发行的金融债券以及国务院批准的其他资金运用形式。

2. 证券投资者保护基金公司

（1）保护基金公司设立的意义

保护基金公司的设立，一是可以在证券公司出现关闭、破产等重大风险时依据国家政策规范地保护投资者权益，通过简捷的渠道快速地对投资者特别是中小企业者予以保护；二是有助于稳定和增强投资者对我国金融体系的信心，有助于防止证券公司个案风险的传递和扩散；三是对现有的国家行政监管部门、证券业协会和证券交易所等行业自律组织、市场中介机构等组成的全方位、多层次监管体系的一个重要补充，将在监测证券公司风险、推动证券公司积极稳妥地解决遗留问题和处置证券公司风险方面发挥重要作用；四是有助于我国建立国际成熟市场通行的证券投资者保护机制。证券投资者保护基金是证券投资者保护的最终措施之一。

（2）保护基金公司的职责

①筹集、管理和运作基金；

②监测证券公司风险，参与证券公司风险处置工作；

③证券公司被撤销、关闭和破产或被中国证监会实施行政接管、托管经营等强制性监管措施时，按照国家有关政策规定对债权人予以偿付；

④组织、参与被撤销、关闭或破产证券公司的清算工作；

⑤管理和处分受偿资产，维护基金权益；

⑥发现证券公司经营管理中出现可能危及投资者利益和证券市场安全的重大风险时，向中国证监会提出监管、处置建议；对证券公司运营中存在的风险隐患会同有关部门建立纠正机制；

⑦国务院批准的其他职责。

二、证券市场监管方式

在证券市场监管中，各国的具体制度及规则有很大差别，但从总体格局来看，主要有两种状况，即注册制和许可制。

1. 注册制监管方式

注册制是指有关主体在从事资本市场的有关业务中，必须根据法律规定，将应公开的各种资料完全、准确地向政府或政府授权的机构进行汇报并申请、注册登记的制度。注册制贯彻的基本原则是市场经济中的自由原则。其典型特征是，注册申请人在各项条件都符合法律法规要求时，有关注册登记的管理机构必须准予注册，否则视为违法。实行注册制的代表国家有美国、日本、韩国等，但大部分市场经济国家也都实行这一制度。注册制主要表现在证券商的注册制、证券发行的注册制、证券交易所的注册制等方面。

（1）证券商的注册制度。美国并无“证券商”的概念，在各项法律中，通常使用的是经纪人、代理、自营商等概念，因此，证券商只是用以表述从事证券业务活动的机构或个人的集合概念。按照《证券交易法》(1934)的规定，成为证券商必须向政府的授权机构申请注册登记。在申请注册时，申请人一方面必须说明并证实其财务状况，拥有法定的最低资本金数量；另一方面，必须证实其经营能力，包括符合法定的培训资历、业务经验、业务能力、主要成员的资历等。1956 年以后，随着《统一证券法》的实施，证券商及其他证券从业人员的注册登记制度更加严格。

（2）证券发行的注册制度。这一制度要求，发行人在发行证券之前，应按照有关法律的规定，首先向证券交易委员会和证券交易所进行发行注册。发行注册要求发行人提供与证券发行有关的一切信息、资料，并保证这些信息资料的真实性和可靠性，因此，它实际上是一项要求发行人公开财务、管理、投资及其他方面信息资料的制度。

（3）证券交易所的注册制。证券交易所是证券交易的场所。注册时，必须提交有关法律和证券交易委员会规定的各种文件和交易所规则。交易的各项规则，应有利于保障信息公开、公平交易和投资者的利益；交易所会员在其行为不符合有关法律规定和公开原则时，应予以开除或停止会员资格及权利。证券交易委员会在确认交易所的组织机构、管理规则及有关设施都符合相关规定后，才能准予注册。证券交易所注册后，在日常交易活动中，主要由交易所对其会员实行自律性管理。

2. 许可制监管方式

许可制是指有关主体欲从事资本市场的有关业务，不仅必须根据法律规定，向政府或政府授权机构提出申请，而且应得到这一机构的特别审批或许可的制度。许可制度贯彻的基本原则是以政府部门监管为主，其典型特征是：证券申请人在各项条件都符合法律法规要求时，若政府的主管部门不许可其从事证券业务，则这一主管部门的决定具有法律效力和决定权。在市场经济国家中，实行这一制度的典型国家是日本，东南亚和欧洲的一些国家也实行这一制度。此外，一些发展中国家实行的审批制，在很大程度上与许可制相似。与注册制相比，许可制在证券商、证券发行、证券交易所等方面的制度安排都有自己的特点。

(1)证券商的许可制度。日本《证券交易法》规定，未经大藏省大臣的特许，不得设立证券公司。证券业务分为承销、经济、自营、销售代理等，证券公司欲从事其中的每项业务都必须经大藏省大臣的特许，并且，每项特许都应分别申请和获得。法律机制和行政机制相结合，是许可制的主要特点。

(2)证券发行的许可制度。在许可制条件下，证券发行通常实行核准制或审批制。所谓核准制是指发行人应将每次证券发行报请有关主管部门审核批准的制度。在这种制度下，主管部门通常强调维护公共利益和社会安全，因此，有着很强的政府干预色彩。

(3)证券交易所的许可制度。在许可制条件下，证券交易所的设立实行特许制。例如，日本法律规定，证券交易所的设立必须经大藏省特许。在申请设立证券交易过程中，申请人必须提交符合法律及大藏省规定的各种文件及证明材料，经大藏省审核发给特许证后方能设立。

三、中国证券市场监管

中国现行证券监管体制属于集中型监管体制模式，即证券市场实行以政府监管为主、自律为补充的监管体系。这一监管体制随着证券市场的发展，经历了从地方监管到中央监管，从分散监管到集中监管的过程，大致可分为两个阶段。

第一阶段从20世纪80年代初期到90年代中期，证券市场处于区域性试点阶段。这一时期证券市场的监管主要由地方政府负责，上海、深圳分别颁布了有关股份公司和证券交易的地方性法规，建立了地方证券市场监管机构，中央政府只是进行宏观指导和协调。

第二阶段从1992年开始。这一年开始在全国范围内进行股票发行和上市试点，证券市场开始成为全国性市场。与此相适应，证券市场的监管也由地方管理为主改为中央集中监管。这一年成立了国务院证券委员会和中国证券监督管理委员会，负责对全国证券市场进行统一监管。1998年国务院决定撤销国务院证券委员会，其工作改由中国证券监督管理委员会承担，并决定中国证券监督管理文员会对地方证券管理部门实行垂直领导，从而形成了集中统一的监管体系。

1999年7月1日，《证券法》开始实施。与此同时，中国证券监督管理委员会派出机构正式挂牌。这标志着我国集中统一的证券、期货监管体系正式形成。目前我国证券市场已经形成了三级监管体制：中国证监会是全国证券、期货市场的主管部门，按照国务院授权履行行政管理职能，依照法律、法规对全国证券、期货业进行统一监管。区域内上市公司和证券经营服务机构由证监会派出机构——地方证管理办和特派员办事处，证监会专员办事处根据授权和职责分别监管。地方证管办还负责涉及跨省的重大案件的联合稽查的组织和重大事项的协调工作，从而逐步形成具有中国特色的集中型证券监管体制。

新修订的《证券法》于2006年1月1日实施，该法旨在规范证券发行和交易行为，保护投资者的合法权益，维护社会经济秩序和社会公共利益，促进社会主义市场经济的发展。《证券公司风险处置条例》自2008年4月23日公布实施，旨在控制和化解证券公司风险。

《证券公司监督管理条例》于2008年6月1日起实施，目的在于加强对证券公司的监督管理，规范证券公司的行为，防止证券公司的风险，保护投资者的合法权益和社会公共利益，促进证券业健康发展。证券监管法律、法规的不断完善，保护了投资者合法权益，矫正和改善了证券市场的内在问题，政府及其监管部门通过法律手段对参与证券市场各类活动的各类主体的行为所进行的引导、干预和管理有利于我国资本市场的健康发展。

【要点小结】

1. 证券市场是有价证券发行与流通的场所及与此相联系的组织与管理体系的总称。证券市场包括证券发行市场和证券交易市场。证券市场是长期资金市场，投资者通过证券市场买卖有价证券向企业提供资金，进行直接投资；企业通过证券市场筹集资金，用于生产和建设，实现直接融资。在现代发到的商品经济中，证券市场是完整的市场体系的重要组成部分。

2. 证券发行市场又称为“初级市场”或“一级市场”，是指各发行主体及中介机构发售各种证券所形成的市场。在本章中，详细介绍了股票和债券的发行市场构成、发行方式、发行价格和发行流程等内容。股票的发行价格有平价发行、溢价发行和折价发行等。其中，股票首次发行时，一般采用平价和溢价发行两种。债券的发行方式，按照债券募集对象的范围，分为私募发行和公募发行；按有无中介人，分为直接发行和间接发行。

3. 证券交易市场又被称为“证券流通市场”、“二级市场”或“次级市场”，它与证券发行市场共同构成完整的证券市场。证券交易市场分为集中交易市场即证券交易所和场外交易市场两种主要类型。其中，证券交易所是证券交易市场的主体和核心。证券交易制度是证券交易运行的规则。包括证券交易的基本方法、证券交易的基本流程及原则等。

4. 证券市场监管是指证券管理机关运用法律的、经济的以及必要的行政手段，对证券的募集、发行、交易等行为以及证券投资中介机构的行为进行监督与管理。证券市场监管的原则为：依法监管原则；保护投资者利益原则；“三公”原则；监督与自律相结合的原则。证券监管的3个目标：一是保护投资者；二是保证证券市场的公平、效率和透明；三是降低系统性风险。我国证券市场的监管体系为：国务院证券监督管理机构、国务院证券监督管理机构的派出机构、证券交易所、行业协会和证券投资者保护基金公司为一体的监管体系和自律管理体系。

【思考与练习】

1. 什么是证券市场？
2. 证券市场的功能有哪些？
3. 证券市场有哪些分类？
4. 什么是证券发行市场、交易市场？
5. 证券发行的流程有哪些？
6. 证券交易的原则、方式有哪些？
7. 证券交易的流程是哪些？
8. 证券交易的组织方式有哪些？
9. 证券市场的监管体系有哪些？

◆第四章

衍生证券市场

【内容提要】

本章主要从市场组织的角度介绍了三种主要的衍生证券的交易情况，即期货市场、期权与权证市场和高级衍生品市场。其中期货和期权交易是衍生证券交易的基础，通过本章学习了解衍生证券的市场交易如何组织、合约的主要内容及市场交易制度的主要特征。

本章分为三节，具体内容包括：

第一节介绍了期货市场。介绍了期货市场的构成，主要包括交易所、结算机构、中介机构和交易者；期货交易制度与合约。介绍了期货合约、期货交易制度以及交易的流程。

第二节介绍了期权市场。介绍了期权交易制度与合约，期权费的构成与影响因素，权证交易市场分别从交易制度和合约两方面予以详细讲解。

第三节介绍了其他的衍生品市场。首先是可转换债券市场，介绍了可转换债券的定价以及可转换债券在我国的发展情况；其次是互换交易市场。介绍了互换交易的条款、市场参与者、功能以及在中国的发展前景；最后介绍了资产支持证券市场。包括资产支持证券参与人、发行程序。

【学习目标】

1. 掌握期货市场的概念以及构成。
2. 掌握期货交易的制度、期货合约的构成。
3. 掌握期权的概念、期权费的构成及其影响因素。
4. 掌握期权交易制度的内容、期权合约的构成，了解期权交易流程。
5. 掌握可转换债券的构成要素、特征，了解可转换债券的定价。
6. 掌握互换交易市场的功能以及可能存在的风险。
7. 掌握资产支持证券的参与人，了解其发行程序。

【关键词】

期货 期权 权证 可转换债券 互换交易 资产支持证券

第一节　期货市场

一、期货市场的构成

期货市场基本上是由四个部分组成。即期货交易所、期货结算所、中介机构、期货交易者。

（一）期货交易所

1. 期货交易所的定义与性质

期货交易所是为期货交易提供场所、设施、服务和交易规则的非盈利机构。交易所一般采用会员制。交易所的入会条件是很严格的，各交易所都有具体规定。首先要向交易所提出入会申请，由交易所调查申请者的财务的资信状况，通过考核，符合条件的经理事会批准方可入会。交易所的会员席位一般可以转让。交易所的最高权力机构是会员大会。会员大会下设董事会或理事会，一般由会员大会选举产生，董事会聘任交易所总裁，负责交易所的日常行政和管理工作。

2. 期货交易所的职能

（1）提供一个有组织有秩序的交易场所。期货交易实行场内交易，即所有买卖指令必须在交易所内进行集中竞价成交。因此，期货交易所必须为期货交易提供交易场所、必要设施、先进的通讯设备以及现代化的信息传递和显示设备等硬件设施，保证期货交易在“公正、公平、公开”的原则下顺利运行。

（2）设计合约、安排合约上市。期货交易所应结合市场需求开发期货品种，精心设计并选择合适的时间安排新的期货合约上市，增强期货市场服务国民经济的功能，科学地设计合约的具体条款，满足交易者的投资需求，并安排合约的市场推广。

（3）提供统一的交易规则和标准。期货交易所通过制定保证金制度、涨跌停板制度、强行平仓制度、当日无负债结算制度等一系列制度，从市场各个环节控制市场风险，使交易有秩序进行。

（4）组织并监督期货交易，监控市场风险。在制定相关期货市场制度与交易规则的基础上，期货交易所组织并监督期货交易，通过实时监控、违规处理、市场异常情况处理等措施，保障相关期货市场制度和交易规则的有效实行，动态监控市场的风险状况并及时化解防范市场风险。

（5）发布市场信息。期货交易所需及时把本交易所内形成的期货价格和相关信息向会员、投资者及公众公布，以保证信息的公开透明。

3. 期货交易所的组织结构

（1）会员制

会员制期货交易所是由全体会员共同出资组建，缴纳一定的会员资格费作为注册资本，以其全部财产承担有限责任的非营利性法人。

会员构成。会员有自然人会员与法人会员之分、全权会员与专业会员之分、结算会员与非结算会员之分等。欧美国家会员以自然人为主。

会员资格。以交易所创办发起人的身份加入，接受发起人的转让加入，依据期货交易所的规则加入，在市场上按市价购买期货交易所的会员资格加入。

会员的基本权利和义务。会员的权利包括:参加会员大会，行使表决权、申诉权;在期货交易所内进行期货交易，使用期货交易所提供的交易设施，获得有关期货交易的信息和服务;按规定转让会员资格，联名提议召开临时会员大会等。会员的义务包括:遵守国家有关法律、法规、规章和政策;遵守期货交易所的章程、业务规则及有关决定;按规定交纳各种费用;执行会员大会、理事会的决议;接受期货交易所业务监管等。

组织架构。主要包括:会员大会，由期货交易所的全体会员组成，作为交易所的最高权力机构，就交易所的重大事项作出决定;理事会，是会员大会的常设机构，对会员大会负责，由交易所全体会员通过会员大会选举产生;专业委员会，理事会下设若干专业委员会，一般由理事长提议，经理事会同意设立。

管理架构。一般来说交易所设有总经理、副总经理，及其相关的交易、交割、研究发展、市场开发、财务等部门。

(2)公司制

公司制期货交易所通常是由若干股东共同出资组建，以营利为目的，股份可以按照有关规定转让的企业法人。公司制期货交易所的盈利来自从交易所进行的期货交易中收取的各种费用。

公司制期货交易所的组织架构主要包括:股东大会，股东大会由全体股东共同组成，是公司最高权力机构，就公司重大事项作出决议;董事会，是公司制交易所的常设机构，对股东大会负责;经理，是负责期货交易所日常经营管理工作的高级管理人员，他们对董事会负责，由董事会聘任或者解聘;监事会，由股东代表和适当比例的公司职工代表组成，对股东大会负责，对公司财务及公司董事、总经理等高级管理人员履行职责的合法性进行监督，维护公司及股东合法权益。

(二)期货结算机构

期货结算机构是负责交易所期货交易的统一结算、保证金管理和结算风险控制的机构。

1.期货结算机构的职能

担保交易履约。当期货交易成交之后，买卖双方缴纳一定的保证金，结算机构就承担起保证每笔交易按期履约的责任。交易双方并不发生直接关系，只和结算机构发生关系，结算机构成为了合约卖方的买方和合约买方的卖方。

结算交易盈亏。是指每一交易日结束后，期货结算机构对会员的盈亏进行计算。计算完成后，采用发放结算单或电子传输等方式向会员提供当日盈亏等结算数据，会员以此作为对客户结算的依据。

控制市场风险。结算机构担保履约，往往是通过对合约保证金的结算和动态监控实现的。结算机构通过对会员保证金的管理、控制而有效控制市场风险，以保证期货市场平稳运行。

2.组织形式

第一，结算机构是作为某一交易所内部机构的结算机构，只为该交易所提供结算服务。其优点是结算不作为业务部门直接受控于交易所，便于交易所全面掌控市场参与者的资金情况，在风险控制中可以根据交易者的资金和头寸情况及时处理。但是它的风险承担能力有限。

第二，结算机构是附属于某一交易所的相对独立的结算机构。这种形式可以保持交易和结算的相对独立性，有针对性地防止一些运作不规范的交易所在利益驱动下的违规行为。由于交易所和结算机构各为独立法人，利益冲突在所难免，所以这种形式有时在协调双方关系时会出现问题。

第三，结算机构是由多家交易所和实力较强的金融机构出资组成一家独立的结算公司，多家交易所可以共用这一家结算公司。目前，我国期货交易所采用的是第一种形式。

3. 结算体系

（1）国际结算体系。结算机构通常采用会员制，只有结算机构的会员才能直接得到结算机构提供的服务。结算体系主要分为三个层次：第一层次是由结算机构对结算会员进行结算，结算会员是交易所的交易会员中资金雄厚、信誉良好的期货公司或金融机构；第二层次是结算会员与非结算会员之间的结算；第三个层次是非结算会员对客户的结算。

（2）国内结算体系。我国期货结算制度上有两种类型。第一，金融期货交易所采取分级结算制度，即期货交易所会员由结算会员和非结算会员组成，交易所对结算会员进行结算，结算会员对投资者或非结算会员进行结算。与分级结算制度相对应，配套采取的是结算会员联保制度。结算会员通过缴纳结算担保金实行风险共担。结算担保金是指由结算会员依交易所规定缴存的，用于应对结算会员违规风险的共同担保资金。当市场出现风险时，所有结算会员都有义务共同承担市场风险，确保市场能够正常运行。第二，其他三家期货交易所会员不做结算会员和非结算会员的区分。交易所的会员既是交易会员，也是结算会员。

（三）期货中介机构

1. 性质与职能

第一，期货中介结构克服了期货交易中实行的会员交易制度的局限性，吸引了更多交易者参与期货交易，使期货市场的规模得以发展。第二，经过期货经纪机构的中介作用，期货交易所可以集中精力管理有限的交易所会员，而把广大投资者管理的职能转交给期货中介机构，使得期货交易所和期货中介机构双方能以财权为基础划分事权，双方各负其责。第三，代理客户入市交易。期货中介结构代理客户办理买卖期货的各项手续，向客户介绍和揭示期货合约的内容、交易规则和可能出现的风险等，及时向客户报告指令执行情况或交易结果及盈亏情况。第四，对客户进行期货交易知识的培训，向客户提供市场信息、市场分析，提供相关咨询服务，并在可能的情况下提出有利的交易机会。第五，普及期货交易知识，传播期货交易信息，提供多种多样的期货交易服务。

2. 期货公司

期货公司作为场外期货交易者与期货交易所之间的纽带，属于非银行金融服务机构。其主要职能有：根据客户指令代理买卖期货合约、办理结算和交割手续；对客户账户进行管理，控制客户交易风险；为客户提供期货市场信息，进行期货交易咨询，充当客户的交易顾问等。

我国对期货公司业务实行许可证制度，由国务院期货监督管理机构按照其商品期货、金融期货业务种类颁发许可证。期货公司除可以申请经营境内期货经纪业务外，还可以申请经营境外期货经纪、期货投资咨询以及国务院期货监督管理机构规定的其他期货业务。

期货公司要对营业部实行“四统一”，即期货公司应当对营业部实行统一结算、统一风险管理、统一资金调拨、统一财务管理和会计核算，建立规范、完善的营业部岗位责任制度和业务操作规程。

完善法人治理结构。期货公司法人治理结构的特别要求有：突出防范风险功能、强调公司的独立性、强化股东职权履行责任、保障股东知情权、完善董事会制度、建立独立董事制度、强调依法建立监事会制度、设立首席风险官，建立董事、监事、高级管理人员的资格准入制度。

建立健全的风险控制体系。期货公司应当按照审慎经营的原则，健全风险防范的控制体系，从而有效执行风险管理、内部控制、期货保证金存管等业务制度及相关流程，保持财务稳健，确保客户的交易安全和公司资产安全。风险控制体系主要表现为：建立以净资本为核心的风险监控体系，符合资本充足的要求；保护客户资产；建立内部风险控制机制；保证信息系统安全；按照规定进行信息披露。其中，前两个内容是期货公司风险控制的核心。

3. 介绍经纪商

介绍经纪商（Introducing Broker 简称 IB）在国际上既可以是机构也可以是个人，但一般都以机构的形式存在。其主要业务是为期货公司开发客户或接受期货、期权指令，但不能接受客户的资金，且必须通过期货公司进行结算。介绍经纪商可分为独立执业的介绍经纪商（IIB）和由期货公司担保的介绍经纪商（GIB）。前者必须维持最低的资本要求，并保存账簿和交易记录。后者则与期货公司签订担保协议，借以免除对介绍经纪商的资本和记录的法定要求。

介绍经纪商这一提法源于美国。在我国，为期货公司提供中间介绍业务的证券公司就是介绍经纪商。证券公司将客户介绍给期货公司，并为客户开展期货交易提供一定的服务，期货公司因此向证券公司支付一定的佣金。

4. 居间人

居间人是指独立于期货公司和客户之外，接受期货公司委托进行居间介绍，独立承担基于居间法律关系所产生的民事责任的自然人或组织。主要职责是介绍客户，即凭借手中的客户资源和信息渠道优势为期货公司和投资者“牵线搭桥”。居间人因从事居间活动付出劳务，有权按照合同约定向公司获取酬金。

5. 期货信息资讯机构

期货信息资讯机构其主要提供期货行情软件、交易系统及相关信息资讯服务，是投资者进行期货交易时不可或缺的环节，也是网上交易的重要工具，其系统的稳定性、价格传输的速度对于投资者获取投资收益发挥重要的作用。

6. 期货保证金存管银行

期货保证金存管银行属于期货服务机构，是由交易所指定，协助交易所办理期货交易结算业务的银行。经交易所同意成为了存管银行之后，须与交易所签订相应的协议。交易所有权对存管银行的期货结算业务进行监督。

7. 交割仓库

交割仓库是指期货品种进入实物交割环节提供交割服务和生成标准仓单必经的期货服务机构。我国的交割仓库是指由期货交易所指定的、为期货合约履行实物交割的交割地点。期货交易交割由期货交易所统一组织进行。期货交易所不得限制实物交割总量，并应当与交割仓库签订协议，明确双方的权利和义务。

（四）期货交易者

根据参与期货交易的目的划分。期货交易者基本上分为两种人：即套期保值者和投机者。

1. 套期保值者。这种人从事期货交易的目的是利用期货市场进行保值交易，以减少价格波动带来的风险，确保生产和经营的正常利润。商品期货的套期保值者通常是该商品的生产经营者、贸易者、加工商等；金融期货的套期保值者通常是金融市场的投资者、证券公司、银行、保险公司等金融机构或进出口商等。

2. 投机者或称风险投资者。投机者参加期货交易的目的与套期保值者相反，它们愿意承担价格波动的风险，其目的是希望以少量的资金来博取较多的利润。期货交易所的投机方式可以说是五花八门，多种多样，其做法远比套期保值复杂得多。在期货市场上，如果没有投机者参与，其回避风险和发现价格两大功能就不能实现。投机者参加交易可增加市场的流动性，起到“润滑剂”的作用。

除了上述分类方法，还可根据交易者是自然人还是法人划分，基本上分为个人投资者和机构投资者。自然人交易者就是个人投资者，与自然人相对的法人投资者都可称为机构投资者。另外，按照交易头寸划分，可分为多头交易者和空头交易者。买入期货合约的交易者为多头交易者；卖出期货合约的交易者为空头交易者。

三、期货交易制度与合约

（一）期货合约

期货合约是指由期货交易所统一制定、规定在将来某一特定时间和地点交割一定数量和质量标的物的标准化合约。期货合约是期货交易的对象，期货交易参与者正是通过在期货交易所买卖期货合约，转移价格风险，获取风险收益。期货合约的主要条款包括：

（1）合约名称

合约名称标注了合约的品种名称和其上市交易所的名称。

（2）交易单位

交易单位是指在期货交易所的每一手期货合约代表的标的物数量。期货价格乘以交易单位等于一手期货合约的价值。国际上也称交易单位为合约规模。对于商品期货，确定期货合约交易单位大小，应当主要考虑合约标的物的市场规模、期货交易所会员结构、交易者资金规模等因素。某种商品的市场规模较大，交易者资金规模较大，期货交易所中愿意参与该期货交易的会员单位较多，该合约的交易单位就可以设计的大一些。

（3）报价单位

报价单位是指在公开竞价中对期货合约报价所使用的单位，即每一计量单位的货币价格。比如国内小麦、铝、大豆等期货合约的报价单位以元（人民币）/吨表示。

（4）最小变动价位

最小变动价位是指在期货交易所的公开竞价中对合约每计量单位报价的最小变动数值，在交易中每次报价的最小变动数值必须是最小变动价位的整数倍。最小变动价位乘以交易单位即该合约价值的最小变动值。设置最小变动单位是为了保证市场有适度的流动性。较小的最小变动价位有利于市场流动性的增加，但过小的最小变动价位将会增加交易协商成本；较大的最小变动价位会减少交易量，不利于交易者交易。

（5）每日价格最大波动限制

它规定了期货合约在一个交易日中的价格波动不得高于或低于规定涨跌幅度。每日价格最大波动限制一般以合约上一交易日的结算价格为基准确定，其确定主要取决于该种标的物市场价格波动的频繁程度和波幅大小。标的物价格波动越频繁剧烈，该商品期货合约允许的每日价格最大波动幅度就应该设置的大一些。我国期货市场每日价格最大波动限制设定为合约上一交易日结算价的一定百分比。

(6)合约交割月份

是指某种期货合约到期交割的月份。其确定要受该合约标的商品的生产、使用、储藏、流通等方面特点的影响。

(7)交易时间

交易时间由交易所统一规定。交易者只能在规定交易时间内进行交易。期货交易所一般每周营业5天，周六周日以及国家法定节假日休息。

(8)最后交易日

是指某种期货合约在合约交割月份中进行交易的最后一个交易日，过了这个期限的未平仓期货合约必须按照规定进行实物交割或现金交割。期货交易所会根据不同期货合约标的物的现货交易特点等因素确定。

(9)交割日期

是指合约标的物所有权进行转移，以实物交割和现金交割方式了结平仓合约的时间。

(10)交割等级

是指由交易所统一规定、准许在交易所上市交易的合约标的物的质量等级。在交易时，交易双方无须对质量等级协商。期货交易所允许替代品进行交割，在交货人用期货交易所认可的替代品代替标准品进行交割时，收货人不能拒收，价格需要升贴水。

(11)交割地点

是指交易所统一规定的进行实物交割的指定地点。实物交割主要考虑的因素是:仓库所在地的生产和消费集中程度、储存条件、运输和质检条件等等。金融期货交易则不需要指定交割仓库，但交易所会指定交割银行。

(12)交易手续费

是指期货交易所按成交合约金额的一定比例或者按成交合约的手数收取的费用。如果手续费过高，则会增加交易成本，扩大无套利区间，降低市场交易量，不利于市场的活跃，但能够一定程度上抑制过度投机。

(13)交割方式

主要分为实物交割和现金交割。商品期货、股票期货、外汇期货、中长期利率期货通常采用实物交割方式;股指期货、短期利率期货通常采用现金交割方式。

(14)交易代码

为了方便交易，交易所对每一期货品种都规定了相应的交易代码。

(二)期货交易制度

1. 保证金制度

保证金制度是指期货的买卖方必须按照其期货合约价值的一定比率(通常为5%～15%)缴纳资金，用于结算和保证履约。保证金分为结算保证金(未占用)和交易保证金(已占用)。保证金实施所具有的特点是:保证金要与其面临的风险相对应;交易所根据合约特点设定最低保证金标准，并根据市场风险状况等调节保证金水平;保证金的收取是分级进行的。在我国，当交割月份越近时，持仓量越大时，某期货合约出现连续涨跌停板，某品种某月份合约按结算价计算的价格变化，连续若干交易日的累积涨跌幅达到一定程度时，某期货合约交易出现异常状况时，交易所都会逐步提高保证金比率。

2. 当日无负债结算制度

当日无负债结算制度是指每个交易日后，由结算机构对期货保证金账户当天的盈亏进行结算，并根据结果进行资金划拨。当出现亏损且保证金不足时，要求必须在规定时间内追加保证金，以做到当日无负债。该制度的特点是：对账户交易和头寸按照品种、月份分别结算汇总，使每笔盈亏反映出来；不仅对平仓头寸，对未平仓合约产生的浮动盈亏也进行结算；对头寸所占用的保证金逐日结算；该制度由期货交易分级结算体系实施。

3. 涨停板制度

涨停板制度又称每日价格最大波动限制制度，是指期货合约在一个交易日中的交易价格波动不得高于或低于规定涨跌幅度，超出涨跌幅度视为无效报价，不能成交。这一制度的实施能够有效减缓、抑制一些突发事件和过度投机行为冲击期货价格而造成的狂涨暴跌，减小交易当日的价格波动幅度，将会员和客户的当日损失控制在相对小的范围内。它能够锁定会员和客户每一交易日所持有合约的最大盈亏，为保证金制度和当日无负债结算制度的实施创造了有利条件。

4. 持仓限额及大户报告制度

持仓限额制度是指交易所规定会员或客户可以持有的、按单边计算某一合约投机头寸的最大数额。大户报告制度是指当交易所会员或客户某品种某合约持仓量达到规定持仓报告标准，会员和客户应向交易所报告。这一制度具有以下特点：交易所可以根据不同期货品种及合约具体情况改动持仓限额和持仓报告标准；通常，临近交割时，持仓限额及持仓报告标准比一般月份低；持仓限额通常只针对一般投机头寸，套期保值头寸、风险管理头寸、套利头寸可以向交易所申请豁免。

5. 强行平仓制度

强行平仓制度是指按照有关规定对会员或客户的持仓实行平仓的一种强制措施，目的是为了控制期货交易风险。通常分为两种情况：一是交易所对会员持仓实行强行平仓，二是期货公司对其客户持仓实行强行平仓。该制度一般适用以下情形：账户交易保证金不足；会员违反持仓限额制度，即超出持仓限额且未按期减仓时，超出持仓限额的部分头寸会被强制平仓。

6. 信息披露制度

信息披露制度是指交易所按规定公布交易有关信息的制度。我国《期货交易管理条例》规定，期货交易所应当及时公布上市品种合约的成交量、成交价、持仓量、最高价与最低价、开盘价与收盘价和其他应当公布的即时行情，并保证即时行情的真实、准确。期货交易所不得发布价格的预测信息。未经期货交易所许可，任何单位和个人不得发布期货交易的即时行情。

（三）期货交易流程

客户进行期货交易主要涉及以下几个环节：开户、下单、竞价、结算、交割。

1. 开户

能直接进入期货交易所进行交易的只能是期货交易所的会员，因此普通投资者在进入期货市场交易之前，应该先选择一个具备合法代理资格、信誉好、资金安全、运作规范和收费比较合理的期货公司。我国由中国期货保证金监控中心有限责任公司负责客户开户管理的具体工作。

2. 下单

是指客户在进行每笔交易之前向期货公司业务员下达交易指令的行为。交易指令一般包括以下几点内容：

(1)市价指令：是指按当前市价即刻成交。这种指令的特点是成交速度快，一旦下达后不可更改。

(2)限价指令：是指执行时必须按照限定价格或更好价位成交。该指令的特点是可以按照客户的预期价格成交，但是成交速度慢，或无法成交。

(3)停止限价指令：是指当市价达到客户预先设定的触发价格时，即变为限价指令予以执行的一种命令。该指令的特点是可以将利润和损失锁定在预期范围，但成交速度慢，甚至有时无法成交。

(4)止损指令：是指当市价达到客户预先设定的触发价格，即变为市价指令予以执行的一种命令。客户利用该指令，既可以有效地锁定利润，又可以将可能的损失降至最低，还可以相对较小的风险建立新头寸。

(5)触价指令：是指在市场价格达到指定价位，以市价予以执行的指令。它与止损指令的区别在于预先设定的价位不同，此外，止损指令通常用于平仓，触价指令用于开新仓。

(6)限时指令：是指要求在某一时间段内执行的指令。若在该时间段内指令未被执行，则自动取消。

(7)长效指令：是指除非成交或由委托人取消，否则持续有效的交易指令。

(8)套利指令：是指同时买入和卖出两种或以上期货合约的指令。

(9)取消指令：又称为撤单，是要求将某一指令取消的指令。

在我国普遍使用的是市价指令、限价指令和取消指令。郑州商品交易所还采用套利指令。大连商品交易所还使用套利指令、止损指令和停止限价指令。在我国各交易所的指令均当日有效。该指令的下达方式主要有书面下单、电话下单、网上下单。

3.竞价

竞价方式主要有公开喊价和计算机撮合两种方式。公开喊价方式，又分为两种形式。一是连续竞价制，是指在交易所交易池内由交易者面对面地公开喊价，表达各自买进或卖出合约的要求。二是一节一价制，是指把每个交易日分为若干节，每节交易由主持人最先叫价，所有场内经纪人根据其叫价申报买卖数量，直到在某一价格上买卖双方的交易数量相等。计算机撮合成交方式，是根据公开喊价的原理设计而成的一种计算机自动化交易方式，是指期货交易所的计算机交易系统对交易双方的交易指令进行配对的过程。开盘价集合竞价在某品种某月份合约每一交易日开始前5分钟内进行，前4分钟为期货合约买、卖价格指令申报时间，后一分钟为集中竞价撮合时间，开市时产生开盘价。集合竞价采用最大成交量原则，即以此价格成交能得到最大成交量。开盘集合竞价中的未成交申报单自动参与开市后竞价交易。

4.结算

结算是指根据期货交易所公布的结算价格对交易账户的交易盈亏状况进行的资金清算和划转。目前，大连商品交易所、郑州商品交易所、上海商品交易所实行全员结算制度；中国金融期货交易所实行会员分级结算制度。

具体的结算程序分为两步。

第一步，交易所对会员的结算。每一交易日交易结束后，交易所对每一个会员的盈亏、交易手续费、保证金等款项进行结算；结算数据要保留至少两年；会员如有异议应在下一交易日开市前30分钟以书面形式通知交易所，遇到特殊情况时可以在下一交易日开市后两小时内以书面形式通知交易所；交易所在交易结算完成后，将会员资金的划转数据传递给有关结算银行。银行应及时将划账结果反馈给交易所；会员资金按当日盈亏进行划转，当日盈利划入会员结算准备金，当日亏损从会员结算准备金中扣划；每日结算完毕后，会员的结算准备金低于最低余额时，该结算结果即视为交易所向会员发出的追加保证金通知，会员必须在下一交易日开始前补足到交易所规定的结算准备金最低余额。

第二步，期货公司对客户的结算。期货公司对客户的结算与交易所方法一样，即每一交易日交易结束后对每一客户的盈亏、交易手续费等款项进行结算；期货公司在每日结算后向客户发出交易结算清单；每日结算后客户保证金低于期货公司规定的交易保证金水平时，期货公司按照期货经纪合同约定的方式通知客户追加保证金。

5. 交割

是指期货合约到期时，双方按照期货交易所的规则和程序，通过该合约标的物所有权的转移（实物交割），或者按照结算价进行现金差价结算（现金交割），了结到期未平仓合约的过程。

交割是促使期货价格和现货价格趋向一致的制度保证。

实物交割方式分为两种：集中交割，即一次性交割，是指所有到期合约在交割月份最后交易日过后一次性集中交割的交割方式。滚动交割是指在合约进入交割月以后，在交割月第一个交易日到最后交易日前一交易日之间进行交割的方式。我国上海期货交易所采用集中交割方式；郑州商品交易所采用滚动交割和集中交割相结合的方式。

第二节　期权与权证市场

一、期权交易制度

1. 保证金制度。金融期权中的保证金制度与期货中的保证金制度有着相同的性质和功能。但在具体操作中，这两种保证金制度又大不一样。最明显的不同是在金融期权交易中，只有期权出售者才必须缴纳保证金，而期权购买者却无需缴纳保证金。这是因为保证金的作用在于确保履约，而期权购买者却没有必须履约的义务。另外，即使是期权出售者，也并不是必须以现金缴纳保证金不可。若期权出售者所出售的是有担保的看涨期权，即在他出售某种看涨期权时，实际拥有该期权的标的物，并预先存放于经纪人处作为履约保证，则他也可以免缴保证金。

2. 部位限制。是指交易所对每一账户所持有的期权部位的最高限额。交易所之所以作这样的规定，主要是为了防止个别投资者承受过大的风险，或者对市场有过大的操纵能力。

不同的交易所有不同的部位限制的规定，有的以合约的数量作为限制标准，也有的以合约的总值作为限制标准。在期货期权中，有的将期权部位与对应的期货部位合并计算，有的则将期权部位与对应的期货部位分开计算。此外，在对部位限制所做的规定中，一般要分别对每一单方和整个账户的总部位作出规定。其中，单方所做看涨期权的净买方或净卖方，或者看跌期权的净买方或净卖方。

3. 对冲与履约。场内期权交易中，若交易者不想继续持有未到期的期权部位，那么在最后交易日或在最后交易日之前，他可以随时通过反向交易来加以结清。这与金融交易中的对冲是一样的。而在期权的履约中，不同期权有不同的履约方式。一般，除了指数期权及欧洲美元期权以外的其他各种现货金融期权，在履约时，交易双方将以协定价格进行实物交割；各种指数期权及欧洲美元期权，则根据协定价格与市场价格之差进行现金结算；期货期权，依照协定价格将期权部位转化为相应的期货部位。

二、期权费的构成与影响因素

（一）期权费及其构成

期权费，又称权利金、期权价格，是期权买方为取得期权合约所赋予的权利而支付给卖方的费用。

期权费受多种因素影响，主要由两部分组成：内在价值和时间价值。

1. 内在价值

又称履约价值，是期权合约本身所具有的价值，也就是期权的买方如果立即执行该期权所能获得的收益现值。一种期权有无内在价值以及内在价值的大小取决于该期权的执行价格和其标的商品市场之间的关系。

对看涨期权而言，如果市场价格高于执行价格，期权的买方执行期权将有利可图，此时为实值期权；如果市场价格低于执行价格，期权的买方将放弃执行期权，此时为虚值期权。对看跌期权而言，如果市场价格低于执行价格为实值期权，市场价格高于协定价格为虚值期权。若市场价格等于协定价格，则看涨期权和看跌期权均为平价期权。

理论上讲，实值期权的内在价值为正，虚值期权的内在价值为负，平价期权的内在价值为零。但实际上，无论看涨期权还是看跌期权，无论期权标的物的市场价格处于什么水平，期权的内在价值都必然大于或等于零，而不可能为负值。这是由于期权合约赋予买方执行期权与否的选择权，而没有规定相应义务。当期权的内在价值为负时，买方可以选择放弃期权。

2. 时间价值

内在价值是决定期权价格的主要因素，但并非惟一因素。现实中，各种期权通常以高于内在价值的价格交易，平价期权和虚值期权的内在价值为零，但在到期之前，它们总是以高于零的价格交易。这是由于在期权价格中，还包含一个重要部分，即期权的时间价值。它是指在期权有效期内，标的资产价格波动为期权持有者带来收益的可能性所隐含的价值。也就是说，期权的时间价值，实质上是期权在其到期之前潜在的获利能力的价值。期权的买方通过支付期权费，获得了相应的权利，即面临着无限的收益可能和有限的损失。这意味着标的资产价格发生同样上升和下降，所带来的期权价值的变化是不对称的，这就使得期权总价值超过了其内在价值，这就是期权时间价值的根本来源。

（二）影响期权费的因素

期权费的影响因素主要有以下几点，它们通过影响期权的内在价值和时间价值来影响期权的价格。

1. 市场价格与执行价格

市场价格与执行价格是影响期权价格最主要的因素。这两种价格的关系不仅决定了期权有无内在价值以及内在价值的大小，而且还决定了有无时间价值和时间价值的大小。市场价格与协定价格的差距越大，时间价值越小；反之，时间价值则越大。这是因为时间价值是市场参与者预期标的商品市场价格变动而引起的内在价值变动，并愿意为此付出的代价，当一种期权处于极度实值或极度虚值时，市场价格变动的空间很小，只有当执行价格与市场价格非常接近或为平价期权时，市场价格变动才有可能增加期权的内在价值，从而使时间价值随之增大。

2. 期权的有效期

期权的有效期是指期权成交日到期权到期日的时间。在其他条件不变的情况下，有效期越长，期权价格越高；反之，期权价格越低。由于期权时间价值代表到期之前期权带来收益的可能性，因此，距离到期的时间越长，期权时间价值一般就越大。对于美式期权而言，由于它可以在有效期内任何时间执行，有效期越长，多头获利机会就越大，而且有效期长的期权包含了有效期短的期权的所有执行机会，因此有效期越长，期权价格越高。对于欧式期权而言，由于它只能在期末执行，有效期长的期权就不一定包含有效期短的期权的所有执行机会。这就使欧式期权的有效期与期权价格之间的关系显得较为复杂。例如，同一股票的两份欧式看涨期权，一个有效期 1 个月，另一个 2 个月。假定在 6 周后标的股票将有大量红利支付，由于支付红利会使股价下降，在这种情况下，有效期短的期权价格甚至会大于有效期长的期权。但在一般情况下，剔除标的资产支付大量收益这一特殊情况，由于有效期越长，标的资产的风险就越大，空头亏损的风险也越大，因此即使是欧式期权，有效期越长，其期权价格也越高，即期权的边际时间价值为正值。我们应注意到，随着时间的延长，期权时间价值的增幅是递减的，这就是期权的边际时间价值递减规律。换句话说，对于到期日确定的期权来说，在其他条件不变时，随着时间的流逝，其时间价值的减小是递增的。这意味着，当时间流逝同样长度，期限长的期权的时间价值减小幅度将小于期限短的期权时间价值的减小幅度。

3. 标的资产价格的波动率

标的资产价格的波动率是用来衡量标的资产未来价格变动不确定性的指标。由于期权多头的最大亏损额仅限于期权价格，而最大盈利额则取决于执行期权时标的资产市场价格与协议价格的差额，因此波动率越大，对期权多头越有利期权价格也应越高。

在期权定价时，标的资产价格在期权有效期内的波动率是一个未知数。因此，在期权定价时，要获得标的资产价格的波动率，只能通过近似估计得到。估计波动率的方法主要有两种：一是利用过去观察得到的标的资产价格波动的历史数据，来估计未来价格的波动率，这一方法求得的波动率为历史波动率。二是利用期权定价模型，设定波动率为未知数，将期权的市场价格和相应的各个参数代入，推算波动率，用这种方法推算出来的波动率称为隐含波动率。

4. 无风险利率

利率变化对期权价格的影响是复杂的。一方面，利率变化会引起期权标的物的市场价格变化，从而引起期权内在价值变化。另一方面，利率变化会引起期权标的物的市场成本变化，同时，利率变化还会引起期权交易的供求关系变化，因而从多个角度对期权价格产生影响。譬如，利率提高，期权标的商品如股票的市场价格会下降，从而使看涨期权的内在价值下降，看跌期权的内在价值提高；利率提高，会使期权价格的机会成本提高，有可能使资金从期权市场流向价格已经下降的股票等现货市场，减少对期权交易的需求，进而又会使期权价格下降。

5. 标的资产的收益

标的资产的收益将影响标的资产的价格。在协定价格一定时，标的资产的价格又必然影响期权的内在价值，从而影响期权价格。通常，标的资产收益率越高，看涨期权的价格越低，而看跌期权的价格越高。

三、权证交易市场

权证是指基础证券发行人或其以外的第三方发行的，约定持有人在规定期间内或特定到期日，有权按约定价格向发行人购买或出售标的证券，或以现金结算方式收取结算差价的有价证券。

权证与交易所期权有所区别。权证是权证发行人发行的合约，发行人作为权利的授予者承担全部责任；而在交易所挂牌交易的期权是交易所指定的标准化合约，由具有同一基础资产、不同行权价格和行权时间的多个期权形成期权系列进行交易。

（一）权证的种类

第一，根据基础资产不同，分为股权类权证、债权类权证以及其他权证。目前我国证券市场推出的权证均为股权类权证，其标的资产可以是单只股票或股票组合。

第二，根据发行人不同，分为股本权证和备兑权证。股本权证一般由上市公司发行，持有人行权时上市公司增发新股，对公司股本具有稀释作用。备兑权证是由标的证券发行人以外的第三方发行，其所认兑的股票并非新发行的股票，而是已经在市场上流通的股票，因此不会增加股份公司的股本。

第三，根据权利行使方向不同，分为认购权证和认沽权证。前者属于看涨期权，持有人有权按规定买入标的证券；后者属于看跌期权，持有人有权按规定价格卖出标的证券。

第四，根据行权时间不同，分为美式权证、欧式权证、百慕大式权证。美式权证持有人可在权证到期日前的任何交易日行权；欧式权证持有人只有在权证约定规定到期日才可行权；百慕大式权证持有人可在权证到期日前的规定的时间内行权。

第五，根据结算方式不同，分为现金结算权证和实物交割权证。前者行权时发行人仅对标的证券的市场价格与行权价格的差额部分进行现金结算；后者行权时涉及标的证券的实际转移。

（二）权证的要素

第一，权证类别。按照买卖方向分为认购权证和认沽权证。

第二，权证标的。权证的标的物种类很多，涵盖股票、债券、外币、指数、商品或其他金融工具等，而股票的权证标的可以是单一股票也可以是一揽子股票组合。

第三，行权价格。发行人发行权证时约定的、权证持有人向发行人买卖标的证券的价格；若标的证券发行后，因除权、除息等事项致使发行公司股份除息变动，通常需要相应调整认股价格。

第四，存续时间。权证的存续时间即权证的有效期，超过有效期，权证持有人的权利自动失效。

第五，行权日期。权证持有人行使权利的日期。

第六，行权结算方式。一是证券给付，即权证持有人行权时，发行人有义务按照行权价格向权证持有人出售或购买标的证券。二是现金结算，即权证持有人行权时，发行人按照约定向权证持有人支付行权价格与标的证券结算价格之间的差额。

第七，行权比例。是指单位权证可购买或出售的标的证券的数量。我国上交所和深交所均规定，标的证券发生除权的，行权比例应作相应调整；除息时则不必调整。

(三)权证的交易

1. 权证的发行

由标的证券发行人以外的第三人发行并上市的权证，发行人应按照下列规定之一提供履约担保：一是通过专用账户提供并维持足够数量的标的证券或现金，作为履约担保。二是提供经交易所认可的机构作为履约的不可撤销的连带责任保证人。

2. 权证的上市和交易

目前，我国上交所和深交所对权证的上市资格标准规定不尽相同，但均对标的股票的股份和市值、标的股票交易的活跃性、权证存量、持有人数量等作出要求。我国权证交易实行 T+0 回转交易。当日买入、当日卖出，而且无涨跌幅限制，波动性较大。

第三节　其他衍生品市场

一、可转换债券市场

(一)可转换债券的价格

1. 理论价值

可转换债券的理论价值由纯粹债券的价值和所附加的买入期权的价值构成，即理论价值=债券价值+买入期权价值。

$$V = \sum_{t=1}^{n} \frac{I}{(1+i)^t} + \frac{D}{(1+i)^n} + \text{买入权的价值}$$

$$\text{或 } V = \sum_{t=1}^{n} \frac{I}{(1+i)^t} + \frac{CV}{(1+i)^n} \tag{2-1}$$

式中，I为利息，D为面值，CV为转换价值，模型的最后一步假定投资者恰好在期末转股。

2. 转换价值

转换价值指将可转换债券转换成股票的价值。转换价值=正股价×转股比率。可见，正股价越高，转换价值越大。

3. 市场价格

可转换债券的市场价格以理论价值为基础受供求关系的影响。由于可转换债券的股债双重性，使得它的市场价格一般在债券价值和转换价值之上。下面的指标可以用来说明可转换债券对债券价值、转换价值的溢价程度。

$$\text{纯债溢价率} = \frac{\text{转债市价} - \text{债券价值}}{\text{债券价值}} \times 100\%$$

$$转换平价=\frac{转债市价}{转换比率}$$

$$转股溢价率=\frac{转债市价-转换价值}{转换价值}\times 100\%$$

可以把转换平价理解为投资者买入可转换债券马上转股的持股成本。

(1)转换升水

当转换平价大于股价，转换升水，即可转换债券处于溢价交易状态。

转换升水＝转债市价－转换价值

转换升水比率＝(转债市价－转换价值)÷转换价值×100%＝(转换平价－正股价)÷正股价×100%

(2)转换贴水

当转换平价小于股价，转换贴水，即可转换债券处于折价交易状态。

转换贴水＝转换价值－转债市价

转换贴水比率＝(转换价值－转债市价)÷转换价值×100%

＝(正股价－转换平价)÷正股价×100%

(二)我国可转换债券市场的现状

与西方发达国家相比，我国可转换债券市场尚处于起步阶段。我国的可转债融资在20世纪90年代才真正出现，从2000年起，上市公司成为了可转换债券试点和实施的主要对象。2000年2月25日和3月14日，虹桥、鞍钢两只规范化上市公司可转换公司债券终于面世，它标志着我国在金融创新方面迈出了坚实的一步，给证券市场带来了新的活力。

2001年4月底中国证监会在总结以上几家公司发行可转换公司债券发行经验的基础上，制定并颁布了《上市公司可转换公司债券实施办法》及三个配套文件，为发行可转换公司债券奠定了较完备的法律基础。2006年5月《上市公司证券发行管理办法》出台，2006年7月27日华发转债成功上市成为股改之后首支上市可转债，接着柳华转债、凯诺转债、招商转债也相继上市。发行的转债品种在票面要素上与股改前发行的品种没有太大变化，然而发行方式却有了明显改变，发行规模基本上全部向原有股东配售，放弃余额上网定价和网下配套。新券上市溢价幅度较大，平均溢价8.34%，超过股改前新券上市溢价幅度。从2008年融资方式来看，可转债已成为除定向增发外的主要融资渠道。可以预见，一轮上市公司可转换债券融资的高潮即将在中国酝酿而成。

目前，我国可转换债券发行中尚存在一些问题。首先，政策因素制约过大。可转换债券是证券市场高度发展的产物，它的正常运行离不开高效、健全的证券市场。但我国证券市场目前尚不够成熟，某些方面受国家计划制约，企业以何种方式在证券市场上筹集资金，在很大程度上受制于国家政策。以宝安公司为例，从1992年起，处于试点阶段的股票市场日趋活跃，大量资金涌入股市，股票供不应求，导致股票飙升，牛市特征尽显。当时宝安公司业务迅速扩大，资金异常短缺，公司希望配售发行新股，但因国家对新股发行额度的限制而不能实现，因而丧失了在牛市中高价配售新股的机会，即丧失了可能获得的利益。为了筹集巨额资金，宝安公司推出了可转换债券。从宝安可转换债券发行后的实际情况看，如采用该公司原拟订的“期限为5年，年利率为8%，转换价为发行前一个月宝安股票平均收市价的110%，上市后即允许进行转换”等条款，那么其可转换债券的风险将会降低，也会有更多债券转换为股票，使之成为一只发行较成功的可转换债券，投资者和发行公司也将成为受益者。遗憾的是，由于受有关政策的制约，这一条款未能被接受。违背市场规律的后果，只能由投资者和发行公司来承担。其次，证券市场不成熟，可转换债券正常运行的环境尚不具备。证券市场不成熟，股价大起大落，公司无法对自己股票的未来市场进行较准确的预测，这种情况下，发行可转换债券筹资，就必定会承受很大的风险。严格意义上讲，可转换债券是证券市场高度发展的产物，在不成熟的证券市场是不适合发行可转换债券的。以南玻公司为例。南玻公司发行的 B 股可转换债券，就因 B 股市场的不确定性太大，导致 B 股未来市价预测失误，使公司付出了过高的筹资代价。如果南玻公司不发行可转换债券，而先发行债券，在债券快到期时，再发行 B 股普通股票，那么股东权益将不会被稀释，也不会付出过高的资金成本。最后，公司未将股东财富最大化作为理财的基本目标。从实践结果考察，我国公司在制定可转换债券的各项条款时都十分重视会计账面上的资金成本和债券的转换率，简单地认为会计账面上的资金成本越低越优、转换率越高越优。会计账面上的资金成本越低，公司获得的会计利润就越大；转换率越高，公司的还债压力就越轻，风险就越小。但是，公司会计利润最大化并不代表股东财富最大化。如果公司会计利润的增加是建立在股东权益稀释的基础上，那么，这种利润的增加并不可取。再者，对减轻公司还债压力的评价，离不开还债所付出的成本或代价。在公司理财中，重视经营者利益而轻视所有者利益，是一个十分值得注意的问题。这种现象如不制止，必然会损害公司所有者的利益。

二、互换交易市场

（一）互换合约主要条款

1. 互换的对象和数量

互换合约中需明确互换的对象和数量，即基础资产及其数量。在利率互换中，互换的是一定象征性本金的不同性质的利率；在货币互换中，互换的对象是一定数量的货币本金和互换期间产生的利息。

2. 次数和时间间隔

在互换的期限内，由于利息和本金的分摊可以是一次，也可以是多次，因此，互换合约中需要对互换的次数和时间间隔做出明确的规定。具体的内容，可以交易双方相互协商确定。

3. 固定价格和浮动价格

利率和汇率从某种程度上，是货币的价格。在利率互换中双方交换的现金流是以同种货币支付，所以不交换本金，只对浮动利率和固定利率之间的利息差额进行支付。在货币互换中，以不同货币支付，要交换本金；利率的支付可以相同方式也可以不同方式，即可以固定利率与浮动利率互换，浮动利率与浮动利率互换，固定利率与固定利率互换。

（二）互换市场的主要参与者

1. 中央政府

中央政府是债券市场的大用户，他们利用互换市场开展利率风险管理业务，可以及时地调整自己的资产组合中的固定利率和浮动利率债务的比重。

2. 地方政府与国有企业

很多地方的地方政府和国有企业利用互换市场来降低融资成本，或者在投资者对其债券需求很大而借款人本身不需要那种货币的市场上借款。

3. 金融机构

使用互换市场的金融机构范围很广泛，其中包括存贷协会、房屋建筑协会、养老基金、保值基金、保险公司、中央银行、储蓄银行、商业银行、投资银行和证券公司等。

银行利用互换的目的主要有：用互换作为交易工具、保值工具和做市工具；用互换交换对利率走势的看法，譬如，若银行认为两年期利率和五年期利率的差距将增大或者减小，那么可以建立一个互换多头或者空头；用互换对其资产与负债进行匹配，当客户提出的借款要求在期限上和银行的资金不匹配时，银行可以通过合适期限的借款为客户提供融资；用互换作为保值手段向客户提供量体裁衣式的投资。

4. 公司

许多大公司是互换市场的积极参与者，它们利用互换管理利率风险，并将资产与负债配对。更主要的是它们可以借助互换降低融资成本。

5. 经纪人

经纪人充当中介的职能。为打算互换的一方寻求交易对手并安排它们进行交易是它们的主要工作，它们自己仅仅充当中间人而不作为交易方，这是与互换中介机构不同的地方。它们为了宣传自己在介绍银行与客户配对方面的能力，经常发布互换价格。因为只有互换的双方经过它们介绍走到一起，并且双方相互达成了交易，它们才可以从双方得到服务费。

（三）互换交易的功能

1. 有效规避风险

当某种货币的币值很不稳定，而该货币又是交易者想要的货币时，通过货币互换可以用一种货币换得想要的币值相对稳定的货币，同时避免了因币值易变而带来的损失。由于交易者们对币值变动预测不同，并且有甘愿承担风险的投机者参与其中，这种为了保值、规避风险而进行的互换是能够完成的。在利率互换中，为避免利率上升带来的损失，有浮动利率负债的交易者就与负债数额相同的名义本金的固定利率互换，所收的浮动利率与原负债相抵，而仅支出固定利率，从而避免了利率上升的风险。

2. 能够增加资产负债管理的有效性

利率互换在对资产和负债利率暴露头寸进行有效操作中具有比利用货币市场和资本市场进行操作的优势，它可以不经过真实资金运动而对资产负债额及其利率期限结构进行表外重组。

3. 降低筹资成本

在货币互换中，借款人可以利用某些有利条件，举借利率较低的货币，而后转换成所需的货币；在利率互换中，客户能够获得低于市场固定利率或者浮动利率的贷款。总之，互换交易是基于比较优势而成立的。举借双方最终分配由比较优势而产生的全部利益是互换交易的主要动机。当一个企业或机构在某一市场具有筹资优势，而该市场与该企业或机构的所需不符时，通过互换可以利用具有优势的市场进行筹措而得到在另一个市场上的所需，从而使得实际筹资成本下降。

4. 能够填补不同金融工具之间的缺口

互换就是对不同融资工具的各种特征进行交换。货币互换通过把一种货币负债换为另一种货币负债，弥合了两种货币币值之间的缺口；利率互换如将浮动利率负债换为固定利率负债，等于在浮动利率债券市场上筹措资金，而得到固定利率债券市场的效益，使得固定债息债券与浮息债券间的缺口被填平；被限制进入某一市场的机构或信用级别较低的机构可以通过互换，得到与进入受限制或信用级别要求较高的市场的同样的机会，从而消除了业务限制和信用级别差异而引起的市场阻隔。

（四）我国互换交易的发展

互换交易用于降低资本成本、管理风险、实现规模经济、在世界市场套利、进入新市场、创新复合性金融工具等，广泛地应用于工商企业、金融机构、储蓄机构、银行、保险公司、世界性组织和主权政府。中国加入 WTO 后，随着经济、金融的进一步开放，金融理论界和实务界对互换衍生交易也越来越关注，2001 年 12 月中国人民银行与泰国银行签署了人民币与泰铢之间相当于 20 亿美元的双边货币互换协议，2002 年 3 月 28 日中国人民银行与日本银行在东京签署了人民币与日元之间相当于 30 亿美元的双边货币互换协议，中国还与韩国等一些国家签署货币互换协议。互换交易在中国金融领域的运用将会越来越广。

但是，互换交易充分发展所需的条件是利率比较彻底的市场化和金融较完全的国际化。而中国利率虽然有实际的黑市利率和官方利率，但总体上依然处于严格的计划控制之下，真正开放的仅仅是同业拆借利率。要实现存贷款的利率市场化，最终实现利率的全面市场化还有一段路要走。同时，中国加入 WTO 的时间还很短，金融市场上金融工具种类少、性能差、质量低，互换交易进一步发展所需的开放发达的金融市场和大规模、大范围的金融活动以及相关的法律、政策和技术环境也尚未形成，可以说中国的金融国际化才起步。随着企业外部融资、政府市场筹资的扩大和居民储蓄投资总量增加以及金融意识的增强，资金供求双方对金融工具的种类、性能和质量的要求会越来越高。由此可见，互换交易在中国处于刚刚起步阶段，有着非常大的成长空间。

综上所述，中国的互换交易只是局限于一些简单的利率互换与货币互换等形式，还处于初级阶段。但成功案例的存在，表明互换交易在中国很有实践价值。加入 WTO 之后，中国的市场和企业逐步走向世界，与国际接轨，面对全球范围内的竞争，必将更多地面临利率风险、汇率风险以及如何去拓展融投资渠道以降低融资成本、提高投资效率等难题。因此，在中国发展互换交易，尽快建立一套完善的风险防范和规避系统，充分发挥金融互换交易功能，规避风险损失，获取风险受益，势在必行。从中国的金融改革开放状况看，互换交易必将在中国发展并完善。

三、资产支持证券市场

（一）资产支持证券的参与人

1. 发起机构

（1）信贷资产证券化发起机构是指通过设立特定目的信托转让信贷资产的金融机构。

（2）银行业金融机构作为信贷资产证券化发起机构，通过设立特定目的信托转让信贷资产，应当具备以下条件：①具有良好的社会信誉和经营业绩，最近 3 年内没有重大违法、违规行为；②具有良好的公司治理、风险管理体系和内部控制；③对开办信贷资产证券化业务具有合理的目标定位和明确的战略规划，并且符合其总体经营目标和发展战略；④具有适当的特定目的信托受托机构选任标准和程序；⑤具有开办信贷资产证券化业务所需要的专业人员、业务处理系统、会计核算系统、管理信息系统以及风险管理和内部控制制度；⑥最近3年内没有从事信贷资产证券化业务的不良记录；⑦银监会规定的其他审慎性条件。

(3)信贷资产证券化发起机构拟证券化的信贷资产应当符合以下条件：①具有较高的同质性；②能够产生可预测的现金流收入；③符合法律、行政法规以及银监会等监督管理机构的有关规定。

2. 受托机构

(1)特定目的的信托受托机构是指在信贷资产证券化过程中，因承诺信托而负责管理特定目的的信托财产并发行资产支持证券的机构。受托机构由依法设立的信托投资公司或者银监会批准的其他机构担任。

(2)信托投资公司担任特定目的的信托受托机构，应当具备以下条件：①根据国家有关规定完成重新登记3年以上；②注册资本不低于5亿元人民币，并且最近3年年末的净资产不低于5亿元人民币；③自营业务资产状况和流动性良好，符合有关监管要求；④原有存款性负债业务全部清理完毕，没有发生新的存款性负债或者以信托等业务名义办理的变相负债业务；⑤具有良好的社会信誉和经营业绩，到期信托项目全部按合同约定顺利完成，没有挪用信托财产的不良记录，并且最近3年内没有重大违法、违规行为；⑥具有良好的公司治理、信托业务操作流程、风险管理体系和内部控制；⑦具有履行特定目的的信托受托机构职责所需要的专业人员、业务处理系统、会计核算系统、管理信息系统以及风险管理和内部控制制度；⑧已按照规定披露公司年度报告；⑨银监会规定的其他审慎性条件。

(3)受托机构依照信托合同约定履行下列职责：①发行资产支持证券；②管理信托财产；③持续披露信托财产和资产支持证券信息；④依照信托合同约定分配信托利益；⑤信托合同约定的其他职责。

(4)受托机构必须委托商业银行或其他专业机构担任信托财产资金保管机构。有下列情形之一的，受托机构职责终止：①被依法取消受托机构资格；②被资产支持证券持有人大会解任；③依法解散、被依法撤销或者被依法宣告破产；④受托机构辞任；⑤法律、行政法规规定的或信托合同约定的其他情形。

受托机构被依法取消受托机构资格、依法解散、被依法撤销或者被依法宣告破产的，在新受托机构产生前，由中国银监会指定临时受托机构。

3. 信用增级机构

(1)信用增级是指在信贷资产证券化交易结构中通过合同安排所提供的信用保护。信用增级机构根据在相关法律文件中所承诺的义务和责任，向信贷资产证券化交易的其他参与机构提供一定程度的信用保护，并为此承担信贷资产证券化业务活动中的相应风险。

(2)信用增级可以采用内部信用增级和外部信用增级的方式。

(3)金融机构提供信用增级，应当在信贷资产证券化的相关法律文件中明确规定信用增级的条件、保护程度和期限，并将因提供信用增级而承担的义务和责任与因担当其他角色而承担的义务和责任进行明确的区分。

(4)金融机构应当在法律、行政法规和银监会等监督管理机构有关规定允许的范围内，按照公平的市场交易条件和条款，约定提供信用增级的条件、条款及其所承担的义务和责任。

(5)信用增级机构应当确保受托机构在资产支持证券发行说明书中披露信贷资产证券化交易中的信用增级安排情况。

(6)商业银行为信贷资产证券化交易提供信用增级，应当按照有关规定计提资本。

4. 贷款服务机构

(1)贷款服务机构是指在信贷资产证券化交易中，接受受托机构委托，负责管理贷款的机构。贷款服务机构可以是信贷资产证券化的发起机构。

(2)贷款服务机构根据与受托机构签署的贷款服务合同，收取证券化资产的本金、利息和其他收入，并及时、足额转入受托机构在资金保管机构开立的资金账户。

(3)贷款服务机构应当制定管理证券化资产的政策和程序，由专门的业务部门负责履行贷款管理职责。

(4)贷款服务机构履行贷款服务职能，应当具备所需要的专业人员以及相应的业务处理系统和管理信息系统。

(5)贷款服务费用应当按照公平的市场交易条件和条款确定。

(6)贷款服务机构应当确保受托机构在资产支持证券发行说明书的显著位置对投资机构进行提示。

(7)银监会根据贷款服务机构在信贷资产证券化业务活动中所承担义务和责任的经济实质，判断其是否形成证券化风险暴露。

5. 资金保管机构

(1)资金保管机构是指在信贷资产证券化交易中，接受受托机构委托，负责保管信托财产账户资金的机构。

(2)受托机构应当选择具备规定条件的商业银行担任资金保管机构。

(3)资金保管机构应当为每项信贷资产证券化信托资金单独设账，单独管理，并将所保管的信托资金与其自有资产和管理的其他资产严格分开管理。

(4)在向资产支持证券投资机构支付信托财产收益的间隔期内，资金保管机构发现对信托财产收益进行投资管理的投资指令违反法律、行政法规、其他有关规定或者资金保管合同约定的，应当及时向银监会报告。

(二)资产支持证券的发行程序

1. 确定资产证券化目标，构建资产池

资产证券化的发起人一般是发放贷款的金融机构。这些金融机构根据清理、估算、信用考核等程序决定借款人信用、抵押担保贷款的抵押价值等，将可预见现金流的资产进行组合，并根据证券化目标确定资产数，最后将这些资产汇集形成一个资产池。

2. 组建特设信托机构，实现破产隔离

特设信托机构是一个以资产证券化为惟一目的的、独立的信托实体，注册后的特设信托机构的活动必须受法律的严格限制，其资金全部来源于发行证券的收入。特设信托机构成立后，与发起人签订买卖合同，发起人将资产池中的资产出售给特设信托机构。这一交易必须以真实出售的方式进行，即出售后的资产在发起人破产时不作为法定财产参于清算，资产池不列入清算范围，从而达到“破产隔离”的目的。破产隔离使得资产池的质量与发起人自身的信用水平分离开来，投资者就不会再受到发起人的信用风险影响。

3. 信用增级

为了吸引更多的投资者，改善发行条件，特设信托机构必须提高资产支持证券的信用等级，使投资者的利益能得到有效的保护和实现。

4. 信用评级

信用评级由专门评级机构应资产证券发起人或投资银行的请求进行。被评级的资产必须与发起人信用风险相分离。

5. 中国银监会核准资产支持证券发行

(1)联合报送申请

银行业金融机构作为发起机构，将信贷资产信托给受托机构，由受托机构以资产支持证券的形式向投资机构发行受益证券，应当由符合条件的银行业金融机构与获得特定目的信托受托机构资格的金融机构向银监会联合提出申请，并报送文件和资料。

(2)受理与核准

银监会应当自收到发起机构和受托机构联合报送的完整申请材料之日起5个工作日内决定是否受理申请。银监会决定不受理的，应当书面通知申请人并说明理由；决定受理的，应当自受理之日起3个月内作出批准或者不批准的书面决定。

6. 中国人民银行核准资产支持证券发行

受托机构在全国银行间债券市场发行资产支持证券，应当向中国人民银行提交有关文件，中国人民银行应当自收到资产支持证券发行全部文件之日起5个工作日内决定是否受理申请。中国人民银行决定不受理的，应书面通知申请人不受理原因；决定受理的，应当自受理申请之日起20个工作日内作出核准或不核准的书面决定。

7. 安排证券销售，向发起人支付购买价格

在信用提高和评级结果向投资者公布之后，由投资银行负责向投资者销售资产支持证券，销售的方式可采用包销或代销。特设信用机构从投资银行处获取证券发行收入，再按资产买卖合同中规定的购买价格，把发行收入的大部分支付给发起人。

8. 证券挂牌上市交易，资产售后管理和服务

资产支持证券的发行可采取一次性足额发行或限额内分期发行的方式。分期发行资产支持证券的，在每期资产支持证券发行前5个工作日，受托机构应将最终的发行说明书、评级报告及所有最终的相关法律文件报中国人民银行备案，并按中国人民银行的要求披露有关信息。

【要点小结】

1. 衍生证券市场是指以衍生证券为发行和交易对象的证券市场，主要包括期货市场、期权市场以及其他高级衍生证券市场。

2. 期货市场是期货合约交易的场所，即期货交易所。它具有规避风险和价格发现的功能。期货市场主要由期货交易所、期货结算机构、期货中介机构三个部分构成。期货市场的交易对象是期货合约，期货合约是指由期货交易所统一制定、规定在将来某一特定时间和地点交割一定数量和质量标的物的标准化合约。每一份期货合约上都有着固定的条款。期货交易制度包括保证金制度、当日无负债结算制度、涨跌停板制度和持仓限额及大户报告制度。

3. 期权是指在确定的日期或这个日期之前，持有人所享有的依照事先约定的价格买进或者卖出某种商品或期货的权利。期权根据不同的划分标准可分为很多种类，它具有套期保值、投机以及杠杆的功能。权证是指基础证券发行人或其以外的第三方发行的，约定持有人在规定期间内或特定到期日，有权按约定价格向发行人购买或出售标的证券，或以现金结算方式收取结算差价的有价证券。

期权费主要由内在价值和时间价值两部分构成。其影响因素主要有市场价格和执行价格、期权的有效期、标的资产价格的波动率、无风险利率以及标的资产的收益。对于期权的交易制度，主要有保证金制度、部位限制和对冲与履约制度。

4. 高级衍生品市场主要包括可转换债券市场、互换交易市场和资产支持证券市场。

可转换债券是指发行人依据法定程序发行，持有人在一定时间内依据约定的条件可以转换为相应数量的另一种证券的债券。可分为可转换公司债券和可转换优先股两种，具有双重选择权的特征，同时和兼有公司债券和股票的双重特征。

互换可分为利率互换和货币互换，主要由中央政府、地方政府和国有企业、金融机构、公司和经纪人参与。它能够有效地规避风险、降低筹资成本、增加资产负债管理的有效性并填补不同金融工具之间的缺口。但同时互换也具有一定的信用风险以及汇率风险。

资产支持证券与股票和一般债券不同，资产支持证券不是对某一经营实体的利益要求权，而是对基础资产池所产生的现金流和剩余权益的要求权，是一种以资产信用为支持的证券。其优点在于它有着可预期的现金流，收益相对可观，投资具有多元化和多样化特征，并且其风险小，具有较高的信用评级。

【思考与练习】

1. 什么是期货？期货市场的构成有哪些？
2. 期货交易制度的内容有哪些？
3. 什么是期权？它有哪些功能？
4. 什么是权证？权证的种类有哪些？
5. 期权费的影响因素有哪些？
6. 期权交易制度有哪些主要内容？
7. 可转换债券的优点与缺点分别有哪些？
8. 试述互换交易的功能，并分析其可能存在的风险。
9. 什么是资产支持证券？它有哪些优点？
10. 怎样看待资产支持证券的意义所在？

◆第五章
基础证券的价值

【内容提要】

本章介绍了基础证券的估值问题，具体包括股票估值、债券估值和证券投资基金的价值。估值是基础证券价格确定的基础，也是衍生证券价值确定的条件。本章重点关注基础证券内在价值的确定及其影响因素。本章共分为三节。

第一节是股票价值分析。在这一节中共讨论了四个问题，即上市公司的价值、股票内在价值的计算方法、股票市场价格的市盈率估价方法以及市净率在股票价值估值上的应用。

第二节是债券的投资价值分析。这一节分别从债券的价值与价格展开，比较详尽地介绍了债券价格确定方法。同时，本节还讨论了债券信用评级问题。

第三节是证券投资基金的价值。在这一节中共有三个大问题，即证券投资基金的费用、证券投资基金的价值以及证券投资基金的资产估值问题。

【学习目标】

1. 系统地掌握股票内在价值评估的收益法。
2. 掌握股票市场价值确定的市盈率法和市净率法。
3. 掌握债券价值决定理论。
4. 熟悉债券信用评级的相关内容。
5. 了解证券投资基金价值的决定方法。

【关键词】

股票估值 股票内在价值 市盈率 市净率 债券价值 证券投资基金净值

第一节　股票价值分析

一、上市公司的价值

上市公司的价值是指上市公司全部资产的市场价值，即股票与负债市场价值之和。股票的价值是决定上市公司的价值的重要因素。在不考虑上市公司负债的情况下，上市公司的价值取决于股票的价值。

（一）影响股票投资价值的内部因素

一般来讲，影响股票投资价值的内部因素主要包括公司净资产、盈利水平、股利政策、股份分割、增资和减资以及资产重组等。

1. 上市公司净资产

净资产或资产净值是总资产减去总负债后的净值，它是全体股东的权益，是决定股票投资价值的重要基准，上市公司经过一段时间的营运，其资产净值必然有所变动。股票作为投资的凭证，每一股代表一定数量的净值。从理论上讲，净值应与股价保持一定比例，即净值增加，股价上涨；净值减少，股价下跌。

2. 上市公司盈利水平

上市公司业绩好坏集中表现于盈利水平高低。上市公司的盈利水平是影响股票投资价值的基本因素之一。在一般情况下，预期上市公司盈利增加，可分配的股利也会相应增加，股票市场价格上涨；预期上市公司盈利减少，可分配的股利相应减少，股票市场价格下降。但值得注意的是，股票价格的涨跌和上市公司盈利的变化并不完全同时发生。

3. 上市公司的股利政策

上市公司的股利政策直接影响股票投资价值。在一般情况下，股票价格与股利水平成正比。股利水平越高，股票价格越高；反之，股利水平越低，股票价格越低。股利来自于上市公司的税后盈利，但上市公司盈利的增加只为股利分配提供了可能，并非盈利增加股利一定增加。上市公司为了合理地在扩大再生产和回报股东之间分配盈利，都会有一定的股利政策。股利政策体现了上市公司的经营作风和发展潜力，不同的股利政策对各期股利收入有不同影响。此外，上市公司对股利的分配方式也会给股价波动带来影响。

4. 股份分割

股份分割又称拆股或拆细，是将原有股份均等地拆成若干较小的股份。股份分割一般在年度结算月份进行，通常会刺激股价上升。股份分割给投资者带来的不是现实的利益，因为股份分割投资者持有的上市公司净资产并未发生变化，得到的股利也相同。但是，投资者持有的股份数量增加了，给投资者带来了今后可多分股利和更高收益的预期，因此股份分割往往比增加股利分配对股价上涨的刺激作用更大。

5. 增资和减资

上市公司因业务发展需要增加资本额而发行新股的行为，对不同上市公司股票价格的影响不尽相同。在没有产生相应效益前，增资可能会使每股净资产下降，因而可能会促使股价下跌。但对那些业绩优良、财务结构健全、具有发展潜力的上市公司而言，增资意味着将增加上市公司经营实力，会给股东带来更多回报，股价不仅不会下跌，可能还会上涨。当上市公司宣布减资时，多半是因为经营不善、亏损严重、需要重新整顿，所以股价会大幅下降。

6. 上市公司资产重组

上市公司重组总会引起上市公司价值的巨大变动，因此其股价也会随之产生剧烈的波动。但需要分析上市公司重组对上市公司是否有利，重组后是否会改善上市公司的经营状况，因为这些是决定股价变动方向的决定因素。

(二)影响股票投资价值的外部因素

一般来讲，影响股票投资价值的外部因素主要包括宏观经济因素、行业因素及市场因素。

1. 宏观经济因素。宏观经济走向和相关政策是影响股票投资价值的重要因素。

2. 行业因素。产业的发展状况和趋势对于该产业上市公司的影响是巨大的，因而产业的发展状况和趋势、国家的产业政策和相关产业的发展等都会对该产业上市公司的股票投资价值产生影响。

3. 市场因素。证券市场上投资者对股票走势的心理预期会对股票价格走势产生重要的影响。市场中的散户投资者往往有从众心理，对股市产生助涨助跌的作用。

二、股票内在价值的计算方法

在确定上市公司价值及其股票价值的过程中，通常采用上市公司未来现金流贴现累计的方式确定其内在价值。这种方法通常被称为收益法。上市公司股票价值评估的收益法认为，股票内在价值在于公司未来为股东提供的现金收入的当前价值。

(一)现金流贴现模型

1. 一般公式

$$V = \frac{D_1}{1+k} + \frac{D_2}{(1+k)^2} + \frac{D_3}{(1+k)^3} + K + \frac{D_\infty}{(1+k)^\infty} = \sum_{t=1}^{\infty} \frac{D_t}{(1+k)^t} \quad (5.1)$$

公式中：V 表示股票在期初的内在价值；D_t 表示时期 t 末以现金形式表示的每股股息。

现金流贴现模型是运用收入的资本化定价方法来决定普通股票的内在价值的方法。根据公式(5.1)，可以引出净现值的概念。净现值(NPV) 等于内在价值(V) 与成本(P) 之差，即：

$$NPV = V - P = \sum_{t=1}^{\infty} \frac{D_t}{(1+k)^t} - P$$

其中：P 表示在 $t=0$ 时购买股票的成本。如果 $NPV > 0$，意味着所有预期的现金流入的现值之和大于投资成本，即这种股票被低估价格，因此购买这种股票可行。如果 $NPV < 0$，意味着所有预期的现金流入的现值之和小于投资成本，即这种股票价格被高估，因此不可购买这种股票。

2. 内部收益率

内部收益率就是指使得投资净现值等于零的贴现率。如果用 k^* 代表内部收益率，根据内部收益率的定义可得下式：

$$NPV = V - P = \sum_{t=1}^{\infty} \frac{D_t}{(1+k^*)^t} - P = 0$$

所以：

$$P = \sum_{t=1}^{\infty} \frac{D_t}{(1+k^*)^t} \quad (5.2)$$

由此可见，内部收益率实际上是使得未来股息流贴现值恰好等于股票市场价格的贴现率。由公式(5.2) 可以解出内部收益率 k^*。将 k^* 与具有同等风险水平股票的必要收益率 k 相比较：如果 $k^* > k$，则可以考虑购买这种股票；如果 $k^* < k$，则不要购买这种股票。

运用现金流贴理模型决定普通股票内在价值存在着一个困难，即投资者必须预测所有未来时期支付的股息。由于普通股票没有一个固定的生命周期，因此通常要给无穷多个时期的股息流加上一些假定，以便于计算股票的内在价值。

这些假定始终围绕着股息增长率 g_t，一般假定相邻两个时期的股息 D_{t-1} 和 D_t 之间满足如下关系：

$$D_t = D_{t-1}(1 + g_t) \tag{5.3}$$

$$g_t = \frac{D_t - D_{t-1}}{D_{t-1}} \times 100\% \tag{5.4}$$

不同股息增长率的假定派生出不同类型的贴现现金流模型。

（二）零增长模型

从本质上来说，零增长模型和不变增长模型都可以看作是可变增长模型的特例。零增长模型实际上是不变增长模型的一个特例。假定每年支付的股利相同，股利增长率等于零，即 $g = 0$。也就是说，未来的股息按一个固定数量支付。根据这个假定，我们用 D_0 来替换 D_t，得：

$$V = \sum_{t=1}^{\infty} \frac{D_0}{(1 + k)^t} = D_0 \sum_{t=1}^{\infty} \frac{1}{(1 + k)^t} \tag{5.5}$$

因为 $k > 0$，按照无穷级数的性质，可知：

$$\sum_{t=1}^{\infty} \frac{1}{(1 + k)^t} = \frac{1}{k}$$

因此，零增长模型公式为：

$$V = \frac{D_0}{k} \tag{5.6}$$

式中：V 表示股票的内在价值；D_0 表示未来每期支付的每股股息；k 表示到期收益率。零增长模型也可用于计算投资于零增长证券的内部收益率。用证券的当前价格 P 代替 V，用 k^*（内部收益率）替换 k，零增长模型可变形为：

$$P = \sum_{t=1}^{\infty} \frac{D_0}{(1 + k^*)^t} = \frac{D_0}{k^*} \tag{5.7}$$

进行转换，可得：

$$k^* = \frac{D_0}{P} \times 100\% \tag{5.8}$$

零增长模型的应用似乎受到相当的限制，毕竟假定对某一种股票永远支付固定的股息是不合理的，但在特定的情况下，对于决定普通股票的价值仍然是有用的。在决定优先股的内在价值时这种模型相当有用，因为大多数优先股支付的股息是固定的。

（三）不变增长模型

不变增长模型可以分为两种形式：一种是股息按照不变的增长率增长；另一种是股息以固定不变的绝对值增长。相比之下，前者比后者更为常见。因此，我们主要对股息按照不变增长率增长这种情况进行介绍。

如果我们假设股息永远按不变的增长率增长，就可以建立不变增长模型。假设时期 t 的股息为：

$$D_t = D_{t-1}(1 + g) = D_0(1 + g)^t$$

将 $D_t = D_0(1+g)^t$ 代入现金流贴现模型(5.1)式中，可得：

$$V = \sum_{t=1}^{\infty} D_0 \frac{(1+g)^t}{(1+k)^t} = D_0 \sum_{t=1}^{\infty} \frac{(1+g)^t}{(1+k)^t}$$

运用数学中无穷级数的性质，如果 $k > g$,可得不变增长模型：

$$V = D_0 \frac{1+g}{k-g} \tag{5.9}$$

由于 $D_1 = D_0(1+g)$，有时把公式(5.9)写成如下形式：

$$V = \frac{D_1}{k-g} \tag{5.10}$$

利用不变增长模型同样可以用于求解股票的内部收益率。首先，用股票的市场价格 P 代替 V。其次，用 k^* 代替 k，其结果是：

$$P = D^0 \frac{1+g}{k^*-g}$$

经过变换，可得：

$$k^* = (D_0 \frac{1+g}{P} + g) \times 100\% = (\frac{D_1}{P} + g) \times 100\%$$

零增长模型实际上是不变增长模型的一个特例。假定增长率 g 等于零，股息将永远按固定数量支付，这时不变增长模型就是零增长模型。从这两种模型来看，虽然不变增长的假设比零增长的假设有较小的应用限制，但是在许多情况下仍然被认为是不现实的。但由于不变增长模型是多元增长模型的基础，因此这种模型是极为重要的。

(四)可变增长模型

零增长模型和不变增长模型都对股息的增长率进行了一定的假设。事实上，股息的增长率是变化不定的，因此，零增长模型和不变增长模型并不能很好地在现实中对股票的价值进行评估。

二元增长模型假定在时间 L 以前，股息以一个不变的增长速度 g_1 增长；在时间 L 后，股息以另一个不变的增长速度 g_2 增长。在此假定下，我们可以建立二元可变增长模型：

$$V = \sum_{t=1}^{L} D_0 \frac{(1+g)^t}{(1+k)^t} + \frac{1}{(1+k)^L} \times \frac{D_{L+1}}{(k-g_2)} \tag{5.11}$$

$$D_{L+1} = D_0(1+g)^t(1+g_2)$$

在可变增长模型中，用股票的市场价格 P 代替 V，k^* 代替 k，同样可以计算出内部收益率 k^*。不过，由于可变增长模型相对较为复杂，不容易直接得出内部收益率，因此，主要采取试错法来计算 k^*。

试错法的主要思路是，首先估计一个收益率水平 k^*，将其带入可变增长模型中。如果计算出在此收益率水平下股票的理论价值高于股票市场价格，则认为估计的收益率水平低于实际的内部收益收益率 k^*。通过反复试错，所估计的收益率水平将逐步逼近实际的内部收益率水平。

从本质上来说，零增长模型和不变增长模型都可以看作是可变增长模型的特例。例如，在二元增长模型中，当两个阶段的股息增长率都为零时，二元增长模型就是零增长模型；当两个阶段的股息增长率相等且不为零时，二元增长模型就是不变增长模型。相对于零增长模型和不变增长模型而言，二元增长模型较为接近实际情况。然而，对于股票的增长形态，我们可以给予更细的分析，以更贴近实际情况。与二元增长模型相类似，我们还可以建立三元等多元增长模型，其原理、方法和应用方式与二元增长模型差不多，可以根据实际需要加以考虑。

三、股票市场价格的市盈率估价方法

收益法对于确定上市公司股票价值具有基础性作用，但其实施受到诸多的限制。作为一种面向未来的估值方式，确定公司未来股息现金流和必要收益率都存在一定的主观因素，需要估值人员进行概率判断，这会导致该估值方式的不稳定性，也会导致不同估值人员得到估值结构可能存在较大差异。收益法的另一个缺陷表现为其只关注了公司及其股票的绝对价值，并没有考虑市场供求关系对股票价格的影响。实际估值中，为避免上述缺陷，估值人员常常使用其他方式共同对公司及其股票价值进行估值。其中市场法是最为常用的估值方法。

市场法假设股票市场是有效的，即股票市场对上市公司的估值是客观合理的。在此基础上，通过寻找与待估值公司同类或具有可比性的公司，以之为参照系数，通过构造特定财务比例并结合待估公司财务数据确定公司市场价值的方式。市场法也被称为可比公司法。常用的市场法包括市盈率法（股价/每股收益）、市净率法（股价/每股净资产）和市收率法（股价/每股营业收入）。其中，市盈率法使用范围最广，但对于亏损企业无法估值；市净率法适合净资产在公司价值中占重要作用的公司；市收率法可以弥补市盈率法无法为亏算企业估值的缺陷，对只有营业收入但利润为负的公司进行估值。

市盈率，又称价格收益比或本益比，是每股价格与每股收益之间的比率，其计算公式为：

$$\text{市盈率} = \frac{\text{每股价格}}{\text{每股收益}} \tag{5.12}$$

如果我们能分别估计出股票的市盈率和每股收益，那么我们就能由此公式估计出股票价格。这种评价股票价格的方法就是市盈率估价方法。一般来说，对股票市盈率的估计主要有简单估计法和回归分析法。

（一）简单估计法

1. 利用历史数据进行估计

（1）算术平均数法或中间数法。这种方法就是将股票各年的市盈率历史数据排成序列，剔除异常数据（过高或过低者），求取算术平均数或是中间数，以此作为对未来市盈率的预测。这一方法适用于市盈率比较稳定的股票。

（2）趋势调整法。这种方法是在方法（1）的基础上再进行调整。假设根据方法（1）已经求得市盈率的一个估计值，这时我们再分析市盈率时间序列的变化趋势。这种分析方法可以在坐标纸上进行，以画趋势线的方法求得一个增减趋势的量的关系式，然后对上面的市盈率的估计值进行修正。

（3）回归调整法。这种方法也是在方法（1）的基础上再进行调整的。先按方法（1）求出市盈率的估计值，据此认为该值是市盈率的正常值，根据异常值总是向正常值回归的趋势，我们对下一年的市盈率做如下预测：如果这一年的市盈率高于这个值，就认为下一年的市盈率值将会向下调整；反之，则认为会向上调整。

2. 市场决定法

(1) 市场预期回报率倒数法。在不变增长模型中，进一步假定：公司利润内部保留率为固定不变的 b，再投资利润率为固定不变的 r，股票持有者的预期回报率与投资利润率相当。由第二个假设得到：

$$E_t = E_{t-1} + rI_{t-1} \tag{5.13}$$

式中：E 表示收益；I 表示在投资。再由第一个假设得到 $I_{t-1} = bE_{t-1}$，代入前面的式子，最终可以得到收益的增长率：

$$g_E = \frac{E_t - E t - 1}{E t - 1} = br$$

由于第一个假设，股息的增长率一定与收益的增长率相同，即：$g = g_D = g_E = br$，因此，不变增长模型可以变形为：

$$P_0 = \frac{D_0(1+g)}{k - br} \tag{5.14}$$

在股票持有者的预期回报率与投资利润率相当的假设下，即 $r = k$，则：

$$P_0 = \frac{D_0(1+g)}{r - br}$$

$$r = k = \frac{D_0(1+g)}{(1-b)P_0} = \frac{D_1}{(1-b)P_0} = \frac{E_1}{P_0}$$

$$D_1 = (1-b)E_1$$

从上面的分析中可以看出，在一定的假设条件之下，股票持有者预期的回报率恰好是本益比的倒数。因此，我们就可以通过对各种股票市场预期回报率的分析来对市盈率进行预测。

(2) 市场归类决定法。在有效市场的假设下，风险结构等类似的公司，其股票市盈率也应相近。因此，可以选取风险结构类似的公司求取市盈率的平均数，作为市盈率的估计值。

(二) 回归分析法

回归分析方法是指利用回归分析的统计方法，通过考察股票价格、收益、增长、风险、货币的时间价值和股息政策等各种因素变动与市盈率之间的关系，得出能够最好解释市盈率与这些变量间线性关系的方程，进而根据这些变量的给定值对市盈率大小进行预测的分析方法。

一般认为，市盈率与收益、股息政策、增长和风险等关系最密切。美国 Whitebeck 和 Kisor 用多重回归分析法发现，在 1962 年 6 月 8 日的美国股票市场中有以下规律：

$$\text{市盈率} = 8.2 + 1.500 \times \text{收益增长率} + 0.067 \times \text{股息支付率} - 0.200 \times \text{增长率标准差} \tag{5.15}$$

这个方程描述了在被选取的时刻，这 3 个变量对于市盈率影响的估计。其中的系数表示了各变量的权重，正负号表示其对于市盈率影响的方向，而这些方向恰恰符合常识。增长越快、股息越多、风险越低，则市盈率越大。具体来说，收益增长率增加 1%，则市盈率增大 1.500 个百分点；股息支付率增加 1%，则市盈率增大 0.067 个百分点；而增长率标准差增加 1%，将引起市盈率减少 0.200 个百分点。只要将收益增长率、股息支付率和风险代入公式(5.15)，则可以得到任何股票市盈率的理论值。

20 世纪 60 年代以来，在美国的证券界出现了数以百计的类似模型，每一种可能的变量和变量的组合都考虑到了。所有这些模型的一个共同特点是：它们能解释在某一时刻股价的表现，却无法对较长时间内市场的复杂变化做出成功的解释。

导致这种缺陷的原因可能有如下三个：

(1)市场兴趣的变化。当市场兴趣发生变化时，表示各变量权重的那些系数将有所变化。

(2)数据的值的变化，如股票、收益增长率等随时间变化。

(3)尚有该模型所没有捕捉到的其他重要因素。

从上面的分析中，可以清楚地看出，用回归分析法得出的有关市盈率估计方程具有很强的时效性，利用过去的方程研究不断变化的市场是不现实的。如果想利用这种方法来指导投资决策，那么最好是不断研究，并在实践中加以改进。

四、市净率在股票价值估计上的应用

市净率又称净资产倍率，是每股市场价格与每股净资产之间的比率，其计算公式为：

$$\text{市净率}=\frac{\text{每股价格}}{\text{每股净资产}}\text{（倍）} \tag{5.16}$$

上述公式中的每股净资产又称账面价值，指每股股票所含的实际资产价值，是支撑股票市场价格的物质基础，也代表公司解散时股东可分得的权益，通常被认为是股票价格下跌的底线。每股净资产的数额越大，表明公司内部积累越雄厚，抵御外来因素影响的能力越强。正因为如此，市净率反映的是，相对于净资产，股票当前市场价格是处于较高水平还是较低水平。市净率越大，说明股价处于较高水平；反之，市净率越小，说明股价处于较低水平。

与市盈率相比，市净率通常用于考察股票的内在价值，在长期投资中更应获得重视；市盈率则通常用于考察股票的供求状况，在短期投资中更应有所关注。

第二节　债券的投资价值分析

一、债券的价值与价格

(一)影响债券投资价值的内部因素

1. 债券的期限。一般来说，在其他条件不变的情况下，债券的期限越长，其市场价格变动的可能性就越大，投资者要求的收益率补偿也越高。

2. 债券的票面利率。债券的票面利率越低，债券价格的易变性也就越大。在市场利率提高的时候，票面利率较低的债券的价格下降较快。但是，当市场利率下降时，它们的增值潜力也很大。

3. 债券的提前赎回条款。债券的提前赎回条款是债券发行人所拥有的一种选择权，允许债券发行人在债券到期前按约定的赎回价格部分或全部偿还债务。这种规定在财务上对发行人是有利的，因为发行人可以在市场利率降低时发行较低利率的债券，取代原先发行的利率较高的债券，从而降低融资成本。但对投资者来说，提前赎回使他们面临较低的再投资利率。这种风险要从价格上得到补偿。因此，具有较高提前赎回可能性的债券应具有较高的票面利率，其内在价值相对较低。

4. 债券的税收待遇。一般来说，免税债券的到期收益率比类似的应纳税债券的到期收益

率低。此外，税收还以其他方式影响着债券的价格和收益率。例如，由于附息债券提供的收益包括息票利息和资本收益两种形式，而美国把这两种收入都当作普通收入而进行征税，但是对于后者的征税可以等到债券出售或到期时才进行。因此，在其他条件相同的情况下，大额折价发行的低利附息债券的税前收益率必然略低于同类高利附息债券。也就是说，低利附息债券比高利附息债券的内在价值要高。

5. 债券的流动性。债券的流动性是指债券可以随时变现的性质，反映债券规避由市场价格波动而导致的实际价格损失的能力。流动性较弱的债券表现为其按市价卖出较困难，持有者会因此面临遭受损失（包括承受较高的交易成本和资本损失）的风险。这种风险必须在债券的定价中得到补偿。因此，流动性好的债券与流动性差的债券相比，前者具有较高的内在价值。

6. 债券的信用级别。债券的信用级别是指债券发行人按期履行合约规定的义务、足额支付利息和本金的可靠性程度。一般来说，除政府债券以外，一般债券都有信用风险（或称违约风险），只是风险大小不同而已。信用级别越低的债券，投资者要求的收益率越高，债券的内在价值也就越低。

（二）影响债券投资价值的外部因素

1. 基础利率。基础利率是债券定价过程中必须考虑的一个重要因素。在证券的投资价值分析中，基础利率一般是指无风险证券利率。一般来说，短期政府债券风险最小，可以近似看作无风险证券，其收益率可被用作确定基础利率的参照物。此外，银行的信用度很高，这就使得银行存款的风险较低，况且银行利率应用广泛，因此基础利率也可参照银行存款利率来确定。

2. 市场总体利率水平。市场总体利率水平是债券利率的替代物，是投资于债券的机会成本。在市场总体利率水平上升时，债券的收益率水平也应上升，从而使债券的内在价值降低；反之，在市场总体利率水平下降时，债券的收益率水平也应下降，从而使债券的内在价值增加。

3. 其他因素。影响债券定价的外部因素还有通货膨胀水平以及外汇汇率风险等。通货膨胀的存在可能使投资者从债券投资中实现的收益不足以抵补由于通货膨胀而造成的购买力损失。当投资者投资于某种外币债券时，汇率的变化会使投资者的未来本币收入受到贬值损失。这些损失的可能性都必须在债券的定价中得到体现，使债券的到期收益率增加、债券的内在价值降低。

（三）债券价值的计算公式

1. 假设条件

为简便起见，假定债券不存在信用风险，并且不考虑通货膨胀对债券收益的影响，从而对债券的估价可以集中于时间的影响上。

2. 货币的终值与现值

使用货币按照某种利率进行投资的机会是有价值的，该价值被称为货币的时间价值。假定当前使用一笔金额为 P_0 的货币按某种利率投资一定期限，投资期末连本带利累计收回货币金额为 P_n，那么称 P_0 为该笔货币（或该项投资）的现值（即现在价值），称 P_n 为该笔货币（该项投资）的终值（即期末价值）。

（1）货币终值的计算

假定当前一项投资的期限为 n 期，每期利率为 r，那么该项投资第 n 年末时分别按复利和单利计算的终值依次为：

$$P_n = P_0(1+r)^n \tag{5.17}$$

$$P_n = P_0(1+r \cdot n) \tag{5.18}$$

例如，某投资者将1000元投资于年息10%，为期5年的债券（按年计息），此项投资的终值为：$P = 1000 \times (1+10\%) \times 5 = 1610.51$（元）或 $P = 1000 \times (1+10\% \times 5) = 1500$（元）。可见，用单利计息的终值比用复利计息的终值低。

（2）现值的计算

运用终值计算公式，可以推算出现值。从公式（5.17）中求解 P_0，得出现值公式：

$$P_0 = \frac{P_n}{(1+r)^n} \tag{5.19}$$

从公式（5.18）中，求解 P_0，得出现值公式：

$$P_0 = \frac{P_n}{(1+r \cdot n)} \tag{5.20}$$

我国债券是按单利计息，但是国际惯例则按复利贴现。公式（5.19）是针对按复利计算终值的现值而言，公式（5.20）是针对用单利计算终值的现值而言的。在其他条件相同的情况下，按单利计息的现值要高于用复利计算的现值。根据终值求现值的过程，称之为贴现。

3. 息票累积债券的定价公式

收入的资本化定价方法认为，资产的内在价值等于投资者投入的资产可获得的预期现金收入的现在价值。运用到债券上，债券的内在价值即等于来自债券的预期货币收入按某个利率贴现的现值。在确定债券内在价值时，需要估计预期货币收入和投资者要求的适当收益率（称必要收益率）。

债券的预期货币收入不外乎两个来源：息票利息和票面额。债券的必要收益率一般是比照具有相同风险程度和偿还期限的债券的收益率得出的。

对于一次还本付息的债券来说，其预期货币收入是期末一次性支付的利息和本金，必要收益率可参照可比债券得出。如果一次还本付息债券按单利计息、按单利贴现，其内在价值决定公式为：

$$P = \frac{M(1+i \cdot n)}{(1+r \cdot n)} \tag{5.21}$$

如果一次还本付息债券按单利计息、按复利贴现，其内在价值决定公式为：

$$P = \frac{M(1+i \cdot n)}{(1+r)^n} \tag{5.22}$$

如果一次还本付息债券按复利计息、按复利贴现，其内在价值决定公式为：

$$P = \frac{M(1+i)^n}{(1+r)^n} \tag{5.23}$$

式中：P 为债券的内在价值，M 为票面价值，i 为每期利率，n 为剩余时期数，r 为必要收益率。贴现债券也是一次还本付息债券，只不过利息支付是以债券贴现发行并到期按面值偿还的方式，于债券发行时发生。所以可把面值视为贴现债券到期的本息和。参照上述一次还本付息债券的估价公式可计算出贴现债券的价格。

4. 附息债券的定价公式

对于按期付息的债券来说，其预期货币收入有两个来源：到期日前定期支付的息票利息和票面额。其必要收益率也可参照可比债券确定。为清楚起见，下面分别以一年付息一次和半年付息一次的附息债券为例，说明附息债券的定价公式。

对于一年付息一次的债券来说，按复利贴现的内在价值决定公式为：

$$P=\frac{C}{(1+r)}+\frac{C}{(1+r)^2}+K+\frac{C}{(1+r)^n}=\sum_{t=1}^{n}\frac{C}{(1+r)^t}+\frac{M}{(1+r)^n} \tag{5.24}$$

如果按单利贴现，其内在价值决定公式为：

$$P=\sum_{t=1}^{n}\frac{C}{(1+r\cdot t)}+\frac{M}{(1+r\cdot n)} \tag{5.25}$$

式中：P 为债券的内在价值，C 为每年支付的利息，M 为票面值，n 为所余年数，r 为必要收益率，t 为第 t 次。对于半年付息一次的债券来说，由于每年会收到两次利息支付，因此，在计算其价格时，要对公式(5.24)和公式(5.25)进行修改。第一，贴现利率采用半年利率，通常是将给定的年利率除以2；第二，到期前剩余的时期数以半年为单位予以计算，通常是将以年为单位计算的剩余时期数乘以2。于是得到半年付息一次的附息债券分别按复利贴现和按单利贴现的内在价值定价公式：

$$\text{按复利贴现：}P=\sum_{t=1}^{n}\frac{C}{(1+r)^t}+\frac{M}{(1+r)^n} \tag{5.26}$$

$$\text{按单利贴现：}P=\sum_{t=1}^{n}\frac{C}{(1+r\cdot t)}+\frac{M}{(1+r\cdot n)} \tag{5.27}$$

式中：P 为债券的内在价值，C 为半年支付的利息，M 为票面价值，n 为所余年数除以2，r 为半年必要收益率，t 为第 t 次。

(四) 债券收益率的计算

1. 当前收益率

在投资学中，当前收益率被定义为债券的年利息收入与买入债券的实际价格的比率。其计算公式为：

$$Y=\frac{C}{P}\times 100\%$$

式中：Y 为债券的内在价值，C 为每年利息收益，P 为债券价格。

2. 内部到期收益率

内部到期收益率在投资学中被定义为把未来的投资收益折算成现值使之成为购买价格或初始投资额的贴现率。对于一年付息一次的债券来说，可用下列公式得出到期收益率：

$$P=\frac{C}{1+Y}+\frac{C}{(1+Y)^2}+K+\frac{C}{(1+Y)^n}+\frac{F}{(1+Y)^n} \tag{5.28}$$

式中：P 为债券价格，C 为每年利息收益，F 为到期价值，n 为时期数(年数)，Y 为到期收益率。当已知 P、C、F 和 n 的值并代入上式，在计算机上用试错法便可算出 Y 的数值。对半年付息一次的债券来说，其计算公式如下：

$$P=\frac{C}{1+Y}+\frac{C}{(1+Y)^2}+K+\frac{C}{(1+Y)^n}+\frac{F}{(1+Y)^n} \tag{5.29}$$

式中:P 为债券价格，C 为每半年利息收益，Y 为半年利率，n 为时期数(年数乘以2)，F 为到期价值。若要精确得到复利年收益率，可利用下面公式:

实际年收益率 = $(1+\text{周期收益率})^m - 1$

式中，m 为每年支付利息的次数。

(五)债券转让价格的计算

债券投资者在买卖债券时通常根据各自对收益率的要求来确定买卖债券价格。具体讲，买入者一般根据最终收益率计算债券的买入价格;卖出者一般根据持有期收益率计算债券的卖出价格。所谓最终收益率，是指投资者将债券持有到期满时的收益率;所谓持有期收益率，是指买入债券后持有一段时期，并在债券到期前将其出售所得到的收益率。以下简要介绍单利计息的债券转让价格的近似计算方法。

1. 贴现债券的转让价格

贴现债券的买入价格的近似计算公式为 :

$$\text{购买价格} = \frac{\text{面额}}{(1+\text{最终收益率})^{\text{待偿年限}}}$$

贴现债券的卖出价格的近似计算公式为:

$$\text{卖出价格} = \text{购买价} \times (1+\text{持有时间收益率})^{\text{持有年限}}$$

例如，某投资者以75元的价格买入某企业发行的面额为100元的3年期贴现债券，持有两年以后试图以10.05%的持有期间收益率将其卖给另一投资者，而后者意图以10%作为其买进债券的最终收益率，那么成交价格应如何确定呢?

设定甲以10.05%作为其卖出债券所应获得的持有期收益率，那么他的卖价就应为:

$75 \times (1+10.05\%)2 = 90.83$(元)

设定乙以10%作为买进债券的最终收益率，那么他愿意支付的购买价格为:

$100 \div (1+10\%) = 90.91$(元)

最终成交价则在90.83元与90.91元之间通过双方协商达成。

2. 一次还本付息债券的转让价格

一次还本付息债券买入价格的近似计算公式为:

$$\text{转让价格} = \frac{\text{面额}+\text{利息总额}}{(1+\text{最终收益率})^{\text{待偿年限}}}$$

一次还本付息债券卖出价格的近似计算公式为:

$$\text{卖出价格} = \text{购买价} \times (1+\text{持有时间收益率})^{\text{持有年限}}$$

例如，面额100元、票面利率为9%、期限3年的某债券，于1996年12月31日到期一次还本付息。持有人于1994年9月30日将其卖出，若购买者要求10%的复利最终收益率，则其购买价格应为:

$$\frac{100+100\times 9\% \times 3}{(1+10\%)^{2\frac{3}{12}}} = 102.42(\text{元})$$

如果假定该债券的出售者在1994年1月1日以98元的价格买入，并要求8%的持有期收益率，那么他卖出该债券的价格应为:

$$98 \times (1+8\%)^{0.75} = 102.38(\text{元})$$

3. 附息债券的转让价格

附息债券的利息一般是分期支付的。对购买者来说，从发行日起到购买日止的利息已被以前的持有者领取，所以在计算购买价格时应扣除这部分利息。因此，购买价格的计算公式与(5.24)式相同，只是贴现率使用的是最终收益率。对出售者来说，卖出价格的近似计算公式为：

卖出价格 = 购买价 ×(1 + 持有期间收益率 × 持有年限) - 年利息收入 × 持有年限

例如，在前例中，若债券为每3个月付息一次，则卖出者的卖出价格为：

$98\times(1+8\%\times0.75)-100\times9\%\times0.75=97.13$(元)

最后需要指出的是，由于债券的实际市场价格受到市场供求状况等诸多因素的影响，因此通过上述方式计算出来的债券价格与实际市场价格之间存在偏差是不可避免的。

二、债券信用评级

债券信用评级是以企业或经济主体发行的有价债券为对象进行的信用评级。债券信用评级大多是企业债券信用评级，是对具有独立法人资格企业所发行某一特定债券，按期还本付息的可靠程度进行评估，并标示其信用程度的等级。这种信用评级，是为投资者购买债券和证券市场债券的流通转让活动提供信息服务。国家财政发行的国库券和国家银行发行的金融债券，由于有政府的保证，因此不参加债券信用评级。地方政府或非国家银行金融机构发行的某些有价证券，则有必要进行评级。

(一)进行债券信用评级的原因

进行债券信用评级最主要原因是方便投资者进行债券投资决策。投资者购买债券是要承担一定风险的。如果发行者到期不能偿还本息，投资者就会蒙受损失，这种风险称为信用风险。债券的信用风险因发行后偿还能力不同而有所差异，对广大投资者尤其是中小投资者来说，事先了解债券的信用等级是非常重要的。由于受到时间、知识和信息的限制，无法对众多债券进行分析和选择，因此需要专业机构对准备发行的债券还本付息的可靠程度，进行客观、公正和权威的评定，也就是进行债券信用评级，以方便投资者决策。

债券信用评级的另一个重要原因，是减少信誉高的发行人的筹资成本。一般来说，资信等级越高的债券，越容易得到投资者的信任，能够以较低的利率出售；而资信等级低的债券，风险较大，只能以较高的利率发行。

(二)债券的信用评级机构

目前国际上公认的最具权威性的信用评级机构，主要有美国标准普尔公司和穆迪投资服务公司。上述两家公司负责评级的债券很广泛，包括地方政府债券、公司债券、外国债券等，由于它们占有详尽的资料，采用先进科学的分析技术，又有丰富的实践经验和大量专门人才，因此它们所做出的信用评级具有很高的权威性。标准普尔公司信用等级标准从高到低可划分为：AAA级、AA级、A级、BBB级、BB级、B级、CCC级、CC级C级和D级。穆迪投资服务公司信用等级标准从高到低可划分为：Aaa级，Aa级、A级、Baa级、Ba级B级Caa级、Ca级、C级和D级。两家机构信用等级划分大同小异。前四个级别债券信誉高，风险小，是“投资级债券”；第五级开始的债券信誉低，是“投机级债券”。

标准普尔公司和穆迪投资服务公司都是独立的私人企业，不受政府的控制，也独立于证券交易所和证券公司。它们所做出的信用评级不具有向投资者推荐这些债券的含义，只是供投资者决策时参考，因此，它们对投资者负有道义上的义务，但并不承担任何法律上的责任。

（三）债券信用等级标准

1. A级债券

A级债券是最高级别的债券，其特点是：

（1）本金和收益的安全性最大；

（2）它们受经济形势影响的程度较小；

（3）它们的收益水平较低，筹资成本也低。

对于A级债券来说，利率的变化比经济状况的变化更为重要。因此，一般人们把A级债券称为信誉良好的"金边债券"，对特别注重利息收入的投资者或保值者是较好的选择。

2. B级债券

B级债券对那些熟练的证券投资者来说特别有吸引力，因为这些投资者不情愿只购买收益较低的A级债券，而甘愿冒一定风险购买收益较高的B级债券。B级债券的特点是：

（1）债券的安全性、稳定性以及利息收益会受到经济中不稳定因素的影响；

（2）经济形势的变化对这类债券的价值影响很大；

（3）投资者冒一定风险，但收益水平较高，筹资成本与费用也较高。

因此，对B级债券的投资，投资者必须具有选择与管理证券的良好能力。对愿意承担一定风险，又想取得较高收益的投资者，投资B级债券是较好的选择。

3. C级和D级

C级和D级是投机性或赌博性的债券。从正常投资角度来看，没有多大的经济意义，但对于敢于承担风险，试图从差价变动中取得巨大收益的投资者，C级和D级债券也是一种可供选择的投资对象。

（四）债券信用评级的内容

由于债券筹资的筹资数额巨大，所以对发行单位的资信评级是必不可少的一个环节。评级的主要内容包括：分析债券发行单位的偿债能力；考察发行单位能否按期付息；评价发行单位的费用；考察投资人承担的风险程度。

第三节　证券投资基金价值分析

一、证券投资基金的费用

基金从设立到终止都要支付一定的费用。通常情况下，基金所支付的费用主要有以下几个方面：

（一）基金管理费

基金管理费是指从基金资产中提取的、支付给为基金提供专业化服务的基金管理人的费用，即管理人为管理和运作基金而收取的费用。基金管理费通常按照每个估值日基金净资产的一定比率（年率）逐日计提，累计至每月月底，按月支付。管理费率通常与基金规模成反比，与风险成正比。基金规模越大，风险越小，管理费率就越低；反之，则越高。不同的国家及不同种类的基金，管理费率不完全相同。我国基金的年管理费率最初为2.5%，随着基金规模的扩大和竞争的加剧，管理费有逐步调低的倾向。目前，我国股票基金大部分按照1.5%的比率计提基金管理费，债券基金的管理费率一般低于1%，货币基金的管理费率为0.33%。管理费通常从基金的股息、利息收益中或从基金资产中扣除，不另向投资者收取。

（二）基金托管费

基金托管费是指基金托管人为保管和处置基金资产而向基金收取的费用。托管费通常按照基金资产净值的一定比率提取，逐日计算并累计，按月支付给托管人。托管费从基金资产中提取，费率也会因基金种类不同而异。目前，我国封闭式基金按照0.25%的比率计提基金托管费，开放式基金根据基金合同的规定比率计提，通常低于0.25%；股票型基金的托管费率高于债券型基金及货币市场基金的托管费率。我国规定，基金托管人可磋商酌情调低基金托管费，经中国证监会核准后公告，无须为此召开基金持有人大会。

（三）基金交易费

基金交易费是指基金在进行证券买卖交易时所发生的相关交易费用。目前，我国证券投资基金的交易费用主要包括印花税、交易佣金、过户费、经手费、证管费。交易佣金由证券公司按成交金额的一定比例向基金收取，印花税、过户费、经手费、证管费等则由登记公司或交易所按有关规定收取。参与银行间债券交易的，还需向中央国债登记结算有限责任公司支付银行间账户服务费，向全国银行间同业拆借中心支付交易手续费等服务费用。

（四）基金运作费

基金运作费是指为保证基金正常运作而发生的应由基金承担的费用，包括审计费、律师费、上市年费、信息披露费、分红手续费、持有人大会费、开户费、银行汇划手续费等。按照有关规定，发生的这些费用如果影响基金份额净值小数点后第5位的，即发生的费用大于基金净值十万分之一，应采用预提或待摊的方法计入基金损益。发生的费用如果不影响基金份额净值小数点后第5位的，即发生的费用小于基金净值十万分之一，应于发生时直接计入基金损益。

（五）基金销售服务费

基金销售服务费是指从基金资产中扣除的用于支付销售机构佣金以及基金管理人的基金营销广告费、促销活动费、持有人服务费等方面的费用。目前只有货币市场基金以及其他经中国证监会核准的基金产品收取基金销售服务费，基金管理人可以按照相关规定从基金财产中持续计提一定比例的销售服务费。收取销售服务费的基金通常不再收取申购费。

二、证券投资基金的价值

（一）基金资产净值

基金资产总值是指基金所拥有的各类证券的价值、银行存款本息、基金应收的申购基金款以及其他投资所形成的价值总和。基金资产净值是指基金资产总值减去负债后的价值。基金份额净值是指某一时点上某一投资基金每份基金份额实际代表的价值。基金资产净值和基金份额净值计算公式如下：

基金资产净值 = 基金资产总值 − 基金负债

基金份额净值 = 基金资产净值 ÷ 基金总份额

基金份额净值是衡量一个基金经营业绩的主要指标，也是基金份额交易价格的内在价值和计算依据。一般情况下，基金份额价格与份额净值趋于一致，即资产净值增长，基金份额价格也随之提高。尤其是开放式基金，其基金份额的申购或赎回价格都直接按基金份额净值计价。封闭式基金在证券交易所上市，其价格除取决于基金份额净值外，还受到市场供求状况、经济形势、政治环境等多种因素的影响，其价格与资产份额净值常发生偏离。

(二)基金单位净值

基金单位资产净值是基金经营业绩的指示器，也是基金在发行期满后基金单位买卖价格的计算依据。基金的单位资产净值可用下面的公式来表示：

$$单位资产净值=\frac{基金资产总值-各种费用}{基金单位数量}$$

基金资产总值，是指一个基金所拥有的资产(包括现金、股票、债券和其他有价证券及其他资产)于每个营业日收市后，根据收盘价格计算出来的总资产价值。

应该注意的是，基金的单位资产净值是经常发生变化的，从总体上看，与基金单位价格的变动趋势是一致的，即成正比例关系。

(三)封闭式基金的价值

封闭式基金的价格和股票价格一样，可以分为发行价格和交易价格。封闭式基金的发行价格由两部分组成:一部分是基金的面值;另一部分是基金的发行费用，包括律师费、会计师费等。封闭式基金发行期满后一般都申请上市交易，因此，它的交易价格和股票价格的表现形式一样，可以分为开盘价、收盘价、最高价、最低价、成交价等。封闭式基金的交易价格主要受到六个方面的影响:即基金资产净值(指基金全部资产扣除按照国家有关规定可以在基金资产中扣除的费用后的价值，这些费用包括管理人的管理费等)、市场供求关系、宏观经济状况、证券市场状况、基金管理人的管理水平以及政府有关基金的政策。其中，确定基金价格最根本的依据是每基金单位资产净值(基金资产净值除以基金单位总数后的价值)及其变动情况。

(四)开放式基金的价值

开放式基金由于经常不断地按客户要求购回或者卖出基金单位，因此，开放式基金的价格分为两种，即申购价格和赎回价格。

1. 申购价格

开放式基金一般不进入证券交易所流通买卖，而主要在场外进行交易。投资者在购入开放式基金单位时，除了支付资产净值之外，还要支付一定的销售附加费用。也就是说，开放式基金单位的申购价格包括资产净值和一定的附加费用。

2. 赎回价格

开放式基金承诺可以在任一赎回日根据投资者的个人意愿赎回其所持基金单位。对于赎回时不收取任何费用的开放式基金来说，赎回价格就等于基金资产净值。

有些开放式基金赎回时是收取费用的，费用的收取是按照基金投资年数不同而设立不同的赎回费率。持有该基金单位时间愈长，费率越低。当然也有一些基金收取的是统一费率。可见，开放式基金的价格是与资产净值密切相关(在相关费用确定的条件下)的。

三、证券投资基金资产估值

基金资产估值是指通过对基金所拥有的全部资产及所有负债按一定的原则和方法进行估

算，进而确定基金资产公允价值的过程。基金资产估值的目的是客观、准确地反映基金资产的价值。经基金资产估值后确定的基金资产净值而计算出的基金份额净值，是计算基金份额转让价格尤其是计算开放式基金申购与赎回价格的基础。估值对象为基金依法拥有的各类资产，如股票、债券、权证等。基金管理人应于每个交易日当天对基金资产进行估值。

按照我国企业会计准则和中国证监会相关规定，估值的基本原则如下：

1. 对存在活跃市场的投资品种，如估值日有市价的，应采用市价确定公允价值。估值日无市价的，但最近交易日后经济环境未发生重大变化，应采用最近交易市价确定公允价值；估值日无市价的，且最近交易日后经济环境发生了重大变化的，应参考类似投资品种的现行市价及重大变化因素，调整最近交易市价，确定公允价值。有充分证据表明最近交易市价不能真实反映公允价值的（如异常原因导致长期停牌或临时停牌的股票等），应对最近交易的市价进行调整，以确定投资品种的公允价值。

2. 对不存在活跃市场的投资品种，应采用市场参与者普遍认同且被以往市场实际交易价格验证具有可靠性的估值技术确定公允价值。运用估值技术得出的结果，应反映估值日在公平条件下进行正常商业交易所采用的交易价格。采用估值技术确定公允价值时，应尽可能使用市场参与者在定价时考虑的所有市场参数，并应通过定期校验，确保估值技术的有效性。

3. 有充足理由表明按以上估值原则仍不能客观反映相关投资品种的公允价值的，基金管理公司应根据具体情况与托管银行进行商定，按最能恰当反映公允价值的价格估值。

【要点小结】

本章主要关注了股票、债券和证券投资基金的估值方法，具体要点包括：

1. 上市公司的价值是指上市公司全部资产的市场价值，即股票与负债市场价值之和。股票的价值是决定上市公司的价值的重要因素。在不考虑上市公司负债的情况下，上市公司的价值取决于股票的价值。

2. 在确定上市公司价值及其股票价值的过程中，通常采用上市公司未来现金流贴现累计的方式确定其内在价值。这种方法通常被称为收益法。上市公司股票价值评估的收益法认为，股票内在价值在于公司未来为股东提供的现金收入的当前价值。

3. 市场法假设股票市场是有效的，即股票市场对上市公司的估值是客观合理的。在此基础上，通过寻找与待估值公司同类或具有可比性的公司，以之为参照系，通过构造特定财务比例并结合待估公司财务数据确定公司市场价值的方式。市场法也被称为可比公司法。常用的市场法包括市盈率法（股价/每股收益）、市净率法（股价/每股净资产）和市收率法（股价/每股营业收入）。

4. 债券价值决定于债券未来现金收入的时间价值。债券的票面利率、信用级别期限、流动性以及市场利率的变化会影响债券的价值。

5. 证券投资基金的价值取决于其投资组合的资产净值。基金资产总值是指基金所拥有的各类证券的价值、银行存款本息、基金应收的申购基金款以及其他投资所形成的价值总和。基金资产净值是指基金资产总值减去负债后的价值。基金份额净值是指某一时点上某一投资基金每份基金份额实际代表的价值。

【思考与练习】

1. 股票内在价值取决于哪些因素？
2. 股票估值的方法有哪些？
3. 股票估值收益法与市场法的优势与缺点是什么？两者的区别是什么？
4. 债券的内在价值取决于哪些因素？
5. 影响债券价格的因素有哪些？
6. 什么是证券投资基金的资产净值？
7. 证券投资基金的价值与股票、债券价值的联系与区别。

第六章 衍生证券交易

【内容提要】

衍生证券(derivative security，也称衍生工具)是一种证券，其价值依赖于其他更基本的标的(underlying，也称基本的变量)。金融机构与它们的公司客户在场内场外市场频繁进行的期货和期权交易、远期合约、互换均属于衍生证券交易。

规避风险是期货和期权市场的基本功能之一，是通过套期保值操作来实现的。在本章中，将着重介绍期货和期权套期保值的定义、种类和应用，解释套期保值操作的注意事项，以及举例说明了套期保值交易的具体操作方法。同时对期货、期权的投机交易进行了简单的介绍。

本章分为四节，具体内容如下：

第一节介绍了期货合约价值决定原理及其影响因素。重点内容是金融资产定价的无套利均衡定价原理，该原理是金融衍生品定价的基本方法。

第二节介绍了期货的套期保值交易。具体包括套期保值的概念、套期保值的应用以及套期保值交易中基差的影响。

第三节介绍了期货套利和投机交易。期货套利交易时基于不同期货合约价差的交易，投机交易是针对期货合约进行的单边风险敞口交易。

第四节介绍了期权交易。具体包括期权交易的基本类型，即买入看涨期权、卖出看涨期权、买入看跌期权和卖出看跌期权。本节还介绍了如何使用期权交易进行套期保值。

【学习目标】

1. 了解期货套期和期权交易的相关概念。
2. 重点掌握期货套期保值交易和期货套利交易的种类和应用。
3. 了解期权交易的基本类型，掌握期权交易的损益分析内容。

【关键词】

期货套期保值交易策略 期货套利交易 期权交易损益分析 期权套期保值交易

第一节　期货合约价值

一、期货合约价值的无套利均衡定价原理

金融学成为经济学一个独立分支的基本标志是:在与经济学一般均衡理论保持本质一致的基础上，提出金融市场的无套利均衡假设，然后按照无套利均衡原理指导金融资产的定价问题，使金融成为一种“可计算的活动”。当市场处于不均衡状态时价格偏离了由供需关系所决定的价值，此时就出现了套利的机会。而套利机会将会推动市场重建均衡。市场一恢复均衡套利机会就消失。在市场均衡时无套利机会，这就是无套利均衡分析的依据。

假设期货合约标的资产无现金收入，即持有期间没有现金的流入和流出。正收入一般是指交割品在保存期间对持有者带来的正收益，比如股票的红利和债券的利息;而负收入通常是为保存交割品所必须支付的成本，比如仓储成本。下面以股票为例来进行本节的讨论。

例 1

某股票现货市场价格为 10 元，3 个月后到期的该股票远期合约价格为 11 元，目前市场的借贷利率为每年 10%，假设该股票在未来 3 个月内都不派发红利，你将如何进行操作来套取利润?

如果我们以现价 10 元买入这只股票，并且在远期市场上卖出这只股票，那么我们在 3 个月后会得到 11 元，折算成年收益为 $(11-10)/10\times 12/3=40\%$。而资金市场上的借贷成本仅为 10%，这明显存在套利空间。一个合理的套利策略如下:借入三月期贷款 10 元，利率为 10%，在现货市场上以 10 元价格买入股票，在远期市场上卖出三月期的该股票合约。在 3 个月后，以持有的股票进行交割，并且偿还贷款本息。

从上面的分析我们可以看出，这个套利策略的收益为 0.75 元/股。它来源于无风险的现货/期货市场投资组合收益超过无风险的借贷利率的部分。只要一出现这种套利机会，便会有套利者执行我们上面讨论的投资策略。在这个策略中，他们无需承担任何风险(远期合约的违约风险除外)，无需进行任何资本投资，便获得了 0.75 元/股的利润。

当大量套利者采用相同策略时，他们在现货市场上的买入会导致股票现货价格提高，在期货市场上的卖出会导致期货现货价格降低，在资金市场上的借入会导致市场利率的提高。从而，他们的利润空间会缩减，直至消失。事实上套利的机会多数是转瞬即逝，因为它们很快便被套利行为消灭了。

例 2

某股票现货市场价格为 10 元，3 个月后到期的该股票远期合约价格为 10.10 元，目前市场的借贷利率为每年 10%，假设该股票在未来 3 个月内都不派发红利，你将如何进行操作来套取利润?

本例与例 1 的惟一区别在于远期合约价格由 11 元变成 10.10 元，显然我们在上一个例子所讨论的策略在本例中不会赚取任何利润反而会导致 3 个月后亏损 0.15 元。那么是否仍然存在套利的机会呢? 答案是肯定的，我们只要进行反向操作就可以了。合理的套利策略如下:在现货市场上卖空该股票，并且买入一份该股票的三个月远期合约，将卖空所得以 10%

利率在现货市场上贷出①。3 个月后收回贷款本息，交割该股票远期合约获得股票，将股票还给经纪人(平仓)。

与例 1 相似，尽管我们没有在当期支出任何资金，也没有承担风险②，但在 3 个月后我们收到了 0.15 元/股的套利利润。当其他条件不变时，只有当远期合约价格为 10.25 元时才没有套利机会。10.25 元实际上是股票现价 10 元在 3 个月以后的终值(Future Value)。从理论上说，远期合约价格，股票现价以及无风险利率存在以下关系：

$$F_t = S_t \times (1 + R_f)^{(T-t)} \tag{6.1}$$

其中，F_t 为远期合约价格，S_t 为股票现价，R_f 为年无风险利率，T 为远期合约的到期日，t 为当前时点，我们一般将 $T-t$ 的长度以年为单位进行标准化。如果我们采用的无风险利率不是实际利率，而是连续利率，那么公式(6.1) 可以写成：

$$F_t = S_t \times e^{Rf(T-t)} \tag{6.2}$$

该价格即为远期合约的理论价格，显然，该价格是在无套利均衡条件下得到的。可以证明，期货合约的价格在满足一定假设的条件下与远期合约的定价原理是一致的。这就允许我们使用无套利均衡定价原理来为期货合约的理论价值确定找到依据。

二、期货价格的影响因素

实际交易中，期货合约价格除了受到理论价值的锚定效应影响外，还会受到其他因素的影响，并表现出围绕理论价值波动的特征。常见的分析商品期货价格的影响因素包括如下方面：

1. 供求关系。某一时期内商品的需求量不变，那么商品的供给量与价格的关系呈反向变化，即供给增加，价格下降;供给减少，价格上升。由于供给商品的价格弹性不同，同样的价格波动，对不同商品的供给影响程度是不一样的，这是预测期货价格走势时不容忽视的。与供给相反，某一时期(短期内)市场供给的数量大体不变，那么需求与价格是呈同方向变化的，即需求增加，价格上升;需求减少，价格下降。需求因素对未来期货市场价格的变化作用是相当大的，分析和预测期货价格的走势，离不开对需求因素的分析。同时，与供给相似，需求也存在价格弹性，分析和预侧期货价格的走势，同样也应考虑需求的价格弹性。供求关系是影响期货合约价格的根本因素，这意味着其他影响因素最终都是通过影响供求关系来实施其影响。

2. 经济周期。在期货市场上价格变动还受经济周期的影响，在经济周期的各个阶段都会出现随之波动的价格上涨和下降现象。商品价格在经济周期各个阶段的变化导致期货市场出现短期的价格上涨或下跌的现象。因此，当我们分析较长时期期货价格走势时，应该密切注意国内外经济情况的变化。我们一般可以通过各国的经济增长率、国民生产总值等指标判断经济的繁荣与萧条，而通过货币供应量，各种物价指数的高低判断通货膨胀的情况。

3. 政府政策。各国政府制定的某些政策和措施(如财政政策、产业政策等)会对期货市场价格带来不同程度的影响。一个国家或一个产业所制订的新政策或措施，都是为了维护一定

---

① 虽然实践操作中经纪人会控制卖空所得，但是仍然需要向这笔资金支付利息。这和在市场上按无风险利率贷出资金的效果是一致的。

② 从实务操作上来说，风险还是有的，比如卖空因为原持有股票者需要股票而提前终止，或者远期合约出现违约等，但在理论上这些风险都是可以忽略的。

的政治和经济利益，它们往往带有一定的针对性和制约性。这些政策和措施通常对期货市场中某一商品的价格产生重要的影响，有时甚至波及整个国际期货市场或相关商品的期货价格。

4. 政治因素。政治因素包括的范围比较广，一般包括国际、国内两大部分。国际因素包括战争、经济制裁、战略性物资的囤积、政坛重要人物的变故等。国内因素包括政变、罢工、内战、大选及劳资纠纷等，这些因素都将影响期货价格的走势。另外，在预测期货价格时，利用政治因素的变化，进行投机活动也是十分重要的一个方面，一些投机商往往利用世界各国或各地区政局变化，在期货市场中进行投机活动，有时甚至扰乱市场的正常交易，使期货市场价格暴涨暴跌。

5. 自然因素。自然因素主要是气候条件、地理变化和自然灾害等。当自然条件不利时会刺激期货价格上涨，反之会促使期货价格下降。气候因素对某些商品，特别是农副产品有较大的制约性，自然因素对期货价格形成的刺激作用既是剧烈的但往往也是短暂的，除非因自然条件的改变对商品的长期供求产生深远影响，否则价格原先的趋势一般会慢慢恢复，即使这样，我们在分析期货市场商品价格时，也绝不能忽视自然因素的变化及其所产生的影响。

6. 季节性因素。许多期货商品尤其是农产品有明显的季节性价格亦随季节变化而波动。

7. 心理因素。所谓心理因素就是交易者对市场的信心程度。如对某商品看好时即使无任何利好因素该商品价格也会上涨，而当看淡时无任何利淡消息价格也会下跌。一般在期货交易中，投资者的心理变化往往与期货投机因素交织在一起，产生综合效应，如一些大投机商们还经常利用人们的心理因素散布某些消息并人为地进行投机性的大量抛售或补进谋取投机利润，这种"投机心理"通常还会成为其他交易者捕捉的交易机会和分散价格风险的时机，从而促进投机交易的形成。在心理因素中我们着重分析的是市场大众参与者的心理因素，俗称市场散户人气，这是衡量市场牛熊的重要参考指标。大众心理往往更能客观地反映期货交易者对期货价格走向的看法，我们可以借助一些调查工具来进行动态追踪。

8. 金融货币因素。金融货币因素对期货价格的影响主要表现在利率和汇率两个方面。利率调整是政府紧缩或扩张经济的宏观调控手段。利率的变化对金融衍生品交易影响较大而对商品期货的影响较小。期货市场是一种开放性市场，期货价格与国际市场商品价格紧密相联。国际市场商品价格必然涉及到各国货币的交换比值——汇率。汇率是本国货币与外国货币交换的比率。当本币贬值时即使外国商品价格不变，但以本国货币表示的外国商品价格将上升，反之则下降，因此汇率的高低变化必然影响相应的期货价格变化。进口国和出口国的货币政策与期货价格紧密相关。

第二节　期货套期保值交易

一、套期保值的概念

（一）套期保值和价格风险

套期保值（hedge）就是买入（卖出）与现货市场数量相当、但交易方向相反的期货合约，以期在未来某一时间通过卖出（买入）期货合约补偿现货市场价格变动带来的实际价格风险。

简单说，套期保值就是把期货市场当作转移价格风险的场所，利用期货合约作为将来在现货市场上买卖商品的临时替代物，对其现在买进准备以后售出商品或对将来需要买进商品的价格进行保险的交易活动。

价格风险是指由于基础资产价格变动导致衍生工具价格变动或价值变动而引起的风险。商品价格风险是指市场价格的不确定性对企业的物质商品资产所带来的收益或损失，可分为直接商品价格风险和间接价格风险。价格风险可以分为以下几类：

1. 供给性风险，是指由于可供应市场的商品数量的变化导致价格的波动。

2. 需求性风险，是指市场需求的异常波动对价格变动产生的不确定性。

3. 宏观性价格风险，是指宏观经济因素的变动对企业所购买或出售商品价格的影响。

4. 政治性价格风险，是指国际国内政治局势、国际性政治事件引起的国际关系格局的变化、各种国际商业组织的建立及有关商业协议的签订、政府干预经济所采取的各种政策和措施、政党的更迭等等各种政治因素对价格的影响。

5. 政策性价格风险，是指国家的政策、措施对商品价格产生的影响。

6. 季节性价格风险，是指季节、气候变动对商品价格产生的影响。

7. 突发性价格风险，是指自然灾害、流行疾病等突发事件对商品价格产生的影响。

价格风险是客观存在的，生产商、批发商、贸易商或大宗商品需求者等实物经营者把期货市场当作转移价格风险的场所，利用期货合约作为将来在现货市场上买卖商品的临时替代物，对其现在买进准备以后售出的商品或对现在卖出将来需要买进的商品；对将来需要买进或卖出的商品价格进行保险交易活动。

套期保值者通常都是现货交易商。他们真正要进行的是现货交易，即在现货市场上买入或卖出现货商品；他们参与期货交易的目的是规避未来现货市场上价格波动的风险。为避免未来现货市场上价格出现不利于自己的情况，套期保值者就在现货市场和期货市场对同一种类的商品同时进行数量相等但方向相反的买卖活动，即在买进或卖出实货的同时，在期货市场上卖出或买进同等数量的期货，经过一段时间，当价格变动使现货买卖上出现盈亏时，可由期货交易上的亏盈得到抵消或弥补。从而在“现”与“期”之间、近期和远期之间建立一种对冲机制，以使价格风险降低到最低限度。套期保值是期货市场上生产经营者为规避风险所采用的最常用、最基本的办法。

（二）套期保值的原则

1. 交易方向相反原则

套期保值交易时，套期保值者必须同时在现货市场上和期货市场上采取相反的买卖行动，即进行反向操作，在两个市场上处于相反的买卖位置。只有遵循交易方向相反原则，交易者才能形成对冲，取得在一个市场上亏损的同时在另一个市场上盈利的结果，从而才能用一个市场上的盈利去弥补另一个市场上的亏损，达到套期保值的目的。如果违反了交易方向相反原则，所做的期货交易就不能称作套期保值交易，不仅达不到规避价格风险的目的，反而增加了价格风险，其结果是要么同时在两个市场上亏损，要么同时在两个市场上盈利。

2. 商品种类相同或相近原则

商品种类相同或相近原则是指在做套期保值交易时，所选择的期货商品必须和套期保值者将在现货市场中买进或卖出的现货商品在种类上相同或相近。只有商品种类相同或相近，期货价格和现货价格之间才能形成密切的关系，才能在价格走势上保持大致相同的趋势，从而在两个市场上同时采取反向买卖行动取得效果。

3. 数量相等或相近原则

套期保值交易时，期货合约上持仓数量必须与交易者将要在现货市场上买进或卖出的商品数量相等，如果因为期货合约的标准化无法实现完全相等，则应尽量与现货规模接近。只有保持两个市场上买卖商品的数量相等，才能使一个市场上的盈利额与另一个市场上的亏损额相等或最接近，才能做到完全套期保值。在基差不变的情况下，两个市场上的亏损额和盈利额就取决于商品数量，只有当两个市场上买卖的数量相等时，两个市场的亏损额和盈利额才会相等，进而才能用盈利额正好弥补亏损额，达到完全规避价格风险的目的。

4. 月份相同或相近原则

套期保值交易时，所选用的期货合约的交割月份最好与交易者将来在现货市场上实际买进或卖出现货商品的时间相同或相近。两个市场上出现的亏损额和盈利额受两个市场上价格变动幅度的影响，只有使所选用的期货合约的交割月份和交易者决定在现货市场上实际买进或卖出现货商品的时间相同或相近，才能使期货价格和现货价格之间的联系更加紧密，增强套期保值效果。

（三）套期保值者

套期保值者（Hedger）是指通过持有与其现货市场头寸相反的期货合约，或将期货合约作为其现货市场未来要进行的交易的替代物，以期对冲现货市场价格风险的机构和个人。他们可以是生产者、加工者、贸易商和消费者，也可以是银行、券商、保险公司等金融机构。

一般来说，套期保值者具有如下特点：

1. 生产、经营或投资活动面临较大的价格风险，直接影响其收益或利润的稳定性。

2. 避险意识强，希望利用期货市场规避风险，而不是像投机者那样通过承担价格风险获取收益。

3. 生产、经营或投资规模通常较大，且具有一定的资金实力和操作经验，一般来说规模较大的机构和个人比较适合做套期保值。

4. 套期保值操作上，所持有的期货合约头寸方向比较稳定，且保留时间长。

二、套期保值的应用

（一）套期保值类型

根据参与期货交易的方向不同，可以把股指期货套期保值交易划分为买入套期保值和卖出套期保值两类。

套期保值的目的是回避价格波动风险，而价格的变化无非是下跌和上涨两种情形。与之对应，套期保值分为两种：一种是用来回避未来某种商品或资产价格上涨的风险，称为买入套期保值；另一种用来回避未来某种商品或资产价格下跌的风险，称为卖出套期保值。

买入套期保值（Buying Hedging），又称多头套期保值（Long Hedging），是指套期保值者通过在期货市场建立多头头寸，预期对冲其现货商品或资产的空头，或者未来将买入的商品或资产的价格上涨风险的操作。

卖出套期保值（Selling Hedging），又称空头套期保值（Short Hedging），是指套期保值者通过在期货市场建立空头头寸，预期对冲其目前持有的或者未来将卖出的商品或资产的价格下跌风险的操作。

1. 买入套期保值

股指期货买入套期保值是指投资者因担心目标指数或股票组合价格上涨而买入相应股指期货合约进行套期保值的一种交易方式，即在期货市场上首先建立多头交易部位（头寸），在套期保值期结束时再对冲掉的交易行为，因此也称为“多头保值”。买入套期保值的目的是锁定目标指数基金或股票组合的买入价格，规避价格上涨的风险。投资者主要在以下情况下进行买入套期保值：

（1）投资者预期未来一段时间内可收到大笔资金，准备投入股市，但经研究认为股市在资金到位前会逐步上涨，若等到资金到位再建仓，势必会提高建仓成本。这时，可买入股指期货合约便能对冲股票价格上涨的风险，由于股指期货交易具有杠杆机制，买入股指期货合约所需的资金量较小。

（2）机构投资者现在拥有大量资金，计划按当前价格买进一组股票，由于需要买进的股票数额较大，短期内完成建仓必然推高股价，提高建仓成本；如逐步分批进行建仓，则担心价格上涨。此时买入股指期货合约则可以解决问题。具体操作方法是先买进对应数量的股指期货合约，然后再分步逐批买进股票，在分批建仓的同时，逐批将这些对应的股指期货合约卖出平仓。

（3）在允许交易者进行融券做空的股票市场中，由于融券具有确定的归还时间，融券者必须在预定日期前将做空的股票如数买回，在加上一定的费用归还给出借者。当融券者做空股票后，如果价格与预期相反，出现上涨，为归还股票投资者不得不用更高的价格买回股票，此时，买进相应的股指期货合约则可以起到对冲风险的作用。

（4）投资者在股票期权或股指期权上卖出看涨期权，一旦价格上涨，将面临较大的亏损。此时，投资者可通过买进相应股指期货合约，在一定程度上对冲产生的风险。

例 3

2012 年 6 月 10 日某塑料加工企业与下游销售商签订销售合同，交货日期为 2012 年 8 月 10 日，结算价格为合同签订时当地现货价格。该合同涉及的原材料主要是 PVC 纯粉，合同签订时，PVC 现货价格在 6400 元/吨左右，按此价格计算，公司盈利。但是合同签订时，公司尚未购进原材料，随着 PVC 消费旺季的来临和宏观经济形势的进一步好转，公司担心未来购进 PVC 纯粉时价格上涨，因此决定通过期货市场进行买期保值。

表 6－1　　塑料加工企业买入套期保值案例分析

时间	现货市场	期货市场
2012.6.10	现货市场价格为 6400 元/吨	以 7000 元/吨的价格买入与现货等数量的 PVC909 合约
2012.8.10	现货市场价格上涨到 6800 元/吨，该企业以现价买入 PVC 纯粉	以 7600 元/吨价格平仓所有期货合约
盈亏分析	6400－6800 ＝ －400（元/吨）	7600－7000 ＝ 600（元/吨）

由于原材料价格上涨，该塑料加工企业的原材料成本每吨增加 400 元，不过由于实施了买期保值，期货市场上每吨盈利 600 元，在不考虑交易成本的情况下，相当于该企业的原材料成本降为 6200 元/吨。通过买入套期保值交易，该塑料加工企业不仅规避了原材料价格上涨的风险，而且由期货市场盈利较大，降低了原材料购买成本。

2. 卖出套期保值

股指期货卖出套期保值是指投资者担心目标指数或股票组合价格下跌而卖出相应股指期货合约的一种保值方式，即在期货市场上先开仓卖出股指期货合约，待下跌后再买入平仓的交易行为，因此又称为“空头保值”。卖出套期保值的目的是锁定目标指数或股票组合的卖出价格，规避价格下跌的风险。投资者一般在以下几种情形下进行卖出套期保值：

（1）机构大户手中持有大量股票，也准备长期持有，但却看空大盘。此时，如果选择在股票市场上卖出，由于数量较多，会对股票价格形成较大压力导致出货成本较高，同时要承担相应的交易费用。此时，最好的选择是卖出相应的股指期货合约对冲短期内价格下跌的风险。

（2）持有大量股票的战略投资者，由于看空后市，但却不愿意因卖出股票而失去大股东地位，此时，这些股票持有者也可以通过卖出相应的股指期货合约对冲价格下跌的风险。

（3）投资银行与股票包销商有时也需要使用卖出套期保值策略。对于投资银行和包销商而言，能否将包销股票按照预期价格销售完毕，在很大程度上和股市的整体状况很有关系。如果预期未来股市整体情况不乐观，可以采取卖出相应股指期货合约来规避因股票价格下跌带来的损失。

（4）投资者在股票期权或股指期权上卖出看跌期权，一旦股票价格下跌，将面临很大的亏损风险，此时，通过卖出相应股指期货合约可以在一定程度上对冲风险。

例 4

某塑料加工企业，其原材料主要是 LLDPE，且主要从国外进口，为了保证企业的正常生产经营，企业通常持有大量的原材料库存。2012 年 6 月，企业原材料平均库存成本为 15400 元/吨。当时国际原油期货价格高达 140 美元/桶以上，且美国经济危机有愈演愈烈之势，该企业担心美国经济疲软恶化，决定对原材料库存实施卖期保值。

表 6－2　　塑料加工企业卖出套期保值案例分析

时间	现货市场	期货市场
2012.7.1	原材料库存平均价格为 15400 元/吨	以 15600 元/吨卖出与现货同等数量的 LLDPE 期货合约
2012.9.1	原材料库存平均价格降为 13400 元/吨	该企业以 13600 元/吨价格平仓所有期货合约
盈亏分析	13400－15400 ＝ －2000（元/吨）	15600－13600 ＝ 2000（元/吨）

由于原材料价格下降，企业原材料每吨贬值 2000 元，不过由于实施了卖期保值，期货市场上的盈利完全弥补了原材料价格下跌造成的贬值损失。

一般而言，无论是买期保值还是卖期保值，只要平仓时和建仓时的基差相等，就能正好完全以一个市场的盈利弥补另一个市场的亏损。对于买期保值而言，只有基差走弱，才能出现套保盈利，即一个市场上的盈利不仅能完全弥补另一个市场的亏损，而且还有净盈利，如例 3 所示，建仓时，基差为－600（6400－7000），平仓时，基差为－700（6800－7500），基差走弱。对于卖期保值而言，只有基差走强，才能出现套保盈利。实际操作过程中，一旦基差反方向发生变化，就会造成一定的套保亏损。

三、基差与套期保值的效果

（一）套期保值的完全性

期货头寸盈（亏）与现货头寸亏（盈）幅度是完全相同的，两个市场的盈亏是完全冲抵的，这种套期保值被称为完全套期保值或理想套期保值（Perfect Hedging）。

事实上，盈亏完全冲抵是一种理想化的情形，现实中套期保值操作的效果更可能是不完全套期保值或非理想套期保值（Imperfect Hedging），即两个市场盈亏只是在一定程度上相抵，而非刚好完全相抵。

导致不完全套期保值的原因主要有：

第一，期货价格与现货价格变动幅度并不完全一致。在相同或相近的价格变动影响因素作用下，同一商品在期货市场和现货市场的价格走势整体是趋同的，但受到季节等各种因素的影响，两个市场价格变动程度可能存在不一致。例如，农产品在收获季节即将来临时，期货价格受预期供给大量增加因素影响，其价格下跌幅度往往会大于现货市场价格下跌幅度，或者其价格上涨幅度往往会小于现货价格上涨幅度，从而导致两个市场价格虽整体趋同，但变动程度存在差异。如果做卖出套期保值，可能出现现货市场亏损小于期货市场盈利，或者现货市场盈利大于期货市场亏损的情形，盈亏冲抵之后还存在一定的净盈利。

第二，由于期货合约标的物可能与套期保值者在现货市场上交易的商品等级存在差异。当不同等级的商品在供求关系上出现差异时，虽然两个市场价格变动趋势相近，但在变动程度上会出现差异性。

第三，期货市场建立的头寸数量与被套期保值的现货数量之间存在差异时，即使两个市场价格变动幅度完全一致，也会出现两个市场盈亏不一致的情况。这主要是由于每张期货合约代表一定数量的商品，交易时必须是其整数倍，而现货市场涉及的头寸有可能不是期货合约交易单位的整数倍，这就导致两个市场数量上的差异，从而影响两个市场盈亏相抵的程度。

第四，因缺少对应的期货品种，一些加工企业无法直接对其所加工的产成品进行套期保值，只能利用其使用的初级产品的期货品种进行套期保值时，由于初级产品和产成品之间在价格变化上存在一定的差异性，从而导致不完全套期保值。例如，电缆企业若想对电缆等产成品套期保值，只能利用其生产所使用的初级产品——阴极铜期货来实现。初级产品价格是其产成品价格的主要构成因素，两者之间存在一定的同方向变化的关系，套期保值操作可以起到对冲风险的作用。但是，影响产成品价格构成的还有其他因素，例如人工成本、水电成本等，这会导致两者的价格在变动程度上存在一定差异性，从而影响套期保值的效果。

（二）基差

1. 基差的概念

基差是指某一特定商品在某一特定时间和地点的现货价格与该商品在期货市场的期货价格之差，即：基差 = 现货价格 - 期货价格。

现货价格高于期货价格，则基差为正数，称为远期贴水或现货升水；现货价格低于期货价格，则基差为负数，称为远期升水或现货贴水。现货价格与期货价格变动不同步，变动幅度不一样，会引起基差的不断变动。由于期货价格和现货价格都是波动的，在期货合同的有效期内，基差也是波动的。基差的不确定性被称为基差风险，降低基差风险实现套期保值关键是选择匹配度高的对冲期货合约。

2. 影响基差的因素

第一，时间差价。距期货合约到期时间长短，会影响持仓费的高低，进而影响基差值的大小。持仓费（Carrying Charge），又称为持仓成本（Cost of Carry），是指为拥有或保留某种商品、资产等而支付的仓储费、保险费和利息等费用总和。持仓费高低与距期货合约到期时间长短有关，距交割时间越近，持仓费越低。理论上，当期货合约到期时，持仓费会减小到零，基差也将变为零。

第二，品质差价。由于期货价格反映的是标准品级的商品的价格，如果现货实际交易的品质与交易所规定的期货合约的品级不一致，则该基差的大小就会反映这种品质差价。

第三，地区差价。如果现货所在地与交易所指定交割地点的不一致，则该基差的大小就会反映两地间的运费差价。

3. 正向市场与反向市场

当不存在品质价差和地区价差的情况下，期货价格高于现货价格或者远期期货合约大于近期期货合约时，这种市场状态称为正向市场（Normal Market 或 Contango）。此时基差为负值。当现货价格高于期货价格或者近期期货合约大于远期期货合约时，这种市场状态称为反向市场，或者逆转市场（Inverted Market）、现货溢价（Backwardation）。此时基差为正值。

正向市场主要反映了持仓费。在正向市场中，期货价格高出现货价格的部分与持仓费的高低有关，持仓费体现的是期货价格形成中的时间价值。持仓费的高低与持有商品的时间长短有关，一般来说，距离交割的期限越近，持有商品的成本就越低，期货价格高出现货价格的部分就越少。当交割月到来时，持仓费将降至零，期货价格和现货价格将趋同。

反向市场的出现主要有两个原因：一是近期对某种商品或资产需求非常迫切，远大于近期产量及库存量，使现货价格大幅度增加，高于期货价格；二是预计将来该商品的供给会大幅度增加，导致期货价格大幅度下降，低于现货价格。反向市场的价格关系并非意味着现货持有者没有持仓费的支出，只要持有现货并储存到未来某一时期，仓储费、保险费、利息成本的支出就是必不可少的。只不过在反向市场上，由于市场对现货及近期月份合约需求迫切，购买者愿意承担全部持仓费来持有现货而已。在反向市场上，随着时间的推进，现货价格与期货价格如同在正向市场上一样，会逐步趋同，到交割期趋向一致。

4. 基差的变动

由于受到相近的供求因素的影响，期货价格和现货价格表现出相同趋势，但由于供求因素对现货市场、期货市场的影响程度不同以及持仓费等因素，导致两者的变动幅度不尽相同，因而计算出来的基差也在不断的变化中，我们常用“走强”或“走弱”来评价基差的变化。

基差变大，称为“走强”（Stronger）。基差走强常见的情形有：现货价格涨幅超过期货价格涨幅，以及现货价格跌幅小于期货价格跌幅。这意味着，相对于期货价格表现而言，现货价格走势相对较强。基差变小，称为“走弱”(Weaker)。基差走弱常见的情形有:现货价格涨幅小于期货价格涨幅，以及现货价格跌幅超过期货价格跌幅。这意味着，相对于期货价格表现而言，现货价格走势相对较弱。需要注意的是，随着期货合约到期的临近，持仓费逐渐减少，基差均会趋向于零。

表 6－3　　市场状态与基差变化

市场状态	基差变化	结论
反向市场	数值变大	走强
正向市场	数值变小	
由正变反		
反向市场	数值变小	走弱
正向市场	数值变大	
由反变正		

(二)基差与套期保值效果

在商品实际价格运动过程中，基差总是在不断变动，而基差的变动形态对一个套期保值者而言至关重要。由于期货合约到期时，现货价格与期货价格会趋于一致，而且基差呈现季节性变动，使套期保值者能够利用期货市场降低价格波动的风险。

基差变化是判断能否完全实现套期保值的依据。套期保值者利用基差的有利变动，不仅可以取得较好的保值效果，而且还可以通过套期保值交易获得额外的盈余。一旦基差出现不利变动，套期保值的效果就会受到影响，蒙受一部分损失。

套期保值没有提供完全的保险，但是，它的确回避了与商业相联系的价格风险。套期保值基本上是风险的交换，即以价格波动风险交换基差波动风险。

期货价格与现货价格趋同的走势并非每时每刻保持完全一致，标的物现货价格与期货价格之间的价差(即基差)也呈波动性，因此在一定程度上会使套期保值效果存在不确定性。但与单一的现货价格波动幅度相比，基差的波动相对要小，并且基差的变动可通过对持仓费、季节等因素进行分析，易于预测。套期保值的实质是用较小的基差风险代替较大的现货价格风险。

1. 基差变动与卖出套期保值

例 5

5 月初某糖厂与饮料厂签订销售合同，约定将在 8 月初销售 100 吨白糖，价格按交易时的市价计算。目前白糖现货价格为 5600 元/吨。该糖厂担心未来糖价会下跌，于是卖出 10 手(每手 10 吨)的 9 月份白糖期货合约，成交价格为 5900 元/吨。至 8 月初交易时，现货价跌至每吨 5000 元/吨，与此同时，期货价格跌至 5200 元/吨。该糖厂按照现货价格出售 100 吨白糖，同时按照期货价格将9月份白糖期货合约对冲平仓。套期保值结果见下表：

表6－4　　卖出套期保值案例（基差走强情形）

时间	现货市场	期货市场	基差
5月初	市场价格5600元	卖出9月份白糖期货合约，5900元/吨	－300元/吨
8月初	卖出价格5000元	买入平仓白糖期货合约，5200/吨	－200元/吨
盈亏	相当于亏损600元/吨	盈利700元/吨	走强100元/吨

在该案例中，由于现货价格下跌幅度小于期货价格下跌幅度，基差走强100元/吨。期货市场盈利600元/吨，现货市场亏损500元/吨，两者相抵后存在净盈利100元/吨。通过套期保值，该糖厂白糖的实际售价相当于：现货市场实际销售价格＋期货市场每吨盈利＝5000＋600＝5600元。该价格要比5月初的5500元/吨的现货价格还要高100元/吨。而这100元/吨，正是基差走强的变化值。这表明，进行卖出套期保值，如果基差走强，两个市场盈亏相抵后存在净盈利100元/吨，它可以使套期保值者获得一个更为理想的价格。

例6

5月初某地钢材价格为4400元/吨。某经销商目前持有5000吨钢材存货尚未出售。为了防范钢材价格下跌风险，该经销商卖出500手（每手10吨）1月份螺纹钢期货合约进行套期保值，成交价格为4820元/吨。到了8月初，钢材价格出现上涨，该经销商按4870元/吨的价格将该批现货出售，与此同时将期货合约对冲平仓，成交价格为5350元/吨。套期保值结果见下表。

表6－5　　卖出套期保值案例（基差走弱情形）

时间	现货市场	期货市场	基差
5月初	市场价格4400元	卖出11月份螺纹钢期货合约，4820元/吨	－420元/吨
8月初	卖出价格4870元	买入平仓螺纹钢期货合约，5350元/吨	－480元/吨
盈亏	相当于盈利470元/吨	亏损530元/吨	走弱60元/吨

在该案例中，由于现货价格上涨幅度小于期货价格上涨幅度，基差走弱60元/吨。期货市场亏损530元/吨，现货市场盈利470元/吨，两者相抵后存在净亏损60元/吨。通过套期保值，该经销商的钢材的实际售价相当于是：现货市场实际销售价格－期货市场每吨亏损＝4870－530＝4340元/吨。该价格比5月初的4400元/吨的现货价格要低60元/吨。而这60元/吨，正是基差走弱的变化值。这表明，进行卖出套期保值，如果基差走弱，两个市场盈亏相抵后存在净亏损，它将使套期保值者承担基差变动不利的风险，其价格与其预期价格相比要略差一些。

2. 基差变动与买入套期保值

例7

5月初，某饲料公司预计三个月后需要购入3000吨豆粕。为了防止豆粕价格上涨，该饲料公司买入9月份豆粕期货合约300手（每手10吨），成交价格为2900元/吨。当时现货市场豆粕价格为3150元/吨。至8月份，豆粕现货价格上涨至3600元/吨。该饲料公司按此价格采购3000吨豆粕，与此同时，将豆粕期货合约对冲平仓，成交价格为3280元/吨。套期保值

结果见下表:

表 6-6　　买入套期保值案例(基差走强情形)

时间	现货市场	期货市场	基差
5月初	市场价格 3150 元	买入 9 月份豆粕期货合约, 2900 元/吨	250 元/吨
8月初	买入价格 3600 元	卖出平仓豆粕期货合约, 3280 元/吨	320 元/吨
盈亏	相当于亏损 450 元/吨	盈利 380 元/吨	走强 70 元/吨

在该案例中，由于现货价格上涨幅度大于期货价格上涨幅度，基差走强 70 元/吨。期货市场盈利 380 元/吨，现货市场亏损 450 元/吨，两者相抵后存在净亏损 70 元/吨。通过套期保值，该饲料公司的豆粕的实际购入价相当于：现货市场实际采购价格 - 期货市场每吨盈利 = 3600 - 380 = 3220 元/吨。该价格比 5 月初的 3150 元/吨的现货价格要高 70 元/吨。而这 70 元/吨，正是基差走强的变化值。这表明，进行买入套期保值，如果基差走强，两个市场盈亏相抵后存在净亏损，它将使套期保值者承担基差变动不利的风险，其价格与其预期价格相比要略差一些。

例 8

3 月初，某轮胎企业为了防止天然橡胶原料价格进一步上涨，于是买入 7 月份天然橡胶期货合约 200 手(每手 5 吨)，成交价格为 24000 元/吨，对其未来生产所需要的 1000 吨天然橡胶进行套期保值。当时现货市场天然橡胶价格为 23000 元/吨。之后天然橡胶价格未涨反跌，至 6 月初，天然橡胶现货价格跌至 20000 元/吨。该企业按此价格购入天然橡胶现货 1000 吨。与此同时，将天然橡胶期货合约对冲平仓，成交价格为 21200 元/吨。套期保值结果见表下表:

表 6-7　　买入套期保值案例(基差走弱情形)

时间	现货市场	期货市场	基差
5月初	市场价格 23000 元	买入 7 月份天然橡胶期货合约, 24000 元/吨	-1000 元/吨
8月初	买入价格 20000 元	卖出平仓天然橡胶期货合约, 21200 元/吨	-1200 元/吨
盈亏	相当于亏损 3000 元/吨	盈利 2800 元/吨	走弱 200 元/吨

在该案例中，由于现货价格下跌幅度大于期货价格下跌幅度，基差走弱 200 元/吨。期货市场亏损 2800 元/吨，现货市场盈利 3000 元/吨，两者相抵后存在净盈利 200 元/吨。通过套期保值，该轮胎企业的天然橡胶的实际购入价相当于：现货市场实际采购价格 + 期市场每吨亏损 = 20000 + 2800 = 22 800 元/吨。该价格比 3 月初的 23000 元/吨的现货价格要低 200 元/吨。而这 200 元/吨，正是基差走弱的变化值。这表明，进行买入套期保值，如果基差走弱，两个市场盈亏相抵后存在净盈利，它将使套期保值者获得的价格比其预期价格还要更理想。

根据以上分析，我们可以将买入套期保值和卖出套期保值在基差不同情形下的效果进行概括(见表6-8)。

表6-8 基差与套期保值效果

卖出套期保值	基差不变	完全套期保值，两个市场盈亏刚好完全相抵
	基差走强	不完全套期保值，两个市场盈亏相抵后存在净盈利
	基差走弱	不完全套规保值，两个市场盈亏相抵后存在净亏损
买入套期保值	基差不变	完全套期保值，两个市场盈亏刚好完全相抵
	基差走强	不完全套期保值，两个市场盈亏相抵后存在净亏损
	基差走弱	不完全套期保值，两个市场盈亏相抵后存在净盈利

第三节 期货套利和投机交易

一、期货套利交易概述

(一)期货套利的概念

期货套利是指利用相关市场或相关合约之间的价差变化，在相关市场或相关合约上进行交易方向相反的交易，以期价差发生有利变化时同时将持有头寸平仓而获利的交易行为。通常，套利被视为投机交易中的一种特殊的交易方式。

(二)期货套利的分类

期货套利交易主要是指期货价差套利。所谓价差套利(Spread)，是指利用期货市场上不同合约之间的价差进行的套利行为。价差套利也可称为价差交易、套期图利。价差套利根据所选择的期货合约的不同，又可分为跨期套利、跨品种套利和跨市套利。

1. 跨期套利(Calendar Spread)，是指在同一市场(即同一交易所)同时买入或卖出同种商品不同交割月份的期货合约，以期在有利时机同时将这些期货合约对冲平仓获利。

2. 跨品种套利，是指利用两种或三种不同的但相互关联的商品之间的期货合约价格差异进行套利，即同时买入或卖出某一交割月份的相互关联的商品期货合约，以期在有利时机同时将这些合约对冲平仓获利。

3. 跨市套利，是指在某个交易所买入(或卖出)某一交割月份的某种商品合约的同时，在另一个交易所卖出(或买入)同一交割月份的同种商品合约，以期在有利时机分别在两个交易所同时对冲在手的合约而获利。

(三)期货套利的作用

套利在本质上是期货市场上的一种投机交易，但与普通期货投机交易相比，风险较低。因为套利正是利用期货市场中有关价格失真的机会，并预期该价格失真会最终消失，从中获取套利利润。套利交易在客观上有助于使扭曲的期货市场价格重新恢复到正常水平，因此，它的存在对期货市场的健康发展起到了非常重要的作用。主要表现在两个方面：

第一，套利行为有助于期货价格与现货价格、不同期货合约价格之间的合理价差关系的形成。套利交易的获利来自于对不合理价差的发现和利用，套利者会时刻注意市场动向，如果发现价差存在异常，则会通过套利交易以获取利润。而他们的套利行为，客观上会对相关价格产生影响，促使价差趋于合理。

第二，套利行为有助于市场流动性的提高。套利行为的存在增大了期货市场的交易量，承担了价格变动的风险，提高了期货交易的活跃程度，有助于交易者的正常进出和套期保值操作的顺利实现，有效地降低了市场风险，促进了交易的流畅化和价格的理性化，因而起到了市场润滑剂和减震剂的作用。

二、期货套利交易策略

（一）期货套利交易

1. 期货价差的定义

期货价差是指期货市场上两个不同月份或不同品种期货合约之间的价格差。在价差交易中，交易者不关注某一个期货合约的价格向哪个方向变动，而是关注相关期货合约之间的价差是否在合理的区间范围。

在价差交易中，交易者要同时在相关合约上进行方向相反的交易，也就是说，交易者要同时建立一个多头头寸和一个空头头寸，这是套利交易的基本原则。大多数套利活动都是由买入和卖出两个相关期货合约构成的，因而套利交易通常具有两条“腿”。

计算建仓时的价差，应用价格较高的一“边”减去价格较低的一“边”。在计算平仓时的价差时，为了保持计算上的一致性，也要用建仓时价格较高合约的平仓价格减去建仓时价格较低合约的平仓价格。

2. 价差套利的盈亏计算

由于套利交易是利用相关期货合约间不合理的价差来进行的，价差能否在套利建仓之后“回归”正常，会直接影响到套利交易的盈亏和套利的风险。具体来说，如果套利者认为目前某两个相关期货合约的价差过大时，他会希望在套利建仓后价差能够缩小；同样，如果套利者认为目前某两个相关期货合约的价差过小时，他会希望套利建仓后价差能够扩大。在计算套利交易的盈亏时，可分别计算每个期货合约的盈亏，然后进行加总，可以得到整个套利交易的盈亏。

（二）跨期套利

根据所买卖的期货合约交割月份及买卖方向的不同，跨期套利可以分为牛市套利、熊市套利、蝶式套利三种。

1. 牛市套利（Bull Spread）

当市场出现供给不足、需求旺盛的情形，导致较近月份的合约价格上涨幅度大于较远期的上涨幅度，或者较近月份的合约价格下降幅度小于较远期的下跌幅度。无论是正向市场还是反向市场，在这种情况下，买入较近月份的合约同时卖出远期月份的合约进行套利盈利的可能性比较大，我们称这种套利为牛市套利。一般来说，牛市套利对于可储存的商品并且是在相同的作物年度最有效，例如，买入5月棉花期货同时卖出9月棉花期货。适用于牛市套利的可储存的商品有小麦、棉花、大豆、糖、铜等。对于不可储存的商品，如活牛、生猪等，不同交割月份的商品期货价格间的相关性很低或根本不相关，进行牛市套利是没有意义的。

例 9

设 10 月 26 日，次年 5 月份棉花合约价格为 27100 元/吨，次年 9 月份合约价格为 27750 元/吨，两者价差为 650 元/吨。交易者预计棉花价格将上涨，5 月与 9 月的期货合约的价差将有可能缩小。于是，交易者买入 50 手 5 月份棉花期货合约的同时卖出 50 手 9 月份棉花期货合约。12 月 26 日，5 月和 9 月的棉花期货价格分别上涨为 27555 元/吨和 28055 元/吨，两者的价差缩小为 500 元/吨。交易者同时将两种期货合约平仓，从而完成套利交易，交易结果见下表。

表 6－9　**牛市套利实例**

10 月 26 日	买入 50 手 5 月份棉花期货合约，价格为 27100 元/吨	卖出 50 手 9 月份棉花期货合约，价格为 27750 元/吨	价差 650 元/吨
12 月 26 日	卖出 50 手 5 月份棉花期货合约，价格为 27555 元/吨	买入 50 手 9 月份棉花期货合约，价格为 28055 元/吨	价差 500 元/吨
每条"腿"的盈亏状况	盈利 455 元/吨	亏损 305 元/吨	价差缩小 150 元/吨
最终结果	盈利 140 元/吨，总盈利为 150 元/吨 ×50 手 ×5 吨/手 =37500 元		
注:1 手 =5 吨			

该例中，交易者预计棉花期货价格将上涨，两个月后，棉花期货价格的走势与交易者的判断一致，最终交易结果使套利者获得了 37500 元的盈利。现假设，若两个月后棉花价格并没有出现交易者预计的上涨行情，而是出现了一定程度的下跌，交易者的交易情况见例 10。

例 10

设 10 月 26 日，次年 5 月份棉花合约价格为 27100 元/吨，次年 9 月份合约价格为 27750 元/吨，两者价差为 650 元/吨。交易者预计棉花价格将上涨，5 月与 9 月的期货合约的价差将有可能缩小。于是，交易者买入 50 手 5 月份棉花合约的同时卖出 50 手 9 月份棉花合约。12 月 26 日，5 月和 9 月的棉花期货价格不涨反跌，价格分别下跌至 27000 元/吨和 27500 元/吨，两者的价差缩小为 500 元/吨。交易者同时将两种期货合约平仓，从而完成套利交易，交易结果见表 6－10。

表 6－10　**牛市套利实例**

10 月 26 日	买入 50 手 5 月份棉花期货合约，价格为 27100 元/吨	卖出 50 手 9 月份棉花期货合约，价格为 27750 元/吨	价差 650 元/吨
12 月 26 日	卖出 50 手 5 月份棉花期货合约，价格为 27000 元/吨	买入 50 手 9 月份棉花期货合约，价格为 27500 元/吨	价差 500 元/吨
每条"腿"的盈亏状况	亏损 100 元/吨	盈利 250 元/吨	价差缩小 150 元/吨
最终结果	盈利 150 元/吨，总盈利为 150 元/吨 ×50 手 ×5 吨/手 =37500 元		
注:1 手 =5 吨			

该例中，交易者预计棉花期货价格将上涨，两个月后棉花期货价格不涨反跌，虽然棉花价格走势与交易者的判断相反，但最终交易结果仍然使套利者获得了37500元的盈利。

在上述两个例子中，我们可以发现，只要两月份合约的价差趋于缩小，交易者就可以实现盈利，而与棉花期货价格的涨跌无关。

由上述两例可以判断，套利是在正向市场进行的，如果在反向市场上，近期价格要高于远期价格，牛市套利是买入近期合约同时卖出远期合约。在这种情况下，牛市套利可以归入买进套利这一类中，则只有在价差扩大时才能够盈利。

在进行牛市套利时，需要注意的一点是:在正向市场上，牛市套利的损失相对有限而获利的潜力巨大。这是因为在正向市场进行牛市套利，实质上是卖出套利，而卖出套利获利的条件是价差要缩小。如果价差扩大的话，该套利可能会亏损，但是由于在正向市场上价差变大的幅度要受到持仓费水平的制约，价差如果过大，超过了持仓费，就会产生套利行为，会限制价差扩大的幅度。而价差缩小的幅度则不受限制，在上涨行情中很有可能出现近期合约价格大幅度上涨，远远超过远期合约的可能性，使正向市场变为反向市场，价差可能从正值变为负值，价差会大幅度缩小，使牛市套利获利巨大。

2. 熊市套利(Bear Spread)

当市场出现供给过剩，需求相对不足时，一般来说，较近月份的合约价格下降幅度往往要大于较远期合约价格的下降幅度，或者较近月份的合约价格上升幅度小于较远合约价格的上升幅度。无论是正向市场还是在反向市场，在这种情况下，卖出较近月份的合约同时买入远期月份的合约进行套利，盈利的可能性比较大，我们称这种套利为熊市套利。在进行熊市套利时需要注意，当近期合约的价格已经相当低时，以至于它不可能进一步偏离远期合约时，进行熊市套利是很难获利的。

例11

设交易者在7月8日看到，11月份上海期货交易所天然橡胶期货合约价格21955元/吨，次年1月份合约价格为22420元/吨，前者比后者低465元/吨。交易者预计天然橡胶价格将下降，11月与次年1月的期货合约的价差将有可能扩大。于是，交易者卖出60手(1手为5吨)11月份天然橡胶期货合约的同时买入60手次年1月份合约。到了9月8日，11月和次年1月的天然橡胶期货价格分别下降为21215元/吨和21775元/吨，两者的价差为560元/吨，价差扩大。交易者同时将两种期货合约平仓，从而完成套利交易，交易结果见表6-11。

表6-11 熊市套利实例

7月8日	卖出60手11月份天然橡胶期货合约，价格为21955元/吨	买入60手次年1月份天然橡胶期货合约，价格为22420元/吨	价差465元/吨
9月8日	买入60手11月份天然橡胶 期货合约，价格为21215元/吨	卖出60手次年1月份天然 橡胶期货合约，价格为21775元/吨	价差560元/吨
每条“腿”的盈亏状况	盈利740元/吨	亏损645元/吨	价差扩大95元/吨
最终结果	盈利95元/吨，总盈利为95元/吨×60手×5吨/手=28500元		
注:1手=5吨			

该例中，交易者预计天然橡胶期货价格将下跌，两个月后，天然橡胶期货价格的走势与交易者的判断一致，最终交易结果使套利者获得了28500元的盈利。现假设，若两个月后天然橡胶期货价格并没有像交易者预计的那样下跌，而是出现了上涨行情，交易者的交易情况见例12。

例12

设交易者在7月8日看到，11月份上海期货交易所天然橡胶期货合约价格为21955元/吨，次年1月份合约价格为22420元/吨，前者比后者低465元/吨。交易者预计天然橡胶期货价格将下降，11月与次年1月的期货合约的价差将有可能扩大。于是，交易者卖出60手(1手为5吨)11月份天然橡胶期货合约的同时买入60手次年1月份合约。到了9月8日，11月和次年1月的天然橡胶期货价格不降反涨，价格分别上涨至22075元/吨和22625元/吨，两者的价差为550元/吨，价差扩大。交易者同时将两种期货合约平仓，从而完成套利交易，交易结果见表6-12。

表6-12 **熊市套利实例**

7月8日	卖出60手11月份天然橡胶期货合约，价格为21955元/吨	买入60手次年1月份天然橡胶期货合约，价格为22420元/吨	价差465元/吨
9月8日	买入60手11月份天然橡胶期货合约，价格为22075元/吨	卖出60手次年1月份天然橡胶期货合约，价格为22625元/吨	价差550元/吨
每条"腿"的盈亏状况	盈利120元/吨	亏损205元/吨	价差扩大85元/吨
最终结果	盈利85元/吨，总盈利为85元/吨×60手×5吨/手=25500元		
注:1手=5吨			

该例中，交易者预计天然橡胶期货价格将下跌，两个月后天然橡胶价格不跌反涨，虽然天然橡胶期货价格走势与交易者的判断相反，但最终交易结果仍然使套利者获得了25500元的盈利。

在上述两个例子中，我们可以发现，只要天然橡胶两个合约月份的价差趋于扩大，交易者就可以实现盈利，而与天然橡胶期货价格的涨跌无关。同样，我们也可以使用买进套利或卖出套利的概念对这两个例子进行判断。

由上述两个例子可以判断，套利是在正向市场进行的，如果在反向市场上，近期价格要高于远期价格，熊市套利是卖出近期合约同时买入远期合约。在这种情况下，熊市套利可以归入卖出套利这一类中，则只有在价差缩小时才能够盈利。

3. 蝶式套利(Butterfly Spread)

蝶式套利是跨期套利中的又一种常见的形式。它是由共享居中交割月份一个牛市套利和一个熊市套利的跨期套利组合。由于近期和远期月份的期货合约分居于居中月份的两侧，形同蝴蝶的两个翅膀，因此称之为蝶式套利。

蝶式套利的具体操作方法是:买入(或卖出)近期月份合约，同时卖出(或买入)居中月份合约，并买入(或卖出)远期月份合约，其中，居中月份合约的数量等于近期月份和远期月份数量之和。这相当于在近期与居中月份之间的牛市(或熊市)套利和在居中月份与远期月份之间的熊市(或牛市)套利的一种组合。例如，套利者同时买入2份5月份玉米合约、卖出6份7月份玉米合约、买入4份9月份玉米合约。

蝶式套利与普通的跨期套利的相似之处，都是认为同一商品但不同交割月份之间的价差出现了不合理的情况。但不同之处在于，普通的跨期套利只涉及两个交割月份合约的价差，而蝶式套利认为居中交割月份的期货合约价格与两旁交割月份合约价格之间的相关关系出现了差异情况。

例 13

2 月 1 日，3 月份、5 月份、7 月份的大豆期货合约价格分别为 4050 元/吨、4150 元/吨和 4175 元/吨，某交易者认为 3 月份和 5 月份之间的价差过大而 5 月份和 7 月份之间的价差过小，预计 3 月份和 5 月份的价差会缩小而 5 月份与 7 月份的价差会扩大，于是该交易者以该价格同时买入 150 手(1 手为 10 吨)3 月份合约、卖出 350 手 5 月份合约、买入 200 手 7 月份大豆期货合约。到了 2 月 18 日，三个合约的价格均出现不同幅度的下跌，3 月份、5 月份和 7 月份的合约价格分别跌至 3850 元/吨、3930 元/吨和 3975 元/吨，于是该交易者同时将三个合约平仓。

表 6 - 13　**蝶式套利盈亏分析**

	3 月份合约	5 月份合约	7 月份合约
2 月 1 日	买入 150 手，4050 元/吨	卖出 350 手，4150 元/吨	买入 200 手，4175 元/吨
2 月 18 日	卖出 150 手，3850 元/吨	买入 350 手，3930 元/吨	卖出 200 手，3975 元/吨
各合约盈亏状况	亏损 200 元/吨，总亏损为 200 × 150 × 10 = 300000 元	盈利 220 元/吨，总盈利为 220 × 350 × 10 = 770000 元	亏损 200 元/吨，总亏损为 200 × 200 × 10 = 400000 元
净盈亏	净盈利 = - 300000 + 770000 - 400000 = 70000 元		
注:1 手 =5 吨			

可见，蝶式套利是两个跨期套利互补平衡的组合，可以说是“套利的套利”。蝶式套利与普通的跨期套利相比，从理论上看风险和利润都较小。

(三)跨品种套利

1. 相关商品间的套利

一般来说，商品的价格总是围绕着内在价值上下波动，而不同的商品因其内在的某种联系，如需求替代品、需求互补品、生产替代品或生产互补品等，使得他们的价格存在着某种稳定合理的比值关系。但由于受市场、季节、政策等因素的影响，这些有关联的商品之间的比值关系又经常偏离合理的区间，表现出一种商品被高估、另一种被低估的情况。从而为跨品种套利带来了可能。在此情况下，交易者可以通过期货市场卖出被高估的商品合约，买入被低估商品合约进行套利，等有利时机出现后分别平仓，从中获利。例如，铜和铝都可以用来作为电线的生产原材料，两者之间具有较强的可替代性，铜的价格上升会引起铝的需求量上升，从而导致铝价格的上涨。因此，当铜和铝的价格关系脱离了正常水平时，就可以利用这两个品种进行跨品种套利。具体做法是:买入(或卖出)一定数量的铜期货合约，同时卖出(或买入)与铜期货合约交割月份相同价值量相当的铝期货合约，待将来价差发生有利变化时再分别平仓了结，以期获得价差变化的收益。

2. 原材料与成品间套利

典型的是大豆与其两种制成品——豆油和豆粕之间的套利。三种商品之间的套利，有两种做法:大豆提油套利和反向大豆提油套利。

(1)大豆提油套利。大豆提油套利是大豆加工商在市场价格关系基本正常时进行的,目的是防止大豆价格突然上涨,或豆油、豆粕价格突然下跌,从而产生亏损或使已产生的亏损降至最低。大豆加工商对大豆的购买和产品的销售不能够同时进行,因而存在着一定的价格变动风险。

大豆提油套利的做法是:购买大豆期货合约的同时卖出豆油和豆粕的期货合约,当在现货市场上购入大豆或将成品最终销售时再将期货合约对冲平仓。这样,大豆加工商就可以锁定产成品和原料间的价差,防止市场价格波动带来的损失。

(2)反向大豆提油套利。反向大豆提油套利是大豆加工商在市场价格反常时采用的套利。当大豆价格受某些因素的影响出现大幅上涨时,大豆可能与其产品出现价格倒挂,大豆加工商将会采取反向大豆提油套利的做法:卖出大豆期货合约,买进豆油和豆粕的期货合约,同时缩减生产,减少豆粕和豆油的供给量,三者之间的价格将会趋于正常,大豆加工商在期货市场中的盈利将有助于弥补现货市场中的亏损。

(四)跨市套利

在期货市场上,许多交易所都交易相同或相似的期货商品,如芝加哥期货交易所、大连商品交易所、东京谷物交易所都进行玉米、大豆期货交易;伦敦金属交易所、上海期货交易所、纽约商业交易所都进行铜、铝等有色金属交易。一般来说,这些品种在各交易所间的价格会有一个稳定的差额,一旦这一差额发生短期的变化,交易者就可以在这两个市场间进行套利,购买价格相对较低的合约,卖出价格相对较高的合约,以期在期货价格趋于正常时平仓,赚取低风险利润。

三、期货投机交易

(一)期货投机的概念

期货投机(Futures Speculation)是指交易者通过预测期货合约未来价格的变化,以在期货市场上获取价差收益为目的的期货交易行为。期货交易具有保证金的杠杆机制、双向交易和对冲机制、当日无负债的结算机制、强行平仓制度,使得期货投机具有高收益、高风险的特征。

根据不同的划分标准,期货投机者大致可分为以下几种类型。

1.按交易主体的不同来划分,可分为机构投机者和个人投机者。机构投机者是指用自有资金或者从分散的公众手中筹集的资金专门进行期货投机活动的机构。机构投资者主要包括各类基金、金融机构、工商企业等。个人投机者则是指以自然人身份从事期货投机交易的投机者。

2.按持有头寸方向来划分,可分为多头投机者和空头投机者。在交易中,投机者根据对未来价格变动的预测来确定其交易头寸。投机者买进期货合约,持有多头头寸,这样的投机者被称为多头投机者。投机者卖出期货合约,持有空头头寸,则被称为空头投机者。

3.按持仓时间来划分,可分为长线交易者、短线交易者、当日交易者和抢帽子者。长线交易者通常将合约持有几天、几周甚至几个月。短线交易者一般是当天下单,在一日或几日内了结所持有合约。当日交易者通常只进行当日的买卖,一般不会持仓过夜。抢帽子者是对日内交易者的俗称,通常是指当日交易者中频繁买卖期货合约的投机者。

(二)期货投机的作用

期货投机交易是期货市场不可缺少的重要组成部分,发挥着其特有的作用,主要体现在以下几个方面：

1. 承担价格风险

期货市场的一个主要经济功能是为生产、加工和经营者提供现货价格风险的转移工具。期货投机者在博取风险收益的同时，承担了相应的价格风险。如果期货市场上只有套期保值者，没有这些风险承担者参与交易，那么只有在买入套期保值者和卖出套期保值者的交易数量完全相符时，交易才能实现，风险才能得以转移。但从实际来看，买入套期保值者和卖出套期保值者之间的不平衡是经常发生的现象，期货投机者的加入恰好能抵消这种不平衡，从而使套期保值交易得以顺利实现。由此可见，如果没有投机者的加入，套期保值交易活动就难以进行，期货市场风险规避的功能也就难以发挥。因而，可以说，正是期货投机者承担了期货价格风险，才使得套期保值者能够有效规避现货价格波动风险，也使其现货经营平稳运行。

2. 促进价格发现

期货市场汇集了几乎所有关于商品的供求信息。期货投机者的交易目的不是实物交割，而是利用价格波动获取价差收益，这就要求投机者必须利用各种手段收集整理有关价格变动的信息，分析市场行情。同时，期货市场把投机者的不同交易指令集中在交易所内进行公开竞价，买卖双方彼此竞价所产生的互动作用使得价格趋于合理。期货市场的价格发现功能正是由所有市场参与者对未来市场价格走势预测的综合反映体现的。交易所每天向全世界发布市场交易行情和信息，使那些置身于期货市场之外的企业也能充分利用期货价格作为其制定经营战略的重要参考依据。

3. 减缓价格波动

适度的投机能够减缓期货市场的价格波动。投机者进行期货交易，总是力图通过对未来价格的正确判断和预测赚取价差收益。当期货市场供大于求时，市场价格低于均衡价格，投机者低价买进期货合约，从而增加了市场需求，使期货价格上涨，供求重新趋于平衡；反之，当期货市场供不应求时，市场价格则高于均衡价格，投机者会高价卖出期货合约，从而增加了市场供给，使期货价格下跌，也能使供求重新趋于平衡。可见，期货投机对于缩小期货价格波动幅度发挥了很大作用。

当然，减缓价格波动作用的实现是有前提的：一是投机者要理性化操作。违背期货市场运作规律进行操作的投机者最终会被市场所淘汰；二是适度投机。操纵市场等过度投机行为不仅不能减缓价格波动，而且会人为拉大供求缺口，破坏供求关系，加剧价格波动，加大市场风险。因此，遏制过度投机，打击市场操纵行为是各国期货市场监管机构的一项重要任务。

4. 提高市场流动性

市场流动性即市场交易的活跃程度。一般来说，在流动性较高的市场上，交易者众多，交易也较为活跃；反之，如果市场流动性较低，则交易较为清淡。可以说，期货交易是否成功，在很大程度上取决于市场流动性的大小，而流动性又取决于投机者的多寡和交易频率。期货市场上的投机者，就像润滑剂一样，为套期保值者提供了更多的交易机会。投机者通过对价格的不同预测，有人看涨，有人看跌，交投积极，这实际上扩大了交易量，使套期保值者无论是买进还是卖出都能很容易地找到交易对手，自由地进出期货市场，从而客观上提高了市场的流动性。

（三）期货投机的操作方法

1. 开仓阶段

（1）入市时机的选择

首先，可以通过基本分析法，仔细研究市场是处于牛市还是熊市。如果是牛市，还可分析升势有多大，持续时间有多长；如果是熊市，可分析跌势有多大，持续时间有多长。其次，权衡风险和获利前景。合理的做法是，只有在判断获利的概率较大时，才能入市。所以，投机者在入市时，要充分考虑自身承担风险的能力。最后，确定入市的具体时间。因为期货价格变化很快，入市时间的选择尤其重要。技术分析法对选择入市时间有一定作用。投机者通过基本分析认为从长期来看期货价格将上涨（下跌），如果当时的市场行情却持续下滑（上升），这时可能是投机者的分析出现了偏差，过高地估计了某些供求因素，也可能是一些短期因素对行情具有决定性的影响，使价格变动方向与长期趋势出现了暂时的背离。

（2）扩大盈利和限制成本的方法

如果建仓后市场行情与预料相同并已经使投机者获利，可以增加持仓。增仓应遵循以下两个原则：①只有在现有持仓已经盈利的情况下，才能增仓。②持仓的增加应渐次递减。这被称为金字塔式的持仓方式和建仓策略。如果建仓后，市场价格变动有利，投机者增加仓位不按原则行事，每次买入或卖出的合约份数总是大于前次买入或卖出的合约份数，买入或卖出合约的平均价就会和最近的成交价相差无几，只要价格稍有下跌或上升，便会吞食所有利润，甚至亏本，因而倒金字塔式买入或卖出不应提倡。

（3）合约交割月份的选择

投机者在选择合约的交割月份时，通常要关注以下两个方面的问题。其一是合约的流动性；其二是远期月份合约价格与近期月份合约价格之间的关系。

根据合约流动性的不同，可将期货合约分为活跃月份合约和不活跃月份合约两种。一般来说，期货投机者在选择合约月份时，应选择交易活跃的合约月份，避开不活跃的合约月份。因为活跃的合约月份具有较高的市场流动性，方便投机者在合适的价位对所持头寸进行平仓，而如果是不活跃的合约月份，投机者想平仓时，经常需等较长的时间或接受不理想的价差。

在正向市场中，一般来说，对商品期货而言，当市场行情上涨时，在远期月份合约价格上升时，近期月份合约的价格也会上升，以保持与远期月份合约间的正常的持仓费用关系，且可能近期月份合约的价格上升更多；当市场行情下滑时，远期月份合约的跌幅不会小于近期月份合约，因为远期月份合约对近期月份合约的升水通常不可能大于与近期月份合约间相差的持仓费。所以，做多头的投机者应买入近期月份合约；做空头的投机者应卖出远期月份的合约。在反向市场中，一般来说，对商品期货而言，当市场行情上涨，在近期月份合约价格上升时，远期月份合约的价格也上升，且远期月份合约价格上升可能更多；如果市场行情下滑，则近期月份合约受的影响较大，跌幅很可能大于远期月份合约。所以，做多头的投机者宜买入交割月份较远的远期月份合约，行情看涨时可以获得较多的利润；而做空头的投机者宜卖出交割月份较近的近期月份合约，行情下跌时可以获得较多的利润。不过，在因现货供应极度紧张而出现的反向市场情况下，可能会出现近期月份合约涨幅大于远期月份合约的局面，投机者对此也要多加注意，避免进入交割期而出现违约风险。

2. 平仓阶段

投机者建仓后应该密切关注市场行情的变动，适时平仓。行情变动有利时，通过平仓获取投机利润;行情变动不利时，通过平仓可以限制损失。

(1)限制损失、滚动利润

这一方法要求投机者在交易出现损失，并且损失已经达到事先确定的数额时，立即对冲了结，认输离场。过分的赌博心理，只会造成更大的损失。在行情变动有利时，不必急于平仓获利，而应尽量延长持仓时间，充分获取市场有利变动产生的利润。投机者即使投资经验非常丰富，也不可能每次投资都会获利。损失出现并不可怕，怕的是不能及时止损，酿成大祸。

(2)灵活运用止损指令

止损指令是实现限制损失、滚动利润方法的有力工具。只要止损单运用得当，就可以为投机者提供必要的保护。不过投机者应该注意，止损单中的价格不能太接近于当时的市场价格，以免价格稍有波动就不得不平仓。但是，止损单中的价格也不能离市场价格太远，否则，又易遭受不必要的损失。止损单中价格的选择，可以利用技术分析法来确定。

3. 资金和风险管理

(1)一般性的资金管理要领

首先，投资额应限定在全部资本的1/3 至 1/2 以内为宜。这就是说，交易者投入市场的资金不宜超过其总资本的一半。剩下的一半做备用，以应付交易中的亏损或临时性的支出。其次，根据资金量的不同，投资者在单个品种上的最大交易资金应控制在总资本的10% ~20% 以内。这一措施可以防止交易者在同一市场上注入过多的本金，从而将风险过度集中在这个市场上。再次，在单个市场中的最大总亏损金额宜控制在总资本的5% 以内。这 5% 是指交易者在交易失败的情况下，愿意承受的最大亏损。最后，在任何一个市场群中所投入的保证金总额宜限制在总资本的20% ~30% 以内。这是为了防止交易者在某一市场群中投入过多的本金。同一市场群，往往价格变动趋势比较一致。

(2)分散投资与集中投资

虽然分散投资是限制风险的一个办法，但对期货投机来说，要把握分散投资的度。期货投机不同于证券投资之处在于，期货投机主张纵向投资分散化，而证券投资主张横向投资多元化。所谓纵向投资分散化是指选择少数几个熟悉的品种在不同的阶段分散资金投入;所谓横向投资多元化是指可以同时选择不同的证券品种组成证券投资组合，这样都可以起到分散投资风险的作用。

第四节　期权交易

一、期权交易的基本类型

期权交易的基本策略有四种:买进看涨期权、卖出看涨期权、买进看跌期权、卖出看跌期权，其他所有的交易策略都是因此而派生出来的。

(一)买进看涨期权

1. 买进看涨期权损益

看涨期权的买方在支付一笔权利金后，便享有了按约定的执行价格买入相关标的物的权利，但不负有必须买进的义务，从而锁定了标的物市场价格下跌可能存在的潜在损失。

买进看涨期权的损益如下：

$$损益=\begin{cases} S-X-C & S<X\ 时 \\ -C & S\leqslant X\ 时 \end{cases}$$

S:标的物的市场价格;X:执行价格;C:看涨期权的权利金。

当标的物市场价格小于等于执行价格时，看涨期权买方不行使期权，其最大损失为权利金。

当标的物的市场价格高于执行价格时，看涨期权买方可执行期权，以执行价格获得标的物;随着标的物市场价格的上涨，看涨期权的市场价格上涨，买方也可在期权价格上涨时卖出期权平仓，获取价差收益。买进看涨期权的损益状态见图 6－1。

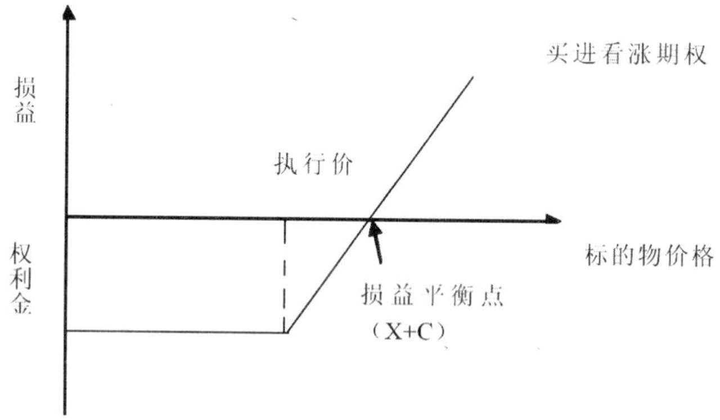

图 6－1　买进看涨期权损益与标的物价格的关系

从图中可见，标的物市场价格越高，对看涨期权的买方越有利。标的物市场价格变化对看涨期权买方损益的影响见表 6－14。

表 6－14　标的物市场价格变化对看涨期权多头损益的影响

标的物市场价格范围	标的物市场价格的变动方向及买方损益
0≤S≤X	处于亏损状态。无论 S 上涨或下跌，最大损失不变，等于权利金
X＜S＜X＋C	处于亏损状态。亏损会随着 S 上涨而减少，随着 S 下跌而增加
S＝X＋C	损益＝0
S〉X＋C	处于赢利状态,损益为 S－（X＋C）。盈利随上涨而增加,随 S 下跌而减少。

投资者预期某资产的市场价格上涨，买进以该资产为标的物的看涨期权，之后市场价格果然上涨，且升至执行价格之上，则交易者可执行期权,可能还处于亏损,如 S＜X＋C。从理论上说，价格可以无限上涨，所以买入看涨期权的盈利理论上市无限大。若到期一直未升到执行价格之上，则交易者可放弃期权，其最大损失为期权费。

2. 买进看涨期权的运用

买进看涨期权适用的市场环境:标的物市场处于牛市，或预期后市看涨，或认为市场已经见底。在上述市场环境下，标的物市场价格大幅波动或预期波动率提高对看涨期权买方更为有利。

买进看涨期权的目的:

（1）为获取价差收益而买进看涨期权。

（2）为博取杠杆收益而买进看涨期权。期权可以为投资者提供更大的杠杆效应，特别是到期日较短的虚值期权，权利金往往很低。

（3）为限制交易风险或保护空头而买进看涨期权。当标的物市场价格涨到高位时，投资者卖出标的物，则面临标的物市场价格继续上升带来的风险。如果投资者在卖出标的物的同时买进看涨期权，则面临的风险会大大降低。另外，对于已生产出产品的厂商来说，他设想将产品储存到价格可能上升时再出售以获取更高的利润，同时又担心万一价格不升反跌，这时就可以通过买入看涨期权卖出实物产品的办法，来立即获得货款，加快资金周转，还避免了因储存产品而产生的市场风险。

（4）锁定现货市场风险。未来需购入现货的企业利用买入看涨期权进行保值、锁定成本。

（二）卖出看涨期权

1. 卖出看涨期权损益

看涨期权卖方损益与买方正好相反，买方的盈利即为卖方的亏损，买方的亏损即为卖方的盈利，看涨期权卖方能够获得的最高收益为卖出期权收取的权利金。

卖出看涨期权的损益如下：

$$损益=\begin{cases}C & S\leqslant X\ 时\\ -S+X+C & S>X\ 时\end{cases}$$

当标的物市场价格小于等于执行价格时，看涨期权买方不行使期权，卖方最大收益为权利金；随着标的物市场价格的下跌，看涨期权的市场价格下跌，卖方也可在期权价格下跌时买入期权平仓，获取价差收益。

当标的物的市场价格高于执行价格，看涨期权的买方执行期权时，卖方必须履约，以执行价格将标的物卖给买方。卖出看涨期权的损益状态参见图 6－2。

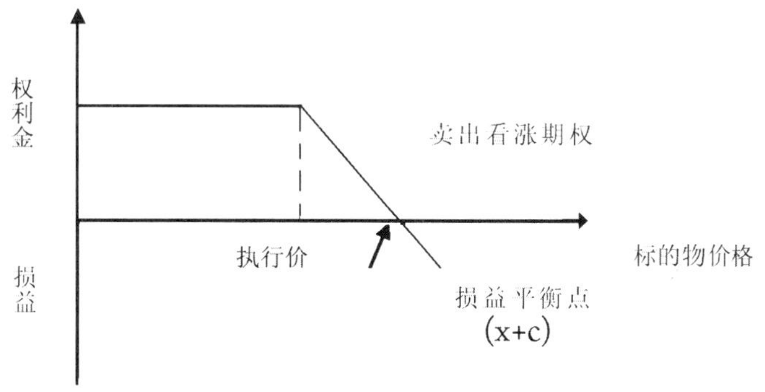

图 6－2　卖出看涨期权损益与标的物价格的关系

从图中可见，标的物市场价格越高，对看涨期权的卖方越不利，标的物市场价格跌至执行价格以下时，卖方盈利最大，为权利金。标的物市场价格变化对看涨期权卖方损益的影响见表6－15。

表6－15　　标的物市场价格变化对看涨期权多头损益的影响

标的物市场价格范围	标的物市场价格的变动方向及买方损益
$0 \leq S \leq X$	处于盈利状态。无论S上涨或下跌，最大盈利不变，等于权利金
$X < S < X + C$	处于盈利状态。盈利会随着S上涨而减少，随着S下跌而增加
$S = X + C$	损益＝0
$S > X + C$	处于亏损状态，损益为$-S+(X+C)$，亏损随着S下跌而减少，随着S上涨而增加

当标的物的市场价格高于执行价格，看涨期权的买方执行期权时，卖方必须履约。若交易者卖出看涨期权，在到期日之前没能升至执行价格之上，则作为看涨期权的买方将会放弃期权，而看涨期权的卖方就会取得期权费的收入。反之，看涨期权的买方将会要求执行期权，期权的卖方将损失市场价格减去执行价格和期权费的差。

2. 卖出看涨期权的运用

卖出看涨期权适用的市场环境：标的物市场处于熊市，或预测后市下跌，或认为市场已经见顶。卖出看涨期权的目的：

（1）为取得价差收益或权利金收益而卖出看涨期权。看涨期权的卖方通过对期权合约标的物市场价格变动的分析，认定标的物市场价格会下跌，或即使上涨，涨幅也很小，所以卖出看涨期权，收取一定数额的权利金。从国外实际的交易情况看，卖出看涨期权的收益率并不低于甚至高于买方。对于资金有限的投资者则应避免卖出无保护性看涨期权。

（2）为增加标的物多头的利润而卖出看涨期权。对于现货或期货多头者，当价格上涨已经获取到一定收益后，如果担心价格下跌，可采取卖出看涨期权策略。此策略可视为一个标的物多头和一个看涨期权空头的组合，被称为出售一个有担保的看涨期权策略。

（三）买进看跌期权

1. 买进看跌期权损益

看跌期权的买方在支付一笔权利金后，便可享有按约定的执行价格卖出相关标的物的权利，但不负有必须卖出义务，从而锁定了标的物市场价格下跌可能存在的潜在损失。

买进看跌期权的损益如下：

$$损益=\begin{cases} X-P-S & S<X\text{时} \\ -P & S\geq X\text{时} \end{cases}$$

S：标的物的市场价格；X：执行价格；P：看跌期权的权利金。

当标的物市场价格大于等于执行价格时，看涨期权买方不行使期权，其最大损失为权利金。当标的物的市场价格小于执行价格时，看跌期权买方可执行期权，以执行价格卖出标的物；随着标的物市场价格的下跌，看跌期权的市场价格上涨，买方也可在期权价格上涨时卖出期权平仓，获取价差收益。买进看跌期权的损益状态见图 6－3。

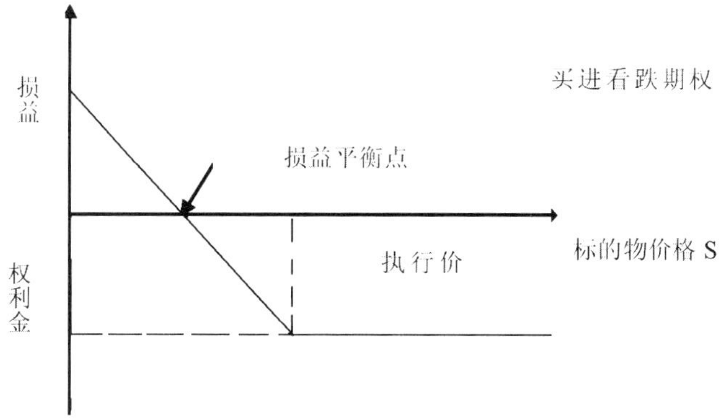

图 6－3　买入看跌期权损益与标的物价格的关系

从图中可见，标的物市场价格越低，对看跌期权的买方越有利。标的物市场价格变化对看跌期权买方损益的影响见表 6－16。

表 6－16　标的物市场价格变化对看涨期权多头损益的影响

标的物市场价格范围	标的物市场价格的变动方向及买方损益
S≥X	处于亏损状态。无论 S 上涨或下跌，最大损失不变，等于权利金
X－P＜S＜X	处于亏损状态。亏损会随着 S 下跌而减少，随着 S 上涨而增加
S＝X－P	损益＝0
S＜X－P	处于盈利状态，损益为(X－P)－S。盈利随着 S 上涨而减少，随着 S 下跌而增加，最大盈利为（X－P）

投资者预期某资产的市场价格下跌，买进以该资产为标的物的看跌期权，之后市场价格果然下跌，且升至执行价格之下，则交易者可执行期权从而获利。由于价格不可能跌到负数，所以买入看跌期权的最大盈利为执行价格减去期权费之差。若到期一直未跌到执行价格之下，则交易者可放弃期权，其最大损失为期权费。

2. 买进看跌期权的运用

买进看跌期权适用的市场环境:标的物处于熊市，或预期后市下跌，或认为市场已经见顶。在上述市场环境下，标的物市场价格大幅波动或预期波动率提高，对看跌期权买方更为有利。买进看跌期权的目的:

(1) 为获取价差收益而买进看跌期权。看跌期权的买方通过对市场价格变动的分析，认为标的物市场价格有较大幅度下跌的可能性，所以，他支付一定数额的权利金买入看跌期权。

(2) 为了博取杠杆收益而买进看跌期权。如果预期标的物市场价格下跌的可能性极大，则可买进看跌期权，以较低的权利金成本获取比卖出期货合约更高的杠杆效应。

(3) 为保护标的物多头而买进看跌期权。投资者已经买进了标的物，为防止价格下跌，可买进看跌期权，以抵消价格下跌的风险。

(四) 卖出看跌期权

1. 卖出看跌期权损益

与看涨期权相似，看跌期权卖方损益与买方正好相反，买方的盈利即为卖方的亏损，买方的亏损即为卖方的盈利，看跌期权卖方能够获得的最高收益为卖出期权收取的权利金。卖出看跌期权的损益如下：

$$损益=\begin{cases}P & S\geqslant X 时\\ S-(X-P) & S<X 时\end{cases}$$

当标的物市场价格大于等于执行价格时，看跌期权买方不行使期权，卖方最大收益为权利金;随着标的物市场价格的上涨，看跌期权的市场价格下跌，卖方也可在期权价格下跌时买入期权平仓，获取价差收益。

当标的物的市场价格小于执行价格，看跌期权买方执行期权时，卖方以执行价格买入标的物。卖出看跌期权的损益状态见图 6－4。

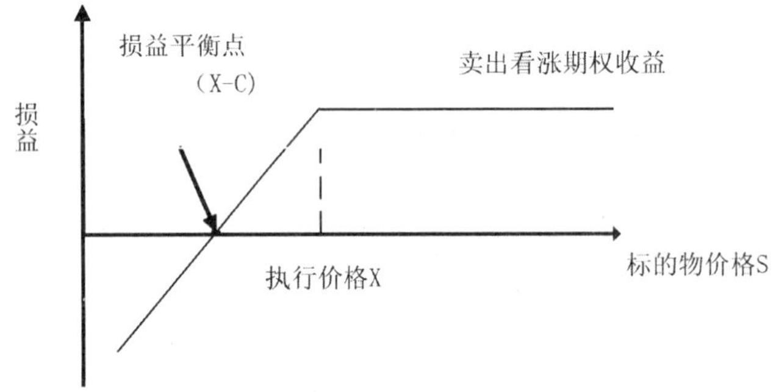

图 6－4　卖出看跌期权损益与标的物价格的关系

从图中可见，标的物市场价格越低，对看跌期权的卖方越有利。标的物市场价格变化对看跌期权卖方损益的影响见表 6－17。

表 6－17　　标的物市场价格变化对看涨期权多头损益的影响

标的物市场价格范围	标的物市场价格的变动方向及买方损益
S≥X	处于盈利状态。无论 S 上涨或下跌，最大盈利不变，等于权利金
X－P＜S＜X	处于盈利状态。盈利会随着 S 上涨而增加，随着 S 下跌而减少
S＝X－P	损益＝0
S＜X－P	处于亏损状态，损益为 S－(X－P)。亏损随着 S 上涨而减少，随着 S 下跌而增加，最大亏损＝X－P

若交易者卖出看跌期权，在到期日之前没能跌至执行价格之下，则作为看跌期权的买方将会放弃期权，而看跌期权的卖方就会取得期权费的收入。反之，看跌期权的买方将会要求执行期权，期权卖方的损失时执行价格减去市场价格和期权费的差。

2. 卖出看跌期权的运用

卖出看跌期权适用的市场环境：标的物市场处于牛市，或预期后市看涨，或认为市场已经见底。

卖出看跌期权的目的：

（1）为获得价差收益或权利金收益而卖出看跌期权。看跌期权的卖方通过市场分析，认为相关标的物市场价格将会上涨，或者即使下跌，跌幅也很小，所以卖出看跌期权，并收取一定数额的权利金。

(2)为对冲标的物空头而卖出看跌期权。如果投资者已经卖出标的物(如期货合约或现货)，为低价买进标的物，可卖出看跌期权。

二、期权套期保值交易

(一)期权套期保值交易原理

期权套期保值交易是利用期权价格与现货、期货价格的相关性原理来进行操作，价格的变化同样会引起一个部位盈利和一个部位亏损。在其他因素不变的情况下标的现货或期货价格上涨则看涨期权价格上涨看跌期权价格下跌，标的现货或期货价格下跌则看涨期权价格下跌看跌期权价格上涨。与此相对应为了规避价格上涨的风险保值者可以买入看涨期权或者卖出看跌期权，为了规避价格下跌的风险保值者可以买入看跌期权或者卖出看涨期权。

(二)期权的套期保值功能运用

在期货交易中，买进期货以建立与现货头寸相反的头寸时，称为买期保值；卖出期货以建立与现货头寸相反的头寸时，称为卖期保值。在期权交易中，情形与此不同。它不是按期权的头寸来定义，而是按买卖期权能转换成的期货头寸(或标的物头寸)来决定。因此买进看跌期权和卖出看涨期权都是卖期保值，因为他们履约后转换的头寸都是空头；相反，买进看涨期权和卖出看跌期权都是买期保值，因为他们履约后转换的头寸都是多头。

期货合约交易具有对现货的保值功能，而期权交易及具有对现货交易的保值功能，又具有对交易者所拥有的期货头寸的保值功能。

1.期权卖期保值策略分析

生产制造商、仓储商、加工商、贸易商、终端用户等生产经营者，为了使自己计划购进的现货或者已经出售的现货免受因价格上涨造成的损失，除利用期货合约套期保值外，也可以利用期权交易进行保值。买期保值基本做法是买进看涨期权或卖出看跌期权。买进看涨期权，可以确立一个最高买价；卖出看跌期权，可以得到权利金盈利。期权买期保值策略主要有：买入看涨期权、卖出看跌期权，以及买进期货合约、同时买入相关期货看跌期权的组合策略。

(1)买进看涨期权买期保值策略

买进与自己即将购进的现货或期货相关的看涨期权，支付一笔权利金后，便享有买入或不买入相关期货的权利。一旦价格上涨，变执行看涨期权，低价买进期货合约，然后按上涨的价格水平高价卖出相关期货合约，获得价差利润，在弥补支付的权利金后还有盈余，这部分应予足以弥补高价购进现货的亏损，从而取得一定的保值作用。如果价格不但没有上涨，反而下跌，则可以低价转让看涨期权，其以支付的权利金的损失可以由低价购进现货的成本降低来弥补，同样起到了保值作用。

(2)卖出看跌期权买期保值策略

相关商品价格有可能保持相对稳定，或预期的价格下跌幅度很小时，套期保值者可能会发现，通过卖出一个看跌期权，从买方收取权利金，并利用此款为今后的交易保值，是一个值得一试的办法。但是，一旦相关期货价格跌至期权执行价格以下时，该看跌期权卖方也可能面临买方要求对期权履约的风险损失。

（3）买进期货合约，同时买入相关期货看跌期权的买期保值策略

在期货交易中，生产者计划购进商品时，为防止价格上涨带来的购进成本增加的损失，可以通过买进相关期货合约的套期保值交易来保证其预期的购进成本。但是一旦价格不但没有上涨反而下跌的话，其期货合约交易将会发生亏损。虽然这一亏损可以由现货价格下跌带来的低价购进来弥补，但失去了低成本购进的市场机会。为了尽量减少期货合约交易中的亏损，可以在买进期货合约的同时，买入相关期货看跌期权。这样，价格上涨时，放弃或卖出平仓看跌期权，同时高价卖出期货合约平仓，获取期货合约的差价利润，在弥补已支付的权利金后还有盈余，为现货交易起到了一定的保值作用。一旦价格下跌时，则履行看跌期权，卖出期货合约与手中的期货多头头寸对冲，其最大损失只是已经支付的权利金。

2. 期权卖期保值策略分析

生产制造商、仓储商、加工商、贸易商、终端用户等生产经营者，为了使自己所拥有的已经购进的现货或期货免受因价格下跌造成贬值的风险，除利用期货合约套期保值外，还可以运用风险更小、操作更灵活的期权交易进行保值。

（1）买进看跌期权卖期保值策略

买进与自己拥有的现货或期货多头头寸相关的看跌期权，支付一定数量的权利金，便享有卖出或不卖出相关期货合约的权力。一旦价格下跌，买方便执行期权合约，按执行价格卖出相关期货合约。同时以较低价格从期货市场上买进相关期货合约对冲手中的期货空头头寸，从而获取一部分利润。这部分利润在弥补支付的权利金后还有一定的盈余，从而获取一定程度上为自己所拥有的现货头寸或期货多头头寸取得了一定的保值作用，价格下跌幅度越大，这种保值作用越明显。相反，如果市场价格不跌反涨，买方则不履行期权合约或卖出看跌期权平仓，其最大损失只是支付的权利金，这部分权利金支出在一定程度上可以由价格上涨的盈利部分来适当弥补或由卖出看跌期权收取的权利金来弥补，最终还是得到一定的保值作用，其所付的少量的权利金也是很合算的。

（2）卖出看涨期权卖期保值策略

相关商品价格有可能保持相对稳定，或预期的价格下跌幅度很小时，套期保值者可以通过卖出一个看涨期权，从买方收取权利金，并利用此款为今后的现货交易保值。但是，一旦相关期货价格涨至看涨期权执行价格之上时，该看涨期权卖方将会面临买方要求对期权履约的风险损失。

（3）卖出期货合约，同时买入相关期货看涨期权的卖期保值策略

在期货交易中，生产者拥有即将出售的现货时，为防止价格下跌带来的损失，可以通过卖出期货合约的套期保值交易来保证其预期的利润。但是一旦价格不但没有下跌反而上涨的话，其期货合约交易将会发生亏损。为了尽量减少期货合约交易中的亏损，可以在卖出期货合约的同时，买入相关期货看涨期权。这样，价格下跌时，放弃或卖出平仓看跌期权，同时高价卖出期货合约平仓，获取期货合约的差价利润，在弥补已支付的权利金后还有盈余，为现货交易起到了一定的保值作用。一旦价格下跌时，放弃或卖出平仓看涨期权，同时低价买入期货合约平仓，达到保值的目的；价格上涨时，执行看涨期权，买进期货合约与手中的期货空头头寸对冲，减少期货合约交易损失。

【要点小结】

1. 当价格偏离了由供需关系所决定的价值时市场处于不均衡状态，此时就出现了套利的机会；套利机会将会推动市场重建均衡，市场一恢复均衡套利机会就消失。在市场均衡时无套利机会，这就是无套利均衡分析的依据。

2. 影响期货价格变化的基本因素概括起来主要有以下八个方面：供求关系、经济周期、政府政策、政治因素、自然因素、季节性因素、心理因素、金融货币因素。

3. 套期保值主要有以下几个交易原则：交易方向相反原则、商品种类相同原则、商品数量相等原则、月份相同或相近原则。

4. 基差是指某一特定商品在某一特定时间和地点的现货价格与该商品在期货市场的期货价格之差。现货价格高于期货价格，则基差为正数，称为远期贴水或现货升水；现货价格低于期货价格，则基差为负数，称为远期升水或现货贴水。

5. 期货套利主要包括跨期套利、跨品种套利、跨市套利三种，其中牛市套利、熊市套利、蝶式套利属于跨期套利。

6. 期货投机是指交易者通过预测期货合约未来价格的变化，以在期货市场上获取价差收益为目的的期货交易行为，读者应该分清期货投机和期货套期保值之间的区别。

7. 期权交易的基本策略有四种：买进看涨期权、卖出看涨期权、买进看跌期权、卖出看跌期权，其他所有的交易策略都因此而派生。读者应熟练不同种类期权交易的损益分析。

【思考与练习】

1. 在使用期货进行套期保值时应注意哪些事项？

2. 期货套期保值交易和期货套利交易主要区别是什么？实际操作时如何选择？

3. 期货套利交易主要有哪三种？三种主要类型的主要区别是什么？

4. 期权交易的基本策略有哪些？并作图对基本策略进行损益分析。

第七章

证券投资分析

【内容提要】

本章主要介绍证券，特别是股票和期货的分析方法。包括基本分析法、技术分析法。其中基本分析法通过对决定证券投资价值的基本要素如宏观经济指标、经济政策走势、行业发展状况、公司经营及财务状况等的分析，对证券内在价值及证券价格未来变化方向作出评估判断的一种分析方法。技术分析法主要包括图形分析和指标分析两类。K 线是图形分析的基础，借助 K 线图，运用形态分析股价中期变化特点。形态有持续整理和反转形态两种。切线分析是技术分析方法中的精髓，重点是支撑线与压力线、趋势线与轨道线的确认和突破。指标分析也是一种常用的技术分析方法，常用的指标有 MA、MACD、WMS%、KD 和 RSI 指标，重点是这些指标的测市法则。同时，本章还介绍了证券市场中的一些常见市场异象，并介绍了解释这些市场异象的行为金融学基本理论。

本章共分为三节，具体内容包括：

第一节介绍了股票与期货投资分析的基本分析法。其中股票基本分析包括宏观经济周期分析、宏观经济政策分析、行业与版块分析、上市公司财务分析和其他因素分析。期货基本分析包括供求分析、经济波动分析、金融货币因素分析和政治、政策因素分析等。

第二节介绍了证券投资分析的技术分析法。包括技术分析的基本假设和主要的技术分析方法，如图形分析和指标分析。

第三节介绍了证券市场的一些常见异象及其行为金融学解释。

【学习目标】

1. 了解基本分析和技术分析方法的概念及两者的区别。
2. 掌握基本面分析的基本要素：宏观经济分析、行业和产业分析、公司经营状况分析。
3. 掌握主要的技术分析方法：量价分析、K 线分析、切线分析、形态分析和指标分析等。
4. 了解行为金融学及其应用范围。

【关键词】

基本面分析 图形分析 指标分析 证券市场异象

第一节 基本分析

基本分析又称基本面分析，是指证券投资者根据经济学、金融学、财务管理学及投资学等基本原理，对决定证券价值及价格的基本要素，如宏观经济状况和走势、行业发展状况、公司运营状况等进行分析，评估证券的投资价值，判断证券的合理价位，从而提出相应的投资建议的一种分析方法。

基本分析的理论基础在于:第一,任何一种投资对象都有一种可以被称之为“内在价值”的衡量标准，可以通过对该种投资对象的现状和未来前景进行分析而得出其内在价值。第二,价格围绕着价值上下波动，市场价格和内在价值之间的差距最终会被市场所纠正，因此当分析结果显示市场价格低于(或高于)内在价值时，便是买入(卖出)机会到来之时。

一、股票的基本分析

所谓基本分析方法，也称为基本面分析方法，是指把对股票的分析研究重点放在它本身的内在价值上。股票价值在市场上所表现的价格，往往受到许多因素的影响而频繁变动。因此一种股票的实际价值很难与市场上的价格完全一致。基本分析法就是利用丰富的统计资料，运用多种多样的经济指标，采用比例、动态的分析方法从研究宏观的经济大气候开始，逐步开始中观的行业兴衰分析，进而根据微观的企业经营、盈利的现状和前景，从中对企业所发行的股票作出接近显示现实的客观的评价，并尽可能预测其未来的变化，作为投资者选购的依据。

(一) 基本分析的特点及适用范围

首先，基本面分析是股市波动成因分析。基本面分析要弄懂的是股市波动的理由和原因，因此就必须对各种因素进行研究，分析它们对股市有何种方向的影响。投资者可以借助基本面分析来解决买卖“什么”的问题，以纠正技术分析可能提供的失真信息。由于技术分析注重的是短线量化分析，很可能会出现“只见树木，不见森林”的现象。

其次，基本面分析是定性分析。在基本面分析过程中，涉及的虽主要是经济指标的数量方面，但这些指标对股市的影响程度却难以量化，只能把它们对股市的影响方向加以定性。基本面分析不能解决入市时机的问题，只有在对股市及个股走势有了基本的判断之后，再结合技术分析，才有可能找出合适的入市时机。因此，基本分析属于战略层次的分析。

再次，基本面分析是长线投资分析。基本面分析是长线投资分析工具，而非短线投资分析工具，因为基本面分析侧重于大势的判断，分析时所考察的因素也多是宏观和中观因素，它们对股市的影响较深远，由此分析得出的结论自然具有一定的前瞻性，对长线投资具有一定的指导意义，依此作出的投资志在博取长期回报以及分享整体经济增长带来的成果，而非短线投机收益。

综上所述，基本面分析的优点在于它能较准确地把握股市走向，给投资者从事长线投资提供决策依据，而其缺点是分析时间效应长，对具体的入市时间较难作出准确的判断、要想解决此问题，还要靠技术分析的辅助。因此，基本面分析只适用于大势的研判，而不适用于具体入市时机的决断。

(二)基本分析的优缺点

基本面分析的优点在于在正常情况下，重点放在行情大势上，不被日常的波动迷惑，结论明确，可靠性较高，指导性较强。

基本面分析的缺陷主要体现在搜集数据的能力有限，不可能完全掌握市场的供需关系。基本面数据和供求态势的结论是相对确定的，但是行情价格却是动态变化的，如何把握价格在顶部和底部运行时所处的不同阶段以及对应的基本面状况，对于没有受过专业训练的缺乏交易经验的人来说是一道难题。另外在交易中还会出现一些突发因素，超出已知的基本面之外的，有些是无法预测和量化的。

(三)基本分析的主要内容

1. 宏观经济周期分析

宏观经济运行因受各种因素的影响，常常呈现周期性变化，经济周期一般经历上升期、高涨期、下降期和停滞期四个阶段。当经济处于停滞状态时，企业表现出效益差、开工不足、设备使用率下降等症状，继而是社会失业率上升，受其影响，股票指数会走低；当经济度过停滞期，开始缓慢上升时，股市会随着入市资金量的增加而逐渐回稳；当经济得到全面恢复，并进入高涨阶段时，企业生产能力得以充分利用，市场销售增加，利润回升，股票指数会攀升；当经济由高涨期进入下降期后，过热的经济会逐渐冷却下来，企业产品又开始积压，生产萎缩，利润下降，股市会受其影响，而由“牛市”转向“熊市”。

在分析宏观经济形势对股市的影响时，还要注意二者之间变化的前后时间关系。由于股市综合了人们对经济形势的预期，这种预期较全面地吸收了经济发展过程中反映出来的有关信息，这种预期自然也会引起股票价格的变化，因此，股市对经济周期波动的反映总是超前的。另外，宏观经济形势对股市的影响程度还受股市发育程度制约。一般而言，股市越成熟，经济波动对其影响就越大；反之，影响则越小。

分析宏观经济形势对股市的影响，首先就得对宏观经济的运行状态进行分析，而完成这一任务就要分析各种经济指标。反映宏观经济发展状况的指标主要有：经济增长率、固定资产投资规模及其发展速度、失业率、物价水平、进出口额等。在这些指标中，有些指标的升降对股市涨跌有正向影响，有些指标的升降对股市涨跌有负向影响。

2. 宏观经济政策分析

宏观经济政策主要包括货币政策和财政政策。货币政策是国家调控国民经济运行的重要手段，当国家为了控制通胀而紧缩银根时，利率就会上升。一般情况下，利率上升，股价下跌。相反，利率下降，股价上升。货币政策主要有：利率政策、汇率政策、信贷政策等。

财政政策也是国家调控宏观经济的手段。一般来说，财政政策对股市的影响不如货币政策那样直接，但它可以通过影响国民经济的运行，然后再间接地影响股市。另外，财政政策中关于证券交易税项调整措施本身就是股票市场调控体系的组成部分，其对股市的影响力较大。财政政策主要包括公共支出政策、公债政策、税收政策等，这些政策的变化对股市有着直接或间接的影响，是进行基本面分析时要注意的重要问题。

3. 行业与板块分析

行业分析的主要内容包括：行业的市场类型分析、行业的生命周期分析、行业变动因素分析等。行业的市场类型分析侧重于行业的竞争程度分析，竞争程度越是激烈的行业，其投资壁垒越少，进入成本低，但风险大；竞争程度低的行业，风险小，利润丰厚，但投资壁垒多，进入成本高。生命周期分析主要是对行业所处生命周期的不同阶段进行分析，行业的生命周期分为四个阶段：初创期、成长期、稳定期和衰退期。当行业处于稳定阶段时，涉足该行业的公司股票价格往往会处于稳中有升的状态；当行业处于成长阶段时，股市不太稳定，有大起大落的可能；当行业处于衰退期时，股票价格会下跌。行业变动分析主要是指政府有关产业政策变动分析和相关行业发展变化分析。

增长型行业的运动状态与经济活动总水平的周期及其振幅无关。这些行业收入增长的速率相对于经济周期的变动来说，并未出现同步影响，因为它们主要依靠技术的进步、新产品推出及更优质的服务，从而使其经常呈现出增长形态。周期型行业的运动状态直接与经济周期相关。当经济处于上升时期，这些行业会紧随其扩张；当经济衰退时，这些行业也相应衰落。产生这种现象的原因是，当经济上升时，对这些行业相关产品的购买相应增加。例如消费品业、耐用品制造业及其他需求的收入弹性较高的行业，就属于典型的周期性行业。防御型行业业运动形态的存在是因为其产业的产品需求相对稳定，并不受经济周期处于衰退阶段的影响。正是因为这个原因，对其投资便属于收入投资，而非资本利得投资。有时候，当经济衰退时，防御型行业或许会有实际增长。例如，食品业和公用事业属于防御型行业，因为需求的收入弹性较小，所以这些公司的收入相对稳定。

板块分析主要是分析区域经济因素对股票价格的影响。由于我国幅员辽阔，各地区经济发展水平很不一致，而上市公司在一定程度上又受区域经济的影响，从而形成股市中的“板块”行情，所以，对这些股票的分析一定要结合当地的经济形势进行。

4. 上市公司财务分析

上市公司是股票的发行主体，分析股价的变化趋势就得分析上市公司的一些具体情况，如公司的竞争能力、赢利能力、经营管理能力、科研能力、产品的市场占有率、发展潜力以及财务状况等。只有通过对这些方面的分析研究，才能发现某只股票的潜在投资价值。公司分析是基本分析的重点，无论什么样的影响因素，最终都要通过上市公司经营绩效体现在公司价值中，并影响股票的价格。公司分析侧重对公司的竞争能力、盈利能力、经营管理能力、发展潜力、财务状况、经营业绩以及潜在风险等进行分析，借此评估和预测证券的投资价值、价格及其未来变化的趋势。公司分析可以通过定性分析的方式对企业盈利能力做出大致判断，也需要深入研究公司财务数据，通过财务分析反映公司价值的真实性。

财务分析主要是通过对上市公司的有关财务数据资料进行比较分析，以了解其当前的财务状况，预测其发展趋势，确定该公司的成长潜力。分析内容主要包括：盈利能力分析、偿债能力分析、资产营运能力分析和成长能力分析。

(1) 盈利能力分析

评价上市公司的盈利能力主要从三个方面进行：盈利质量、盈利趋势、业绩指标。

①盈利质量

衡量公司盈利质量的指标主要有：

A. 主营业务毛利率

主营业务毛利率为主营业务毛利和主营业务收入的比值，计算公式为：

$$\text{营业毛利润率} = \frac{\text{主营业务收入净额} - \text{主营业务成本}}{\text{主营业务收入净额}}$$

不同的行业毛利率也不同，在同一行业内毛利率的差别说明了公司产品和服务的竞争地位，毛利率越高说明主营业务质量越高，公司相对于竞争对手拥有较高的质量和品牌。

B. 净利率

净利率为净利润和销售收入的比值，计算公式为：

$$净利率=\frac{净利润}{销售收入}$$

这个指标越高，说明公司的盈利能力越强。

②盈利趋势

衡量公司盈利趋势的指标主要有：

A. 主营业务收入增长率

主营业务收入增长率是本期净利润的增加值和上期收入之间的比值，计算公式为：

$$主营业务收入增长率=\frac{本期主营业务收入净额-上期主营业务收入净额}{上期主营业务收入净额}$$

该指标反映公司主营业务收入规模的扩张情况和发展前景，反映公司未来的发展前景。

B. 净利润增长率

净利润增长率为净利润的增长额和上期净利润的比值，计算公式为：

$$净利润增长率=\frac{本期净利润-上期净利润}{上期净利润}$$

该指标反映上市公司获利能力的增长情况，揭示公司长期的盈利能力趋势。

③业绩指标

衡量公司业绩的最基本、运用得最普遍的几个评价指标是净资产收益率（ROE）、总资产收益率（ROA）和每股收益（EPS）。

A. 净资产收益率（ROE）

ROE 指标从股东投入资本的角度评价公司的盈利能力，该指标也可与不同投资渠道相比较，来评价企业的盈利能力，计算公式为：

$$净资产收益率=\frac{净利润}{平均普通股股东权益}$$

此指标表明所有者每一元钱的投资能够获得多少净收益。

B. 总资产收益率（ROA）

总资产收益率指标反映企业总资产能够获得利润的能力，是反映企业资产综合利用效果的指标，计算公式为：

$$总资产收益率=\frac{净利润}{平均总资产}$$

总资产收益率指标反映企业总资产能够获得利润的能力，是反映企业资产综合利用效果的指标。该指标越高，表明资产利用效果越好，整个企业的活力能力越强，经营管理水平越高。

C. 每股收益（EPS）

EPS 则简单扼要地说明了公司当年的盈利有多少是属于投资者的。计算公式为：

$$每股收益=\frac{净利润}{加权普通股股数}$$

EPS 表明普通股每股所享有的利润。每股收益越大，企业越有能力发放股利，从而投资者得到回报越高。

(2)偿债能力分析

①短期财务安全性

衡量公司短期财务安全性的指标主要有流动比率、速动比率和营业现金与流动负债比率。

A. 流动比率

流动比率是流动资产与负债之间的比值，计算公式为：

$$流动比率=\frac{流动资产}{流动负债}$$

公司能否偿还短期债务，要看有多少债务，以及有多少可变现偿债的资产。流动资产越多，短期债务越少，则偿债能力超强。但是流动比率过高，说明公司的流动性性资产没有得到充分运用。该指标值一般以 2 为宜。

B. 速动比率

速动比率是公司现金性资产和短期负债之间的比值，计算公式为：

$$速动比率=\frac{流动资产-存货}{流动负债}$$

速动比率越高，表明公司未来的偿债能力越有保证。但是速动比率过高，说明公司拥有过多的货币性资产，从而减低了资金的获利能力。该指标值一般以 1 为宜。

C. 营业现金与流动负债比率

营业现金与流动负债比率从现金流量的角度衡量公司产生的经营活动净现金流量对流动负债的保障程度，计算公式为：

$$营业现金与流动负债比率=\frac{经营性活动净现金流}{流动负债}$$

该指标的大小确定了公司的偿债活动对经营的影响。

②长期财务安全性

衡量公司长期财务安全性的指标主要有资产负债比率、有形资产净值债务比率。

A. 资产负债比率

资产负债比率为负债与资产的比值，计算公式为：

$$资产负债比率=\frac{总负债}{总资产}$$

该指标反映了企业总资产来源于债权人提供的资金的比重，以及企业资产对债权人权益的保障程度。在生产经营状况良好的情况下，还可以利用财务杠杆的正面作用，得到更多的经营利润。如果公司的经营状况不佳，不但企业资金实力不能保证偿债的安全，财务杠杆还会发挥负面作用，导致公司财务状况恶化。这一比率越小，表明公司的长期偿债能力越强。指标值以不高于 70% 为宜。

B. 有形资产净值债务比率

有形资产净值债务比率是一个保守的衡量长期偿债能力的指标，计算公式为：

$$有形资产净值债务比率=\frac{股东权益-无形资产净值}{总负债}$$

企业资产变现时，无形资产存在难以变现或者减值的危险。待摊费用并不能转变成为现金。待处理财产损失和固定资产清理科目，往往是企业悬而未决不愿处理的种种损失，并不能转变成为可以带来未来收益的资产。这是一个保守的衡量长期偿债能力的指标。

(3)资产营运能力分析

评价上市公司的资产营运能力的指标主要有:应收账款周转率、存货周转率、流动资产周转率和总资产周转率。

①应收账款周转率

应收账款周转率是企业收入和应收账款之间的比值，计算公式为：

$$应收账款周转率 = \frac{主营业务收入}{平均应收账款}$$

该指标反映应收账款的回收速度，是反映应收账款质量的重要指标。在一定时期内，应收账款的周转次数越多，表明应收账款的回收速度越快，企业的管理效率越高。这不仅有利于减少坏账损失，也有利于提高企业资产的流动性，提高企业短期债务的偿还能力和资金使用效率。

②存货周转率

存货周转率是衡量企业生产经营各个环节中存货运转效率的一个综合性指标，计算公式为：

$$存货周转率 = \frac{主营业务成本}{平均存货}$$

存货周转率越高说明存货的流动性较好，存货的管理也具有较高的效率，销售形势也好。

③流动资产周转率

流动资产周转率是主营业务收入除以平均流动资产，计算公式为：

$$流动资产周转率 = \frac{主营业务收入}{平均流动资产}$$

流动资产周转率反映流动资产的周转速度，周转速度快，会相对节约流动资产，等于相对扩大资产投入，增强公司盈利能力;而延缓周转速度，需要补充流动资产参加周转，形成资金浪费，降低公司盈利能力。

④总资产周转率

总资产周转率是企业收入和平均资产总额之间的比值，计算公式为：

$$总资产周转率 = \frac{主营业务收入}{平均资产总额}$$

这一比率用来分析企业全部资产的运用效率。资产管理的任何一个环节都会影响指标值的高低。通常来说，这一指标是越大越好。

(4)成长能力分析

评价上市公司的成长能力的指标主要有:主营业务收入增长率和可持续增长率。

①主营业务收入增长率

主营业务收入增长率为主营业务收入的增加额与上期收入的比值，计算公式为：

$$主营业务收入增长率 = \frac{本期主营业务收入 - 上期主营业务收入}{上期主营业务收入}$$

通过这一指标，可以清楚地看出主营业务收入增长的趋势，进而得出公司的增长潜力和成长态势。

②可持续增长率

可持续增长率是指不增发新股并保持目前的经营效率和财务政策条件下公司主营收入所能增长的最大比率，计算公式为：

$$可持续增长率=\frac{净利润-全部股利}{净利润}\times资产周转率\times权益乘数\times净利润$$

由于中国上市公司很少在很长时间不进行权益变动，所以可持续增长率只能作为短期考量指标，对长期有一定的指导作用。

5. 其他因素分析

除了经济因素影响股市外，社会因素、政治因素、自然因素等也影响股市的走势。例如，社会稳定与否会对股市有极大的心理影响；政局不稳和战争爆发对股市都是负面影响自然灾害往往也会引起股市的大跌。

可以说社会、政治、经济等因素的任一变化都会引起股市或大或小的波动，因此要较全面地认识股市变化规律，就要尽量把诸多因素都考虑进去。

二、期货的基本分析

期货基本面分析法是利用市场供求关系的变化来预测价格变动的趋势，它从一系列一般性因素入手，并以这些因素与期货市场相互关系的角度进行分析。基本面分析属于长期性质，它通过对政治、经济形势的分析，有助于投资者了解市场的发展状况和各种期货的投资价值，从而引导投资者更好地把握商品价格的趋势。具体内容是包括信息的收集、基本性的研究和基本分析的方式。

期货交易是以现货交易为基础的。期货价格与现货价格之间有着十分紧密的联系。商品供求状况及影响其供求的众多因素对现货市场商品价格产生重要影响，因而也必然会对期货价格产生重要影响。所以，通过分析商品供求状况及其影响因素的变化，可以帮助期货交易者预测和把握商品期货价格变化的基本趋势。在现实市场中，期货价格不仅受商品供求状况的影响，而且还受其他许多非供求因素的影响。这些非供求因素包括：金融货币因素、政治因素、政策因素、投机因素、心理预期等。因此，期货价格走势基本因素分析需要综合地考虑这些因素的影响。

（一）需求分析

商品市场的需求量是指在一定时间、地点和价格条件下买方愿意购买并有能力购买的商品数量。影响需求的因素有：商品的价格、消费者的收入、消费者的偏好、相关商品价格的变化、消费者预期的影响。它通常由国内消费量、出口量和期末结存量等三部分组成。

1. 国内消费量

国内消费量主要受消费者的收入水平或购买能力、消费者人数、消费结构变化、商品新用途发现、替代品的价格及获取的方便程度等因素的影响，这些因素变化对期货商品需求及价格的影响往往大于对现货市场的影响。

2. 出口量

稳定的进口量虽然量值大但对国际市场价格影响甚小，不稳定的进口量虽然量值小，但对国际市场价格影响很大。出口量是本国生产和加工的商品销往国外市场的数量，它是影响国内需求总量的重要因素之一。分析其变化应综合考虑影响出口的各种因素的变化情况，如国际、国内市场供求状况，内销和外销价格比，本国出口政策和进口国进口政策变化，关税和汇率变化等。例如，我国是玉米出口国之一，玉米出口量是影响玉米期货价格的重要因素。

3. 期末结存量

期末结存量具有双重的作用，一方面，它是商品需求的组成部分，是正常的社会再生产的必要条件；另一方面，它又在一定程度上起着平衡短期供求的作用。当本期商品供不应求时，期末结存将会减少；反之就会增加。因此，分析本期期末存量的实际变动情况，即可从商品实物运动的角度看出本期商品的供求状况及其对下期商品供求状况和价格的影响。

（二）供给分析

供给是指在一定时期内，在各种可能的价格下，生产者愿意并且能够提供的商品或劳务的数量。影响供给的因素有：商品的价格、生产成本、生产技术水平、相关商品的价格水平、生产者对未来的预期。它主要由期初库存量、本期产量、本期进口量组成。

1. 期初库存量

可以分为生产者存货、经营者存货、政府存货。前两种存货可根据价格变化随时上市供给，可视为市场商品可供量的实际组成部分。而政府存货不会轻易投放市场，但当市场出现供给严重短缺，价格猛涨时，政府可能动用它来平抑物价，则会对市场供给产生重要影响。

2. 本期产量

市场商品供给量的主体，短期看，主要受生产能力的制约，资源和自然条件、生产成本及政府政策的影响。不同商品生产量的影响因素可能相差很大，必须对具体商品生产量的影响因素进行具体的分析，以便较为准确地把握其可能的变动。

对于农产品期货，必须注意分析研究：播种面积、气候情况和作物生产条件、生产成本、政府的农业政策等。

3. 本期进口量

某种商品进口数量越多，占整个国家社会消费总量的比重越大，则进口量的变化对市场商品供给和商品价格的影响也就越大。应及时了解和掌握：国际政治因素、价格水平、进口政策和进口量的变化，国内市场价格差、汇率等。

（三）经济波动周期

商品市场波动通常与经济波动周期紧密相关，期货价格也不例外。由于期货市场是与国际市场紧密相联的开放市场，因此，期货市场价格波动不仅受国内经济波动周期的影响，而且还受世界经济的景气状况影响。

经济周期一般由复苏、繁荣、衰退和萧条四个阶段构成。在整个经济周期演化过程中，价格波动略滞后于经济波动。复苏阶段开始时是前一周期的最低点，产出和价格均处于最低水平。随着经济的复苏，生产的恢复和需求的增长，价格也开始逐步回升。繁荣阶段是经济周期的高峰阶段，由于投资需求和消费需求的不断扩张超过了产出的增长，刺激价格迅速上涨到较高水平。衰退阶段出现在经济周期高峰过去后，经济开始滑坡，由于需求的萎缩，供给大大超过需求，价格迅速下跌。萧条阶段是经济周期的谷底，供给和需求均处于较低水平，价格停止下跌，处于低水平上。在整个经济周期演化过程中，价格波动略滞后于经济波动。这些是经济周期四个阶段的一般特征。经济周期阶段可由一些主要经济指标值的高低来判断，如 GDP 增长率、失业率、价格指数、汇率等，这些都是期货交易者应密切注意的。

(四)金融货币因素

美元、日元、欧元等主要国际流通货币的利率或汇率的波动，对期货市场价格有着极为明显的制约作用。

利率因素对金融衍生品交易影响较大，而对商品期货的影响较小。中央银行制定的政策和采取的行动对利率水平影响极大。

汇率的高低变化必然影响相应的期货价格变化。另外，作为金融货币体系重要组成部分的股票及债券市场、黄金市场和外汇市场的运行，也会影响期货市场的运行，进而影响期货价格。

(五)政治、政策因素

政治因素主要指国际国内政治局势、国际性政治事件的爆发及由此引起的国际关系格局的变化、各国国际性贸易组织的建立及有关商品协议的达成、政府对经济干预所采取的各种政策和措施。

期货市场价格对国际国内政治气候、相关政策的变化十分敏感。政策的影响:在国际上，某种上市品种期货价格往往受到其相关的国家政策影响，这些政策包括:农业政策、贸易政策、食品政策、储备政策等，其中也包括国际经贸组织及其协定。在分析政治因素对期货价格影响时，应注意不同的商品所受影响程度是不同的。如国际局势紧张时，对战略性物资价格的影响就比对其他商品的影响大。

第二节 证券投资的技术分析

技术分析是仅从证券的市场行为来分析证券价格未来变化趋势的方法。证券的市场行为可以有多种表现形式，其中证券的市场价格、成交量、价和量的变化，以及完成这些变化所经历的时间是市场行为最基本的表现形式。

技术分析的理论基础是建立在 3 个假设之上的，即市场的行为包含一切信息、价格沿趋势移动、历史会重复。

技术分析理论的内容就是市场行为的内容。粗略地进行划分，可以将技术分析理论分为以下几类:K 线理论、切线理论、形态理论、技术指标理论、波浪理论和循环周期理论。

一、技术分析的基本假设和要素

(一)技术分析的基本假设

技术分析是以证券市场过去和现在的市场行为为分析对象，应用数学和逻辑的方法，探索出一些典型变化规律，并据此预测证券市场未来变化趋势的技术方法。由于技术分析运用了广泛的数据资料，并采用了各种不同的数据处理方法，因此受到了投资者的重视和青睐。技术分析法不但应用于证券市场，还广泛应用于外汇、期货和其他金融市场。

作为一种投资分析工具，技术分析是以一定的假设条件为前提的。这些假设是:市场行为涵盖一切信息，证券价格沿趋势移动，历史会重演。

1. 市场行为涵盖一切信息。这条假设是进行技术分析的基础。其主要思想是:任何一个影响证券市场的因素，最终都必然体现在股票价格的变动上。外在的、内在的、基础的、政策的和心理的因素，以及其他影响股票价格的所有因素，都已经在市场行为中得到了反映。技术分析人员只需关心这些因素对市场行为的影响效果，而不必关心具体导致这些变化的原因究竟是什么。这一假设有一定的合理性，因为任何因素对证券市场的影响都必然体现在证券价格的变动上，所以它是技术分析的基础 。

2. 证券价格沿趋势移动。这一假设是进行技术分析最根本、最核心的条件。其主要思想是:证券价格的变动是有一定规律的，即保持原来运动方向的惯性，而证券价格的运动方向是由供求关系决定的。技术分析法认为证券价格的运动反映了一定时期内供求关系的变化。供求关系一旦确定，证券价格的变化趋势就会一直持续下去。只要供求关系不发生根本改变，证券价格的走势就不会发生反转。这一假设也有一定的合理性，因为供求关系决定价格在市场经济中是普遍存在的。只有承认证券价格遵循一定的规律变动，运用各种方法发现、揭示这些规律并对证券投资活动进行指导的技术分析法才有存在的价值。

3. 历史会重演。这条假设是从人的心理因索方面考虑的。市场中进行具体买卖的是人，是由人决定最终的操作行为。这一行为必然要受到人类心理学中某些规律的制约。在证券市场上，一个人在某种情况下按一种方法进行操作取得成功，那么以后遇到相同或相似的情况，就会按同一方法进行操作;如果失败了，以后就不会按前一次的方法操作。证券市场的某个市场行为给投资者留下的阴影或快乐是会长期存在的。因此，技术分析法认为，根据历史资料概括出来的规律已经包含了未来证券市场的一切变动趋势，所以可以根据历史预测未来。这一假设也有一定的合理性，因为投资者的心理因素会影响投资行为，进而影响证券价格。

(二)技术分析的要素

证券市场中，价格、成交量、时间和空间是进行技术分析的要素。这几个因素的具体情况和相互关系是进行正确分析的基础 。

市场行为最基本的表现就是成交价和成交量。过去和现在的成交价、成交量涵盖了过去和现在的市场行为。技术分析就是利用过去和现在的成交量、成交价资料，以图形和指标分析工具来分析、预测未来的市场走势。在某一时点上的价和量反映的是买卖双方在这一时点上共同的市场行为，是双方的暂时均势点。随着时间的变化，均势会不断发生变化，这就是价量关系的变化。一般说来，买卖双方对价格的认同程度通过成交量的大小得到确认。认同程度小，分歧大，成交量小;认同程度大，分歧小，成交量大。双方的这种市场行为反映在价、量上就往往呈现出这样一种趋势规律:价升量增，价跌量减。根据这一趋势规律，当价格上升时，成交量不再增加，意味着价格得不到买方确认，价格的上升趋势就将会改变;反之，当价格下跌时，成交量萎缩到一定程度就不再萎缩，意味着卖方不再认同价格继续往下降了，价格下跌趋势就将会改变。成交价、成交量的这种规律关系是技术分析的合理性所在，因此，价、量是技术分析的基本要素，一切技术分析方法都是以价、量关系为研究对象的，目的就是分析、预测未来的价格趋势，为投资决策提供服务。

在进行行情判断时，时间有着很重要的作用。一个已经形成的趋势在短时间内不会发生根本改变，中途出现的反方向波动，对原来趋势不会产生大的影响。一个形成了的趋势又不可能永远不变，经过了一定时间又会有新的趋势出现。循环周期理论着重关心的就是时间因素，它强调了时间的重要性。

在某种意义上讲，空间可以认为是价格的一方面，指的是价格波动能够达到的极限。

二、技术分析的理论

(一)道氏理论

1. 道氏理论的主要原理

(1)市场价格平均指数可以解释和反映市场的大部分行为。这是道氏理论对证券市场的重大贡献。道氏理论认为收盘价是最重要的价格，并利用收盘价计算平均价格指数。目前，世界上所有的证券交易所计算价格指数的方法大同小异，都源于道氏理论。

(2)市场波动具有某种趋势。道氏理论认为，价格的波动尽管表现形式不同，但是，最终可以将它们分为 3 种趋势：主要趋势(Primary Trend)、次要趋势(Secondary Trend)和短暂趋势(Near Term Trend)。主要趋势是那些持续 1 年或 1 年以上的趋势，看起来像大潮；次要趋势是那些持续 3 周 –3 个月的趋势，是对主要趋势的调整；短暂趋势持续时间不超过 3 周，其波动幅度更小。

(3)主要趋势有 3 个阶段。以上升趋势为例，第一个阶段为累积阶段。该阶段中，股价处于横向盘整时期。在这一阶段，聪明的投资者在得到信息并进行分析的基础上开始买入股票。第二个阶段为上涨阶段。在这一阶段，更多的投资者根据财经信息并加以分析，开始参与股市。尽管趋势是上升的，但也存在股价修正和回落。第三个阶段为市场价格达到顶峰后出现的又一个累积期。在这一阶段，市场信息变得更加为众人所知，市场活动更为频繁。第三个阶段结束的标志是下降趋势，并又回到累积期。

(4)两种平均价格指数必须相互加强。道氏理论认为，工业平均指数和运输业平均指数必须在同一方向上运行才可确认某一市场趋势的形成。

(5)趋势必须得到交易量的确认。在确定趋势时，交易量是重要的附加信息，交易量应在主要趋势的方向上放大。

(6)一个趋势形成后将持续，直到趋势出现明显的反转信号。这是趋势分析的基础。然而，确定趋势的反转却不太容易。

2. 道氏理论的应用及应注意的问题

道氏理论从来就不是用来指出应该买卖哪只股票，而是在相关收盘价的基础上确定出股票市场的主要趋势，因此，道氏理论对大形势的判断有较大的作用，但对于每日每时都在发生的小波动则显得无能为力。道氏理论甚至对次要趋势的判断作用也不大。

道氏理论的另一个不足是它的可操作性较差。一方面，道氏理论的结论落后于价格变化，信号太迟；另一方面，理论本身存在不足，使得一个很优秀的道氏理论分析师在进行行情判断时，也会因得到一些不明确的信号而产生困惑。

尽管道氏理论存在某些缺陷，有的内容对今天的投资者来说已过时，但它仍是许多技术分析的理论基础。近 30 年来，出现了很多新的技术，有相当部分是道氏理论的延伸，这在一定程度上弥补了道氏理论的不足。

(二)K 线理论

K 线也称日本线，一条 K 线记录的是某一种股票某一周期的价格变动情况。价格的变动主要体现在4个价格上，即开盘价(O)、最高价(H)、最低价(L)和收盘价(C)。4个价格中，收盘价最为重要。

K线是一条柱状的线条，由影线和实体组成。影线在实体上方的部分叫上影线，下方的部分叫下影线。实体分阴线和阳线两种，又称红(阳)线和黑(阴)线。图7－1是两个常见K线的形状。

图7－1

图7－1中，中间的矩形长条叫实体，上、下伸出的两条细线叫上、下影线。如果开盘价高于收盘价，则实体为阴线或黑线(如右图)；反之，收盘价高于开盘价，则实体为阳线或红线。将四个价格在坐标纸上一一标出，然后按图7－1的方式即可画出。将每个交易日的K线连接在一起，就构成反映股票价格历史情况的K线图。

1. K线的含义

除了图7－1所画K线的形状外，由于4个价格的不同取值，还会产生其他形状的K线，概括起来有下列5种。

(1)光头阳线和光头阴线。这是没有上影线的K线，当收盘价或开盘价正好与最高价相等时，就会出现这种K线(如图7－2)。

图7－2

(2)光脚阳线和光脚阴线。这是没有下影线的K线，当收盘价或开盘价正好与最低价相等时，就会出现这种K线(如图7－3)。

图7－3

(3)光头光脚的阳线和阴线。这种K线既没有上影线也没有下影线，当开盘价和收盘价分别与最高价和最低价相等时，就会出现这种K线(如图7－4)。

图 7－4

(4)十字星。当收盘价与开盘价相同但不与最高价和最低价相同，就会出现这种 K 线，它的特点是没有实体(如图 7－5)。

图 7－5

(5)T 字型和倒 T 字型。在十字星的基础上，如果再加上秃头和光脚的条件，就会出现这两种 K 线。它们没有实体，而且没有上影线或者没有下影线(如图 7－6)。

图 7－6

在 K 线图中，阳线实体的长短代表多方力量的强弱，阴线实体的长短代表空方力量的强弱，上影线表示上方抛压，影线的长短代表抛压的大小，下影线表示下方接盘，影线的长短代表承接力量的大小。K 线图是反映股价变动情况的图形，其目的是测量多空双方的力量对比，为我们做多或空提供依据。

2. K 线组合的含义

(1)连续两阳和连续两阴(如图 7－7)。这是多空双方的一方已经取得决定性胜利，牢牢地掌握了主动权，今后将以取胜的一方为主要运动方向。右图是空方获胜，左图是多方获胜。第二根 K 线实体越长，超出前一根 K 线越多，则取胜一方的优势就越大。

图 7－7

(2)曙光初现和乌云盖顶(如图 7－8)。曙光初现的第一根 K 线为阴线，第二根 K 线为跳低开盘，但收盘价切入第一根 K 线的实体部分，它表明空方的打压遭遇多方的顽强抵抗，若在股价运行的底部出现，则是见底回升的强烈信号。乌云盖顶正好相反。

图 7－8

(3)阴包阳和阳包阴(如图 7－9)。阴包阳是第一根阳线的实体较长，但第二根阴线的实体更长，第二根阴线把第一根阳线完全覆盖，阴包阳显示多方的进攻在空方的反击下土崩瓦解，后市看跌。阳包阴情况完全相反。

图 7－9

(4)早晨之星和黄昏之星(如图 7－10)。一根实体较长的阴线之后紧接着出现一根跳低开盘的小阳线，第三天又出现一根阳线，且收盘价切入第一根阴线的上半部分。这种组合若出现在股价运行的底位，则是见底反转的信号。黄昏之星情况完全相反。

图 7－10

(三)量价分析理论

一般说来，买卖双方对价格的认同程度通过成交量的大小确认，认同程度大，成交量大；认同程度小，成交量小。双方的这种市场行为反映在价、量上往往呈现出这样一种规律：价增量增，价跌量减。

1. 量价关系的两种情况

(1)量价配合

量价配合指的是股价与成交量变化的方向是相同的，即股价上涨时，成交量也跟随着股价的上涨而放大，也就是大家经常所说的“量增价升”。在股价上涨的过程中，成交量与股价配合密切时，就说明市场一致看好股价的后期走势，多空双方的分歧很小。同样，在股价下跌或调整时，成交量会逐步萎缩，这也说明股价和成交量的运行方向是一致的。随着股价的下跌，成交量呈现出逐步萎缩的现象，说明持股者惜售，对股价后期走势看好，预示着股价即将迎来反弹甚至是反转行情(如图 7－11)。

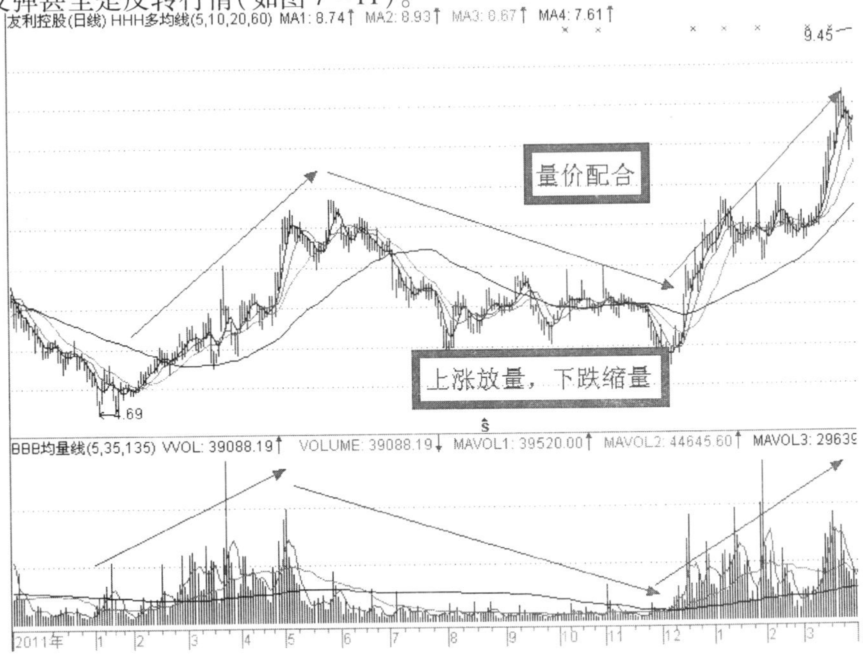

图 7－11

量价配合
- 股价上涨成交量放大:市场一致看好股价的后期走势,多空双方分歧很小
- 股价下跌成交量逐步萎缩:持股者惜售,看好后期走势,预示着股价即将迎来反弹甚至是反转行情。

(2)量价背离

量价背离指的是股价与成交量呈现完全相反的变化趋势，即在股价上涨时，成交量却出现萎缩或者是持平的现象。这种情况说明股价的上涨没有得到成交量的支撑，市场参与的热情不高，买卖双方的交易非常清淡。出现这种现象时，股价难以维持持续上涨的行情。同样，在股价下跌时，成交量却出现放大，这也是量价背离的表现。出现这种走势，预示着盘中抛盘严重。如果在股价刚开始下跌时出现这种现象，则是大跌行情的前兆，投资者一定要特别谨慎(如图7－12)。

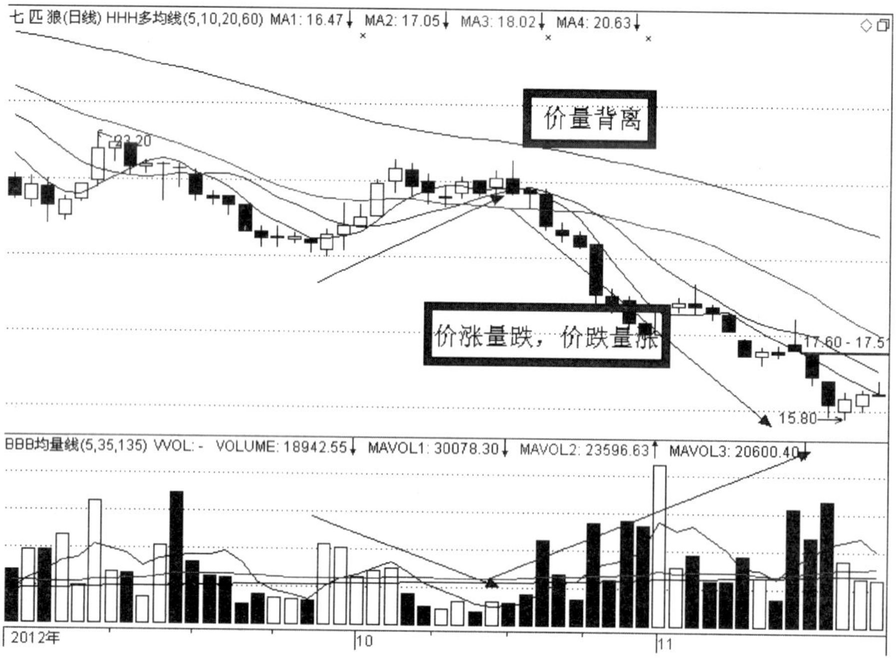

图7－12

量价背离
- 股价上涨时成交量出现萎缩或者持平:股价的上涨没有得到成交量的支撑,难以维持持续上涨的行情
- 股价下跌时,成交量却出现放大:盘中抛盘严重,如果在股价刚开始下跌时出现则是大跌行情的前兆

2. 成交量与价格趋势的关系

技术分析方法认为，价格的涨、跌和平是股价变动的方向，成交量是对价格变动方向的认同，也可以认为是价格变动的力量。股价变动与成交量之间的关系可以总结为以下6种情况：

(1)股价上升，成交量增加。这种情况技术分析人士常称之为价升量增。表明股价上涨得到成交量的认同，后市具有进一步上涨的潜力；

(2)股价上升，成交量减少。这种情况技术分析人士常称之为空涨。表明股价上涨没有

得到成交量的认可，股价上升的动力不足，后市看跌；

(3)股价下跌，成交量增加。这种情况技术分析人士常称之为价跌量增。表明股价下跌得到成交量的认同，后市具有进一步下跌的动力；

(4)股价下跌，成交量减少。这种情况技术分析人士常称之为空跌。表明股价下跌没有得到成交量的认可，股价下跌的动力不足，后市看涨；

(5)股价持平，成交量增加。这种情况应具体分析，股价经历一段下跌后，放出了一定的成交量，而股价持平，表明逢低吸纳的投资者增多，股价有反弹或反转的可能，这种情况常称为底部放量，后市应看好；股价经历一段上涨后，放出了一定的成交量，而股价持平，表明逢高减磅的投资者增多，股价有反弹或反转的可能，这种情况常称为顶部放量，后市应看淡；

(6)股价持平，成交量较小。这种情况称为无量盘整。表明多空双方力量处于均衡状态，双方均在等待机会寻找突破方向，后市走向不明，涨跌依靠新的因素来打破平衡。

(四)切线理论

1. 趋势分析

股价变动有一定的趋势，在长期上涨或下跌的趋势中，会有短暂的盘旋或调整，投资者应把握长期趋势，不为暂时的回调和反弹所迷惑，同时也应及时把握大势的反转。切线理论就是帮助投资者识别大势变动方向的较为实用的方法。

(1)趋势的含义

趋势是指股票价格的波动方向。若确定了一段上升或下降的趋势，则股价的波动必然朝着这个方向运动。上升的行情中，虽然也时有下降，但不影响上升的大方向；同样，下降行情中也可能上升，但不断出现的新低使下降趋势不变。

技术分析的三大假设中的第二条明确说明价格的变化是有趋势的，没有特别的理由，价格将沿着这个趋势继续运动。这一点就说明趋势这个概念在技术分析中的重要地位。

(2)趋势的方向

趋势的方向有3类(如图7-13)。

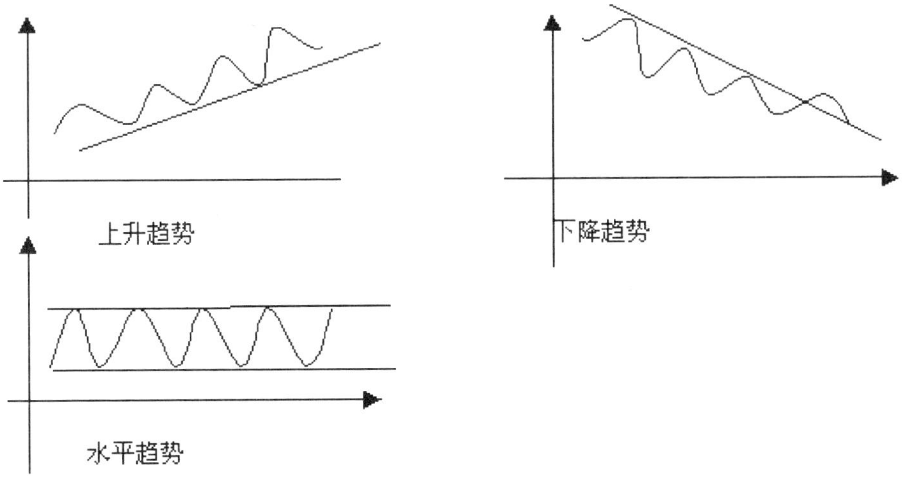

图7-13　趋势的三种类型

①上升方向。如果图形中每个后面的峰和谷都高于前面的峰和谷，则趋势就是上升方向。这就是常说的一底比一底高或底部抬高。

②下降方向。如果图形中每个后面的峰和谷都低于前面的峰和谷，则趋势就是下降方向。这就是常说的一顶比一顶低或顶部降低。

③水平方向（无趋势方向）。如果图形中后面的峰和谷与前面的峰和谷相比，没有明显的高低之分，几乎呈水平延伸，这时的趋势就是水平方向。

（3）趋势的类型

按道氏理论的分类，趋势分为3个类型：

①主要趋势。主要趋势是趋势的主要方向，是股票投资者极力要弄清楚的。了解了主要趋势才能做到顺势而为。主要趋势是股价波动的大方向，一般持续的时间比较长（这是技术分析第二大假设所决定的）。

②次要趋势。次要趋势是在主要趋势过程中进行的调整。由于趋势不会是直来直去的，总有个局部的调整和回撤，次要趋势完成的正是这一使命。

③短暂趋势。短暂趋势是在次要趋势中进行的调整。短暂趋势与次要趋势的关系就如同次要趋势与主要趋势的关系一样 。

2. 支撑线与压力线

支撑线又称为抵抗线。当股价跌到某个价位附近时，股价停止下跌，甚至有可能回升，这是因为多方在此买入造成的。支撑线起阻止股价继续下跌的作用，该价位就是支撑线所在的位置。压力线又称为阻力线。当股价上涨到某价位附近时，股价会停止上涨，甚至回落，这是因为空方在此抛售造成的。压力线起阻止股价继续上升的作用。这个起着阻止或暂时阻止股价继续上升的价位就是压力线所在的位置（如图7－14）。

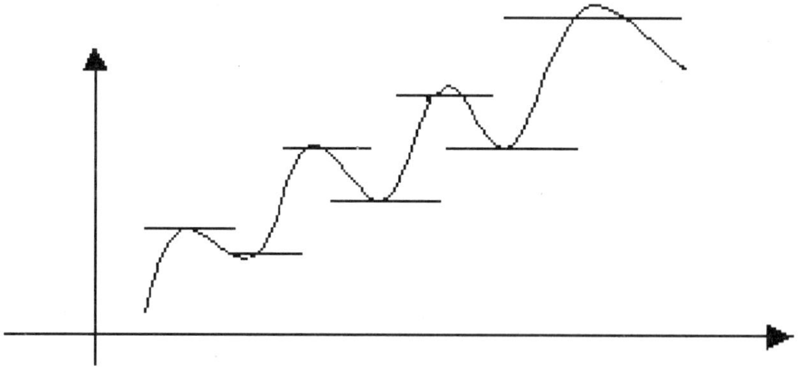

图7－14 支撑线与压力线

（1）支撑线与压力线的确认

每一条支撑线和压力线的确认都是人为的，主要是根据股价变动所画出的图表。一般来说，支撑线或压力线的重要性由三个方面因素决定，一是股价在这个区域停留时间的长短；二是股价在这个区域伴随的成交量大小；三是这个支撑区域或压力区域发生的时间距离当前这个时期的远近。

（2）支撑线与压力线的作用

股价的变动是有趋势的，要维持这种趋势，保持原来的变动方向，就必须冲破阻止其继续向前的障碍。支撑和压力线迟早会被突破。同时，支撑和压力线又有彻底阻止股价按原方向变动的可能。支撑线和压力线之所以能起支撑和压力作用，很大程度是由于心理方面的原因，历史会重复也是一个重要因素。

在上升趋势中，如果未创出新高，即未突破压力线，这个上趋势就已处在很关键的位置了，如果其后股价又向下突破了这个上升趋势的支撑线，就发出了趋势有变的强烈信号，通常这意味着，这一轮上升趋势已经结束，下一步的走向是下跌。同样，在下降趋势中未创新低，即未突破支撑线，这个下降趋势就已经处于很关键的位置，如果其后股价向上突破了这个下降趋势的压力线，这就发出了下降趋势将要结束的强烈信号。

支撑和压力线也可能相互转变。一个支撑如果被跌破，那么这个支撑将成为压力；同理，一个压力被突破，这个压力将成为支撑。支撑和压力相互转化的重要依据是被突破，可以从三个方面判断是否被突破：一是幅度原则；二是时间原则；三是收盘价原则。

3. 趋势线与轨道线

(1)趋势线

趋势线是衡量价格趋势的，由趋势线的方向可以明确地看出股价的运行趋势(如图7－15)。在上升趋势中，将两个低点连成一条直线，就得到上升趋势线。在下降趋势中，将两个高点连成一条直线，就得到下降趋势线。

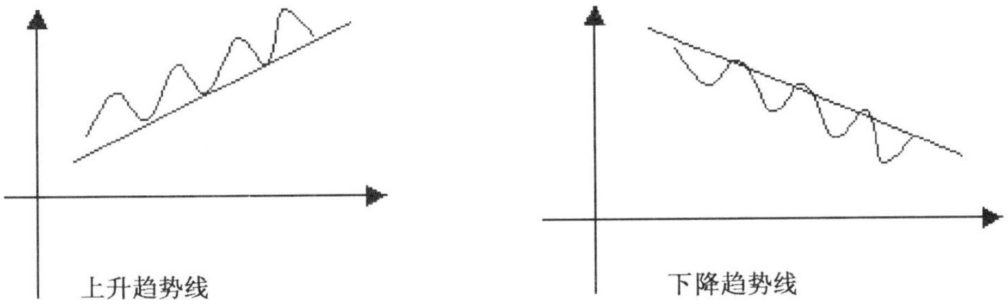

图7－15 趋势线

上升趋势线是支撑线的一种，下降趋势线是压力线的一种。要得到一条真正起作用的趋势线，要经多方面的验证才能最终确认。首先，必须确实有趋势存在。其次，画出直线后，还应得到第三个点的验证才能确认这条趋势线是有效的。另外，这条直线延续的时间越长，越具有有效性。

一般来说，趋势线有两种作用：第一，对价格今后的变动起约束作用，使价格总保持在这条趋势线的上方(上升趋势线)或下方(下降趋势线)。第二，趋势线被突破后，趋势可能反转。越重要、越有效的趋势线被突破，其转势的信号越强烈。被突破的趋势线原来所起的支撑和压力作用，现在将相互交换角色。

(2)轨道线

轨道线又称通道线或管道线。在已经得到了趋势线后，通过第一个峰和谷可作出这条趋势线的平行线，这条平行线就是轨道线，也就是常说的上升和下降轨道(如图7－16)。轨道的作用是限制股价的变动范围。轨道一旦得到确认，那么价格将在这个通道里变动。轨道线的另一个作用是提供趋势转向的警报。如果在一次波动中未触及到轨道线，离得很远就开始掉头，这往往是趋势将要改变的信号。

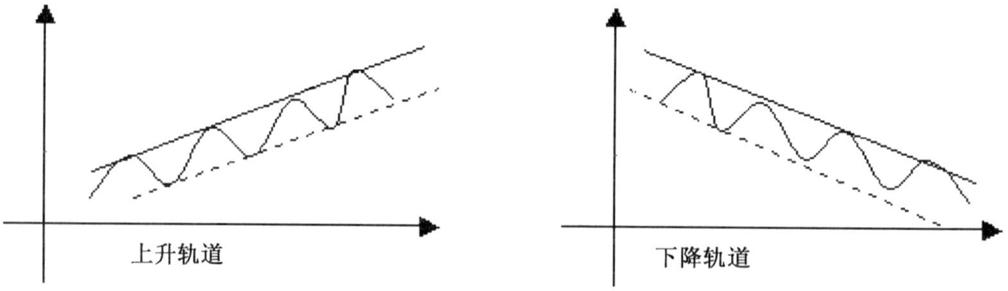

图 7－16　轨道线

与突破趋势线不同，对轨道线的突破并不是趋势反转的开始，而是趋势加速的开始，即原来的趋势线的斜率将会增加，趋势线将会更加陡峭。

4. 应用切线理论应注意的问题

切线为我们提供了很多价格移动可能存在的支撑线和压力线，这些直线有很重要的作用。但是，支撑线、压力线有被突破的可能，它们的价位只是一种参考，不能把它们当成万能的工具。

三、图形分析

图形分析的主要理论就是形态理论，通过研究股价所走过的轨迹，分析和挖掘出曲线告诉我们的一些多空双方力量的对比结果，进而指导我们的行动。趋势的方向发生变化一般不是突然来到的，变化都有一个发展的过程。形态理论通过研究股价曲线的各种形态，发现股价正在进行的行动方向。

(一)价格移动规律和两种形态类型

1. 价格移动规律

价格的移动是由多空双方力量大小决定的。在一个时期内，多方处于优势，价格将向上移动;在另一个时期内，如果空方处于优势，则价格将向下移动。多空双方的一方占据优势的情况又是多种多样的。有的只是稍强一点，价格向上(下)走不了多远就会遇到阻力;有的强势大一些，可以把价格向上(下)拉得多一些;有的优势是决定性的，这种优势完全占据主动，对方几乎没有什么力量与之抗衡，价格的向上(下)移动势如破竹。

根据多空双方力量对比可能发生的变化，可以知道价格的移动应该遵循这样的规律:第一，价格应在多空双方取得均衡的位置上下来回波动;第二，原有的平衡被打破后，价格将寻找新的平衡位置。这种价格移动的规律可用下式描述:持续整理、保持平衡——打破平衡——新的平衡——再打破平衡——再寻找新的平衡……价格的移动就是按这一规律循环往复、不断运行的。证券市场中的胜利者往往是在原来的平衡快要打破之前或者是在打破的过程中采取行动而获得收益的。如果原平衡已经打破，新的平衡已经找到，这时才开始行动，就已经晚了。

2. 价格移动的两种形态类型

根据价格移动的规律，我们可以把价格曲线的形态分成两大类型：持续整理形态和反转突破形态。前者保持平衡，后者打破平衡。平衡的概念是相对的，价格只要在一个范围内变动，都属于保持了平衡。这样，这个范围的选择就成为判断平衡是否被打破的关键。

同支撑线、压力线被突破一样，平衡被打破也有被认可的问题。刚打破一点，不能算真正打破。反转突破形态存在种种假突破的情况，假突破给某些投资者造成的损失有时是很大的。虽然我们对形态的类型进行了分类，但是这些形态中有些不容易区分其究竟属于哪一类。例如，一个局部的三重顶（底）形态，在一个更大的范围内有可能被认为是矩形形态的一部分。一个三角形形态有时也可以被当成反转突破形态，尽管多数情况下我们都把它当成持续整理形态。

（二）反转突破形态

1. 双重顶底

双重顶和双重底因形似英文字母 M 和 W，所以又称 M 头和 W 底。图 7－17 是这种形态的形状。双重顶共有两个顶和一个底，也就是两个相同高度的高点和一个低点。下面以 M 头为例说明双重顶底形成的过程。

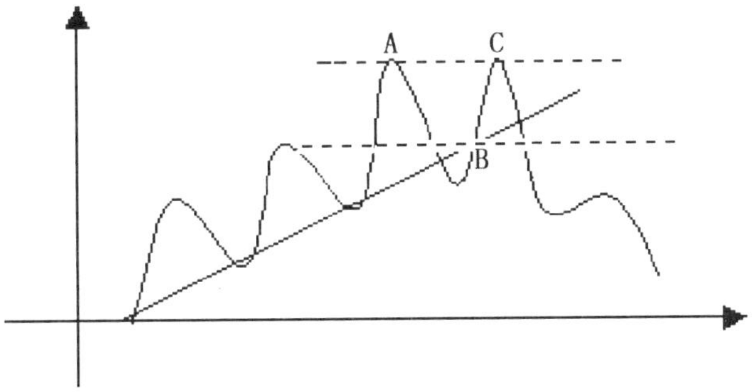

图 7－17

在上升趋势过程的末期，价格急速上升到第一个高点 A 建立了新高点，之后进行正常的回档，受上升趋势线的支撑，这次回档在 B 点附近停止。往后是继续上升，但是力量不够，上升高度不足，在 C 点（与 A 点等高）遇到压力，价格向下，这样就形成 A 和 C 两个顶的形状。

M 头形成以后，有两种可能的情形：第一是未突破 B 点的支撑位置，价格在 A、B 和 C 点形成的范围内上下波动，这是一个潜在的双重顶反转突破形态。第二是突破 B 点的支撑位置继续向下，这种是双重顶反转突破形态。

以 B 点作平行于 A、C 连线的平行线（上面的一条虚线），就得到颈线。A，C 连线是趋势线，颈线是与这条趋势线对应的轨道线，这条轨道线在这里起支撑作用。

双重顶形态应重点掌握以下要点：

（1）两个顶点高度应大致相同，以不超过 3% 为限；

（2）形态形成时间可长可短，少则一个交易日，多则数年，时间越长，对后市的影响越大；

（3）突破颈线是形态成立的标志，突破颈线就是突破轨道线；

（4）突破颈线后，从突破点算起，价格将至少要跌到与形态高度相等的距离。形态高度就是从顶点到颈线的垂直距离。

以上是以双重顶为例，对双重顶底形态进行介绍，对于双重底，情形完全相反，原理完全相同。

2. 头肩顶底

头肩顶和头肩底是实际价格形态中出现得最多的形态，是最著名和最可靠的反转突破形态。头肩形形成的时间较长，少则3、5个月，长则数年之久。图7－18是这种形态的简单形式。

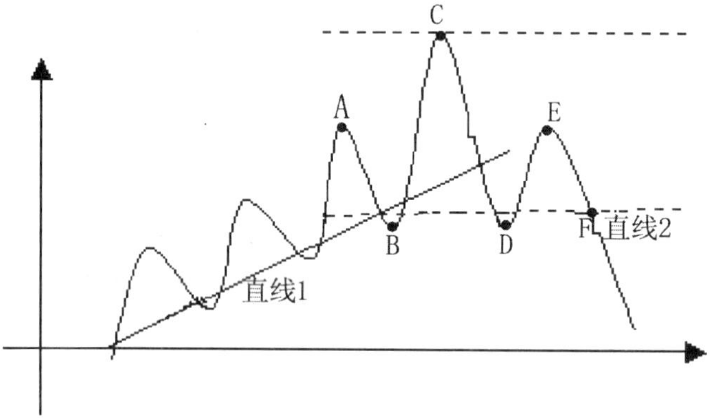

图7－18

这种形态一共出现三个顶和两个底，中间的高点比另外两个都高，称为头，左右两个相对较低的高点称为肩。以下以头肩顶为例对头肩形进行介绍。

在上升趋势中，不断升高的各个局部的高点和低点保持着上升趋势，然后在某一个地方趋势的上涨势头将放慢。图7－18中A和B点还没有放慢的迹象，但在C和D点已经有了势头受阻的信号，这说明这一轮上涨趋势可能已经出了问题。最后，价格走到了E和F点，这时反转向下的趋势已势不可挡。图中的直线1和直线2是两条明显的支撑线。在C点和D点突破直线1说明上升趋势的势头已经遇到了阻力，E点和F点之间的突破则是趋势的转向。另外，E点的反弹高度没有超过C点，F点的回落已经低于D点，都是上升趋势出了问题的信号。

图7－18中的直线2是头肩顶底形态中极为重要的颈线，在头肩顶底形态中，它是支撑线，起支撑作用。头肩顶底形态走到了E点并调头向下，只能说是原有的上升趋势已经转化成了横向延伸，还不能说已经反转向下了。只有当图形走到了F点，即价格向下突破了颈线，才能说头肩底反转形态已经形成。确认突破颈线的原则有收盘价原则、百分比原则和时间原则。

颈线突破后，价格运动的方向是下跌，下跌的深度从突破点算起，价格将至少要跌到与形态高度相等的距离，即是从头到颈线的距离，也就是头肩顶形态的高度。

以上是以头肩顶为例，对头肩顶底形态进行了介绍。对头肩底而言，情形完全相反，原理完全相同。

3. 三重顶底

三重顶(底)形态是头肩形态的一种变体，它是由三个一样高或一样低的顶或底组成(如

图7－19)。其与头肩形的区别是头的价位回缩到与肩差不多相等的位置，有时甚至低于或高于肩部一点。从这个意义上讲，三重顶(底)与双重顶(底)也有相似的地方，前者比后者多涨落了一次。

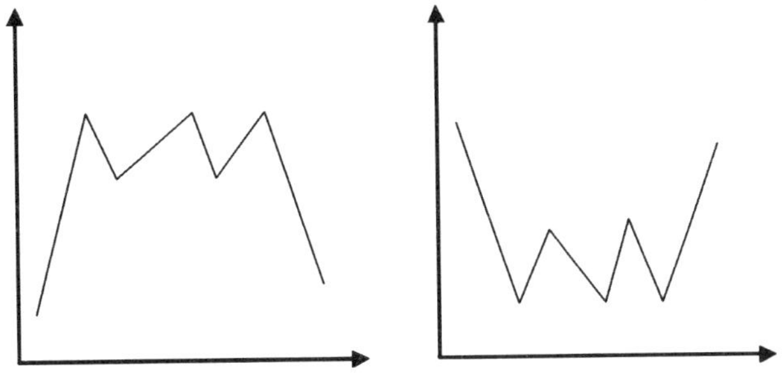

图7－19

应用和识别三重顶(底)主要是用识别头肩形的方法，可以直接应用头肩形的结论和应注意的事项。头肩形使用的规律，三重顶(底)都适用，这是因为三重顶(底)从本质上说就是头肩形。有些文献甚至不把三重顶(底)单独看成一类形态，而直接将其纳入头肩形态。

与一般头肩形最大的区别是，三重顶(底)的颈线和顶部(底部)连线是水平的，这就使得三重顶(底)具有矩形的特征。比起头肩形来说，三重顶(底)更容易演变成持续形态，而不是反转形态。另外，如果三重顶(底)的三个顶(底)的高度依次从左到右是下降(上升)的，则三重顶(底)就演变成了直角三角形态。这些都是我们在应用三重顶(底)是应注意的地方。

4. 圆弧顶底

圆弧形态将价格在一段时间的顶部高点用折线连起来，每一个局部高点都考虑到，我们有时可能得到一条弧线，盖在价格之上；将每个局部的低点连在一起也就能得到一条弧线，托在价格之下(如图7－20)。

图7－20

圆弧形在实际中出现的机会较少，但是一旦出现，则是绝好的机会，它的反转深度和高度是不可测的，这一点同前面几种形态有一定区别。圆弧形态顶部和底部的位置都差不多，没有明显的主次区分。这种局面的形成在很大程度上是一些机构大户炒作的结果。

在识别圆弧形时，成交量也是很重要的。无论是圆弧顶还是圆弧底，在它们的形成过程中，成交量的过程都是两头多、中间少。越靠近顶或底，成交量越少，到达顶或底时成交量达到最少(圆弧底在到达底部时，成交量可能突然大一下，之后恢复正常)。在突破后的一段时期，都有相当大的成交量。

圆弧形形成所花的时间越长，今后反转的力度就越强，越值得人们去相信这个圆弧形。一般来说，圆弧形所花的时间应该与一个头肩形形成的时间相当。

(三)持续整理形态

1. 三角形态

(1)对称三角形

对称三角形大多发生在一个大趋势进行的途中，它表示原有的趋势暂时处于休整阶段，之后还要沿着原有趋势继续运行。

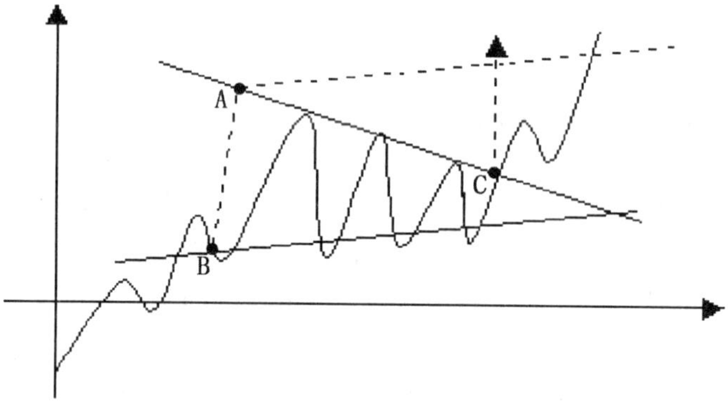

图 7－21　对称三角形

图 7－21 是典型的对称三角形，这里的原有趋势是上升，所以，三角形态完成以后是突破向上。对称三角形有两条聚拢的直线，上面的向下倾斜，起压力作用;下面的向上倾斜，起支撑作用。两条直线的交点称为顶点。

经验上看，突破的位置一般应在三角形的横向宽度的二分之一到四分之三的某个地点。如果价格不在预定的位置突破三角形，那么这个对称三角形态可能转化成别的形态。突破的确认可以采用百分比原则、时间原则或收盘价原则。三角形的横向宽度指的是图中顶点到虚线的距离。

对称三角形被突破后，有两种测算目标价位的方法。方法一:如图 7－21 所示，从 C 点向上的带箭头的直线高度，是未来价格至少要达到的高度，箭头直线长度与 AB 连线长度相等。AB 连线的长度称为对称三角形形态的高度，从突破点算起，价格至少要运行到与形态高度相等的距离。方法二:如图 7－21 所示，过 A 作平行于下边直线的平行线，图中的斜虚线，是价格今后至少要达到的位置。

(2)上升/下降三角形

上升三角形是对称三角形的变形。对称三角形有上下两条直线，将上面的直线由向下倾斜变成水平方向就得到上升三角形(如图7－22)。

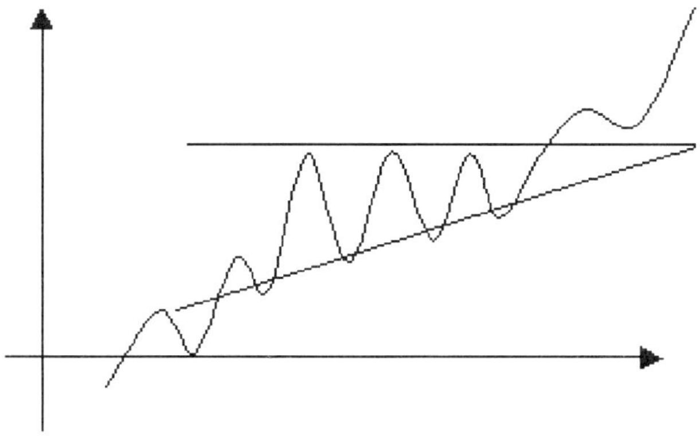

图7－22 上升三角形

在对称三角形中，压力和支撑都是逐步加强的。一方是越压越低，另一方是越撑越高，看不出谁强谁弱。在上升三角形中，压力是水平的，没有变化，而支撑都是越来越高。由此可见，上升三角形比对称三角形有更强烈的上升欲望，多方比空方更为积极，通常以三角形向上突破作为这个持续过程终止的标志。

下降三角形同上升三角形正好反向，是看跌的形态。情形完全相反，原理完全相同。

2. 矩形

矩形又叫箱形，也是一种典型的整理形态(如图7－23)。股票价格在两天横着的水平直线之间上下波动，做横向延伸的运动。矩形在形成之初，多空双方全力投入，各不相让。空方在价格上涨到某个价位就抛压，多方在价格下跌到某个价位就买撑，时间一长就形成两条明显的上下界线。随着时间的推移，双方的战头热情会逐步减弱，市场趋于平淡。

如果原来的趋势是上升，那么经过一段矩形整理后，会继续原来的趋势，多方会占优势并采取主动，使价格向上突破矩形的上界。如果原来是下降趋势，则空方会采取行动，突破矩形的下界。

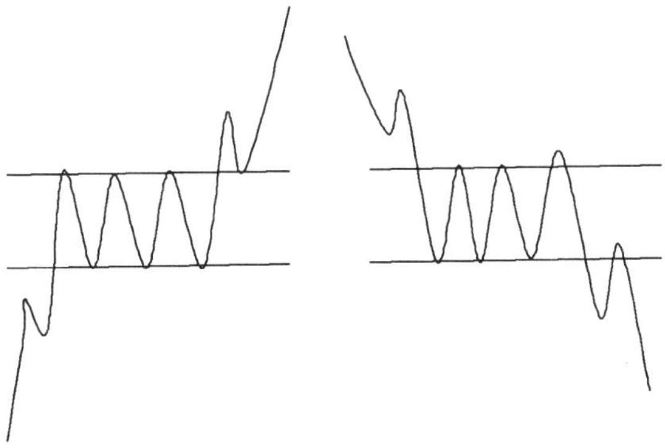

图7－23 矩形

从图7－23中可以看出，矩形在其形成的过程中极可能演变成三重顶(底)形态，这是我们应该注意的问题。正是由于矩形的判断有这么一个容易出错的可能性，在面对矩形和三重顶(底)进行操作时，几乎一定要等到突破之后才能采取行动，因为这两个形态今后的走势方向完全相反。一个是持续整理形态，要维持原来的趋势;一个是反转突破形态，要改变原来的趋势。

与别的大部分形态不同，矩形为我们提供了一些短线操作的机会。如果在矩形形成的早期能够预计到价格将进行矩形调整，那么，就可以在举行的下界线附近买入，在矩形的上界线附近抛出，来回做几次短线的进出。如果矩形的上下界线相距较远，那么，这种短线操作的收益也是相当可观的。

三、指标分析

(一)技术指标简述

所谓技术指标法，就是应用一定的数学公式，对原始数据进行处理，得出指标值，将指标值绘成图表，从定量的角度对股市进行预测的方法。技术指标法的本质是通过数学公式产生技术指标。这个指标反映了股市的某一方面深层次的内涵，这些内涵仅仅通过原始数据是很难看出的。技术指标是一种定量分析方法，它克服了定性分析方法的不足，极大提高了具体操作的精确度。

技术指标从不同的角度有不同的分类。本书以技术指标的功能为划分依据，将常用的技术指标分为趋势型指标、超买超卖型指标、人气型指标和大势型指标4类。

(二)常用技术指标

1.移动平均线(MA)

(1)MA的计算

移动平均线(MA)是连续若干天的价格的算术平均数。天数就是MA的参数。具体的计算方法为:N日移动平均线=N日收市价之和/N。移动平均线的参数可以设定为5、10、20等，分别求5、10、20日移动平均数，如果把这些数值标在坐标系中，连结这些点得到一条曲线，我们称这些曲线为5、10、20日移动平均线，记为MA(5)、MA(10)、MA(20)。

(2)MA的特点

MA的基本思想是消除价格随机波动的影响，寻求价格波动的趋势。它有以下几个特点:

①追踪趋势。MA能够表示价格的趋势方向，并追踪这个趋势。

②滞后性。在价格原有趋势发生反转时，由于MA追踪趋势的特征，使其行动往往过于迟缓，调头速度落后于大趋势。

③稳定性。根据移动平均线的计算方法，要想较大地改变移动平均的数值，当天的价格必须有很大的变化，因为MA是价格几天变动的平均值。

④助涨助跌性。当价格突破移动平均线时，无论是向上还是向下突破，价格都有继续向突破方向发展的愿望。

⑤支撑线和压力线的特性。MA被突破，实际上是支撑线和压力线被突破。

MA的参数强化了MA的特征，参数选择得越大，上述特征就越显著。MA一般包括长期、中期和短期三类。

(3)MA 的测市法则

MA 在价格走势预测中的运用，经典的是格兰维尔法则，其内容是：

①平均线从下降开始走平，价格从下上穿平均线；价格连续上升远离平均线，突然下跌，但在平均线附近再度上升；价格在平均线以下，并连续暴跌，远离平均线。以上三种情况均为买入信号(如图 7－24)。

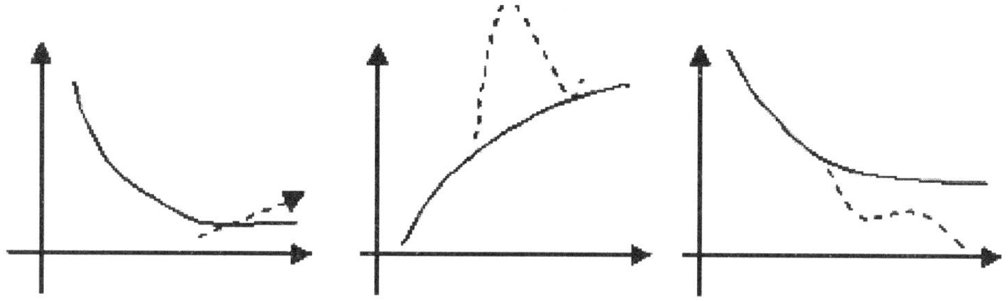

图 7－24 格兰维尔法则买入信号

②平均线从上升开始走平，价格从上下穿平均线；价格连续下降远离平均线，突然上升，但在平均线附近再度下降；价格在平均线之上，并连续暴涨，远离平均线。以上三种情况均为卖出信号(如图 7－25)。

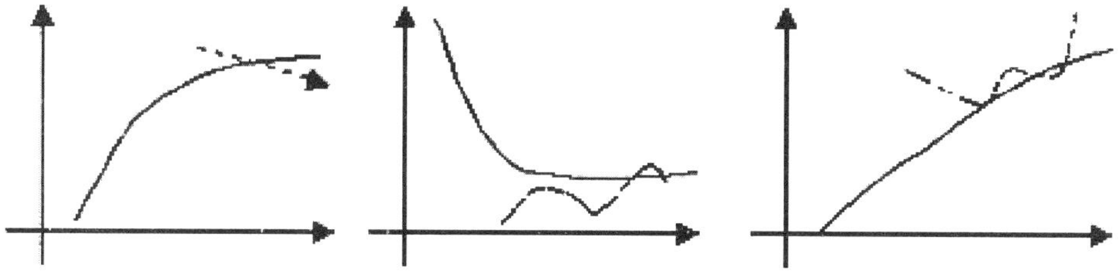

图 7－25 格兰维尔法则卖出信号

价格实际上是 1 日的 MA，价格相对于移动平均线实际上是短期 MA 相对于长期 MA。从这个意义上说，如果只有两个不同参数的 MA，则我们可以将相对短期的 MA 当成价格，将较长期的 MA 当成 MA，这样，上述价格相对于 MA 的所有法则，都可以换成快速相对于慢速的 MA。常说的死亡交叉和黄金交叉，实际上就是向上、向下突破压力或支撑的问题。最后谈一下 MA 的盲点。在盘整阶段、趋势形成后的中途休整阶段、局部的反弹和回档，MA 极易发出错误的信号，这是使用 MA 应该注意的。MA 是用于反映价格变动的趋势，只有当价格运动确实存在趋势时，才能使用这一方法。

(4)MA 的组合应用

“黄金交叉”与“死亡交叉”。一般情况下，投资者可利用短期和长期两种移动平均线的交叉情况来决定买进和卖出的时机。当现在价位站稳在长期与短期 MA 之上，短期 MA 又向上突破长期 MA 时，为买进信号，此种交叉称为“黄金交叉”；反之，若现在行情价位于长期与短期 MA 之下，短期 MA 又向下突破长期 MA 时，则为卖出信号，交叉称之为“死亡交叉”(如图 7－26)。

黄金交叉的特征：一根时间短的均线由下而上穿越一根时间长的均线，且该时间长的均线正在向上移动。

黄金交叉的技术含义：从技术上来讲，均线出现金叉是个买进信号。但信号有强弱之分。一般而言，时间长的两根均线出现的金叉要比时间短的两根均线出现的金叉买进信号要强，反映的做多信号也相对比较可靠。

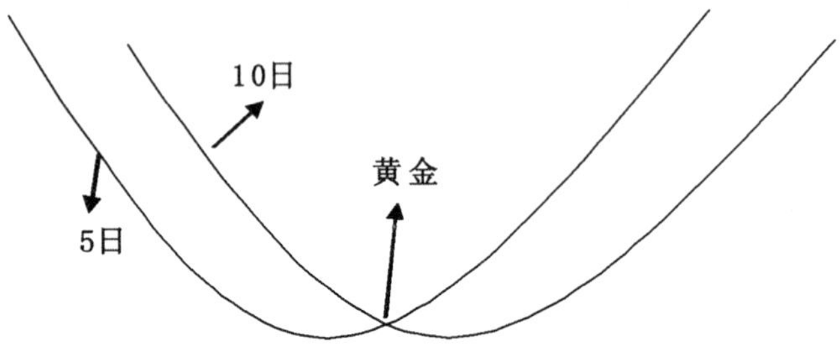

图 7－26　MA 的交叉

2. 平滑异同移动平均线（MACD）

（1）MACD 的计算

MACD 由正负差（DIF）和异同平均数（DEA）两部分组成，DIF 是核心，DEA 是辅助（如图 7－27）。DIF 是快速平滑移动平均数与慢速平滑移动平均数之差，快速是短期的 EMA，慢速是长期的 EMA。以最常用的参数 12 和 26 为例。DIF 的计算过程是：

$$当日\ EMA(12)=\frac{2}{12+1}\times 当日收盘价+\frac{11}{12+1}\times 昨日\ EMA(12)$$

$$当日\ EMA(26)=\frac{2}{26+1}\times 当日收盘价+\frac{25}{26+1}\times 昨日\ EMA(26)$$

$$DIF=EMA(12)-EMA(26)$$

得到 DIF 后，对连续数日的 DIF 进行算术平均就得到 DEA。

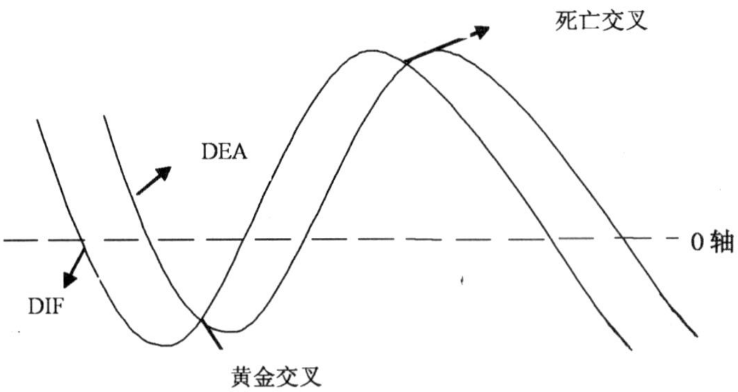

图 7－27　MACD 指标黄金交叉与死亡交叉

（2）MACD 的测市法则

利用 MACD 进行行情预测，主要是从两个方面进行：

①离差值 DIF 向上突破 MACD 时，一般为买入信号，尤其是当 DIF 在 0 轴以下上穿 MACD 时，更应该考虑加仓买入。

②若 DIF 向下跌破 MACD 时，一般为卖出信号，尤其是在 0 轴以上跌破时，则行情有可能出现逆转，可考虑平仓。

③在 DIF 上穿 MACD 后，两者距离拉开，说明市场在逐步走好，是继续持有的信号；相反，在 DIF 下穿 MACD 之后，两者的距离拉开，说明市场走坏，应该果断出局。

④行情处于上升阶段，但 DIF 上穿 MACD 太远，BAR 值太大，此时，应果断卖出；同样，在行情处于下降时期，DIF 下穿 MACD 太远，BAR 值太大，说明价格随时可能回升，应考虑买入。

⑤如果行情处于横向延伸状态，DIF 和 MACD 发生多次交错，此时，发出的买入和卖出信号都不是很强烈，投资者应该静观其变。

⑥行情逐步创新高，而 MACD 却呈现一波比一波低的格局，这种背离信号的产生意味着跌势降至；相反，价格出现新低，而 MACD 却不再下降，则代表着行情的转暖预期。

（3）MACD 使用应遵循的基本原则

①柱状线收缩和放大。一般来说，柱状线的持续收缩表明趋势运行的强度正在逐渐减弱，当柱状线颜色发生改变时，趋势确定转折。但在一些时间周期不长的 MACD 指标使用过程中，这一观点并不能完全成立。

②形态和背离情况。MACD 指标也强调形态和背离现象。当形态上 MACD 指标 DIF 线与 MACD 线形成高位看跌形态，如头肩顶、双头等，应当保持警惕；而当形态上 MACD 指标 DIF 线与 MACD 线形成低位看涨形态时，应考虑进行买入。在判断形态时以 DIF 线为主，MACD 线为辅。当价格持续升高，而 MACD 指标走出一波比一波低的走势时，意味着顶背离出现，预示着价格将可能在不久之后出现转头下行，当价格持续降低，而 MACD 指标却走出一波高于一波的走势时，意味着底背离现象的出现，预示着价格将很快结束下跌，转头上涨。

③牛皮市道中指标将失真。当价格并不是自上而下或者自下而上运行，而是保持水平方向的移动时，我们称之为牛皮市道，此时虚假信号将在 MACD 指标中产生，指标 DIF 线与 MACD 线的交叉将会十分频繁，同时柱状线的收放也将频频出现，颜色也会常常由绿转红或者由红转绿，此时 MACD 指标处于失真状态，使用价值相应降低。

用 DIF 的曲线形状进行分析，主要是利用指标相背离的原则。具体为：如果 DIF 的走向与价格走向相背离，则是采取具体行动的时间。但是，根据以上原则来指导实际操作，准确性并不能令人满意。经过实践、摸索和总结，综合运用 5 日、10 日均价线，5 日、10 日均量线和 MACD，其准确性大为提高。

3. 威廉指标（WMS%）

（1）WMS% 的计算

这个指标由 Larry . Williams 于 1973 年首创，最初用在期货市场。WMS% 表示的是市场处于超买还是超卖状态。

$$\text{WMS\% 的计算公式：} WMS\%(N) = \frac{C_N - L_N}{H_N - L_N} \times 100$$

式中，C_N 为当日收盘价；H_N 和 L_N 为 N 日内的最高价和最低价。

由公式可知，WMS% 的参数是天数 N，WMS% 的参数习惯上是取 10 或 20。WMS% 指标表示的含义是当日收盘价在 N 日内所处的相对位置。若 $C_N = H_N$，则 WMS% =100，表明收盘价格处在最高位置；若 $C_N = L_N$，则 WMS% =0，表明收盘价格处在最低位置；若 $C_N = L_N + \frac{H_N - L_N}{2}$，则 WMS% =50，表明收盘价格处在中间位置。

(2) WMS% 的测市法则

WMS% 的运用包括两个方面：一是 WMS% 的数值；二是 WMS% 曲线的形状。

①WMS% 的取值。WMS% 的值介于 0 -100 之间，以 50 为中轴将其分为上下两个区域。

1）当 WMS% 高于 80 时处于超买状态，行情即将见顶，应当考虑卖出。

2）当 WMS% 低于 20 时处于超卖状态，行情即将见底，应当考虑买入。80 和 20 只是一个经验数字，不是绝对的，投资者可以根据各自的风险偏好选择不同的数值。

②WMS% 曲线的形状。

1）WMS% 进入高位后一般要回头，如果这时价格继续上升，这就是顶背离，是典型的卖出的信号。

2）WMS% 进入低位后一般要反弹，如果这时价格继续下跌，这就是底背离，是典型的买进的信号。

4. KD 指标

(1) KD 指标的计算

KD 指标又称随机指数，KD 指标的计算分为三步，先计算未成熟随机值 RSV，计算公式为：

$$RSV(N) = \frac{C_N - L_N}{H_N - L_N} \times 100$$

RSV 实际上就是 WMS%，只是名称不同。对 RSV（WMS%）进行指数平滑，就得到 K 指标：

$$当日K值 = \frac{2}{3} \times 100 昨日K值 + \frac{1}{3} \times 当日RSV$$

式中 1/3 是平滑因子，也可以选择别的数字，不过目前已经约定俗成。对 K 值进行指数平滑，就得到 D 值：

$$当日D值 = \frac{2}{3} \times 100 昨日D值 + \frac{1}{3} \times 当日K值$$

KD 指标是在 WMS% 指标基础上发展起来的，所以 KD 具有 WMS% 的一些特性。在反映股票价格变化时，WMS% 最快，K 其次，D 最慢。在使用 KD 指标时，我们往往称 K 指标为快指标，D 指标为慢指标。

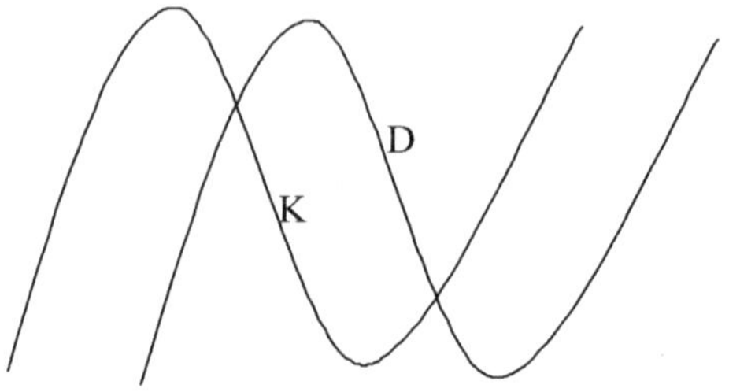

图 7 -28

(2)KD 指标的测市法则

KD 指标是两条曲线，在应用时主要以四个方面进行考虑：

①从 K 的取值方面。KD 的取值范围都是 0~100%，将其划分为几个区域，超买区，超卖区,徘徊区。按现行的划分法，80%以上为超买区，20%以下为超买区，其余为徘徊区。根据这种划分，KD 超过 80%就应该考虑卖出了，低于 20%就应该考虑买入了。这里的 20%和 80%只是经验数据，具体资产品种的临界值是有所不同的。②从 KD 指标曲线的形态方面。当 KD 指标在较高或较低的位置形成了头肩和多重顶底时，是采取行动的信号。注意，这些形态一定要在较高位置或较低位置出现，位置越高或越低，结论越可靠，越正确。③ 从 KD 指标的交叉方面。K 与 D 的关系就如同价格与 MA 的关系一样，也有死亡交叉和黄金交叉的问题。K 上穿 D 是金叉，为买入信号，这是正确的。但是出现了金叉是否就应该买入，还要看别的条件。第一个条件是金叉的位置应该比较低，是在超卖区的位置，越低越好。第二个条件是与 D 相交的次数。交叉的次数以二次为最少，越多越好。第三个条件是交叉点相对于 KD 线的低点的位置，这就是常说的“右侧相交”原则。满足了上述条件，买入就放心一些。少满足一条，买入的风险就多些。④从 KD 指标的背离。简单地说，背离就是走势的不一致。在 KD 处在高位或低位，如果出现与价格走向的背离，则是采取行动的信号。当 KD 处在高位，并形成两个依次向下的峰，而此时价格还在一个劲地上涨，这叫顶背离，是卖出信号。与之相反，KD 处在低位，并形成一底比一底高，而股从还在继续下跌，这构成底背离，是买入的信号。除了上述 KD 的操作法之外，还加几条予以补充:第一，K > D 时，不卖;第二，当 KD 值达到了极高或极低，比如说 90% 或 5%时，可以不考虑别的因素而单方面采取行动。

KD 的不足在于，出现一些情况时，KD 无能为力。最大的盲区是当 KD 从低点经过一段时间后，到达了高位，或从高位下到低位时，容易出现误判。

(三)其他技术指标介绍

1. 相对强弱指标(RSI)

(1)RSI 的原理

RSI 的原理简单来说是以数字计算的方法求出买卖双方的力量对比，譬如有 100 个人面对一件商品，如果50 个人以上要买，竞相抬价，商品价格必涨。相反，如果50 个人以上争着卖出，价格自然下跌。

强弱指标理论认为，任何市价的大涨或大跌，均在 0~100 之间变动，根据常态分配，认为 RSI 值多在 30 ~70 之间变动，通常 80 甚至 90 时被认为市场已到达超买状态(Overbought)，至此市场价格自然会回落调整。当价格低跌至 30 以下即被认为是超卖(Oversold)，市价将出现反弹回升。

(2)计算公式：

$RSI = 100 \times RS/(1 + RS)$ 或者，$RSI = 100 - 100 \div (1 + RS)$

其中 RS =14 天内收市价上涨数之和的平均值/14 天内收市价下跌数之和的平均值。不同日期的 14 天 RSI 值当然是不同的，连接不同的点，即成 RSI 的轨迹。

(3)RSI 指标运用原则

①受计算公式的限制，不论价位怎样变动，强弱指标的值均在 0 与 100 之间。

②强弱指标保持高于 50 表示为强势市场，反之低于 50 表示为弱势市场。

③强弱指标多在 70 与 30 之间波动。当六日指标上升到达 80 时，表示股市已有超买现

象，假如一旦继续上升，超过90以上时，则表示已到严重超买的警戒区，价格已形成头部，极可能在短期内反转回转。

④当六日强弱指标下降至20时，表示股市有超卖现象，假如一旦继续下降至10以下时则表示已到严重超卖区域，价格极可能有止跌回升的机会。

⑤每种类型股票的超卖超买值是不同的。在牛市时，通常蓝筹股的强弱指数若是80，便属超买，若是30便属超卖，至于二三线股，强弱指数若是85至90，便属超买，若是20至25，便属超卖。

⑥强弱指标与价格或指数比较时，常会产生先行显示未来行情走势的特性，亦即价格或指数未涨而强弱指标先上升，价格或指数未跌而强弱指标先下降，其特性在价格的高峰与谷底反映最明显。

⑦当强弱指标上升而价格反而下跌，或是强弱指标下降而价格反而上涨，这种情况称之为“背离”。当RSI在70至80上时，价位破顶而RSI不能破顶，这就形成了“顶背离”，而当RSI在30至20下时，价位破底而RSI不能破底就形成了“底背离”。这种强弱指标与价格变动，产生的背离现象，通常是被认为市场即将发生重大反转的讯号。

2. 能量潮指标OBV（On Balance Volume）

OBV是统计成交量变动的趋势来推测价格趋势的一种线形。其主要理论认为“量是价的先行指标”，而价格的波动与成交量的放大或萎缩有密切的关连，通常价格上升所需的成交量，总是较大;下跌时，则成交量总是较小。

OBV的计算方式:以某日为基期，若：①隔日指数或股票上涨，则基期OBV加上本日成交量为本日OBV。②隔日指数或股票下跌，则基期OBV减去本日成交量为本日OBV。

OBV的应用原则：

①OBV下降时，价格上升，表示买盘无力为卖出信号。

②OBV线上升时，价格下降时，表示逢低接手强为买进信号。

③OBV线缓慢上升时，表示买气逐渐加强为买进信号。

④OBV线急速上升时，表示力量将用尽为卖出信号。

⑤可能形成天价的M头，如果第二顶，OBV线无力上扬，成交量反而萎缩，此时易于形成M头而价格下跌，背离现象之一。

⑥反之，可能形成低价的W底，如果第二底，OBV线领先上扬，成交量扩大，此时易于形成W底而价格上涨，背离现象之二。

⑦OBV线从正的累积数转为负数时，为下跌趋势，应该卖出持有股票。反之，OBV线从负的累积数转为正数时，应该买进股票。

⑧OBV线最大的用处，在观察股市盘局整理后，何时会脱离盘整局以及突破后的的未来走势，OBV线变动方向是重要参考指标。

第三节　证券投资行为分析

一、证券市场异象

(一)证券市场异象的表现

证券市场异象(anomaly)主要相对于有效市场假说而言的。CAPM (capital asset price model)和 EMH(efficientmarkets hypothesis)等现代金融理论产生后出现了大量实证研究表明，根据一组投资顾问或互助基金买卖股票的建议而选出的股票与整个市场进行比较，这种投资效果与“投掷飞镖”选择证券的效果相同。对互助基金的业绩跟踪也显示，如果将一个时期表现最好的基金与随后的任一个时期相比较，则业绩好的互助基金在后一时期并未超越整个市场。以 S&P500 指数为例，很难有基金的业绩能够持续长期超越 S&P500 指数，市场是如此的有效，以至于我们只要采取盯住指数的长期持股策略就可以获得市场的平均收益。但市场的发展也出现一系列无法用传统金融理论解释的现象，羊群效应、小公司和规模效应、周末效应、股票市场溢价之谜等一系列“异象”(anomalies)的出现使得现代金融理论的理性分析范式陷入了尴尬境地。在此基础上，20 世纪 80 年代行为金融理论悄然兴起并开始动摇了 CAPM 和 EMH 的权威地位。

对 EMH 的经验分析主要有两类，第一类经验分析认为当影响资产价值的消息在市场中公布，价格应该迅速、正确地反应并将信息融入价格，即在最初的价格调整后不应再存在价格的趋势性变化或者价格的反转;第二类经验分析认为如果没有关于基础价值的信息，某种资产的供给和需求量的改变本身不能改变价格。

但自六七十年代起，特别是进入八九十年代后对金融市场的研究结果就涌现出不少与之相矛盾的统计异象，主要表现在以下几个方面:

1. 价值异象(value anomaly)

三类价值型公司股票即“三低”股(低市净率股，低市价/账面价格比股，低历史收益股)的表现都胜出于市场平均回报率及对应的三高股。

国外学者 Richard Thaler 对 1932 ~ 1977 年 NYSE 上 35 只最好及最差表现的股票的研究也发现前期表现最好的股票接下来就表现平平，而前期表现不佳的股票反而后来产生明显高于 NYSE 指数的回报。

2. 时间效应(calendar anomalies)

股票收益率与时间有关，也就是说在不同的时间，投资收益率存在系统性的差异，这就是所谓的日历效应(calendar effect)。

①一月效应

一月份的收益率明显高于其他 11 个月的收益率现象称之为一月效应。数据表明，1802 ~ 2004 年间纽约股票交易所的价格指数的统计表明，其一月份股票的平均月收益率为 1.10%，而其他 11 个月的月平均收益率为 0.7%，一月比其他月份的投资回报率高出 0.4%，如果将时间进行分段计算，发现股票市场的一月效应更加明显，在最近的时间段 1987 ~ 2004 年期间，其一月份平均收益率为 2.16%，而其他月份的平均收益率为 0.92%，收益率差异高达 1.24%;而日本东京证券交易所近 30 年的统计数据也表明其股票指数的一月份收益率比其他月份高出3.3%。进一步研究表明，在英国和澳大利亚也存在一月效应。

②周一效应

不但股票市场的投资收益率存在月度收益率异常现象，在日收益率上也存在异常现象。研究表明，股票市场的周一的平均回报率比其他交易日要低得多，我们称之为“周一效应”。不过，有趣的是，可能由于大家都知道周一效应的存在，纷纷进行套利，经过长时间的交易，投资者的套利行为将股票市场的周一效应逐渐消失。

3. 小规模公司效应(the size effect)

它表现为小公司常比市场平均水准表现得更好，即小公司股票回报优于大公司股票。而小公司股票的收益又主要归功于那些微型公司。

股票市场上最早揭示有效市场并不有效的案例之一就是小规模公司效应。对许多案例的研究表明从较长时间看，即使考虑其巨大风险，投资小规模公司亦可获得超额利润。最近几年来，这一效应有所减弱，但仍对有效市场理论形成重大挑战。许多研究者认为，小公司效应可归因于机构投资者的报表重组，税收考虑、小公司股票的较低流动性、评估小公司的大额费用支出及对其风险衡量标准不够恰当等。

4. 公告效应(announcement based effect)

在一项具有正面效应的公告公布后，公司价格倾向于上扬，而负面效应的公告则会带来股价的下挫。但当某个公司有意外盈利时，市场或多或少又似乎都不能立即消化这一信息，会存在一定的时滞，然后又做出过度反应。

有效市场认为：一旦公司盈利被公开，其信息含量应迅速地被证券市场吸收，并体现在市场价格中。然而，很久以来我们就知道现实并非如此，对于那些季度收益公布为好消息的公司，它们的异常报酬可能会在盈利公告后至少60天内向上波动，类似地，那些收益公布为坏消息的公司在这相同期间内异常报酬持续向下波动，这些现象就称为公告后的价格波动。伯纳德与托马斯(Bernard&Thomas，1989)采用1974～1989年间上市公司样本，他们发现季度收益确实存在公告后股价波动。事实上，在他们的样本中，投资者若采用在公告日买入公布好消息的公司股票，卖出公布坏消息的公司股票并持续60天的战略，则在扣除交易成本前，他会获得平均18%的回报，远远超过市场回报。投资者似乎低估了当期收益对未来收益的意义。巴托夫、拉德哈里什娜和克林斯基（Bartov & Radhakrishnan & Krinsky，2000）认为，公告后股价效应是由不老练的投资者推动的。布朗和汉(Brown & Han，2000)认为，只有较差的信息环境的公司才会存在公告后股价波动。

5. 首次公开发行、股票回购、内部交易异象(IPO's，stock buybacks，insider transactions)

首次公开发行总体上表现低于市场水准，一些首次在NYSE和AMEX发行上市的公司随后的表现都不好。而那些宣布进行股票回购的公司在接下来的几年中常具有长期异常收益。公司执行官及董事长对自身公司股票进行的交易情况也与该股票的绩效表现出相关性。

6. 动量效应、反转效应与处置效用

动量效应(momentum effect)亦称惯性效应，是指在较短时间内表现好的股票将会持续其好的表现，而表现不好的股票也将会持续其不好的表现。在一段较长的时间内，表现差的股票有强烈的趋势在其后的一段时间内经历相当大的好转，而表现好的股票则倾向于其后的时间内出现差的表现，这就是反转效应(reversal effect)。证券市场的参与者表现出存在太长时间地持有亏损股票而太短时间地卖掉赢利股票的倾向。

7. 股票溢价之谜(equity premium puzzle)

股票溢价是指股票相对债券所高出的那部分资产收益。所谓的“谜”是指理论模型在定量分析中难以解释现实中如此高的股票溢价，即理论模型的数值模拟和实际经济数据间存在着难以解释的差距。

表 7-1　　1802-2005 年美国证券市场收益

时间	市场指数平均收益率	无风险证券平均收益率	风险溢价
1802-2004 年	8.38%	3.02%	5.36%
1871-2005 年	8.32%	2.68%	5.64%
1889-2005 年	7.67%	1.31%	6.36%
1926-2004 年	9.27%	0.64%	8.63%

表 7-2　　英国、日本、德国和法国证券市场收益

国家	时间	市场指数平均收益率	无风险证券平均收益率	风险溢价
英国	1900-2005 年	7.4%	1.3%	6.1%
日本	1900-2005 年	9.3%	-0.5%	9.8%
德国	1900-2005 年	8.2%	-0.9%	9.1%
瑞典	1900-2005 年	10.1%	2.1%	8.0%
澳大利亚	1900-2005 年	9.2%	0.7%	8.5%
印度	1991-2004 年	12.6%	1.3%	11.3%

股票溢价发生在美国、英国、日本、德国、瑞典和澳大利亚等发达国家，以及印度等新兴国家的证券市场均存在显著的股票溢价，由此可见高股票溢价的普遍性。

8. 期权微笑(option smile)

对股票期权的研究发现有利期权与无利期权的定价都显得相对高估了。把各种执行价格的期权价格的波动性与 Black-Scholes 公式所得价格的偏差所形成的曲线在低协议价格与高协议价格处都比在中等范围协议价格的坐标点要高，就像是一个“微笑”。

9. 指数效应

指数效应是指股票入选股票指数的成分股后带来股票收益率的异常提高的现象。

对于一个证券市场而言，每年都有一些股票从指数中撤出，通常都是因为这些公司被接管。然后交易所一般会用其他的股票取而代之，这在很大程度上是为了达到维持指数的代表性这一目标。入选这一指数是一件有趣且值得研究的事情，因为这不太可能传递其他公司的相关信息，但在实质上影响了对股票的购买。

在美国证券市场，公司入选标准普尔指数会给股票带来超额收益。

除此之外，证券市场还存在其他一些异象，诸如加入 S&P 指数使得股价上扬的标准普尔指数异象；网络股特别是在它们的首次公开发行时定价极不合理的触网泡沫；无基础价值改变时的股市崩溃；以及实际投资中股票投资组合分散化不足等等。

(二)对市场异象行为的解释

市场异象的存在对传统的以理性为基础的金融学理论提出了挑战，对此，行为金融学试

图给出解释。生活中尤其是在涉及到关系着各主体经济利益的投资行为时，人们的行为往往是非理性的。因而依据投资者在做出实际投资决策时相关的认知及情绪上的弱点来分析人们的金融投资行为，对理解市场异象将有所帮助。行为金融学中常见的用以解释市场异象的心里偏差或效应包括以下方面。

1. 过分自信情结

心理学研究表明人们往往是过分自信的，而且越是在处理棘手的问题或任务，如预测一家公司的将来或股价时，人们过分自信的程度就会越强。且人们往往将成功归因于自己的智慧和能力，而将失败归咎于非人力所能控制的因素，使得过分自信并不会随着时间的推移而减弱，一直影响着人们的投资行为。投资者的过分自信会导致他们夸大关于股票价值的私人信息的准确性，并总是力图寻求肯定的证据。

其直接影响是他们会过分依赖自己收集到的信息而轻视公司会计报表的信息；间接影响则是他们在处理各种信息的时候，注重那些能够增强他们自信心的信息而反应过度，忽视那些伤害他们自信心的信息而反应不足。

处置效应中投资者不愿意卖出已经发生亏损的股票，因为那等于是承认自己的决策失误，有损于他们的自信心。

2. 启发性思维的失误

涉及到与统计有关的投资行为时，大量的行为学研究发现，人并不是良好的直觉统计处理器，人的心理状况可能会扭曲推理过程而犯下投资错误。启发性思维的失误包括事件的典型性，抛锚性，显著性思维，选择性关注等。人的大脑通常将某些表面上具有相同特征而实质内容大相径庭的东西归为一类，即事件的典型性（Reperesentativeness）思维，这会引起投资者对旧的信息的过度反应。此外，人的大脑在解决复杂问题时往往会选择一个初始参考点，然后根据获得的附加信息逐步修正答案，即抛锚性（Anchoring）思维，它常使投资者对新的信息反应不足。如一家公司突然宣布其收益有实质性上升，由于投资者对这家公司的潜在盈利能力的看法“抛锚”，投资者会认为收益的变化是暂时的，使得尽管这家公司的价值上升了，但股价并未相应上涨。

心理学还表明，如果某些事件的发生概率很小，但一旦发生影响很大，对于这种事件，人们通常会高估其发生的概率，即显著性（Saliency）思维。公司破产是小概率事件，但如果媒体最近报道了一起破产事件，人们主观上认为的破产概率就大大提高了，从而影响了市场情绪。而且不同于人脑会接收感官所有的输入信息这一假定，人们事实上只会关注于感兴趣的对象。在资本市场中，对某一投资的追捧或冷落并由此导致的价格波动，甚至金融市场的崩溃就与这种受事物特征影响的选择性关注（Selective Attention）所造成的注意力反复无常的特性有关。

3. 投资者心理期望

依据国外行为金融学学者 Kahneman 和 Tversky 期望理论，价值函数实际依赖于财富的相对水平，在该函数曲线的拐点以上的财富水平价值函数曲线是凹的；在这一拐点以下的财富水平价值函数曲线则是凸的。这说明投资者在损失的情况下通常是风险偏好的，而在赢利时则是风险规避的。

“股权溢价”就可能是由于回避投资损失的心理导致一单位投资损失的效用减少是同样一单位收益带来的效用增加的两倍，因此人们对股票投资要求了过高的投资回报，或对债券要求了过低的投资回报。

而“处置效应”中，因为赢者呈现给投资者的是盈利前景，投资者此时倾向于接受确定性结果，输者呈现给投资者的是损失前景，投资者此时倾向于冒险赌博。于是，投资者持有输者更长时间，持有赢者更短时间。

“期权微笑”就因为人们常常会高估期权的执行价格不等于协议价格的小概率，而低估了股票价格维持原状的高概率。它还可以解释微笑两边嘴角的下挂，因为权值函数的不连续性在两个极端点又变得相关了。

4. 心理账户的关闭回避情绪与心理会计

当有一只新的股票加入到股票组合中的时候，就相当于开了一个心理上的账户，投资者对每一项投资的股票都会产生类似于人类情感的关系。投资者抛出比买进股票的行为更为复杂就在于抛出一只股就像是人们要中断彼此关系一样，使得这种终止行为难以进行。每只股票最终都会需要一个心理账户的关闭，也减少了投资者对投资组合的分散化。另外，心理会计导致投资者心目中一个风险投资项目的风险大小取决于其评估风险状况的频繁程度。投资者过分频繁地评估手中股票的价值，使股票投资的心理风险大大增加。这也解释了“股权溢价”中股票必须带给投资者更多的回报。

5. 心理分隔

人们有种心理倾向就是依据特定事件的表面特征将它们分离开来储于各个思想的分隔室内，即不同于期望效用理论那样从整体来看待事物，而是各自独立地对单个决策做出判断。在证券市场中投资者就会将自己的投资组合主观地分为:安全部分(远离股价下跌风险)和风险部分(冒险赢利)。这也许可以解释为什么当一只股票被加入到标准普尔指数中，就会引起这只股的股价上扬。一月效应异象中，人们往往将新的一年视为一个新的开始，就有可能使他们在一年相交替的日子里作出不同的行为。

同样，每月之交是现金(薪金，利息)流入的日子，人们可能会处于与其他日子不同的兴奋情绪状态中;星期五及假日之前人们情绪也较为高昂，而在星期一则情绪较为低落，这些都可能使投资者表现出不同的行为迹象。

6. 推理心理效应对前期信息的需要

Tversky 和 Shafir (1992)曾做过这样一个实验:当第一次赌的结果已知时，无论是赢是输，实验者都会选择再赌;而当第一次赌的结果未知时，大家都不愿再赌。推理心理效应即为人们往往要等待有消息公布后才做出决定，即使这些消息可能对他们的这一决定并不真正紧要，甚至不管这些消息如何，他们还是会做出同样决定的。这一效应也有助于我们理解在一项重大的公告就要出台之前，往往股价和交易量都鲜有波动，而当这项消息公布之后，市场就会发生巨幅的价格波动及交易量。

总之，对各种市场异象解释的核心即为行为金融学的出发点:投资者事实是非理性的。这些人类非理性决策行为特征的共性和永久性从根本上可以由进化心理学加以说明，这些特征在人类进化中都是具有生存意义的，也就被代代传递下来。而在今天的证券市场投资活动中，面临决策的时间压力，特别是投资活动与投资者经济利益息息相关特性造成的压力使得决策程序更具有直觉性和经验性，进而形成了与理性假定相悖的种种市场异象。

二、心理偏差与行为

对于现实中的投资者来说，在做出投资决定时并不能完全预见未来的投资结果。投资者对于风险收益的评估和对于信息处理的非理性使得投资者有可能采取非有效的交易策略，从而使证券价格偏离其价值，即表现为价格的波动。大量相关研究表明，人们对理性决策的偏离是系统性的，并不能因为统计平均而消除。从这一角度考虑，行为金融学的意义在于确立了市场参与者的心理因素在决策、行为以及市场定价中的作用和地位，从而更加真实地揭示了金融市场的实际情况。

（一）投资者的心理偏差

卡尼曼与特沃斯基对人们在不确定性条件下的判断作了大量的实验研究，发现人们在不确定性条件下的判断存在着经验推断法偏差。在不确定性条件下，行为主体面对众多的行为结果时，会以一种简单的思维去做决策，这些经验规则和直观推断的道德判断结果会导致进一步的系统性偏误，大致表现为以下几个方面：

1. 典型示范偏差

指人们在对不确定事件进行判断时，不是根据贝叶斯定理和大数法则使用大样本的所有信息以及所有的先验概率进行理性推断，而是只重视条件概率，即直接观察到的新信息。这就导致投资者在不确定条件下做决策时会不自觉地以偏概全、以小见大，并产生以下具体错误：

（1）过于重视近期数据而忽视了事件的先验概率，并对样本大小缺乏敏感性。

（2）评估决策时，许多必须考察的因素由于不影响评估对象之间的相似性，因而没有在考察分析之列。

（3）人们对预测能力和预测的有效性认识不足，经常依据主观感情色彩浓厚的信息做出判断，而忽视了该信息的可靠程度。

（4）人们存在有效性幻觉。根据统计学原理，当输入变量的有效性为给定时，在变量之间相互独立时作出的预测比变量之间相关时的预测更加精确，变量之间的相关性增加了预测者的信心却降低了预测的精度。如果人们只作简单的类比联系，在偶然性事件发生时就会产生误解，从而造成系统性偏差。

2. 小数定理偏差

这是一个与典型示范相关的认知偏差，指人们将小样本中某事件的概率分布认同于总体分布。它产生的原因在于行为人因夸大小样本对总体的代表性，而忽略了先验概率，继而导致了对事件概率的错误判断。“小数定理”认知偏差又可区分为两种情况。一种情况是人们不知晓事件发生的真实概率，而过于简单地将对不确定事件的判断建立在少量信息的基础上。另一种情况是人们知道事件发生的客观概率却在主观上对已发生的小样本事件进行错误的估计，往往表现为高估未发生事件出现的概率。

3. 保守主义偏差

指在一定的环境下，人们在面临新的信息时不愿意理性地更改他们的现有观念或信念，具体表现为过于重视先验概率，而忽视条件概率。“保守主义偏差”主要有两种表现：

（1）“固执偏差”。指人们在对不确定事物进行判断和估计时通常会设定一个初始值，然后根据反馈信息对这个值进行修正。实验心理学表明，这种修正往往是不完全的，人们的观念似乎“抛锚”于初始值。

（2）“偏执偏差”。指行为人不仅不依据新信息对他初始信念进行修正，反而将新信息错误理解为对他的原有信念的进一步证明，进而强化他对原有信念的信心。

保守主义偏差与典型示范偏差实际上是统一的。如果人们认为新信息具备典型性，他们就会高估新信息所包含的内容，出现“典型示范偏差”；反之，则会忽略新信息，出现“保守主义偏差”。稳定的环境会驱使人们倾向于保守主义，而变化的环境则使人们倾向于典型示范。

4. 参照系偏差

指人们在对不确定事件进行判断时往往使用特定的参照系。参照系选择的不同有时会严重影响人们的决策。重要的“参照系偏差”有三种：

（1）赌场钱效应。指人们将在博弈中赢得的钱计算为“独立账目”，以与其他途径得到的财富相区别。在博弈中，如果赢了钱人们会继续博弈；而如果输了钱则停止博弈。

（2）出售效应。指投资者对亏损的股票惜售、不愿实现亏损的心理。

（3）狭隘参照系效应。指人们进行内心的精神会计时，总是以第一层次为基础，即不将其他财富考虑进来。这种将参照系压缩的心理趋势加剧了人们风险厌恶的投资取向。人们进行精神会计越频繁、计算周期越短、风险越大，投资欲望越不强烈，即表现出短视型亏损厌恶。参照系偏差心理效应的存在可以说明为什么大部分人是不进行长期投资的。

5. 调整和锚定效应

指人们在做评估时通常会选定一个参考点或者初始值，对目标或盈亏的判断锚定在一个固定的参照点上，或以此为基准进行调整。心理学家已经证实，当人们做相关熟知的预测时，通常会受到先前给出的“参考值”的影响。而人们在评估过程中对参考点的选择和调整常常是不充分的。这种由于参考点的差异所引起的暂时的反映不足和决策偏差就是锚定效应。

6. 认知分歧与群体影响

人们在面对两种相互矛盾的观点时，持有非主流观点的人与群体之间或多或少有不协调的感觉，人们通常会想办法或找证据来支持主流观点，或为了得到群体的认同而倾向于放弃非主流观点，从而产生认识偏差以及群体趋同现象。

（二）投资者整体的非理性行为表现

首先，证券市场中交易品的收益表现为未定收益，它取决于所有的交易者目前所拥有的私人信息和公开信息。由于证券的当前价格与交易者的预期密切相关，一个人并不能自己单独判定某只证券对他的效用，这个效用往往是同其他人的估值相联系的。对于投资者的心理情绪的分析已表明，大量投资者可能犯下同样的错误，不同投资者的买卖具有强烈的相关性，而不是无关的随机性错误。

其次，证券市场的变幻莫测会对投资者产生无形的压力，使投资者倾向于跟多数人接近以免产生孤独感。因而投资者很难不受到投资群体心理与行为的感染与影响，真正做到“特立独行”。有些投资者由于有过被套的切身体验，因而在投资入市时谨小慎微，不敢再相信自己的判断，而倾向于追随大多数人的操作。

最后，交易者的短期行为往往表现为个人理性行为，是在各种外在约束下最大化个人收益的必然结果。然而这种个人理性行为在现实中却最终导致了整个群体的集体非理性。

三、市场行为理论与应用

行为金融学投资策略对我国机构投资者的启示是市场参与者的非理性造成的行为偏差导致了市场价格的偏离，而若能合理利用这一偏差将能给投资者带来超额收益。这就形成了行为金融学的投资策略。我国证券市场的发展只有短短二十余年，与国外发达的证券市场相比还只是个不规范的新兴市场。各种实证研究也表明我国的证券市场仍是无效率的，因此满足有效资本市场理论的一些前提条件在我国并不成熟，那些基于 EMH 投资理论的投资策略也很难获得成功。机构投资者本应成为我国证券市场中投资理念和投资策略的领导者，但我国的各类基金却一直是投资风格模糊。这些机构投资者其实可以考虑利用市场异象的行为金融学解释，并依据我国证券市场的特性，采取相应的行为金融学的投资策略。

(一)反向投资策略与价值投资策略

所谓的反向投资策略是指选择那些最近表现不佳的股票，放弃那些近来表现优异的股票以取得超额的投资收益。行为金融理论认为，这种现象是由于人们预测时的心理偏差造成的。在实际投资决策中，许多投资者往往过分注重证券发行者的近期表现，仅仅根据企业的近期表现对其未来作出预测，对近期业绩较差的企业的未来的预测过分悲观，对近期表现较好的企业的未来的预测过分乐观，从而造成预测的系统性偏差，为实行反向投资策略提供了可能。

我国证券市场还存在大量的“跟风”、“跟庄”的羊群行为，使整个市场的预测出现系统性偏差，导致股票价格的偏离，并随着投资者对价格走势的积极跟进而进一步放大了价格与股票基础价值的偏离。这些对股票价值的高估或低估最终都会随着金融市场的价值回归而出现异乎寻常的股价下挫或上扬，也就带来了相应的价值投资机会。

ST 、* ST 股的股价往往在特别处理或存在退市风险的消息公布后出现不跌反涨的现象。从行为金融学的角度看，由于我国证券市场上壳资源的稀缺性，这类公告效应带来的不仅是公司陷入严重困境的消息，更是该公司可能会成为潜在并购目标，紧接着就有资产重组等大动作，给投资者带来其未来收益流价值的预期。这类股票其实也可以成为机构投资者资产组合中的构成之一。

(二)动量交易策略

我国投资者的“处置效应”倾向比国外同类研究的发现更加严重。根据赵学军、王永宏(1998 - 2000)的实证研究，发现我国股市中投资者卖出赢者的概率是其卖出输者概率的两倍，而 Odean(1998)的研究中，国外证券市场中投资者卖出赢者的概率是其卖出输者概率的 1.5 倍。处置效应会带来股票基本价值与市场价值之间的差幅，而这一差价最终的收敛意味着那些有大量资产收益未实现的股票一般要比那些有大量资产亏损未实现的股票有更高的预期回报。利用这一异象可以采用动量交易策略，也就是基于过去股票价格的走势，通过差幅获利。

另外，由于投资者的过度自信带来的锚定效应等也会导致其对新的信息反应不足，使得股票的上扬或下挫趋势会维持一段时间，因此对此也可以运用动量交易策略，从业绩变动与事后股价的这种相关性中捕捉到获利的机会。

（三）技术分析策略

我国投资者典型的羊群行为带来的信息聚集效应也增强了技术分析的有效性。将图形分析视为一种进行短期决策的信息，当越来越多的投资者采用这一方法，聚集在这一"信息"上由此分析得出相似的结论，并据此进行交易时，投资者就会从中获利，进而又吸引了更多的投资者采用图形分析手段，最终使技术分析所预测的预期值与未来的资产价格确实呈现出了正相关关系。

（四）基于业绩的套利

所谓基于业绩的套利是指投资者会根据套利交易商的历史收益分配资金，并且在套利交易商业绩欠佳时撤出资金。即当套利交易商要利用的价格对其基本价值的偏离越大时，他们所受到的资金限制反而就越大，从而对价格偏离的利用反应消极，降低了套利交易对充分实现市场效率的影响。因而基于业绩的套利所带来的将不是价格崩溃的改善，而是金融恐慌的加剧。

行为金融理论认为基于业绩的套利割裂了套利者对资产的需求与资产期望收益之间的联系，是典型的投资者非财富最大化行为。由于"停锚"的心理特点，投资者在委托专业套利交易商进行投资时，往往不会理性地分析投资项目的期望收益，而倾向于认为历史业绩优秀的套利交易商在未来也会有好的业绩。所以一旦价格偏离严重时，虽然面临的套利机会优化了，但是短期内对套利交易商的业绩有所影响，投资者就会做出抽回投资的非理性行为，使得市场无效，也说明了现实中的套利的有限性。

总之，将基于市场异象的行为金融学投资策略与我国证券市场自身的特性相结合，对我国的机构投资者应该具有现实的启发意义。

【要点小结】

1. 股票的基本面分析的主要内容包括宏观经济形势分析、宏观经济政策分析、行业与板块分析、上市公司及其财务分析，而公司财务分析主要分析公司的盈利能力、偿债能力、资产营运能力和成长能力分析。

2. 期货的基本面分析的主要内容包括需求分析、供给分析、经济波动周期、金融货币因素和政治、政策因素。

3. 技术分析主要包括K线分析、量价分析、切线分析、图形分析、指标分析；其中切线分析包括趋势线分析和支持压力线分析，图形分析包括反转突破形态和持续整理形态，常用的指标分析包括移动平均线指标、平滑异同移动平均线指标、威廉指标等。

4. 技术分析的三大假设为：市场行为涵盖一切信息，证券价格沿趋势移动，历史会重演。

5. 证券市场的异象主要表现为价值异象，时间效应，小规模公司效应，公告效应，首次公开发行、股票回购、内部交易异象，动量效应、反转效应与处置效用，股票溢价之谜，期权微笑、指数效应；导致证券市场异象的主要原因有：投资者过分自信情结的影响、启发性思维的失误、投资者心理期望、心理账户的关闭回避情绪与心理会计、投资者思想中的心理分隔、推理心理效应对前期信息的需要等。

【思考与练习】

1. 简述基本面分析主要要素。
2. 公司财务分析主要分析哪几个部分？
3. 简述移动平均线的测市法则。
4. 简述趋势线的确认与突破。
5. 简述支撑线和压力线的确认与突破。

◆第八章 证券投资组合管理

【内容提要】

本章主要介绍证券投资的组合管理。证券投资组合是指个人或机构投资者所持有的各种有价证券的总称，通常包括各种类型的债券、股票及存款单等。投资组合是投资者收益－风险决策的表现形式，也是金融市场日益复杂情况下有效的资产管理方式。本章从投资组合的概念、投资组合的理论和投资组合实践三个角度对投资组合的管理问题进行分析。

本章共分为三节，具体内容如下：

第一节是证券投资组合概述。在这一节中共有四个大问题，即证券投资组合的概念、证券投资组合管理的意义和特点、证券投资组合管理的方法和步骤以及现代证券投资组合理论体系的形成与发展。

第二节是证券投资组合理论。在这一节中共有四个大问题，即有效市场假说、均值方差模型、资本资产定价模型、套利定价模型。

第三节是证券组合实践。在这一节中共有三个大问题，即投资组合效用分析、投资组合分析以及组合绩效评价。

【学习目标】

1. 了解证券投资组合管理的概念、意义和特点；了解证券投资组合管理的方法和步骤；

2. 掌握证券投资组合可行域和投资者最佳投资组合的基本原理；

3. 熟悉法码的三种有效市场假说理论；掌握均值方差模型理论；掌握资本资产定价模型和套利定价理论的基本原理，了解这两个模型的应用；

4. 掌握资本市场线的内涵；掌握证券市场线和资本市场线的关系；掌握 β 系数的经济含义；

5. 掌握证券投资组合业绩评价的三个指数。

【关键词】

投资组合 有效边界 资本资产定价模型 套利定价模型 资本市场线 证券市场线

第一节　证券投资组合概述

证券投资组合管理理论最早由美国著名经济学家哈理·马柯维茨于1952年系统提出。在此之前，偶尔也会有人曾在论文中提出过组合的概念，但经济学家和投资管理者一般仅致力于对个别投资对象的研究和管理。自此以后，经济学家们一直在用数量化方法不断丰富和完善组合管理的理论和实际投资管理方法，并使之成为投资学中的主流理论之一。

一、证券投资组合的概念

证券投资组合是指个人或机构投资者所持有的各种有价证券的总称，通常包括各种类型的债券、股票及存款单等。证券投资组合按不同的投资目标可以分为避税型、收入型、增长型、收入和增长混合型、货币市场型、国际型及指数化型等。

避税型证券投资组合通常投资于市政债券，这种债券免交联邦税，也常常免交州税和地方税；收入型证券投资组合追求基本收益的最大化，该证券组合通常投资于能够带来基本收益的证券有附息债券、优先股及一些避税债券；增长型证券投资组合以资本升值为投资目标，投资于此类证券组合的投资者往往愿意通过延迟获得基本收益来求得未来收益的增长。该类投资者很少购买分红的普通股，投资风险较大；收入和增长混合型证券投资组合试图在基本收入和资本增长之间达到某种均衡，因此也称为均衡组合。这种均衡可以通过两种方式获得：一种是使组合中的收入型证券和增长型证券达到均衡；另一种是选择那些既能带来收益，又具有增长潜力的证券进行组合；货币市场型证券投资组合是由各种货币市场工具构成的，如国库券、高信用等级的商业票据等，安全性很强。国际型证券投资组合投资于海外不同国家，是证券组合管理的时代潮流。实证研究结果表明，这种证券组合的业绩总体上强于只在本土投资的组合。指数化型证券投资组合模拟某种市场指数，信奉市场有效理论的机构投资者通常会倾向于这种组合，以求获得市场平均的收益水平。根据模拟指数的不同，指数化型证券投资组合可以分为两类：一类模拟内涵广大的市场指数，另一类模拟某种专业的指数。

二、证券投资组合管理的意义和特点

证券投资组合管理的意义在于采用适当的方法选择多种证券作为投资对象，以达到在保证预定收益的前提下使投资风险最小或控制风险的前提下使投资收益最大化的目标，避免投资过程的随意性。

证券投资组合管理的特点主要体现在两个方面：

1. 投资的分散性。证券投资组合理论认为，证券组合的风险随着组合所包含的证券数量的增加而降低，尤其是证券间关联性极低的多元化证券组合可以有效地降低非系统风险，使证券组合的投资风险趋向于市场平均风险水平。因此，组合管理强调构成组合的证券应该多元化。

2. 风险与收益的匹配性。证券投资组合理论认为，投资收益是对承担风险的补偿。承担风险越大，收益越高；承担风险越小，收益越低。因此，组合管理强调投资的收益目标应与风险的承受能力相适应。

三、证券投资组合管理的方法和基本步骤

(一)证券投资组合管理的方法

根据组合管理者对市场效率的不同看法，其采用的管理方法可大致分为被动管理和主动管理两种类型。

被动管理方法指长期稳定持有模拟市场指数的证券组合以获得市场平均收益的管理方法。采用此种方法的管理者认为，证券市场是有效率的市场，凡是能够影响证券价格的信息均已在当前证券价格中得到反映。也就是说，证券价格的未来变化是无法估计的，以至任何企图预测市场行情或挖掘定价错误证券，并借此频繁调整持有证券的行为无助于提高期望收益，只会浪费大量的经纪佣金和精力。但这并不意味着他们无视投资风险而随便选择某些证券进行长期投资。恰恰相反，正是由于承认存在投资风险并认为组合投资能够有效降低公司的个别风险，所以他们通常购买分散化程度较高的投资组合，如市场指数基金或类似的证券组合。

主动管理方法指经常预测市场行情或寻找定价错误的证券，并借此频繁调整证券组合以获得尽可能高的收益的管理办法。采用此种方法的管理者认为，市场不总是有效的，加工和分析某些信息可以预测市场行情趋势和发现定价过高或过低的证券，进而对买卖证券的时机和种类作出选择，以实现尽可能高的收益。

(二)证券投资组合管理的基本步骤

组合管理的目标是实现投资收益的最大化，也就是使组合的风险和收益特征能够给投资者带来最大满足。具体而言，就是使投资者在获得一定收益水平的同时承担最低的风险，或在投资者可接受的风险水平之内使其获得最大的收益。从控制过程来看，证券投资组合管理通常包括以下几个基本步骤：

1. 确定证券投资政策

证券投资政策是投资者为实现投资目标应遵循的基本方针和基本准则，包括确定投资目标、投资规模和投资对象三方面的内容以及应采取的投资策略和措施等。投资目标是指投资者在承担一定风险的前提下，期望获得的投资收益率。由于证券投资属于风险投资，而且风险和收益之间呈现出一种正相关关系，所以，证券投资组合管理者如果把只能赚钱不能赔钱定为证券投资的目标，是不客观的。客观和合适的投资目标应该是在盈利的同时也承担可能发生的亏损。因此，投资目标的确定应包括风险和收益两项内容。投资规模是指用于证券投资的资金数量。投资对象是指证券投资组合管理者准备投资的证券品种，是根据投资目标而确定的。

2. 进行证券投资分析

证券投资分析是指对证券投资组合管理第一步所确定的金融资产类型中个别证券或证券组合的具体特征进行的考察分析，它是证券投资组合管理的第二步。这种考察分析有两个目的：一是明确这些证券的价格形成机制和影响证券价格波动的诸多因素及其作用机制；二是发现那些价格偏离其价值的证券。

3. 构建证券投资组合

主要是确定具体的证券投资品种和在各证券上的投资比例。在构建证券投资组合时，投

资者需要注意个别证券选择、投资时机选择和多元化三个问题。个别证券选择主要是预测和比较各种不同类型证券的价格走势及其波动情况；投资时机选择涉及预测和比较各种不同类型证券的价格走势及波动情况；多元化则是指在一定的现实条件下，组建一个在一定收益条件下风险最小的投资组合。

4. 证券投资组合的修正

实际上是定期重温前三步的过程。随着时间的推移，过去构建的证券组合对投资者来说，可能已经不再是最优组合了，因此投资者需要对现有的组合进行必要的调整，以确定一个新的最佳组合。投资者在某种范围内进行个别调整，使得在剔除交易成本后，在总体上能够最大限度地改善现有证券投资组合的风险回报特性。

5. 投资组合业绩评估

证券投资组合管理的第五步是通过定期对投资组合进行业绩评估，来评价投资的表现。也就是说，可以将它看作证券投资组合管理过程中的一种反馈和控制机制。由于投资者在投资过程中获得收益的同时，还将承担相应的风险，获取较高的收益可能是建立在承担较高的风险基础之上的。在对证券投资组合进行评估时，不能仅仅比较投资活动所获得的收益，而应该综合衡量投资收益和所承担的风险情况。

四、现代证券投资组合理论体系的形成与发展

1952 年，哈理·马柯维茨发表了一篇题为《证券组合选择》的论文，这篇论文标志着现代组合理论的开端。在这篇论文里，马柯维茨第一次对证券投资中的风险因素进行了正规阐述，他分别用期望收益率和收益率的方差来衡量投资的预期收益水平和不确定性，建立均值方差模型来阐述如何全盘考虑上述两个目标，从而进行决策。最终结果是，投资者应该通过同时购买多种证券而不是一种证券来进行分散化投资。

在投资者只关注期望收益率和方差的假设前提下，马柯维茨提供的方法是完全精确的，不过这种方法所面临的最大问题是计算量太大，尤其是在大规模的市场存在着上千种证券的情况下，这就严重阻碍了该方法在实际中的应用。

1963 年，马柯维茨的学生威廉·夏普提出了一种简化的计算方法，这一方法通过建立“单因素模型”来实现，在此基础上后来发展出“多因素模型”，以实现对实际情况更精确的近似。这一简化使得将证券组合理论应用于实际市场成为可能。

随后，夏普、特雷诺、詹森分别先后提出了资本资产定价模型（CAPM）。1976 年，理查德·罗尔对此模型提出了批评，认为该模型永远无法用经验事实来检验。同时，史蒂夫·罗斯突破性地发展了资本资产定价模型，提出了套利定价理论（APT）。这一理论认为，只要任何一个投资者不能通过套利获得收益，那么期望收益率一定与风险相联系。罗尔和罗斯认为这一理论至少在原则上是可以检验的。

第二节 证券投资组合理论

一、有效市场假说

现代文献中关于有效市场假设理论的论述以美国芝加哥大学财务学家尤金·法码的阐述最为系统。根据价格对信息的反映情况，证券市场可以划分为有效市场和无效市场。现实中无效市场几乎是不存在的。有效市场假说理论认为，证券在任一时点的价格均对所有相关信息作出了反映。股票价格的任何变化只会由新信息引起。在一个有效的市场上，将不会存在证券价格被高估或低估的情况，投资者将不可能根据已知信息获利。如果一个市场是有效的，那么所观察到的价格应该完全地并且时时刻刻地反映所有的信息。在有效市场上信息成本应是低廉的，以便禁止所有超长利润。

（一）股票价格的随机游走与有效市场

1953 年，莫里斯·肯德尔（Maurice Kendall）对股票价格历史变化的研究发现：他无法确定任何可以进行事前预测的股票价格变化模式，股票价格的变化似乎是随机的，在任何一天它们都有可能上升或下跌，而不论过去的业绩或价格如何变化。那些过去的数据提供不了任何方法来预测股价的变化。

肯德尔的结论暗示着，股票市场是由不确定的市场心理主宰着，没有任何逻辑规律。股票价格的随机游走意味着价格变化是相互独立的，每次价格的上升或下跌与前一次的价格变化毫无联系，对下一次价格变化也毫无影响。假设投资者确实找到了某种可预测股票价格未来变化的规律，他只要按照这一规律的指引去买进卖出股票，就会在短时间内成为世界上最富有的人之一。只需稍加考虑，就可以确信这种状况不会持久。规律的扩散会平均地摊薄所有知情人的利润，直至市场中全部投资者，此时规律的作用降到趋近零。

对好的未来表现的预测将导致好的表现提前到来，致使所有的市场参与者都来不及在股价上升前采取行动。也就是说，当有消息表明某股票价格将要上涨时，人们会蜂拥而上地购买股票，从而促使股票价格迅速上升到相应的价位。因此，投资者能够得到的只是与股票风险相对应的合理的回报率。

如果股票价格已经完全反映了所有已知的信息，则股票价格的进一步变化只能依赖于新信息的披露。而所谓的新信息，显然是指人们事先无法预测到的信息，如果可以预测到，则这些可预测到的信息就成为已知信息的一部分，而不是新信息了。所以，股票价格随着新的（不可预测的）信息的出现而变化也就是无法预测的，股票价格的变化就应表现为“随机游走”（Random Walk）。股票价格的这种特性，就是股票市场的有效性。所谓市场效率假说（Efficient Market Hypothesis，EMH），就是说股票价格已经完全反映了所有的相关信息，人们无法通过某种既定的分析模式或操作始终如一地获取超额利润。

（二）有效市场是竞争的结果

有效市场是竞争的结果，因此，有效市场假说与证券研究并不矛盾。市场之所以有效，有关信息之所以可以广为投资者所知，就是因为投资者进行了信息的搜集和有关的分析与研究，掌握了必要的信息，或者媒体和其他方式分享了有关的研究成果或信息。市场的有效性在于这些信息可以迅速地在投资者之间传播，而不是由少数人长时间地垄断。市场有效性理论认为预测和研究并不能确保获利，因为研究者不知道还有多少其他投资者也在进行同样的研究并获得了相同的信息。如果投资者肯定知道有大量的其他投资者在进行相同的研究并获得了相同的信息，他可能就不愿意进行这样的研究，因为这种研究毕竟要花费很长时间和费用；如果投资者肯定知道没有人进行这样的研究，那么他的研究就肯定可以获得套利的机会和大量的盈利。正是这种不确定的情形，使投资者愿意不断地进行股价的预测和研究，希望自己可以得到他人得不到的信息，或者优先他人一步，早一点知道有关的信息，以获得获利的空间。也正是这种不断寻找套利机会，并不断地套利使市场变得有效起来。结论是，一般情况下，你要想获得额外的信息，就需要付出额外的努力，也就是冒更高的风险，才有更高的期望收益。如果不是这样，要打折扣的不是有效市场理论，而是市场的有效程度。

(三)有效市场形式

市场不可能是严格有效的，也不可能是完全无效的，市场有效性只是一个程度问题。哈里·罗伯茨(Harry Roberts)根据股票价格对相关信息反映的范围不同，将市场效率分为三类：弱有效率(Weak Form)市场、半强有效(Semi－Strong Form)市场和强有效率(Strong Form)市场。后来尤金·法码又将信息分为历史价格信息、公开信息以及全部信息3类，并在此基础上将市场的有效性分为3种形式：弱式有效市场、半强式有效市场以及强式有效市场。

1. 弱式有效市场

弱式有效市场假定，如果市场是弱式有效的，那么证券价格充分反映了所有过去历史的证券市场信息。这些市场信息包括历史上一系列交易价格和交易量，以及其他由市场产生的信息，如大宗交易等，从而投资者不可能通过对以往的价格进行分析而获得超额利润。弱式有效理论认为，当前市场价格完全反映了过去由市场产生的有关信息，也是绝大多数投资者可以免费得到的信息，因此广大投资者会充分利用这些信息并使之迅速完全地反映到证券市场价格中去，最终，这些信息由广为人知而失去了价值。这暗示过去的收益率或其他市场数据与未来的收益率不会存在任何关系。因而，所有的图表或技术分析都是无效的，利用这些方法不会赚取超额收益。也就是说，如果市场是弱式有效的，那么投资分析中的技术分析方法将不再有效。

值得指出的是，在一个达到弱式效率的资本市场上，所有的投资者在推断最后时刻的价格位置时，都运用历史价格数据，当然现行所反映的是过去价格和收益的一切信息。但是在弱式效率市场上，并不意味着投资者不能获取一定的收益，通常情况下，任何利用历史信息的投资策略所获得的收益都不可能获得超过“简单的购买——持有”策略所获得的收益。

2. 半强式有效市场

半强式有效市场假说认为，在证券市场上，证券价格会迅速、准确地根据可获得的所有公开信息进行调整，因此以往的价格和成交量等技术信息以及公布的基本信息都无助于分析家挑选价格被高估或低估的股票。

半强式效率是证券市场效率的中等程度。如果有关证券公开发表的资料对证券的价格变动没有任何影响，或者说，证券价格已经充分、及时地反映了公开发表的资料，则证券市场达到半强式有效。反之，如果公开发表的有关证券的信息对证券的价格变动仍有影响，说明证券价格对公开发表的资料尚未作出及时、充分的反应，则证券市场尚未达到半强式有效。不难理解，在一个完全自由竞争的市场上，价格的调整取决于供需关系的变化。在新的资料尚未公布前，证券价格基本上处于均衡状态。一旦新的信息出现，价格将根据新的信息而变化。公开信息的速度越快、越均匀，证券价格调整越迅速;反之越慢。如果每个投资者都相同掌握和使用有关公开信息进行投资决策，则任何投资者都不可能通过使用任何方法来分析这些公开信息以获得超额收益。这样，半强式有效市场假说又进一步否定了基本分析存在的基础。

3. 强式有效市场

强式有效市场假说认为，不仅已公布的信息，而且是可能获得的所有有关信息都已反映在股价中，因此任何信息包括“内幕信息”对专业分析都毫无用处。通常情况下，任何投资者都无法凭借其地位和某种信息渠道来获得超额的预期收益。这是一个极端的假说，对任何内幕信息的价值持否定态度。

强式有效市场是证券市场效率的最高程度。如果有关证券的所有相关信息，包括公开发表的资料和内部信息对证券的价格变动没有任何影响，即证券价格已经充分、及时地反映了所有有关的公开和内部信息，则资本市场达到强式有效。在证券市场上，总是有少数人掌握未公开发表的信息。如果有人利用内部信息买入证券而获利，则说明该市场尚未达到强式有效。

较之传统的证券市场理论，有效证券市场假说前进了一大步。对不同类型市场的区分实质上批评了完全证券市场假说的破绽，并对完全独立市场假定进行了修正。从这个意义上说，有效市场假说较完全资本市场假说更接近于市场经济的现状，其描述和结论也更符合实际。在这三种类型的效率市场研究中，对半强式有效市场的检验引起了更多学者的兴趣，在这方面，法码、费雪、詹森和罗尔四人的研究被列入权威之首。

（四）反应不足与反应过度

如果市场是严格有效的，一旦有新的信息出现，证券价格就应立即作出一步到位的正确反应。实际上，市场不会是严格有效的，因此其对信息的反应速度就会存在不同。

在有效市场上，证券价格对新的利好信息进行迅速反应;但在无效市场上，尽管证券价格的反应方向正确，但却会出现过度反应或反应延迟情况。

（五）有效市场假说对证券投资分析的意义

1. 有效市场和技术分析

如果市场没有达到弱式下的有效，则当前的价格未完全反映历史价格信息，那么未来的价格变化将进一步对过去的价格信息作出反应。在这种情况下，人们可以利用技术分析和图表从过去的价格信息中分析出未来价格的某种变化趋势，从而在交易中获利。如果市场是弱式有效的，则过去的历史价格信息已完全反映在当前的价格中，未来的价格变化将与当前及历史价格无关，这时使用技术分析和图表分析当前及历史价格对未来作出预测将是徒劳的。如果不运用进一步的价格序列以外的信息，明天价格最好的预测值将是今天的价格。因此，在弱式有效市场中，技术分析将失效。

2. 有效市场和基本分析

如果市场没有达到次强有效性，公开信息未被当前价格完全反映，分析公开资料寻找误定价格将能增加收益，但如果市场次强有效率，那么仅仅以公开资料为基础的分析将不能提供任何帮助，因为针对当前已公开的资料信息，目前的价格是合适的，未来的价格变化与当前已知的公开信息毫无关系，其变化纯粹依赖于明天新的公开信息。对于那些只依赖于已公开信息的人来说，明天才公开的信息，他今天是一无所知的，所以不用未公开的资料，对于明天的价格，他的最好预测值也就是今天的价格。所以在这样的一个市场中，已公开的基本面信息无助于分析家挑选价格被高估或低估的证券，基于公开资料的基本分析是毫无用处的。

3. 有效市场和证券组合管理

如果市场没有达到强有效市场，内幕信息未被当前价格完全反映，由内幕信息寻找错误定价来获取超额利润。但如果市场强有效率，所有的人都能获取任何公开的和内部的资料并按照它们行动，这时任何新信息（包括公开的和内部的）将迅速在市场中得到反映，那种企图寻找内幕信息来战胜市场的做法是不明智的。在这种有效率市场假设下，任何专业投资者的边际市场价值为零，因为没有任何资料来源和加工方式能够稳定地增加收益。

对于证券组合理论来说，其组合构建的条件之一是假设证券市场是充分有效的，所有市场参与者都能同等地得到充分的投资信息，如各种证券收益和风险的变动及其影响因素，同时不考虑交易费用。在有效证券市场条件下，证券的价格无疑是一个可以依赖的正确的投资信号，这些价格全面和迅速地反映了所有可以获知的有关收益和风险变动的信息，投资者可以按照这些价格信号的指导，进行投资组合选择以便在给定风险下获得最高收益。

二、均值方差模型

（一）均值方差模型的概述

马柯维茨于 1952 年在美国《金融》杂志上发表了一篇名为《资产组合选择》的论文，开创了现代证券投资组合理论及定量资产管理的先河。他运用矩阵代数、概率统计等数学方法，定量分析了收益、风险的约束条件下，有选择地构造有效的证券投资组合的方差。该理论因此也以他的名字命名为“马柯维茨均值－方差模型”。马柯维茨为组合理论提出了以下的假设条件：

假设一：证券市场是有效的；

假设二：投资者以期望收益率来衡量未来实际收益率的总体水平，以收益率方差（或标准差）来衡量未来不确定收益率的风险，且投资者在投资方案选择中只关心投资的期望收益率和方差；

假设三：投资者是厌恶风险的，即投资者总是希望期望收益率越高越好，而风险即方差越小越好。

马柯维茨提出的理论假设各有其实际意义。假设一说明证券的价格反映了证券的内在价值，每个投资者都掌握充分的信息，了解每种证券的期望收益率和方差。根据假设二，证券或证券组合的特征完全由期望收益率和方差来描述。在图形上，以方差为横坐标、以期望收益率为纵坐标建立一个坐标系，那么每一种证券或证券组合都由平面上的一点来表示。假设三则设定了判断每一个证券组合优劣的标准。由于投资者被假定偏好期望收益率而厌恶风险，因而在给定方差水平的那些组合中，投资者会选择期望收益率最高的组合；而在给定期望收益率水平的组合中，投资者会选择方差最小的组合。

马柯维茨从上述假设出发，经过严格的数学推导，得出了这样的结论：只要是由不是完全相关的证券组成的证券组合，就可以在给定投资收益率的前提下，减少投资的风险。这就是马柯维茨均值－方差模型的核心。

（二）均值－方差模型的应用

马柯维茨均值－方差模型为投资者选择最佳的证券组合提供了科学的方法，它主要包括以下步骤：

（1）估计各种可供选择的证券的期望收益率、方差和证券之间的相关系数；

（2）计算证券组合的期望收益率和方差，并以此决定投资的有效集；

（3）根据偏好作出最佳的证券组合的选择。

但是，该理论在应用过程中存在许多不便之处，例如，投资者在期初作出投资决策时，并不知道期末的期望收益率，在实际分析中，一般使用过去某一时期的平均收益率来代替期望收益率，这样，就产生了历史收益率与期望收益率之间的替代适用性问题。对于历史比较长、比较成熟的证券市场而言，通过对历史收益率的调整，可以比较精确作出估计。但是，对于发展不成熟或是不够稳定的市场，其适用性就要受到怀疑。而且，马柯维茨的模型所涉及的参数很多，并且极难估计，要明确地考虑证券间的协方差，参数估计的任务必然会显著增加。当证券数目较多时，生成有效边界所需要的计算工作量也十分巨大，即使使用计算机，也是相当困难的。因此，马柯维茨的模型主要提供了构建和分析投资组合的理论框架，适用于不同类型资产的分配问题上，其运用于资产选择的实际可操作性较差。

三、资本资产定价模型

在马柯维茨均值－方差模型的基础上，美国经济学家夏普等人提出了资本资产定价模型。资本资产定价模型（Capital Asset Pricing Model，CAPM）是现代金融学的基石。该模型对于资产风险及其期望收益率之间的关系给出了精确的预测。该模型从理论上探讨了风险和收益之间的关系，说明资本市场上风险证券的价格会在风险和预期收益的联动关系中趋于均衡。因此，CAPM 对证券股价、风险分析和业绩评价等投资领域有广泛的影响。

（一）资本资产定价模型的原理

1.假设条件

资本资产定价模型是建立在若干假设条件基础之上的，这些假设条件概括如下：

假设一：所有的投资者都依据期望收益率评价证券组合的收益水平，依据方差（或标准差）评价证券组合的风险水平，并采用一定的方法选择最优投资组合。

假设二：所有的投资者对证券的收益、风险及证券间的关联性具有完全相同的预期。

假设三：证券市场是完美无缺的，没有摩擦。所谓“摩擦”，是指市场对资本和信息自由流动的阻碍。因此，该假设意味着：在分析问题的过程中，不考虑交易成本和对红利、股息及资本利得的征税，信息在市场中自由流动，任何证券的交易单位都是无限可分的，市场只有一个无风险借贷利率，在借贷和卖空上没有限制。

在上述假设中，第一项和第二项假设是对投资者的规范，第三项假设是对现实市场的简化。这些假设使 CAPM 得以清楚地反映在资本市场均衡状态下，资产收益与风险之间的关系，也因这些假设的超现实性而使之无法进行有效的检验，最终导致其科学性受到质疑。

2.资本市场线

（1）无风险证券对有效边界的影响

在前述假设条件下，投资者面对的市场是一个存在无风险证券的市场，并依照马克维茨理论构建最优证券组合。因此，投资者在均值标准差平面上面对的证券组合可行域及有效边界不再是纯粹由风险证券构成的，而是包含了无风险证券在内的具有如图 8－1 和图 8－2 所示几何形状的可行域及有效边界。

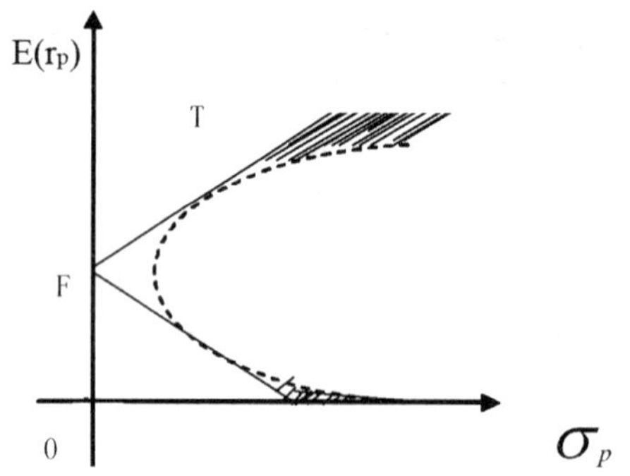

图 8－1　存在无风险证券时的组合可行域

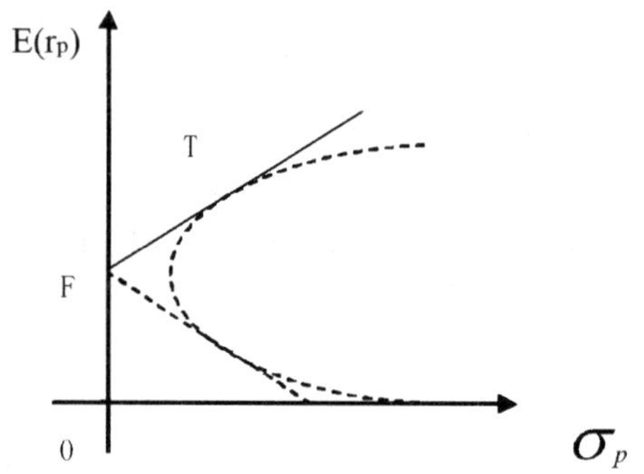

图 8－2　存在无风险证券时的有效边界

在图 8－1 中，由无风险证券 F 出发并与原有风险证券组合可行域的上下边界相切的两条射线所夹角形成的无限区域(阴影部分)，便是在现有假设条件下所有证券组合形成的可行域。在图 8－2 中，由无风险证券 F 出发并与原有风险证券组合可行域的有效边界相切的射线 FT，便是在现有假设条件下所有证券组合形成的可行域的有效边界。

现有假设条件下，证券组合可行域及有效边界之所以具有上述描述的几何特征，即现有证券组合可行域较之原有风险证券组合可行域之所以扩大并具有直线边界，是因为：

一方面，投资者通过将无风险证券与每个可行的风险证券组合再组合的方式增加了证券组合的种类，从而使得原有的风险证券组合的可行域得以扩大。另一方面，无风险证券 F 与任意风险证券或组合 P 进行组合时，其组合线恰好是一条由无风险证券 F 出发并经过风险证券或组合 P 的射线 FP，如图 8－3 所示，从而无风险证券与切点证券组合 T 进行组合的组合线 FT，并成为新可行域的上部边界——有效边界。

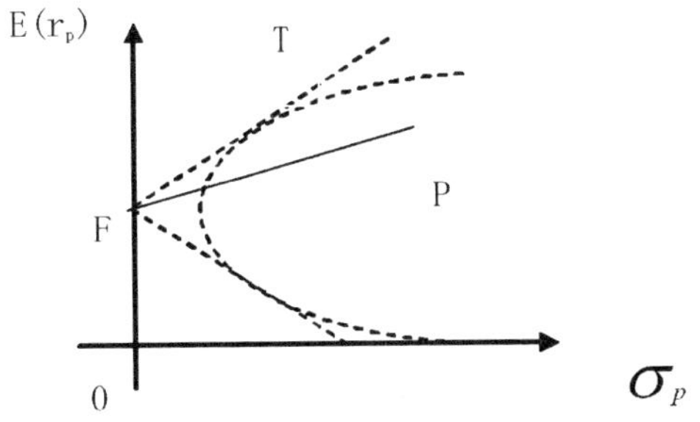

图 8-3 无风险资产与风险证券的组合线

(2)切点证券组合 T 的经济意义

有效边界 FT 上的切点证券组合 T 具有 3 个重要的特征:其一, T 是有效组合中惟一一个不含有无风险证券而仅由风险证券构成的组合;其二, 有效边界 FT 上的任意证券组合, 即有效组合, 均可视为无风险证券 F 与 T 的再组合;其三, 切点证券组合 T 完全由市场确定, 与投资者的偏好无关。正是这 3 个重要特征决定了切点证券组合 T 在资本资产定价模型中占有核心地位。

切点证券组合 T 的经济意义:

首先, 所有投资者拥有完全相同的有效边界。根据前述三个假设, 同一种证券或组合在均值标准差平面上的位置对不同投资者来说是完全相同的, 所有投资者在均值标准差平面上面对完全相同的证券组合可行域, 进而面对完全相同的有效边界, 即所有投资者拥有同一个证券组合可行域和有效边界。

其次, 投资者对依据自己风险偏好所选择的最优证券组合 P 进行投资, 其风险投资部分均可视为对 T 的投资,如图 8-4 所示, 即每个投资者按照各自的偏好购买各种证券, 其最终结果是每个投资者手中持有的全部风险证券形成的风险证券组合在结构上恰好与切点证券组合 T 相同。这是因为, 最优证券投资组合 P 恰好位于 F 与 T 的组合线上, 可视为无风险证券 F 与切点证券组合 T 的再组合。如果所选择的最优组合位于 F 与 T 之间, 表明他同时买入无风险证券 F 和切点证券投资组合 T;如果所选择的最优组合位于 T 的右侧, 表明他将卖空无风险证券 F, 并将获得的资金与原有资金一起全部投资于风险证券组合 T 上。无论如何, 每个投资者的最优证券组合中所包含的对风险证券的投资部分, 都可在形式上归结为对同一个风险证券组合——切点证券组合 T 的投资。这就意味着, 如果把投资者对自己所选择的最优证券组合的投资分为无风险投资和风险投资两部分的话, 那么风险投资部分所形成的证券组合的结构与切点证券组合 T 的结构完全相同, 所不同的仅是不同偏好投资者的风险投资金额(即对切点证券组合的投资资金规模)占全部投资金额的比例不同。正因为如此, T 为最优风险证券组合或最优风险组合。

最后，当市场处于均衡状态时，最优风险证券组合 T 就等于市场组合。

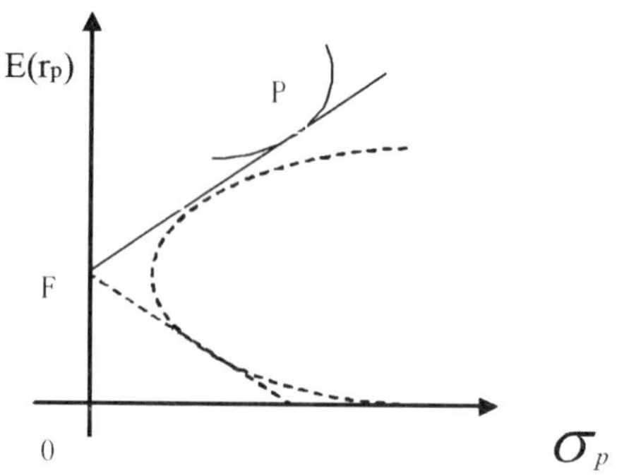

图 8－4　最优证券组合 P

(3)市场组合

所谓市场组合，是指由风险证券构成，并且其成员证券的投资比例与整个市场上风险证券的相对市场比例一致的证券组合。一般用 M 表示市场组合。市场组合 M 是对整个市场的定量描述;在均衡状态下，最优风险组合 T 之所以等于市场组合，完全是依据下述两个事实。

一方面，每个投资者手中持有的风险证券均以最优风险证券组合 T 的形式存在，所不同的仅是各自在 T 上投资的资金比例不同;把全体投资者视为一个整体，每个投资者手中持有的最优风险证券组合 T 在形式上合并为一个整体组合，这个整体组合在结构上与最优风险证券组合 T 相同，规模上等于全体投资者所持有的风险证券的总和。

另一方面，在均衡状态下，投资者手中持有的风险证券必然是市场上正在流通的风险证券，反之亦然;此时，无论从资金规模上还是从结构上看，全体投资者所持有的风险证券的总和也就是市场上流通的全部风险证券的总和。

综合以上两个方面的分析，在均衡状态下，最优风险证券组合 T 就等于市场组合 M。

(4)资本市场线方程

在资本资产定价模型假设下，当市场达到均衡时，市场组合 M 成为一个有效组合;所有有效组合都可视为无风险证券 F 与市场组合 M 的再组合。

在均值标准差平面上，所有有效组合刚好构成连接无风险证券 F 与市场组合 M 的射线 FM，这条射线被称为“资本市场线”(如图 8－5 所示)。

资本市场线揭示了有效组合的收益与风险之间的均衡关系，这种均衡关系可以用资本市场线的方程来描述:

$$E_{r_p} = r_F + \left[\frac{E_{r_M} - r_F}{\sigma_M}\right]\sigma_p$$

式中:E_{r_p}、σ_p —— 有效组合 P 的期望收益率和标准差;

E_{r_M}、σ_M—— 市场组合 M 的期望收益率和标准差;

r_F—— 无风险证券收益率。

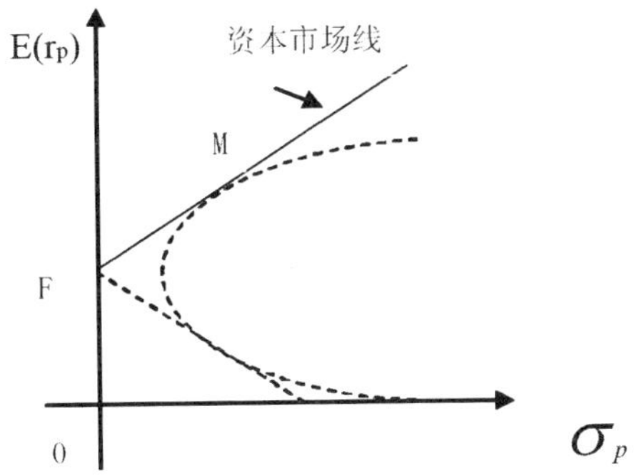

图 8－5 资本市场线

(5)资本市场线的经济意义

资本市场线方程式对有效组合的期望收益率和风险之间的关系提供了十分完整的阐述。有效组合的期望收益率由两部分构成：一部分是无风险收益率 r_F，它是由时间创造的，是对放弃即期消费的补偿；另一部分 $[\frac{E_{r_M}-r_F}{\sigma_M}]\sigma_p$ 是对承担风险 σ 的补偿，通常称为“风险溢价”，与承担的风险的大小成正比。其中系数 $[\frac{E_{r_M}-r_F}{\sigma_M}]$ 代表了对单位风险的补偿，通常称之为“风险的价格”。

3. 证券市场线

(1)证券市场线方程

资本市场线只是揭示了有效组合的收益风险均衡关系，而没有给出任意证券或组合的收益风险关系。

由资本市场线所反映的关系可以看出，在均衡状态下，市场对有效组合的风险(标准差)提供补偿。而有效组合的风险(标准差)由构成该有效组合的各个成员证券的风险共同合成，因而市场对有效组合的风险补偿可视为市场对各个成员证券的风险补偿的总和，或者说市场对有效组合的风险补偿可以按照一定的比例分配给各个成员证券。当然，这种分配应按各个成员证券对有效组合风险贡献的大小来分配。不难理解，实现这种分配就意味着在各个证券的收益风险之间建立了某种关系。

为实现这种分配，首先要知道各个成员证券对有效组合风险的贡献大小。基于市场组合 M 也是有效组合，因此将市场组合 M 作为研究对象，分析 M 中各个成员证券对市场组合风险的贡献率大小，之后再按照贡献大小把市场组合的风险补偿分配到各个成员证券。

为能够分辨各个成员证券对市场组合风险贡献的大小，自然要对衡量市场组合风险水平的指数——方差 σ_M^2 进行考察。市场组合 M 的方差 σ_M^2 可分解为：

$$\sigma_M^2 = x_1\sigma_{1M} + x_2\sigma_{2M} + \Lambda + x_i\sigma_{iM}$$

式中：x_i—— 第 i 种成员证券在市场组合 M 中的投资比例；

σ_{iM}—— 第 i 种成员证券与市场组合 M 之间的协方差。

从上述公式中，我们能够清晰地从中分离出单个成员证券对市场组合风险的贡献大小。

公式中$x_i\sigma_{iM}$可被视为投资比重为x_i的第i种成员证券对市场组合M的风险贡献大小的绝对度量，而$\frac{x_i\sigma_{iM}}{{\sigma_M}^2}$便被视为投资比重为$x_i$的第$i$种成员证券对市场组合$M$的风险贡献大小的相对度量。

其次，期望收益率$[E_{(}r_M)-r_F]$可被视为市场对组合M的风险补偿，也即相当于对方差${\sigma_M}^2$的补偿，于是分配给单位资金规模的证券i的补偿按其对${\sigma_M}^2$作出的相对贡献应为：

$$\frac{x_i\sigma_{iM}}{{\sigma_M}^2}[E_{(}r_M)-r_F]$$

最后，单位资金规模的证券i的补偿又等于$[E_{(}r_i)-r_F]$，其中$E_{(}r_i)$表示证券i的期望收益率。于是有：

$$[E_{(}r_i)-r_F]=[E_{(}r_M)-r_F]\frac{\sigma_{iM}}{{\sigma_M}^2}$$

记$\beta_i=\frac{\sigma_{iM}}{{\sigma_M}^2}$，则上述方程可改写为：

$$E_{(}r_i)=r_F+[E_{(}r_M)-r_F]\beta_i$$

这个式子表明，单个证券i的期望收益率与其对市场组合方差的贡献率β_i之间存在着线性关系，而不像有效组合那样与标准差（总方差）有线性关系。因而从定价角度考虑，单个证券的风险用β_i来测定更为合理。β_i有一个特殊的名称——证券i的β系数（贝塔系数）。

对任何一个证券组合P，设其投资于各种证券的比例分别为x_1、x_2、Λ、x_n，则有：

$$E_{r_p}=x_1E_{r_1}+x_2E_{r_1}+\Lambda+x_nE_{r_n}$$

$$=x_1\{r_F+[E_{(}r_M)-r_F]\beta_1\}+x_2\{r_F+[E_{(}r_M)-r_F]\beta_2\}+\Lambda x_n\{r_F+[E_{(}r_M)-r_F]\beta_n\}$$

令$\beta_p=x_1\beta_1+x_2\beta_2+\Lambda+x_n\beta_n$，称为证券组合$P$的“$\beta$系数”。

通过资本市场线方程，进行一系列的推导，能够达到如下形式的证券市场线（如图8－6所示）方程：

$$E_{r_p}=r_F+[E_{(}r_M)-r_F]\beta_p$$

式中：β_p——证券组合P的β系数，它是对风险的合理测定值。

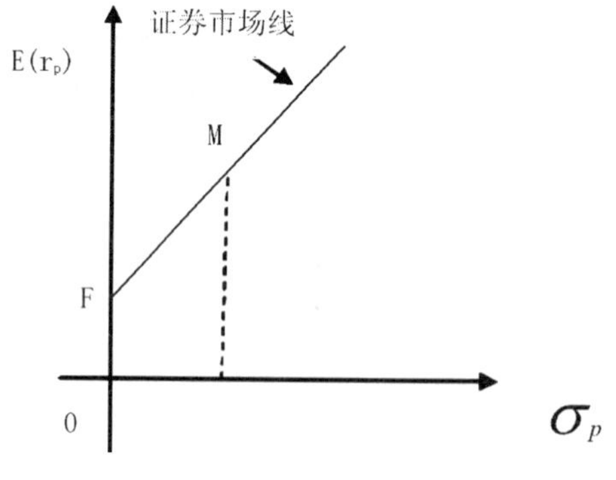

图8－6　证券市场线

当P为市场组合M时，$\beta_p = 1$，此时证券市场线经过点$[1, E_{(}r_M)]$；当p为无风险证券时，β系数为0，期望收益率为无风险利率r_F，此时证券市场线经过点$[1, E_{(}r_F)]$。

(2) 证券市场线的经济意义

证券市场线对任意证券或组合的期望收益率和风险之间的关系提供了十分完整的阐述。任意证券或证券组合的期望收益率由两部分构成：一部分是无风险利率r_F，它是由时间创造的，是对放弃即期消费的补偿；另一部分是$[E_{(}r_M) - r_F]\beta_p$，是对承担风险的补偿，通常称之为"风险溢价"，它与承担的风险β_p的大小成正比，其中$[E_{(}r_M) - r_F]$代表了对单位风险的补偿，称之为风险的价格。

4. β系数的含义及其应用

(1)β系数的含义

① β系数反映了证券或证券组合对市场组合方差的贡献率。证券组合方差是市场中每一证券(或组合)与市场组合协方差的加权平均值，加权值是单一证券(或组合)的投资比例，因此β_p可以作为单一证券(组合)的风险测定。

② β系数反映了证券或证券组合的收益水平对市场平均收益水平变化的敏感性。公式$E_{(}r_p) = r_F + [E_{(}r_M) - r_F]\beta_p$可以改写成：

$$E_{(}r_p) = r_F + \beta_p E_{(}r_M) - r_F\beta_p$$

而此式又可以改写成被称为证券或组合的特征线方程：

$$r_p = \alpha_p + \beta_p r_M - r_F\beta_p$$

从该式中可以看出，证券或组合的收益与市场指数收益呈线性相关，β系数为直线斜率，反映了证券或组合的收益水平对市场平均收益水平变化的敏感性。β系数绝对值越大，表明证券或证券组合对市场指数的敏感性越强。

③ β系数是衡量证券承担系统风险水平的指数。按照特征线方程，证券或组合的风险为：

$$\sigma_p{}^2 = \beta_p{}^2\sigma_M{}^2 + \varepsilon_p{}^2$$

显然，证券或组合的风险分为两部分，其中$\beta_p{}^2\sigma_M{}^2$为系统性风险，$\varepsilon_p{}^2$为非系统性风险。因此，β系数越大，反映证券或证券组合承担的系统风险越大。

(2) β系数的应用

β系数被广泛应用于证券的分析、投资决策和风险控制中，主要有以下几个方面的应用：

① 证券的选择。证券选择的一个重要环节是证券估值。当市场处于牛市时，在估值优势相差不大的情况下，投资者会选择β系数较大的股票，以期获得较高的收益；反之，当市场处于熊市时，投资者会选择β系数较小的股票，以减少股票下跌的损失。

② 风险控制。β系数是证券或证券组合系统风险的量度，风险控制部门或投资者通常会利用β系数对证券投资进行风险控制，控制β系数对过高的证券投资比例。另外，针对衍生证券的对冲交易，通常会利用β系数控制对冲的衍生证券头寸。

③投资组合绩效评价。评价组合业绩是基于风险调整后的收益进行考量，即既要考虑组合收益的高低，又要考虑组合所承担风险的大小。

(二)资本资产定价模型的应用

资本资产定价模型主要应用于资产估值、资金成本预算以及资源配置等方面。以下就资本资产定价模型在资产估值和资源配置方面的应用进行介绍。

1. 资产估值

在资产估值方面，资本资产定价模型主要用来判断证券是否被市场错误定价。根据资本资产定价模型，每一证券的期望收益率应等于无风险利率加上该证券由 β 系数测定的风险溢价：

$$E_{(r_i)} = r_F + [E_{(r_M)} - r_F]\beta_i$$

一方面，当获得市场组合的期望收益率的估计和该证券的风险 β_i 的估计时，就能计算市场均衡状态下证券 i 的期望收益率 $E_{(r_i)}$；另一方面，市场对证券在未来所产生的收入流有一个预期值，这个预期值与证券 i 的期初市场价格及其预期收益率 $E_{(r_i)}$ 之间有如下关系：

$$E_{(r_i)} = \frac{E(\text{股息} + \text{期末价格})}{\text{期初价格}} - 1$$

均衡状态下，上述两个 $E_{(r_i)}$ 应有相同的值，若二者不相等，说明市场价格被误定。利用这一点能够获得超额收益。具体来讲，就是实际价格低于均衡价格时，说明该证券是廉价证券，应该买进；实际价格高于均衡价格时，应该卖出该证券，买入其他廉价的证券。

2. 资源配置

资本资产定价模型在资源配置方面的重要应用是，根据对市场走势的预测来选择具有不同 β 系数的证券或证券组合以获得较高的收益或规避市场风险。

β 系数能够反映证券或证券组合对市场变化的敏感性，因此，当有很大把握预测牛市到来时，就可以选择那些高 β 系数的证券或证券组合，以获得较高的收益；相反，在熊市到来之际，应选择那些低 β 系数的证券或证券组合，以减少市场下跌造成的损失。

四、套利定价模型

套利定价理论(Arbitrage Pricing Theory, APT)是由罗斯(Ross S. A)于1976年提出来的一个替代CAPM的理论。套利定价理论是描述资产合理定价但又有别于资本资产定价模型(CAPM)的均衡模型。它揭示了均衡价格形成的套利驱动机制和均衡价格的决定因素。APT是以多因素模型为基础，建立在一个重要的假设基础上的理论。这一重要假设是“一价法则”(Low of One Price)，即两种具有相同风险和收益的证券，其价格必定相同。也就是说市场上应一物一价，如果存在一物多价的情况，那么就会产生无风险套利的机会，而无风险套利活动将使一物多价的情形消失，恢复到一物一价的市场均衡状态。

(一)套利定价的基本原理

1. 套利定价的假设条件

与资本资产定价模型相比，套利定价理论涉及的假设条件较少，可以概括为三个基本假设。

假设一：投资者是追求收益的，同时也是厌恶风险的。

假设二：所有证券的收益都受到一个共同因素F的影响，并且证券的收益具有如下构成形式：

$$r_i = a_i + b_iF_1 + \zeta_i$$

式中：r_i—— 证券 i 的实际收益率；

a_i—— 因素指标 F_1 为0时证券 i 的收益率；

b_i—— 因素指标 F_1 的系数，反映证券 i 的收益率 r_i 对因素指标 F_1 变动的敏感性，也成为灵敏度系数；

F_1—— 影响证券的那个共同因素 F 的指标值；

ζ_i —— 证券 i 收益率 r_i 的残差项。

假设三：投资者能够发现市场上是否存在套利机会，并利用该机会进行套利。

上述三个假设各有各的作用：第一个假设是对投资者偏好的规范；第二个假设是对收益形成机制的量化描述；第三个假设是对投资者处理问题能力的要求。

2. 套利机会与套利组合

通俗地讲，套利是指人们不需要追加投资就可获得收益的买卖行为。从经济学的角度上讲，套利是指人们利用同一资产在不同市场间定价不一致，通过资金的转移而实现无风险收益的行为。在套利定价理论中，套利机会被套利组合所描述。所谓套利组合就是满足下述3个条件的证券组合：

(1)该组合中各种证券的权数满足 $\omega_1 + \omega_2 + \Lambda + \omega_N = 0$。

(2) 该组合因素灵敏度系数为0，即 $\omega_1 b_1 + \omega_2 b_2 + \Lambda + \omega_N b_N = 0$。其中，$b_i$ 表示证券 i 的因素灵敏度系数。

(3) 该组合具有正的期望收益率，即 $x_1 E_{r_1} + x_2 E_{r_2} + \Lambda + x_N E_{r_N} > 0$。其中 E_{r_i} 表示证券 i 的期望收益率。

套利组合的特征表明，投资者如果发现套利组合并持有它，那他就可以实现不需要追加投资又可获得收益的套利交易，即投资者是通过持有套利组合的方式来进行套利的。所以套利定价理论认为，如果市场上不存在套利组合，那么市场上就不会存在套利机会。

例：假如市场上有三种股票，每个投资者都认为它们满足单因素模型，且具有以下的期望收益率和因素敏感度：

表 8－1　　期望收益率与因素敏感度

证券	$\bar{r}_i$(%)	b_i
1	15	0.9
2	21	3.0
3	12	1.8

这些期望收益率和因素敏感度是否表示一种均衡状态？如果不是，股票的价格和期望收益率将发生怎么的变化来达到均衡？首先，我们看看这个证券组合是否存在套利机会。根据套利组合定义的三个条件，一个套利证券组合($\omega_1, \omega_2, \omega_3$) 应该符合：

$$\begin{cases} \omega_1 + \omega_2 + \omega_3 = 0 \\ 0.9\omega_1 + 3.0\omega_2 + 1.8\omega_3 = 0 \\ 0.15\omega_1 + 0.21\omega_2 + 0.12\omega_3 > 0 \end{cases}$$

显然，满足这个方程的解有无穷多个，任取其中一个解，如：

$(\omega_1, \omega_2, \omega_3) = (0.1, 0.075, -0.175)$

这就是一个套利证券组合。这个套利证券组合能获得的期望收益率是：

$$0.15\omega_1 + 0.21\omega_2 + 0.12\omega_3 \times 100\%$$
$$= (0.15 \times 0.1 + 0.21 \times 0.075 - 0.12 \times 0.175) \times 100\%$$
$$= 0.98\%$$

对于任何只关心更高回报率而忽略非因素风险的投资者，这种套利证券组合是相当具有吸引力的。它不需要成本，没有因素风险，却具有正的期望收益率。

当我们研究上述问题时可以发现，如果没有其他因素的限制，无限制地卖空证券 3 可以获得更高的期望收益率。事实上，将方程组的 ω_3 作为参数，对前面的两个方程求解为：

$$\begin{cases}\omega_1+\omega_2=-\omega_3\\0.9\omega_1+3.0\omega_2=-1.8\omega_3\end{cases}$$

用消元法解得：

$$\begin{cases}\omega_1=-\dfrac{4}{7}\omega_3\\\omega_2=-\dfrac{3}{7}\omega_3\end{cases}$$

因此，只要满足下式，就可以获得正的期望收益率：

$$0.15\omega_1+0.21\omega_2+0.12\omega_3$$
$$=(-0.15\times\frac{4}{7}-0.21\times\frac{3}{7}+0.12)\omega_3$$
$$=-\frac{0.39}{7}\omega_3>0$$

显然，只要 $\omega_3<0$，该条件就能得到满足。当取 $\omega_3=-2$ 时，代入上式中，则该套利组合的期望收益率是 11.14%；当 $\omega_3=-10$ 时，该套利证券组合得到的期望收益率则高达 55.71%。

如果不能卖空，情况就会不同，这时对 ω_3 就会有所限制。如果原有组合中投资者持有证券3的比例是40%，则在进行套利操作时，投资者最多可以将手中的证券3全部卖出，因此可以增加最多期望收益率的组合是：

$$\begin{cases}\omega_1=-\dfrac{4}{7}\omega_3=-\dfrac{4}{7}\times0.4=0.23\\\omega_2=-\dfrac{3}{7}\omega_3=\dfrac{3}{7}\times0.4=0.17\\\omega_3=-0.4\end{cases}$$

也就是新的组合中不再持有证券3，增加持有证券 1 和证券 2，比例分别为23% 和17%。进行上述操作后，可以增加的期望收益率是：

$$(0.15\omega_1+0.21\omega_2+0.12\omega_3)\times100\%$$
$$=(-0.15\times\frac{4}{7}-0.21\times\frac{3}{7}+0.12)\omega_3\times100\%$$
$$=\frac{0.39}{7}\times0.4\times100\%=2.23\%$$

3. 套利定价模型

套利组合理论认为，当市场上存在套利机会时，投资者会不断地进行套利交易，从而不断推动证券的价格向套利机会消失的方向变动，直到套利机会消失为止，此时证券的价格即为均衡价格，市场也就进入均衡状态。此时，证券或证券组合的期望收益率具有下列构成形式：

$$E_{r_i}=\lambda_0+\lambda_1 b_i$$

式中：E_{r_i}—— 证券 i 的期望收益率；

λ_0—— 与证券和因素 F 无关的常数；

λ_1—— 对因素 F 具有单位敏感性的因素风险溢价。

这一方程通常称为“套利定价模型”。套利定价模型表明，市场均衡状态下，证券或组合的期望收益率完全由它所承担的因素风险决定，承担相同因素风险的证券或证券组合都应该具有相同的期望收益率，期望收益率与因素风险的关系可由期望收益率的因素敏感性的线性函数反映。

（二）套利定价模型的应用

套利定价模型在实践中的应用一般有两个方面：

1. 事先仅是猜测某些因素可能是证券收益的影响因素，但并不确定这些因素中，哪些因素对证券收益有广泛而特定的影响，哪些因素没有。在这种情况下，可以运用统计分析模型对证券的历史数据进行分析，以分离出那些统计上显著影响证券收益的主要因素。

2. 明确确定某些因素与证券收益有关，于是对证券的历史数据进行回归以获得相应的灵敏度系数，再运用上述公式的一般表现形式 $E_{r_i} = \lambda_0 + \lambda_1 b_{i1} + \lambda_2 b_{i2} + \Lambda + \lambda_N b_{iN}$ 预测证券的收益。

（三）套利定价理论与资本资产定价模型的比较

APT 与 CAPM 既有区别，又有联系。首先，两者都是一种均衡模型，APT 假设当市场处于均衡状态时将不存在套利机会，从而能将证券的收益确定下来，它体现的是整个市场上给出的一种合理的定价——投资者无套利机会可利用。当然，现实中不可能完全消除套利机会，相反地，这是因为套利机会的存在才促使投资者去套利，而套利的结果反过来又使得套利机会消失，然后新的套利机会又会产生，再套利、再消除，如此往复使得市场更加趋于合理化。CAPM 则是一种理想的均衡模型，它强调的是证券市场上所有证券的供需均达到均衡。

APT 与 CAPM 都是建立在一系列的假设之上的，只不过 APT 的假设比 CAPM 的假设少得多。两者的区别是明显的：

首先，APT 是一种收益生成模型，它认为证券的收益是由几个因素决定的，但通常并不指明是哪些因素。而 CAPM 则认为惟一影响证券收益的是全市场投资组合。APT 主张风险资产的预期收益率是一个多因素方程，这和 CAPM 定价模型相反，CAPM 是一个单因素模型。

其次，CAPM 模型假设投资者对风险的态度都属于风险回避者，而 APT 并没有对投资者的风险偏好做出规定，因此 APT 理论的适用性更大。

第三，根据 APT 定价理论，投资者可以构建纯因素组合，而且对于同一个证券投资者可能构建出各种因素的纯因素组合，这样，投资者可以根据自己对待风险的态度，选择自己愿意和能够承担的风险，而完全回避掉那些自己不愿意承担的风险，这对投资者选择资产是一个重要的启示和帮助。

第三节　证券组合实践

一、投资组合效用分析

（一）效用分析

所谓效用是指人们从某种事物中所得到的主观上的满意程度。在投资领域，某事物就是指投资者的投资。投资者效用是指投资者对不同投资组合的一种主观上的偏好尺度。效用分析也分为两种:一种是确定情形下的效用分析;另一种是不确定情形下的效用分析。前者是指投资者进行证券投资后可预知其结果;后者是指投资者进行证券投资后无法预知其结果。这里分析的对象既然是投资组合，那么就是分析在确定情形下的投资组合效用。虽然我们在投资后对投资结果不能确定，但我们可以利用概率的概念事先掌握各种投资组合报酬率分布状况。这里就涉及效用期望值这个概念，也就是说，投资者进行投资组合分析的目的在于使其效用期望值为最大。

投资者投资证券时，其投资组合便自然会产生效用值，换言之，不同投资组合的报酬率产生不同的效用值。这样就要求推导出投资者的效用函数，推导出效用函数后，就可以计算出效用期望值。

设 U_i 为投资第 i 种投资组合所产生的效用，p_i 为其效用产生的概率，则效用期望值 $E(U)$ 的计算公式为:

$$E(U) = \sum_{i=1}^{n} p_i U_i$$

(二)投资者的效用函数

不同投资组合的收益率产生不同的效用值，效用与证券收益率的对应关系就是效用函数。如一种投资组合的效用函数是 $U(R) = 40R - 20 \times R^2$，则当收益率 $R = 10\%$ 时，该投资组合的效用值是:

$U(R) = 40 \times 0.1 - 20 \times 0.1^2 = 3.8$(单位)

由于证券收益的不确定性，效用函数所反映的投资组合效用也是不确定的。依据投资者的偏好模式，效用函数的类型也不相同，主要有以下几种:

1. 凸性效用函数

如果效用函数对于任意的收益率 R_x 都能满足 $U(R_x) < 1/2[U(R_x - R_0) + U(R_x + R_0)]$，则称此效用函数为凸性效用函数，如图 8 - 7 所示。

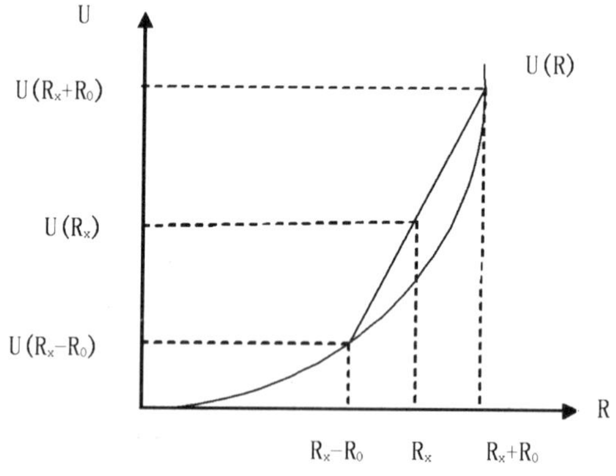

图 8 - 7　凸性效用函数

易于理解，凸性效用函数的一阶导数和二阶导数均大于零，即:

$U'(R) > 0 \quad U''(R) > 0$，且 $-\dfrac{U''(R)}{U'(R)} < 0$

其经济含义是边际效用递增，投资者愿意冒风险，这样的投资者就是风险爱好者。

2. 凹性效用函数

如果效用函数对于任意的收益率 R_x 都能满足 $U(R_x) > 1/2[U(R_x - R_0) + U(R_x + R_0)]$，则称此效用函数为凹性效用函数。如图 8－8 所示。

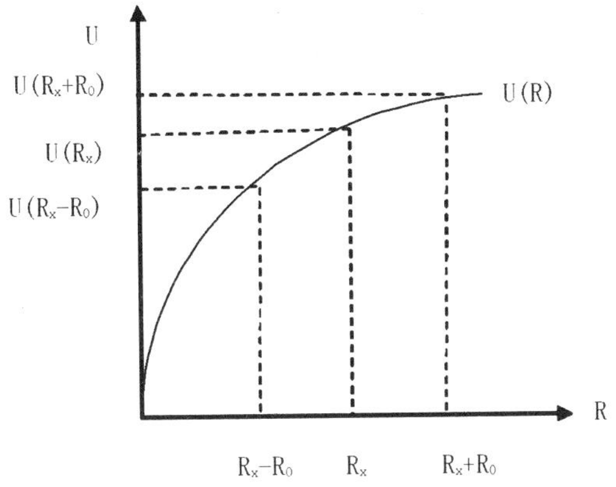

图 8－8　凹性效用函数

易于理解，凹性效用函数的一阶导数大于零，二阶导数小于零，即：

$U'(R) > 0 \quad U''(R) < 0$，且 $-\dfrac{U''(R)}{U'(R)} > 0$

其经济含义是边际效用递减，投资者不愿意冒风险，这样的投资者就是风险规避者。

3. 线性效用函数

如果效用函数对于任意的收益率 R_x 都能满足 $U(R_x) = 1/2[U(R_x - R_0) + U(R_x + R_0)]$，则称此效用函数为线性效用函数，如图 8－9 所示。易于理解，线性效用函数的边际效用是常数，其一阶导数大于零，二阶导数等于零，即：

$U'(R) > 0 \quad U''(R) = 0$

其经济含义是边际效用是常数，表示投资者对风险不敏感，既不喜欢风险，也不厌恶风险，这样的投资者属于风险中立者。由于效用既取决于收益率也取决于风险，因此，投资的效用函数也可以用图 8－10 来表述。

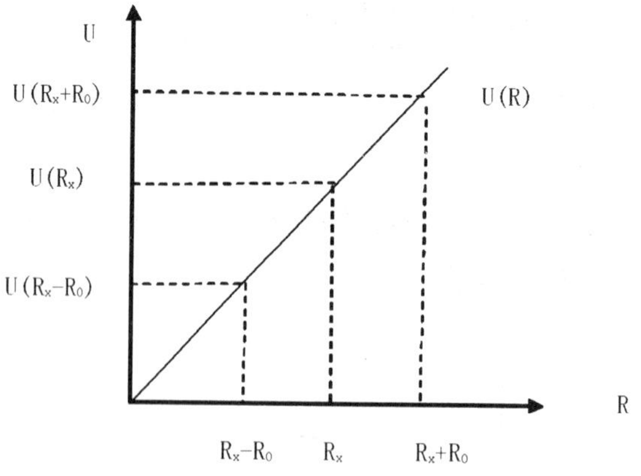

图 8－9　线性效用函数

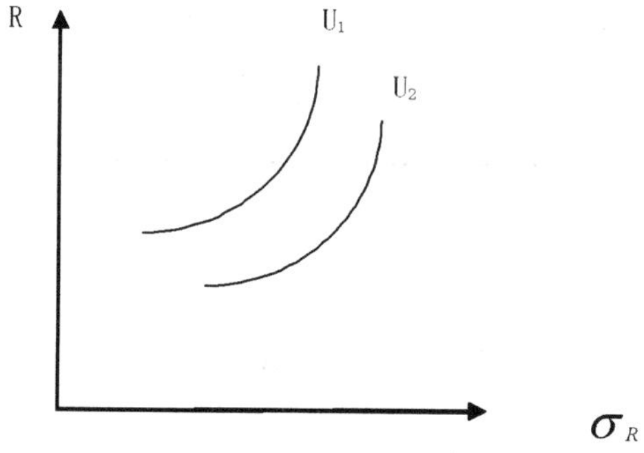

图 8－10　风险回避型效用函数

这是风险回避者的效用函数。他们非常注意安全，尽可能避免冒险。他们只有在预期收益增加时才会接受较高风险，甚至要求收益增加比风险增加得更快。风险爱好者的效用函数曲线如图 8－11 所示。风险爱好者准备接受较低的预期收益，目的是为了不放弃获得较高资本利得的机会。因此，在同样的预期收益下，风险越高，效用越大。风险中立者的函数曲线如图 8－12 所示。风险中立者既追求预期收益，也注意安全。当预期收益相等时，他们可以不考虑风险。

需要指出的是，风险规避者的行为是一般投资者的行为，因此，我们分析的投资者都是风险规避者。

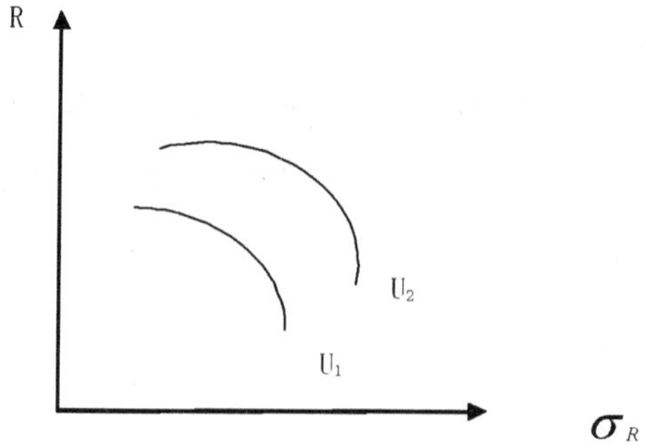

图 8－11　风险爱好型效用函数

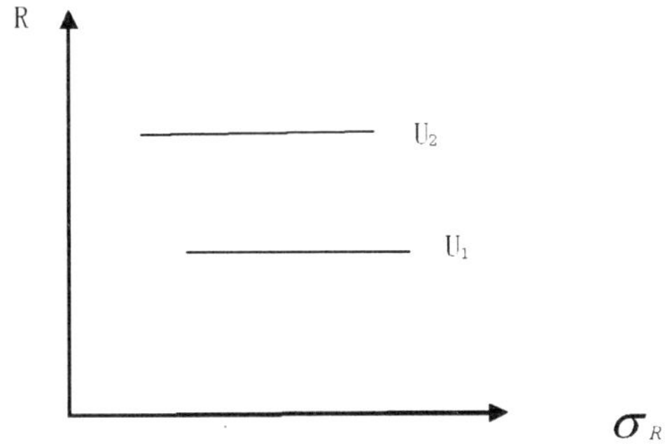

图 8－12 风险中立型效用函数

(三)效用函数期望无差异曲线

从效用函数期望的表达式 $E(U)=\sum_{i=1}^{n}p_iU_i$ 可以看出，一定的投资组合对应着一定的效用期望值。由于从理性上讲存在无数种投资组合方案，因此，有可能找到一些投资组合，在效用函数一定的条件下，这些组合都有相等的效用期望值。例如，在效用函数是 $U=100R$ 的条件下，设投资组合 A、B、C 的收益分布情况如表 8－2 所示。

表 8－2 投资组合 A、B、C 的收益分布情况

A		B		C	
R	P	R	P	R	P
-3%	0.5	0	0.5	3%	1
9%	0.5	6%	0.5		

那么，A、B、C 三种投资组合的效用都是相等的。

即，E(UA)=0.5×U(−0.03)+0.5×U(0.09)=3 单位

E(UB)=0.5×U(0)+0.5×U(0.06)=3 单位

E(UC)=1×U(0.03)=1×100×0.03=3 单位

由于这些投资组合能产生相等的效用期望值，说明对于相应的投资者而言，这些投资组合是没有区别的，都是可取的。如果将能产生相同效用期望值的各自投资组合对应的收益率期望值和标准差列出，在 $E(R)$，σ 坐标系中描出它们对应的点，并用平滑的曲线将这些点连接起来，就得到效用期望无差异曲线，也称风险收益无差异曲线。显然，在这条曲线上任意一点对应的投资组合都能产生相等的效用期望值，亦即，对于具有相应偏好的投资者而言，这条曲线上任意一点所代表的投资组合都是没有差异的，因为它们都能产生相等的效用期望值。图 8－13 就是无差异曲线的一般形式。

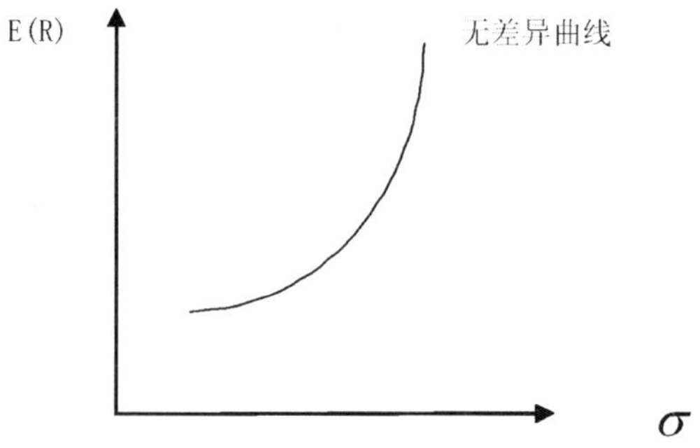

图 8－13　无差异曲线

易于理解，既然某些投资组合能产生相同的某一效用期望值，那么也会有另一些投资组合能产生相同的另一效用期望值，即某一效用期望值对应着一些投资组合，另一效用期望值也对应于另一些投资组合。由于效用期望值可以有许多个，因此，投资者的无差异曲线也有许多条。当然，投资者会选择能提供最大效用期望值的无差异曲线，作为投资的组合目标。因为在风险一定的条件下，这条曲线上的投资组合可产生最大的收益期望值，利用上述三种类型的效用函数可分别得到无差异曲线的具体求法。

二、投资组合分析

（一）单个证券的收益与风险

1. 收益及其度量

任何一项投资的结果都可以用收益率来衡量，通常收益率的计算公式为：

$$收益率=\frac{收入-支出}{支出}\times 100\%$$

投资期限一般用年来表示，如果投资者投资期限不是 1 年整数，则需转换为年。在股票投资中，投资收益等于期内股票红利收益和价差收益之和，其收益率 r 的计算公式为：

$$r=\frac{期末市价总值-期初市价总值+红利}{期初市价总值}\times 100\%$$

通常情况下，投资的未来收益率是不确定的，因为未来收益许多不确定因素的影响，因而是一个随机变量。为了对这种不确定的收益进行度量，我们假定收益率服务从某种概率分布，把所有可能出现的投资收益率按其可能发生的概率进行加权平均计算，我们就对这一投资未来可能出现的收益率有一个综合估计，这就是期望收益率。数学中求期望收益率或收益率平均数的公式如下：

$$E(r)=\sum_{i=1}^{n}p_i r_i$$

式中：$E(r)$—— 期望收益率；

p_i—— 情况 i 出现的概率；

r_i—— 情况 i 出现时的收益率。

例如，表 8－3 是一个计算数学期望值的例子，计算结果表明，证券 A 的预期收益率在 10% 可能性最大。

表 8－3 证券 A 预期收益率的估算

经济情况 i	可能的收益率(%)	概率(%)	(%)
1	50	10	5
2	30	20	6
3	10	40	4
4	－10	20	－2
5	－30	10	－3
合计	预期收益率		10

具体计算如下：

$E_{r_A} = 0.1 \times 0.5 + 0.2 \times 0.3 + 0.4 \times 0.1 + 0.2 \times (-0.1) + 0.1 \times (-0.3) = 0.1$

在实际分析中，我们经常使用历史数据来估计期望收益率：假设证券的月或年实际收益率为 $r_i = (t = 1,2,\Lambda,n)$，那么估计期望收益率 $\bar{r}$ 的计算公式为：

$$\bar{r} = \frac{1}{n}\sum_{t=1}^{n} r_t$$

2. 风险及其度量

(1)风险的含义及种类

证券投资风险是指投资收益的不确定性。投资收益的可能分布发散性越强，证券投资的风险越大。若证券市场或个别证券之市价因政治、经济及个别公司状况等各方面因素的影响产生难以预测的波动时，投资者就可能蒙受损失，承担风险。

收益与风险存在着密切关系，风险越大，收益越高，风险越小，收益越低，投资风险和收益之间是一种转换关系。从投资的证券种类看，政府债券比较安全，但收益率较低；普通股会因股价波动而风险较大，但收益率较高。

证券投资风险可以分为系统性风险和非系统性风险两大类。系统性风险是指因各种因素影响使整个市场发生波动而造成的风险，政治的、经济的以及社会环境的变化是系统性风险的来源。这类风险与所有的证券存在着系统性联系，利率风险、市场风险和购买力风险就属于系统性风险。正因为如此，所以投资者一般无法通过投资组合来消除或降低该类风险。非系统性风险是因个别证券发行公司和特殊状况造成的风险，这类风险通常与整个股市的状况不发生系统性的联系，企业经营风险、财务风险、流动性风险与违约风险即属于非系统性风险。由于非系统性风险强调的是对某一种证券的影响，说明该风险具有相互抵消的可能，所以这类风险可以通过投资组合方法来加以避免。

(2)投资风险的度量

如果投资者以期望收益率为依据进行决策，那么他必须意识到他正冒着得不到期望收益率的风险，实际收益率与期望收益率会有偏差，期望收益率是使可能的实际值与预测值的平均偏差达到最小(最优)的点估计值。可能的收益率越分散，它们与期望收益率的偏离程度就越大，投资者承担的风险也就越大，因而风险的大小由未来可能收益率与期望收益率的偏离程度来反映。在数学上，这种偏离程度由收益率的方差来度量。如果偏离程度用 $[ri - E(r)]^2$ 来度量，则平均偏离程度被称为方差，记为 σ^2，其平均根称为标准差，记为 σ 。用公式表示为：

$$\sigma^2 = \sum_{t=1}^{n} [ri - E(r)]^2 p_i$$

式中：σ^2—— 方差；

σ—— 标准差；

$E(r)$—— 期望收益率；

p_i —— 情况出现的概率；

ri—— 情况出现时的收益率；

n—— 可能发生的情况数。

根据表 8 – 2 中的数据计算，证券 A 的方差为 4.8，标准差为 2.19。具体计算如下：

$$\sigma_A{}^2 = \sum_{t=1}^{n} [ri - E(r)]^2 p_i$$

$$= 10\% \times (50\% - 10\%)^2 + 20\% \times (30\% - 10\%)^2 + 40\% \times (0\% - 10\%)^2 +$$

$$= 20\% \times (-10\% - 10\%)^2 + 10\% \times (-20\% - 10\%)^2$$

$$= 4.8$$

$$\sigma_A = \sqrt{\sigma^2} = 2.19$$

同样，在实际中我们也可以使用历史数据来估计方差。

(3) 风险资产与无风险资产

对风险资产和无风险资产作出区分是非常重要的。风险资产是指将来要是实现的收益具有不确定性的资产。例如，假设投资者今天买入某公司的股票并打算持有股票 1 年，在购买股票时，他并不知道该股票的收益率有多大，收益率取决于 1 年以后该公司的股票价格以及公司在 1 年中支付的股利。因此，该公司股票实际上是和所有其他公司股票一样，都是风险资产。

一些未来收益在当时就能确定知道的资产，被称为无风险资产。无风险资产一般被定义为美国政府的短期债务。例如，投资者购买了 1 年期的美国国库券并打算持有 1 年，在这种情况下，未来收益是确定的。因为投资者知道，在 1 年后的证券到期日，政府会支付明确的金额以偿还债务。

(二) 多种证券组合的收益和风险

一个证券组合由一定数量的单一证券构成，每只证券占有一定的比例，也可以将证券组合视为一只证券，那么，证券组合的收益率和风险也可以用期望收益率和方差来计量。不过，证券投资组合的期望收益率和方差可以通过由其构成的单一证券的期望收益率和方差来表达。

1. 两种证券组合的收益和风险

(1) 投资组合收益

设有两种证券 A 和 B，某投资者将一笔资金以 x_A 的比例投资于证券 A，以 x_B 的比例投资于证券 B，且 $x_A + x_B = 1$，即该投资者拥有一个证券组合 P。如果到期时，证券 A 的收益率为 r_A，证券 B 的收益率为 r_B，则证券组合 P 的收益率 r_P 为：

$$E(r_P) = r_A x_A + r_B x_B$$

例如，假设某投资组合由两个证券组成，两者各占总额的一半，证券 A 的预期收益率为

15%，证券 B 的预期收益率为 25%，则该投资组合的预期收益计算如下：

$E(r_P) = 0.5 \times 15\% + 0.5 \times 25\% = 20\%$

(2)允许卖空与权数

上例中的权数均为正数，这是我们预测这两种证券的收益率都将上升所以分别买入的缘故，这时我们处于多头的状态。有时，投资者预测到某种债券价格将会下跌，他就可能到券商那里去借这种股票，按照现行的行市售出，等行情下跌以后再以低价购回，从中赚取价差，这种投资策略叫卖空。卖空时，投资组合的权数为负值。例如 $x_A < 0$，表示该组合卖空了证券，并将所得的资金连同自有资金买入证券 A，此时，$x_B = 1 - x_A > 1$。

投资组合 P 的期望收益率 $E(r_P)$ 为：

$E(r_P) = x_A \times E(r_A) + x_B \times E(r_B)$

例如，某投资者有 100 万元的资金，如果投资于证券 A，证券 A 的收益率为 20%；如果在证券 B 上做30 万元的卖空，即借30 万元证券 B 售出。假设证券 B 的收益率为10%，售后收入全部投资于证券 A，试问该投资者这一投资组合的预期收益是多少？

由公式我们可以算出：

$E(r_P) = 1.3 \times 20\% + (-0.3) \times 10\% = 23\%$

非卖空投资的损失是有限的，最多为 100%，即你花 100 万元买的证券跌得一文不值；卖空的损失则是无限的，因为价格的上涨是无限的。在实际经济环境中，把借入证券的售后收入全部用来投资的做法，一般是属于大的机构投资者的行为，小投资者不但要把售后收入单独保存，还要另交一定数额的保证金。

(3)投资组合的方差

计算投资组合的方差没有计算预期收益那样简单，投资组合的方差并不等于各证券方差的简单加权平均，而是投资组合的收益与其预期收益偏离数的平方。

由 A、B 两种资产组成的资产组合的方差的计算公式为：

$\sigma_p^{\ 2} = x_A^{\ 2}\sigma_A^{\ 2} + 2x_Ax_BCOV_{AB} + x_B^{\ 2}\sigma_B^{\ 2}$

$COV_{AB} = \sigma_A\sigma_B\sigma_{AB}$

式中：

x_A、x_B—— 证券 A、B 在组合中所占的比例；

$\sigma_A^{\ 2}$、$\sigma_B^{\ 2}$—— 证券 A、B 的方差；

ρ_{AB}—— 相关系数；

COV_{AB}—— 证券 A、B 的协方差，协方差是表示两个随机变量之间关系的变量。

方差是一个无限的量，当我们需要有限的量时，相关系数对我们就会很有用的。相关系数是反映两个随机变量联系程度的，计算公式为：

$$\rho_{AB} = \frac{\sigma_{AB}}{\sigma_A\sigma_B}$$

ρ_{AB} 为证券 A、B 的相关系数，ρ_{AB} 的最大取值为 +1，最小取值为 -1，正号表示正相关，负号表示负相关；ρ_{AB} 越是接近 +1，A 与 B 的正向相关度越大；ρ_{AB} 越是接近 -1，A 与 B 的负向相关度越大；$\rho_{AB} = 1$ 时，A 的变动与 B 的变动绝对一致，被称为完全正相关；当 $\rho_{AB} = -1$ 时，A 的变动与 B 的变动绝对相反，被称为完全负相关；当 $\rho_{AB} = 0$ 时，A 与 B 毫无关系，被称为互不相关。

两投资组合的方差也可以由相关系数表示为：

$\sigma_p{}^2 = xA^2\sigma_A{}^2 + 2x_A、x_B\rho_{AB}\sigma_A\sigma_B + x_B{}^2\sigma_B{}^2$

例如，假设投资组合由两个证券 A 和 B 组成，它们的投资比例分别是40% 和60%。已知这两个证券的期望收益率分别是 10%、15%，标准差分别是 20%、28%，其相关系数为 0.3，两种证券投资组合的收益率和方差计算过程如下：

投资组合收益率为：

$r_p = x_1r_1 + x_2r_2 = 40\% \times 10\% + 60\% \times 15\% = 13\%$

投资组合方差为：

$\sigma_p{}^2 = xA^2\sigma A^2 + 2x_A、x_B\rho_{AB}\sigma_A\sigma_B xB^2$

$= 0.4^2 \times 0.2^2 + 0.4 \times 0.6 \times 0.3 \times 0.2 \times 0.28 + 0.6^2 \times 0.28^2$

$= (20.66\%)^2$

投资组合标准差为：

$\sigma_p = 20.66\%$

从计算可以看出，投资组合的方差并不等于各证券方差的加权平均。这是因为投资组合的风险不仅依赖于单个证券的风险，而且依赖于证券之间的相互影响(相关系数)。

由此可以推断，相关系数 ρ_{AB} 的数值越大，$\sigma_p{}^2$ 也越大；ρ_{AB} 的数值越小，$\sigma_p{}^2$ 也越小。换句话说，资产的相关度越高，资产组合的风险就越大。选择互不相关或负相关的资产进行组合可以降低风险。在实际经济生活中，由于各种资产对一些宏观经济信息都会做出不同程度的反映，因此，绝对负相关或不相关的资产是很难找到的，只能尽可能地选择相关系数偏低的资产。方差的计算也不是手工计算所能胜任的，需要借助计算机完成。

另外，选择不同的组合权数，可以得到包含证券 A 和证券 B 的不同的投资组合，从而得到不同的期望收益率和方差，投资者可以根据自己对收益率和方差的偏好，选择自己最满意的组合。

2. 多个证券组合的收益和风险

把包含两个证券的组合讨论拓展到任意多个证券的情形，可以得到多重证券组合的收益率和方差的计算公式。设有 N 种证券，记作 $A_1, A_2, A_3, \Lambda, A_N$ 证券组合 $P = (x_1, x_2, x_3, \Lambda, x_N)$ 表示将资金分别以权数 $x_1, x_2, x_3, \Lambda, x_n$，投资于证券 $A_1, A_2, A_3, \Lambda, A_N$。如果允许卖空，则权数可以为负，负的权数表示卖空证券占总资金的比例。那么，证券组合的收益率为各个单个证券的收益率的加权平均。

设 A_1 的收益率为 $r_i(i = 1,2,\Lambda,N)$，则证券组合 $P = (x_1, x_2, x_3, \Lambda, x_N)$ 的收益率为：

$$r_p = x_1r_1 + x_2r_2 + \Lambda + x_Nr_N = \sum_{i=1}^{N} x_ir_i$$

推导可得证券组合 P 的期望收益率和方差为：

期望收益率 $E(r_p) = \sum_{i=1}^{N} x_iE(r_i)$；

方差 $\sigma_p{}^2 = \sum_{j=1}^{N} x_ix_j{}^{COV}(x_i, x_j) = \sum_{j=1}^{N} x_ix_j\sigma_i\sigma_j\rho_{ij}$

式中：$\sigma_p{}^2$—— 证券组合 P 的方差；

ρ_{ij}——r_i 与 r_j 的相关系数 $(i,j = 1,2,\Lambda,N)$。

上述公式要求的计算量很大，直至20世纪50年代证券组合理论都不可能运用于大规模市场，只是在不同种类资产间分配资金时才会有所运用;60年代后，威廉·夏普提出了指数化模型以简化运算;现如今，随着计算机技术的进一步发展，许多统计软件都能计算 $E(r_p)$ 和 $\sigma_p{}^2$，极大地方便了投资者。

(三)证券组合的可行域和有效边界

1.证券组合的可行域

(1)两种证券组合的可行域。用期望收益率标准差作为一组特征来描述一种证券，那么任意一种证券都可用以期望收益率为纵坐标和以标准差为横坐标的坐标系中的某一点来表示。

相应地，任何一个证券组合也可以由组合的期望收益率和标准差确定出坐标系中的一点，这一点将伴随组合中证券的权数变化而变化，其轨迹将是经过证券 A 确定的 A 点和证券 B 确定的 B 点的一条连续曲线，这条曲线就是证券 A 和证券 B 的组合线。实际上，组合线就是在期望收益率和标准差确定的坐标系中证券 A 和证券 B 所有可能的组合。

给定证券 A 、B 的期望收益率和方差，证券 A 与证券 B 的不同关联性将决定 A 、B 的不同形状的组合线。

第一，完全正相关下的组合线。

在完全正相关下，$\rho_{AB} = 1$ ，

此时，$E(r_p) = x_A E(r_A) + (1 - x_A) E(r_B)$

$\sigma_p = | x_A \sigma_A + (1 - x_A) \sigma_B |$

$E(r_p)$ 与 x_A 是线性关系，σ_p 与 x_A 也是线性关系。所以 σ_p 与 $E(r_p)$ 之间也是线性关系。此时，证券 A 与证券 B 构成的组合线是连接这两点的直线，如图 8 - 14 所示。

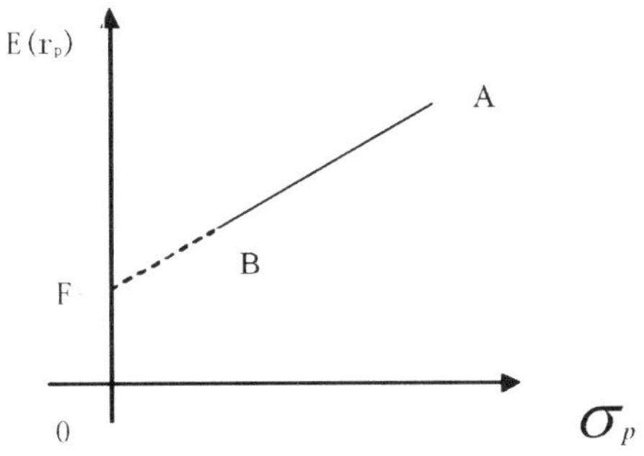

图 8 - 14 $\rho_{AB}=1$ 时的组合线

第二，完全负相关下的组合线。

在完全负相关下，$\rho_{AB} = -1$ ，

此时，$E(r_p) = x_A E(r_A) + (1 - x_A) E(r_B)$

$\sigma_p{}^2 = | x_A \sigma_A - (1 - x_A) \sigma_B |$

这时，σ_p 与 $E(r_p)$ 之间是分段线性关系，其组合线是连接两点间的、有断折的直线，如图 8 - 15 所示。在完全负相关的情况下，按适当比例买入证券 A 与证券 B 可以形成一个无风险组合，得到一个稳定的收益率。

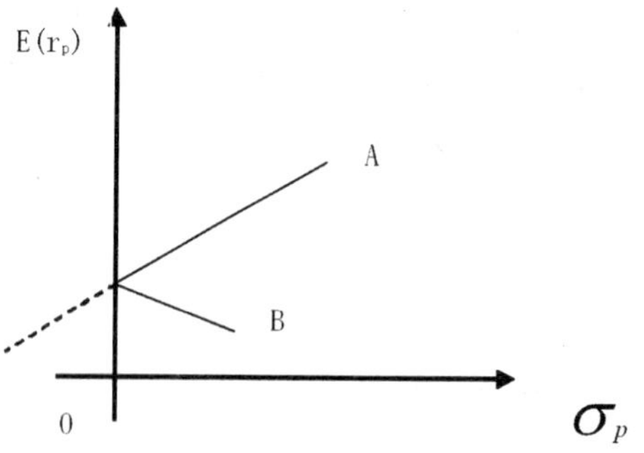

图 8－15 $\rho_{AB}=-1$ 时的组合线

第三，不相关情形下的组合线。

当证券 A 与证券 B 的收益率不相关时，$\rho_{AB}=0$，

此时，$E(r_p)=x_AE(r_A)+(1-x_A)E(r_B)$

$\sigma_p^2=x_A^2\sigma_A^2+(1-x_A)^2\sigma_B^2$。

上述两个方程确定的是一条经过 A 点和 B 点的双曲线，如图 8－16 所示，即此时证券 A 与证券 B 的组合线是一条经过 A 点和 B 点的双曲线。

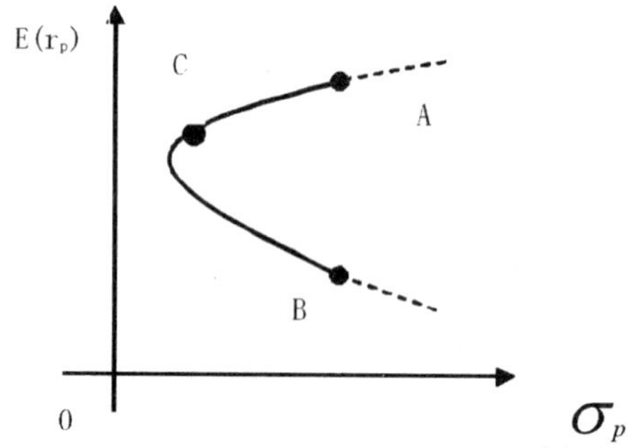

图 8－16 $\rho_{AB}=0$ 时的组合线

第四，组合线的一般情形。一般情况下，证券 A 与证券 B 是不完全相关的；在 $0<\rho_{AB}<1$ 的情况下，期望收益率的公式为：

$E(r_p)=x_AE(r_A)+(1-x_A)E(r_B)$

方差为：

$\sigma_p^2=x_A^2\sigma_A^2+(1-xA)^2\sigma_B^2+2x_A(1-x_A)\sigma_A\sigma_B\rho_{AB}$

两个方程不会存在任何简化的可能，这时确定的组合线是一条双曲线，相关系数决定组合线在 A 和 B 之间的弯曲程度。随着 ρ_{AB} 的增大，弯曲程度将降低，如图 8－17 所示。

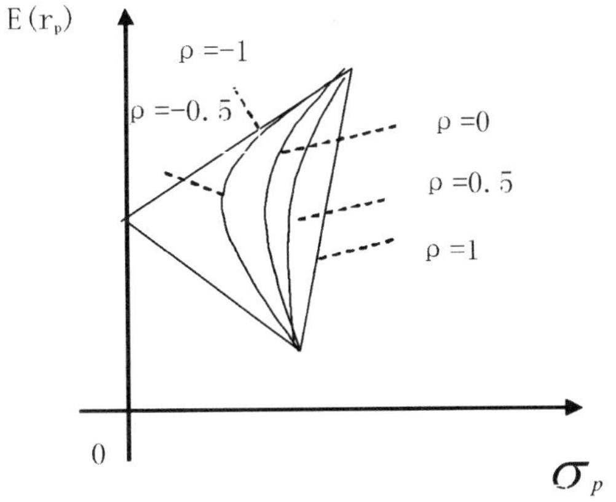

图 8－17 相关系数不同的证券组合

(2)多种证券组合的可行域。在允许卖空的情况下，如果只考虑投资于两种证券 A 和 B ，投资者可以在组合线上找到自己满意的任意位置，即组合线上的组合均是可行的；在不允许卖空的情况下，投资者只能在组合线上介于 A 、B 之间选择一个组合，此时投资组合的可行域就是组合线上的 AB 曲线段。

现在假设可供选择的证券有 3 种：A、B 和 C 。这时，可能的投资组合便不再局限于一条曲线上，而是坐标系中的一个区域。在不允许卖空的情况下，A、B、C 三种证券所能得到的所有可行组合将落入并填满坐标系中组合线 AB、BC、AC 围成的区域，该区域称为不允许卖空时证券 A、B 和 C 的证券组合可行域。每一个合法的组合称为一个可行组合。为什么图 8－18 中的区域都是可行组合呢？区域内的每一点可以通过 3 种证券组合得到，如区域内的 F 点可以通过证券 C 与某个 A 与 B 的组合 D 的再组合得到。

如果允许卖空，3 种证券组合的可行域不再是如图 8－18 所示的有限区域，而是包含该有限区域的一个无限区域，如图 8－19 所示。

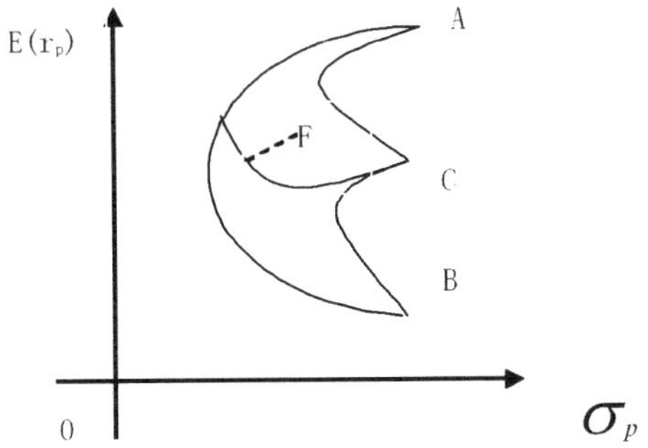

图 8－18 不允许卖空时三种证券投资组合的可行域

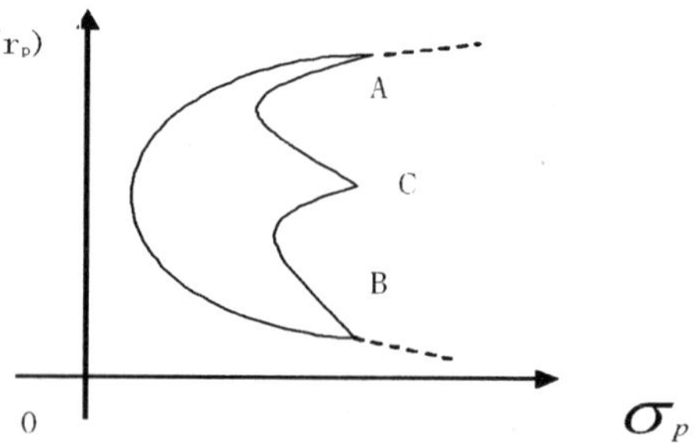

图 8－19　允许卖空时三种证券投资组合的可行域

一般而言，当由多种证券(不少于 3 种)构造证券组合时，组合可行域是所有合法证券组合构成的 $E-\sigma$ 坐标系中的一个区域，其形状如图 8－20 和图 8－21 所示。

求解可行域的公式如下：

$$E(r_p) = \sum_{i=1}^{n} x_i E(r_i)$$

$$\sigma_p = \sum_{i=1}^{n} xi^2 \sigma i^2 + \sum_{1 \le i < j \le n}^{n} x_i x_j \sigma_i \sigma_j \rho_{ij}$$

$$\sum_{i=1}^{n} x_i = 1$$

求解上述联合方程中 3 个方程，即可确定证券组合的可行域的形状。可行域满足一个共同的特点:做边界必然向外凸或呈线性，即不会出现凹陷。图 8－22 左边界自 W 到 V 之间出现凹陷，由于 W、V 是可行组合，W 与 V 的组合也是可行的，而 W、V 的组合线或是连接 W、V 的直线段，或者是向外弯曲的曲线，W、V 的组合作为一个可行组合却落在图中区域的右边，因而该区域不可能是一个可行域。

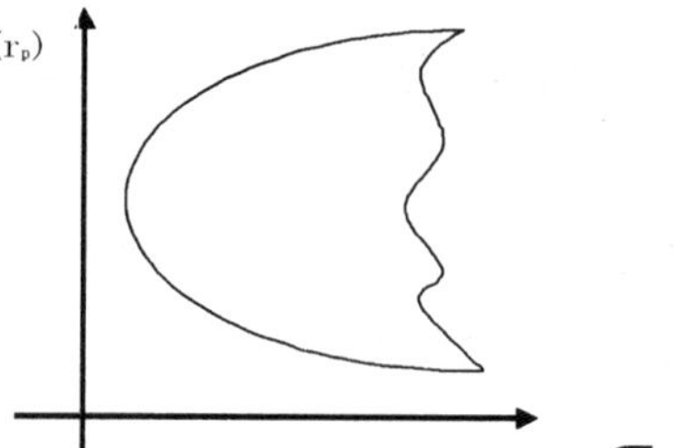

图 8－20　不允许卖空时组合的可行域

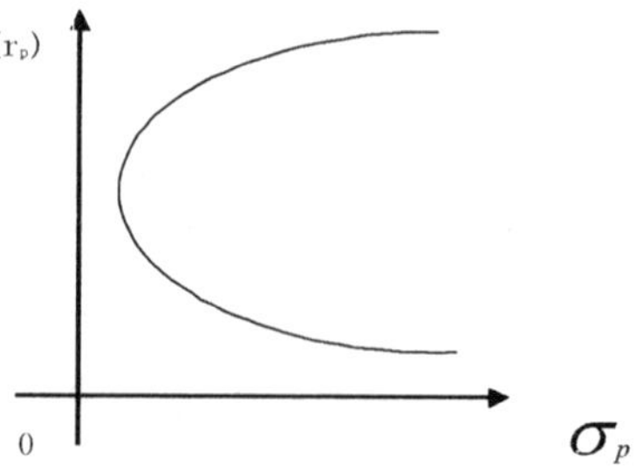

图 8－21　允许卖空时组合的可行域

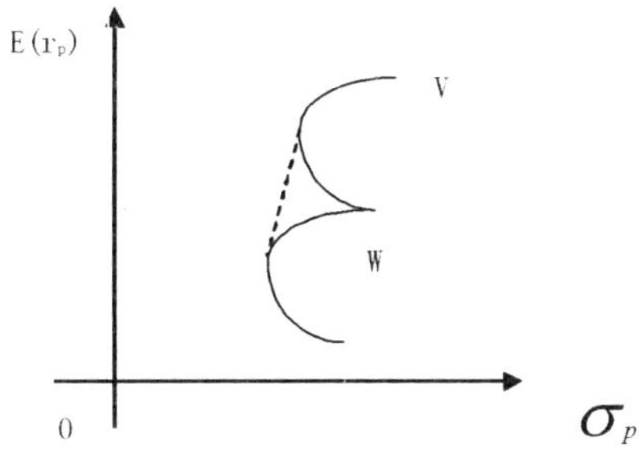

图 8－22 可行域外凸或线性

2. 证券组合的有效边界

证券组合的可行域表示了所有可能的证券组合，它为投资者提供了一切可行的组合投资机会，投资者需要做的是在其中选择自己最满意的证券组合进行投资。

尽管不同的投资者对期望收益率和风险的偏好有所区别，所选择的最佳组合也将有所不同，但是大量事实表明投资者的偏好具有某种共同性，比如，投资者普遍喜好期望收益率而厌恶风险。人们在投资决策时希望期望收益率越大越好、风险越小越好，这种态度反映在证券组合的选择上可由下述规则来描述：

（1）如果两种证券组合具有相同的收益率方差和不同的期望收益率，即 $\sigma_A^2 = \sigma_B^2$，而 $E(r_A) \neq E(r_B)$，且 $E(r_A) > E(r_B)$，那么投资者选择期望收益率高的组合，即选 A。

（2）如果两种证券组合具有相同的期望收益率和不同的收益率方差，即 $E(r_A) = E(r_B)$、$\sigma_A^2 \neq \sigma_B^2$，且 $\sigma_A^2 < \sigma_B^2$，那么投资者选择方差较小的组合，即选 A。这种选择原则称为投资者的共同偏好原则。

投资者在所有可行的投资组合中进行选择，如果证券组合的特征由期望收益率和收益率标准差来表示，则投资者需要在 $E-\sigma$ 坐标系中寻找最好的点，但不可能在可行域中找到一点被所有投资者认为是最好的;但按投资者的共同偏好原则，可以排除那些被所有投资者认为是差的组合，通常把排除后余下的这些组合称为“有效证券组合”。

有效证券组合不止 1 个，描绘在可行域的图形中，它是可行域的上边界部分，称之为“有效边界”,如图 8－23 中的实线部分。但是在有效边界上的不同点，如 B 和 C，按照共同偏好原则不能区分优劣，一个厌恶风险的理性投资者不会选择有效边界以外的点。此外，A 点是一个特殊的位置，它是上边界和下边界的交汇点，此点所代表的组合在所有可行组合中方差最小，因此被称作“最小方差组合”。

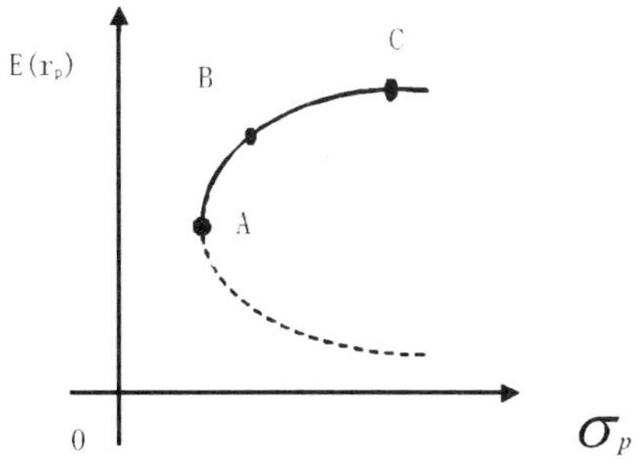

图 8－23 有效边界

(四)最优证券组合

1.投资者的个人偏好与无差异曲线

按照投资者的共同偏好原则，有些证券不能区分优劣，其根源在于投资者个人除遵循共同的偏好原则之外，还有其特殊的偏好。不能被共同偏好原则划分的组合，不同投资者可能得出完全不同的比较效果。共同偏好原则不能区分的是这样的两种证券组合：$\sigma_A^2 < \sigma_B^2$ 且 $E(r_A) < E(r_B)$ 。

如图8－24所示，证券A虽然比B承担更大的风险，但它同时带来更高的期望收益率，这种期望收益率的增量可认为是对增加风险的补偿。由于不同投资者对期望收益率和风险的偏好不同，当风险从 σ_B^2 增加到 σ_A^2 时，期望收益率将得到补偿 $[E(r_A)-E(r_B)]$。这是否满足投资者个人的风险补偿要求因人而异，从而投资者将按照各自不同的偏好对两种组合作出不同的比较结果。

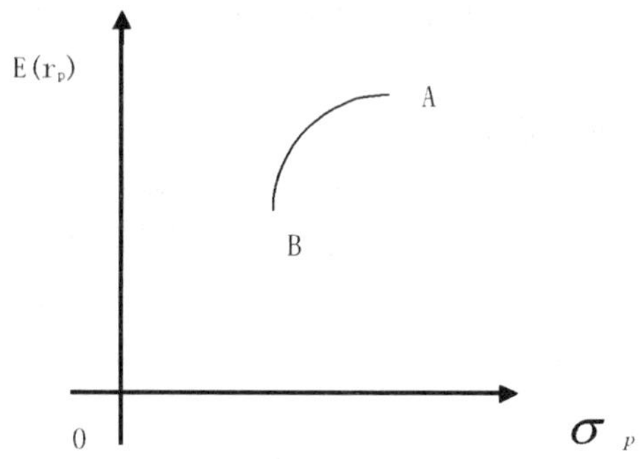

图8－24　共同偏好规则不能区分的组合

投资者甲(中庸)认为，增加的期望收益率恰好能补偿增加的风险，所以A与B两种证券组合的满意程度相同，证券组合A与证券组合B无差异。投资乙(保守)认为，增加的期望收益率不足以补偿增加的风险，所以A不如B更令他满意。投资者丙(进取)认为，增加的期望收益率超过对增加风险的补偿，所以A更令其满意。在同样风险状态下，投资者要求得到的期望收益率补偿越高，说明对风险越厌恶。则这三位投资者中乙最厌恶风险，最保守；甲次之；丙对风险厌恶程度最低，最具冒险精神。

一个特定的投资者，任意给定一个证券组合，根据他对风险的态度，可以得到一系列满意程度相同的证券组合，这些组合恰好在 $E-\sigma$ 坐标系中形成一条曲线，通常称这条曲线为该投资者的一条无差异曲线。比如某个投资者认为，尽管如图8－25中的证券组合A、B、C的收益风险各异，但是给他带来的满足程度相同，因此这三个证券组合是无差异的，选择哪一种投资都可以。位于无差异曲线上的所有证券组合，尽管其风险收益特征各不相同，但是它们带给特定投资者的满足程度却是相同的，没有差异的。

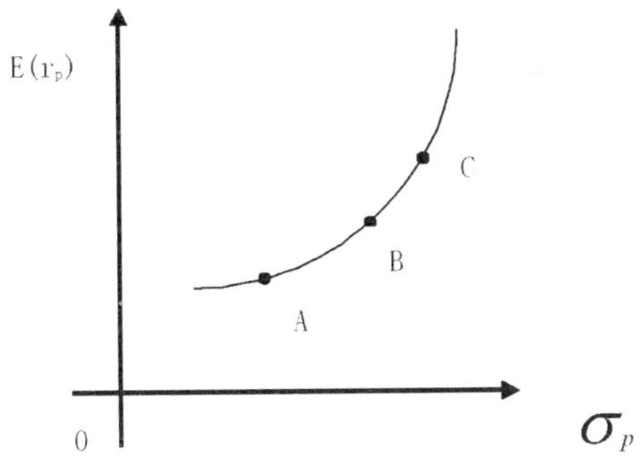

图 8－25 满意程度相同的证券或组合

偏好不同的投资者，其无差异曲线的形状也会不同；对追求收益又厌恶风险的投资者而言，其无差异曲线都具有如下几个特点：

(1)无差异曲线是由左至右向上弯曲的曲线。

(2)每个投资者的无差异曲线形成密布整个平面又互不相交的曲线簇。

(3)同一条无差异曲线上的投资组合给投资者带来的满意程度相同。

(4)不同无差异曲线上的组合给投资者带来的满意程度不同。

(5)无差异曲线的位置越高，其上的投资组合带来的满意程度就越高。

(6)无差异曲线向上弯曲的程度大小反映投资者承受风险的能力强弱。

如图 8－26 中，某投资者认为经过 A 的那一条曲线上的所有证券组合给他的满意程度均相同，因而组合 B 与 A 无差异；组合 C 与 A、B、D 所在无差异曲线上的任何组合都好，因为 C 所在的无差异曲线的位置高于 A、B、D 所在的无差异曲线。

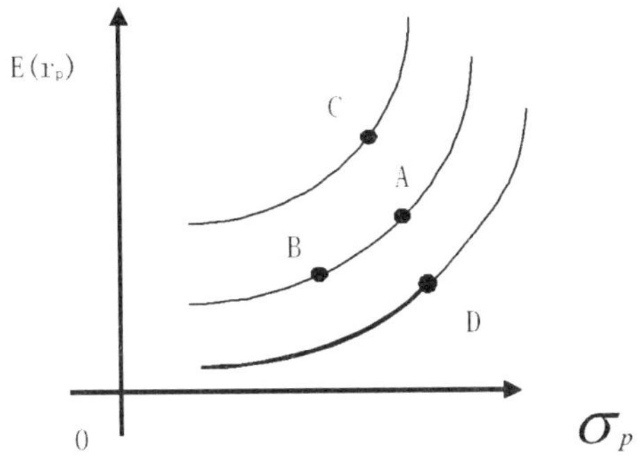

图 8－26 投资者的无差异曲线

如图 8－27 是几个不同偏好的投资者的无差异曲线。图(a)的投资者对风险毫不在意，只关心期望收益率；图(b)的投资者只关心风险，风险越小越好，对期望收益率毫不在意；图(c)和图(d)表明一般的风险态度，图(c)的投资者比图(d)的投资者相对保守一些，相同的风险状态下，前者对风险的增加要求更多的风险补偿，反映在无差异曲线上，前者的无差异曲线更陡峭一些。

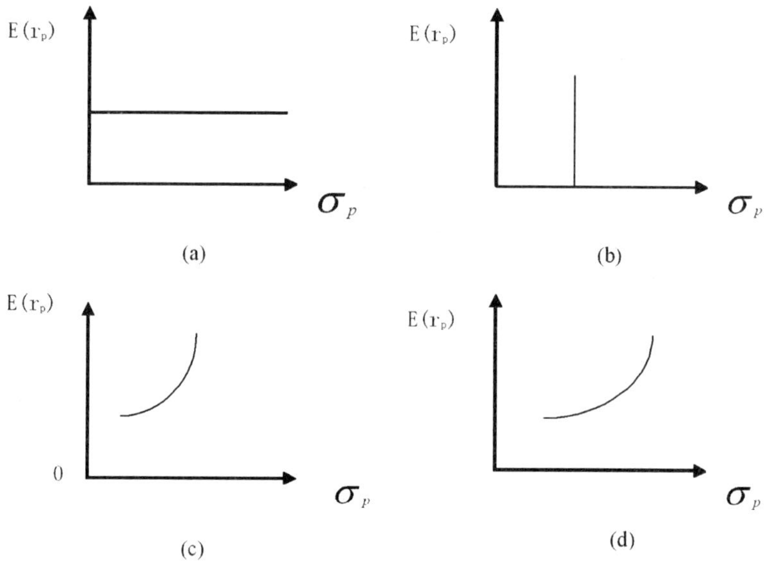

图 8－27 不同投资者的风险偏好

2. 最优证券组合的选择

投资者共同偏好规则能够确定哪些组合是有效的(即投资价值相对较高)、哪些是无效的(即投资价值相对较低)。特定投资者可以在有效组合中选择自己最满意的组合，这种选择依赖于投资者个人的偏好，这种偏好可通过投资者的无差异曲线来反映。因为无差异曲线的位置越高，投资者的满意程度越高，为了达到投资者最高的满意程度并且是有效的，那么投资者就需要找到具有下列特征的有效组合:相对于其他有效组合，该组合所在的无差异曲线的位置最高。这样该组合是使它最满意的组合，并且是有效的。

如图 8－28 所示，投资者按照他的无差异曲线簇将选择有效边界上 B 点所代表的证券组合作为他的最佳组合，因为 B 点使其在所有有效组合中获得的满意程度最大，其他有效边界上的点都落在 B 下方的无差异曲线上。不同投资者的无差异曲线簇可获得各自的最佳证券组合，一个只关心风险的投资者将选最小方差组合作为最佳组合。

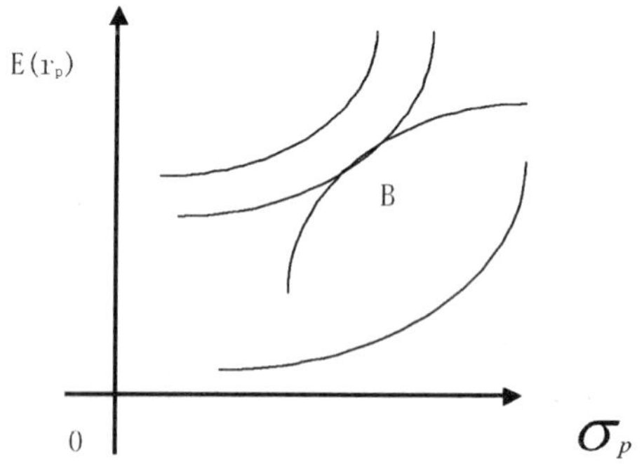

图 8－28 投资者的最优证券组合

三、组合绩效评价

(一) 业绩评估原则

评价投资组合的运行状况是组合管理者经常要面临的问题。习惯上，评价组合管理业绩的标准往往采用直接计算期间收益率，然后再与市场平均收益率比较，或进行同行间的横向比较的方法。这是一种非常简单的方法，仅是比较不同组合之间收益水平的高低，收益水平越高的组合越是优秀的组合。然而，我们知道收益水平较高不仅仅与管理者的技能有关，还可能与当时市场整体向上运行的环境有关，原因是期间收益可能来源于三个方面：

1. 管理收益，即由管理者的投资能力带来的收益，属于主动收益；

2. 市场收益，即市场整体上涨带来的收益，属于被动收益；

3. 风险收益，即管理人冒险带来的收益。正因为如此，该方法不是一个恰当的绩效测评方法。

由于债券投资的收益与风险呈现同增(或同减)规律，投资组合的目的是追求在风险相等的条件下收益水平最高或预期收益相同的条件下风险最小，因此，对投资组合的业绩评估除了要衡量其盈利水平以外，还必须与其所承担的风险大小相联系，应本着“既要考虑组合收益的高低，也要考虑组合所承担风险的大小”的基本原则，采用风险调整后的绩效测评法，即去掉由风险带来的收益后，再与市场绩效比较，或进行同行间的横向比较。而资本资产定价模型为组合业绩评估者提供了实现这一基本原则的多种途径。例如，可以考察组合已实现的收益水平是否高于与其所承担的风险水平相匹配的收益水平，也可以考察组合承受单位风险所获得的收益水平之高低。

(二) 业绩评估指数

1. 夏普业绩指数

夏普(Sharpe)业绩指数是1966年由夏普提出的，它以资本市场线为基准，计算每承担一个单位的总风险所获得的风险补偿额的大小。其计算公式为：

$$S_p = \frac{r_p - r_f}{\sigma_p}$$

式中：S_p 为夏普指数；

r_p 为证券组合 P 的实际平均收益率。

在图形上，一个证券的夏普指数是连接证券组合与无风险资产的直线的斜率，如图8－29所示。

将投资组合与市场组合的夏普指数比较来衡量组合投资的业绩，一个高的夏普指数(图中 P_2)表明该管理者比市场经营得好，而一个低的夏普指数(图中 P_1)表明该管理者经营的比市场差。前者的组合位于资本市场线上方，后者的组合则位于资本市场线下方。在资本市场线上的组合的夏普指数与市场组合的夏普指数均相等，表明管理具有中等绩效。

2. 特雷诺业绩指数

特雷诺(Treynor)业绩指数是1965年由特雷诺提出的，他想创建一个适用于所有投资者而不论其风险偏好如何的业绩衡量尺度。他假定风险由两部分组成：一是由于整个市场波动而产生的风险；二是由于组合中单个证券的波动而产生的风险。他在证券市场线基础上侧重考核因承担系统风险而得到的收益，指出证券市场线的斜率可以衡量一个投资组合的收益相对整个市场收益的波动性，这一斜率是该投资组合的β系数。

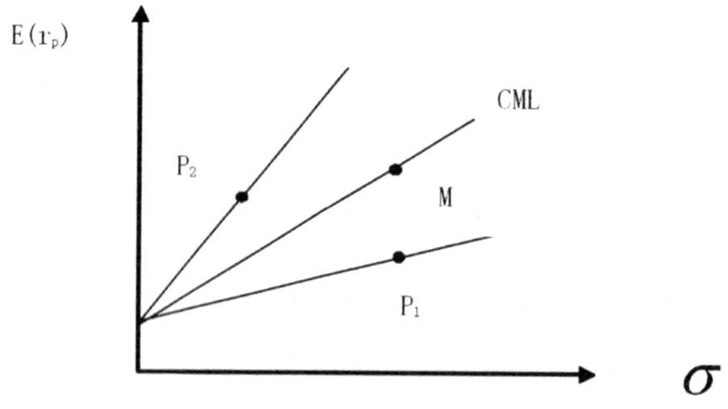

图8-29 Sharpe 业绩指数

他指出，理性的风险规避型的投资者总是倾向于那些具有较大斜率的投资组合可行线，原因是具有较高斜率的可行线能使投资者位于效用较高的无差异曲线上。这种投资组合可行线的斜率用 Treynor 的第一个字母 T 来表示，其公式为：

$$T_p = \frac{r_p - r_f}{\beta_p}$$

式中：T_p 为 Treynor 业绩指数；

r_p 为证券组合 P 的实际平均水平。

在图形上，一个证券组合的特雷诺指数是连接证券组合与无风险证券的直线的斜率，如图 8-30 所示。

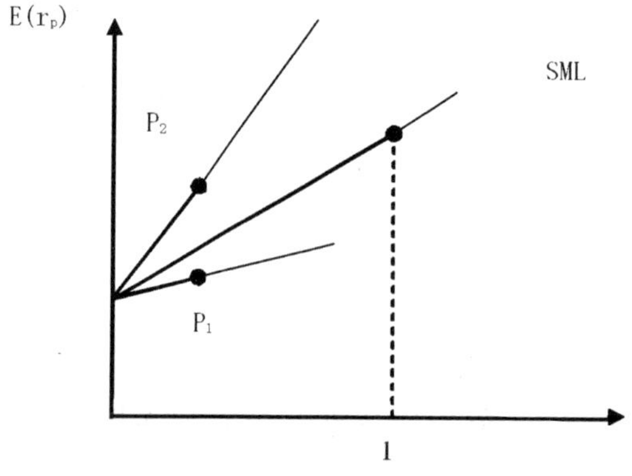

图8-30 Treynor 业绩指数

当这一斜率大于证券市场线的斜率（$T_p > T_m$）时（如图 P_2），投资组合位于证券市场线上方，表明该投资组合具有优秀的风险调整业绩，即投资组合的绩效好于市场绩效；相反，斜率小于证券市场线的斜率（$T_p < T_m$）时（如图 P_1），投资组合位于证券市场线下方，表明该投资组合的绩效不如市场绩效。

Treynor 业绩指数衡量尺度与 Sharpe 业绩指数有明显相似之处，因为等式中的分子为投资组合的风险溢价，所以该衡量尺度也反映每单位的风险溢价收益。二者的不同之处在于，

Sharpe 业绩指数衡量尺度采用收益标准作为风险衡量标准，而 Treynor 业绩指数衡量尺度所采用的却是 β 值(系统风险)。这样，Sharpe 业绩指数衡量尺度是从收益和风险水平两方面来评价投资组合的业绩水平的。

对于一个完全分散的投资组合来说(即不存在非系统性风险)，两种衡量尺度对投资组合评价的结果是相同的，因为完全分散的投资组合的总方差就是它的系统方差。另外，一个分散水平很低的投资组合的业绩，采用 Treynor 衡量尺度评价时会很高，而采用 Sharpe 衡量尺度评价则会很低。这两种测量尺度评价结果的差别是由分散水平的不同直接造成的。

这样，这两种业绩衡量尺度提供了关于业绩的相互补充但却不同的信息，所以应该同时使用。如果评价的是一组分散水平很高的投资组合，这两种衡量尺度评价的结果是一致的。

Treynor 和 Sharpe 衡量尺度的缺点是它们对投资组合业绩的评价是一个相对结果，而不是绝对结果。我们不能确定的是，这种差别在统计上的显著性如何。

3. 詹森业绩指数

詹森(Jensen)业绩指数是 1969 年由詹森提出的。它以证券市场线为基准、指数值实际上就是证券组合的实际平均收益率与由证券市场线所给出的该证券组合的期望收益率之间的差。其公式为：

$$J_p = r_p - [r_F + (r_M - r_F)]\beta_p$$

式中：J_p 为 Jensen 业绩指数；

r_p 为证券组合 P 的实际平均收益率。

可见，詹森业绩指数就是证券组合所获得的高于市场的那部分风险溢价，风险由 β 系数测定。

在图形上，詹森业绩指数值代表证券组合与证券市场线之间的垂直落差，如图 8－31 所示。

从图中可以看出，如果证券组合的詹森业绩指数为正，则其位于证券市场线的上方(如 p_2)，落差大于 0，表明业绩较好；如果组合的詹森业绩指数为负(如 p_1)，则其位于证券市场线的下方，落差小于 0，表明绩效不好。

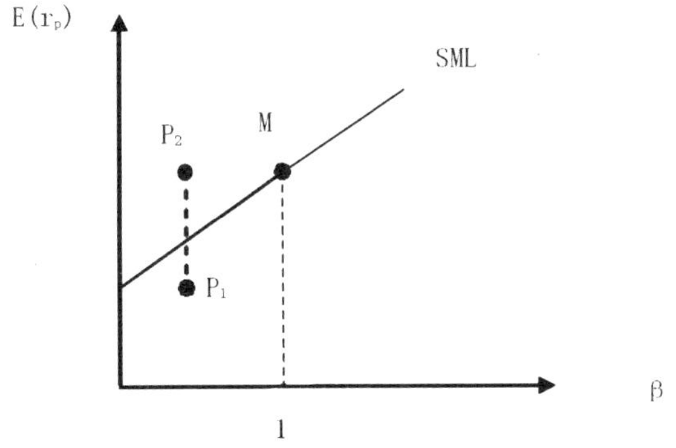

图 8－31 Jensen 业绩指数

(三)业绩评估应注意的问题

使用特雷诺指数、夏普指数以及詹森指数评价组合业绩固然有其合理性，但也不能忽视这些评价方法的不足。这些不足主要表现在三个方面：

第一，三类指数均以资本资产定价模型为基础，后者隐含与现实环境相差较大的理论假设。这可能导致评价结果失真。

第二，三类指数中都含有用于测度风险的指标，而计算这些风险指标有赖于样本的选择。这可能导致基于不同的样本选择所得的评估结果不同，也不具有可比性。

第三，三类指数的计算均与市场组合发生直接或间接关系，而现实中用于替代市场组合的证券价格指数具有多样性，这同样会导致基于不同市场指数所得到的评估结果不同，也不具有可比性。

正因为如此，实际应用中应当注意评估指数在理论假设方面存在的局限性，在组合风险估值和市场指数选择方面的多样性，并多做一些研究，在实践中不断摸索，以获得更为科学的评价结果。

【要点小结】

1. 证券投资组合是指个人或机构投资者所持有的各种有价证券的总称。证券投资组合管理的意义在于采用适当的方法选择多种证券作为投资对象，以达到在保证预定收益的前提下使投资风险最小或控制风险的前提下使投资收益最大化的目标，避免投资过程的随意性。

2. 证券投资组合管理的特点主要体现在两个方面：一是投资的分散性；二是风险与收益的匹配性。证券投资组合管理的步骤为：确定证券投资政策；进行证券投资分析；构建证券投资组合；证券投资组合的修正；投资组合业绩评估。

3. 在证券投资组合理论中，介绍了法码的三种有效市场假说理论，即弱式有效市场、半强式有效市场以及强式有效市场。弱式有效市场假定，如果市场是弱式有效的，那么证券价格充分反映了所有过去历史的证券市场信息。半强式有效市场假说认为，在证券市场上，证券价格会迅速、准确地根据可获得的所有公开信息进行调整，因此以往的价格和成交量等技术信息以及公布的基本信息都无助于分析家挑选价格被高估或低估的股票。强式有效市场假说认为，不仅已公布的信息，而且是可能获得的所有有关信息都已反映在股价中，因此任何信息包括“内幕信息”对专业分析都毫无用处。

4. 资本资产定价模型是在投资组合理论和资本市场理论基础上形成和发展起来的，主要研究证券市场中资产的预期收益率和风险之间的关系，以及均衡价格是如何形成的。CAPM给出了一个简单的结论：只有一种原因会使投资者得到更高回报，那就是投资高风险的股票。

5. 套利定价模型导出了与资本资产定价模型相似的一种市场关系，套利定价理论被看做是一种广义的资本资产定价模型，为投资者提供了一种替代性的方法，来理解市场中的风险与收益率间的均衡关系。

6. 证券投资组合绩效评价的三个经典业绩指数是特雷诺指数、夏普指数和詹森指数。特雷诺指数是每单位风险获得的风险溢价，是投资者判断某一基金管理者在管理过程中所冒风险是否有利于投资者的判断指标。夏普指数反映了单位风险基金净值增长率超过无风险收益率的程度。詹森指数所代表的就是基金业绩中超过市场基准组合所获得的超额收益。

【思考与练习】

1. 什么是有效组合，如何从可行组合中找出有效组合？
2. 证券投资组合管理包括哪些主要内容，各内容的具体含义是什么？
3. 什么是资本市场线，什么是证券市场线，它们之间的区别与联系是什么？
4. 什么是证券的β系数，它与标准差之间有哪些区别？
5. 资本资产定价模型和套利定价理论的假设条件有哪些，它们之间有哪些区别？
6. 证券投资组合业绩评价指标有哪些，它们的经济含义是什么？

思考与练习题答案

第一章

【思考与练习】

1. 什么是有价证券？

有价证券是指标有票面金额，用于证明持有人或该证券指定的特定主体对特定财产拥有所有权或债权的凭证。这类证券本身没有价值，但由于它代表着一定量的财产权利，持有人可凭该证券直接取得一定量的商品、货币，或是取得利息、股息等收入，因而可以在证券市场上买卖和流通，客观上具有了交易价格。有价证券的核心是可转让性。

2. 有价证券的基本特征有哪些？

（1）收益性。收益性是指持有证券本身可以获得一定数额的收益，这是投资者转让资本所有权或使用权的回报。证券代表的是对一定数额的某种特定资产的所有权或债权，投资者持有证券也就同时拥有取得这部分资产增值收益的权利，因而证券本身具有收益性。（2）流动性。流动性是指证券变现的难易程度。证券具有极高的流动性必须满足三个条件：很容易变现、变现的交易成本极小、本金保持相对稳定。证券的流动性可通过到期兑付、承兑、贴现、转让等方式实现。不同证券的流动性是不同的。（3）风险性。风险性是指实际收益与预期收益的背离，或者说是证券收益的不确定性。从整体上说，证券的风险与其收益成正比。通常情况下，风险越大的证券，投资者要求的预期收益越高；风险越小的证券，投资者要求的预期收益越低。（4）期限性。债券一般有明确的还本付息期限，以满足不同筹资者和投资者对融资期限以及与此相关的收益率需求。债券的期限具有法律约束力，是对融资双方权益的保护。股票没有期限，可以视为无期证券。

3. 有价证券有哪些分类？

（1）按证券发行主体的不同，有价证券可分为政府证券、政府机构证券和公司证券。政府证券通常是指由中央政府或地方政府发行的债券。中央政府债券也称国债，通常由一国财政部发行。地方政府债券由地方政府发行，以地方税或其他收入偿还。政府机构证券是由经批准的政府机构发行的证券。公司证券是公司为筹措资金而发行的有价证券，公司证券包括的范围比较广泛，有股票、公司债券及商业票据等。此外，在公司证券中，通常将银行及非银行金融机构发行的证券称为“金融证券”，其中金融债券尤为常见。

（2）按是否在证券交易所挂牌交易，有价证券可分为上市证券与非上市证券。上市证券是指经证券主管机关核准发行，并经证券交易所依法审核同意，允许在证券交易所内公开买卖的证券。非上市证券是指未申请上市或不符合证券交易所上市条件的证券。非上市证券不允许在证券交易所内交易，但可以在其他证券交易市场交易。凭证式国债、电子式储蓄国债、普通开放式基金份额和非上市公众公司的股票属于非上市证券。

（3）按募集方式分类，有价证券可以分为公募证券和私募证券。公募证券是指发行人通过中介机构向不特定的社会公众投资者公开发行的证券，审核较严格并采取公示制度。私募证券是指向少数特定的投资者发行的证券，其审查条件相对宽松，投资者也较少，不采取公示制度。目前我国信托投资公司发行的集合资金信托计划以及商业银行和证券公司发行的理财计划均属私募证券；上市公司如采取定向增发方式发行的有价证券也属私募证券。

(4)按证券所代表的权利性质分类，有价证券可以分为股票、债券和其他证券三大类。股票和债券是证券市场两个最基本和最主要的品种；其他证券包括基金证券、证券衍生产品等，如金融期货、可转换证券、权证等。

4. 什么是股票?

股票是一种有价证券，它是股份有限公司发行的用以证明投资者的股东身份和权益，并据以获得股息和红利的凭证。股票一经发行，股买股票的投资者即成为公司的股东。股票实质上代表了股东对股份公司的所有权，股东凭借股票可以获得公司的股息和红利，参加股东大会并行使自己的权利，同时也承担相应的责任与风险。

5. 我国股票的种类有哪些?

按投资主体的性质分类，我国的股票可以分为：(1)国家股。是指有权代表国家投资的部门或机构以国有资产向公司投资形成的股份，包括公司现有国有资产折算成的股份。在我国企业的股份制改造中，原来一些全民所有制企业改组为股份公司，从性质上讲，这些全民所有制企业的资产属于国家所有，因此在改组为股份公司时，就折成国家股。另外，国家对新组建的股份公司进行投资，便构成了国家股。国家股由国务院授权的部门或机构持有，或根据国务院决定，由地方人民政府授权的部门或机构持有。(2)法人股。法人股是指企业法人或具有法人资格的事业单位和社会团体以其依法可支配的资产投入公司形成的股份。法人持股所形成的也是所有权关系，是法人经营自身财产的一种投资行为。法人股股票以法人记名。(3)社会公众股。社会公众股是指社会公众依法以其拥有的财产投入公司时形成的可上市流通的股份。在社会募集方式下，股份公司发行的股份，除了由发起人认购一部分外，其余部分应该向社会公众公开发行。(4)外资股。外资股是指股份公司向外国和我国香港、澳门、台湾地区投资者发行的股票。这是我国股份公司吸收外资的一种方式。外资股按上市地域可以分为境内上市外资股和境外上市外资股。

6. 什么是债券?

债券是一种有价证券，是社会各类经济主体为筹集资金而向债券投资者出具的、承诺按一定利率定期支付利息并到期偿还本金的债权债务凭证。债券所规定的资金借贷双方的权责关系主要有：第一，所借贷货币资金的数额；第二，借贷的时间；第三，在借贷时间内的资金成本或应有的补偿(即债券的利息)。

7. 债券的基本特征和要素有哪些?

债券具有以下基本特征：(1)债券属于有价证券。首先，债券反映和代表一定的价值。债券本身有一定的面值，通常它是债券投资者投入资金的量化表现；另外，持有债券可按期取得利息，利息也是债券投资者收益的价值表现。其次，债券与其代表的权利联系在一起，拥有债券就拥有了债券所代表的权利，转让债券也就将债券代表的权利一并转移。(2)债券是一种虚拟资本。债券尽管有面值，代表了一定的财产价值，但它也只是一种虚拟资本，而非真实资本。因为债券的本质是证明债权债务关系的证书，在债权债务关系建立时所投入的资金已被债务人占用，债券是实际运用的真实资本的证书。债券的流动并不意味着它所代表的实际资本也同样流动，债券独立于实际资本之外。(3)债券是债权的表现。债券代表债券投资者的权利，这种权利不是直接支配财产权，不以资产所有权表现，而是一种债权。拥有债券的人是债权人，债权人不同于公司股东，是公司的外部利益相关者。

债券的基本要素包括:(1)债券的票面价值。债券的票面价值是债券票面标明的货币价值，是债券发行人承诺在债券到期日偿还给债券持有人的金额。(2)债券的到期期限。债券到期期限是指债券从发行之日起至偿清本息之日止的时间。(3)债券的票面利率。债券票面利率也称名义利率，是债券年利息与债券票面价值的比率，通常年利率用百分数表示。利率是债券票面要素中不可缺少的内容。(4)债券发行者名称。这一要素指明了该债券的债务主体，既明确了债券发行人应履行对债权人偿还本息的义务，也为债权人到期追索本金和利息提供了依据。

8. 我国债券市场的主要品种有哪些?

(1)政府债券。包括普通国债、其他国债和地方政府债券。

(2)金融债券。包括政策性金融债券、商业银行债券、证券公司债券和债务。

(3)企业债券。包括公司债券、短期融资券和超短期融资券、中期票据、中小非金融企业集合票据和非公开定向发行债券等。

(4)国际债券。包括政府债券、金融债券和可转换公司债。

9. 什么是证券投资基金?

证券投资基金是指通过公开发售基金份额募集资金，由基金托管人托管，由基金管理人管理和运用资金，为基金份额持有人的利益，以资产组合方式进行证券投资的一种利益共享、风险共担的集合投资方式。

10. 我国证券投资基金的种类有哪些?

我国的证券投资基金都采用的是契约型基金方式，包括封闭式和开放式两种，其中开放式基金是近年来发展的主要形式。根据具体投资方向的不同，我国的证券投资基金可以划分为债券基金、股票基金、货币市场基金等形式，也存在不同标的组合的混合型基金。同时，近年来我国也相继推出一些结余封闭与开放之间的创新形态，具体包括交易所交易基金 ETF、上市开放式基金 LOF、保本基金、QDII 基金、结构型基金等形式。此外，近年来我国的私募基金发展速度也十分迅速，成为公募基金的重要补充。

第二章

【思考与练习】

1. 衍生证券对金融市场以及宏观经济的作用有哪些?

衍生证券作为近年来新兴的证券品种，其发展速度十分迅速。衍生证券对金融市场的作用可以体现为风险管理和价格发现两大基本功能。利用衍生品交易，投资者或实际资产与商品持有人可以有效地通过对冲机制管理风险，实现风险在不同投资者之间的转移与分散。同时，金融衍生品交易也为市场系统性风险的管理提供了基础性手段。衍生品价格发现功能源于衍生品大宗交易的特征。国际主要粮食、经济作物、工业原料交易主要通过期货、期权等衍生品交易的形式进行，这些衍生品市场由于交易规模巨大，同时又具有预期性，因而可以对现货交易起引领性作用。

2. 期货合约交易的功能有哪些?

(1)在宏观经济中的作用。提供分散、转移价格风险的工具，有助于稳定国民经济;为政府制定宏观经济政策提供参考依据;有助于本国争夺国际定价权;促进本国经济的国际化;有助于市场经济体系的建立与完善。

(2)在微观经济中的作用。锁定生产成本，实现预期利润;利用期货价格信号，组织安排现货生产;期货市场拓展现货销售和采购渠道;期货市场促使企业关注产品质量问题。

3. 期货交易与基础资产交易的区别有哪些?

(1)期货交易与现货交易的联系。现货交易是交易双方根据对商品需求或供给目的，实时进行商品交收和钱款结清的交易方式，是商品与资产交易最普通与常见的形式。期货交易是一种高度组织化的交易方式，对交易对象、交易时间、交易空间等方面有较为严格的限定。期货交易的对象是标准化的期货合约:是由期货交易所统一制定的，规定在将来某一特定的时间和地点交割一定数量和质量商品的标准化合约。现货交易与期货交易同为商品或资产交易的具体形式，两者互为补充、互相支持。没有期货交易，现货交易的价格波动风险难以回避;没有现货交易，期货交易就没有了产生的根基，两者相互补充、共同发展。

(2)期货交易与现货交易的区别。期货交易在交易条件与交易过程方面与现货交易存在差异。具体的区别可以归纳为:

首先，交易对象不同。现货交易的对象是实物商品或金融商品，期货交易的对象是标准化合约。因而期货交易的实质是有价证券交易，而非具体商品或基础金融资产交易。由于期货合约的标的物只包含特定种类的商品或资产，并不是所有的现货交易品种都能够有期货合约交易。因而期货交易对象的范围要小于现货交易。

其次，交割时间不同。现货交易中，物流、现金流与信息流基本上是同步发生的，交易者基于对需求、供给及商品价格的判断缔结交易合约并完成交易。而期货交易从成交到收付之间存在着时间差，发生了商流与物流的分离。同时，期货交割前，信息流的发生会对交易者的交易行为产生影响，导致合约缔结与最终交割并非完全对应。

再次，交易目的不同。现货交易的目的是获得或让渡商品或金融资产的所有权，是满足买卖双方需求的直接手段。期货交易的目的除了获得商品或金融资产本身外，更多的为了进行风险管理或者追求风险收益，期货交易具有典型的金融属性。

再次，交易场所与方式不同。现货交易一般不受交易时间、地点的限制，交易方式灵活方便。期货交易必须在高度组织化的期货交易所内以公开竞价的方式集中进行，投资者参与期货交易须委托期货公司代理交易。

最后，结算方式不同。现货交易主要采用一次性结清的结算方式，同时也有货到付款方式和信用交易中的分期付款方式等。期货交易实行每日无负债结算制度，交易双方必须缴纳一定数额的保证金，并且在交易过程中始终要维持一定的保证金水平。

4. 期权合约的基本特点是什么?

第一，买方要想获得权利必须向卖方支付一定数量的费用(权利金)。

第二，期权买方取得的权利是未来的权利，或在未来一段时间内，或在未来某一特定日期。

第三，期权买方在未来的买卖标的物是特定的。

第四，期权买方在未来买卖标的物的价格是事先规定好的。

第五，期权买方取得的是买卖的权利，而不负有必须买进或卖出的义务。买方有执行的权利，也有不执行的权利，完全可以灵活选择。

第六，买方拥有权利并为此支付权利金，仅承担有限的风险，却掌握巨大的获利潜力。

5. 衍生证券市场发展的未来趋势是什么？

衍生证券是金融工程的产物。金融工程（Financial Engineering）是20世纪50年代后出现，并在80年代后迅速发展的金融创新方式。它包括创新型金融工具与金融手段的设计、开发与实施，以及对金融问题给予创造性的解决。狭义的金融工程主要是指利用先进的数学及通讯工具，在各种现有基本金融产品的基础上，进行不同形式的组合分解，以设计出符合客户需要并具有特定收益－风险特征的新金融产品。而广义的金融工程则是指一切利用工程化手段来解决金融问题的技术开发，它不仅包括金融产品设计，还包括金融产品定价、交易策略设计、金融风险管理等各个方面。

金融工程中，其核心在于对新型金融产品或业务的开发设计，其实质在于提高效率，它包括：第一，新型金融工具的创造，如创造第一个零息债券，第一个互换合约等；第二，已有工具的发展应用，如把期货交易应用于新的领域，发展出众多的期权及互换的品种等；第三，把已有的金融工具和手段运用组合分解技术，复合出新的金融产品，如远期互换，期货期权，新的财务结构的构造等。

第三章

【思考与练习】

1. 什么是证券市场？

证券市场是股票、债券、投资基金等有价证券发行和交易的场所。证券市场是市场经济发展到一定阶段的产物，是为了解决资本供求矛盾和流动性而产生的市场。从广义上讲，证券市场是指一切以证券为对象的交易关系的总和。从经济学的角度，可以将证券市场定义为：通过自由竞争的方式，根据供需关系来决定有价证券价格的一种交易机制。证券市场以债券发行与交易的方式实现了筹资与投资的对接，有效地化解了资本的供求矛盾和资本结构调整的难题。

2. 证券市场的功能有哪些？

（1）筹资投资功能；

（2）资产定价功能；

（3）资源配置功能；

（4）宏观调控功能；

（5）分散风险功能。

3. 证券市场有哪些分类？

（1）按功能划分。按证券市场的功能不同可分为证券发行市场和证券流通市场。

（2）按交易组织形式划分。按交易组织形式不同可分为场内市场和场外市场。

（3）按交易对象划分。按交易对象可分为股票市场、债券市场和基金市场、衍生证券市场等，并且各个子市场之间是相互联系的。

4. 什么是证券发行市场、交易市场?

(1)证券发行市场。证券发行市场又称“一级市场”或“初级市场”，是发行人以筹集资金为目的，按照一定的法律规定和发行程序，向投资者出售证券所形成的市场。证券发行市场作为一个抽象的市场，其买卖成交活动并不局限于一个固定的场所。

(2)证券交易市场。证券交易市场是已发行的证券通过买卖交易实现流通转让的场所。相对于发行市场而言，证券交易市场又称为“二级市场”或“次级市场”。

5. 证券发行的流程有哪些?

(1)股票发行的流程

1)首次公开发行流程

①股票发行前期的准备阶段。②股票发行的申请和审核阶段。③股票发行与承销的实施阶段。

2)增发股票的流程

增发股票主要是向原股东配股，大致程序为:①制订新股发行计划，召开董事会形成增资配股决议，并经股东大会讨论通过;②公告配股日期，停止公司股东名册记载事项的变更;③提出增资配股申请文件;④向股东发送配股通知书、认购申请书、配股说明书;⑤办理配股认购申请事务;⑥确定或处理失权股或转配事宜;⑦股东支付配股认购款;⑧交付股票，发行公司办理股份变更登记。

(2)债券的发行流程

1)制订发行方案;2)董事会决议;3)申请政府主管部门批准;4)签订承销协议;5)订立承销团协议;6)签订信托合同;7)制作认购申请书、债券和债权者名簿;8)发出募集公告;9)正式募集;10)呈报发行情况。

6. 证券交易的原则、方式有哪些?

(1)证券交易的原则

1)公开原则。公开原则又称为“信息公开原则”，指证券交易是一种面向社会的、公开的交易活动，其核心要求是实现市场信息的公开化。

2)公平原则。公平原则是指参与交易的各方应当获得平等的机会。它要求证券交易活动中的所有参与者都有平等的法律地位，各自的合法权益都能得到公平保护。

3)公正原则。公正原则是指应当公正地对待证券交易的参与各方，以及公正地处理证券交易事务。

(2)证券交易的方式

1)现货交易。现货交易是指证券买卖双方在成交后就办理交收手续，买入者付出资金并得到证券，卖出者交付证券并得到资金。所以，现货交易时“一手交钱，一手交货”，即以现款买现货方式进行交易。

2)远期交易和期货交易。远期交易是指双方约定在未来某一时刻(或时间段内)按照现在确定的价格进行交易。期货交易是指在交易所进行的标准化的远期交易，即交易双方在集中性的市场以公开竞价方式所进行的期货合约的交易。

3)回购交易。回购交易更多地具有短期融资的属性，它通常在债券交易中运用。债券回购交易是指债券买卖双方在成交的同时，约定于未来某一时间以某一价格双方再进行反向交易的行为。

4)信用交易。信用交易是指投资者通过交付保证金取得经纪商信用而进行的交易，也称为“融资融券交易”。这一交易的主要特征在于经纪商向投资者提供了信用，即投资者买卖证券的资金或证券有一部分是从经纪商借入的。

7. 证券交易的流程是哪些?

(1)开户。开户有两个方面，即开立证券账户和开立资金账户。

(2)委托。在证券交易所市场，投资者买卖证券是不能直接进入交易所办理的，而必须通过证券交易所的会员来进行。换而言之，投资者需要通过经纪商才能在证券交易所买卖证券。在这种情况下，投资者向证券经纪商下达买进或卖出证券的指令，称为“委托”。

(3)成交。证券交易所交易系统接受申报后，要根据订单的成交规则进行撮合配对。符合成交条件的予以成交，不符合成交条件的继续等待成交，超过了委托时效的订单失效。

(4)结算。证券交易成交后，首先需要对买方在资金方面的应付额和在证券方面的应收种类和数量进行计算，同时也要对卖方在资金方面的应收额和在证券方面的应付种类和数量进行计算。这一过程属于清算，包括资金清算和证券清算。

8. 证券交易的组织方式有哪些?

证券交易的组织方式分为场内交易市场和场外交易市场。场内交易市场为证券交易所，场外交易市场为柜台交易、第三市场、第四市场。

(1)证券交易所。证券交易所是证券买卖双方公开交易的场所，是一个高度组织化、集中进行证券交易的市场，是整个证券市场的核心。

(2)场外交易市场。场外交易市场又称柜台交易或店头交易市场，是指证券交易所以外由证券买卖双方直接进行交易的市场。场外市场是一个分散的、无固定交易场所的无形市场。

(3)第三市场。第三市场是指不是某一证券交易所会员的证券商在证券交易所之外的场外从事已在证券交易所挂牌上市的证券交易而形成的证券场外市场。

(4)第四市场。又被称为机构交易网，是证券交易双方绕开证券经纪人，彼此之间利用电子计算机网络进行大宗交易的市场。

9. 证券市场的监管体系有哪些?

(1)证券市场监管的意义。1)加强证券市场监管是保障广大投资者权益的需要;2)加强证券市场监管是维护市场良好秩序的需要;3)加强证券市场监管是发展和完善证券市场体系的需要;4)准确和全面的信息是证券市场参与者进行发行和交易决策的重要依据。

(2)证券市场监管的原则。1)依法监管原则;2)保护投资者利益原则;3)“三公”原则;4)监督与自律相结合的原则。

(3)证券市场监管的目标。国际证监会公布了证券监管的3个目标:一是保护投资者;二是保证证券市场的公平、效率和透明;三是降低系统性风险。

(4)证券市场监管的手段。1)法律手段;2)经济手段;3)行政手段。

(5)证券市场监管机构。我国证券市场经过多年的发展，逐步形成了五位一体的监管体系，即国务院证券监督管理机构、国务院证券监督管理机构的派出机构、证券交易所、行业协会和证券投资者保护基金公司为一体的监管体系和自律管理体系。

(6)证券市场监管的内容。1)对证券发行及上市的监管;2)对交易市场的监管;3)对上市公司的监管;4)对证券经营机构的监管。

(7)证券投资者保护基金制度。1)证券投资者保护基金;2)证券投资者保护基金公司。

第四章

【思考与练习】

1. 什么是期货？期货市场的构成有哪些？

期货，一般指期货合约，就是指由期货交易所统一制定的、规定在将来某一特定的时间和地点交割一定数量标的物的标准化合约。

期货市场主要由以下几部分构成：期货交易所，是为期货交易提供场所、设施、服务和交易规则的非盈利机构。交易所一般采用会员制；期货结算机构，是负责交易所期货交易的统一结算、保证金管理和结算风险控制的机构；期货中介机构，主要包括期货公司、介绍经纪商、居间人、期货信息资讯机构、交割仓库、期货保证金存管银行；期货交易者，基本上分为两种人：即套期保值者和投机者。

2. 试述期货交易制度的内容。

(1)保证金制度

是指期货的买卖方必须按照其期货合约价值的一定比率(通常为5% ~15%)缴纳资金，用于结算和保证履约。保证金分为结算保证金(未占用)和交易保证金(已占用)。

(2)当日无负债结算制度

是指每个交易日后，由结算机构对期货保证金账户当天的盈亏进行结算，并根据结果进行资金划拨。当出现亏损且保证金不足时，要求必须在规定时间内追加保证金，以做到当日无负债。

(3)涨停板制度

又称每日价格最大波动限制制度。是指期货合约在一个交易日中的交易价格波动不得高于或低于规定涨跌幅度，超出涨跌幅度视为无效报价，不能成交。

(4)持仓限额及大户报告制度

持仓限额制度是指交易所规定会员或客户可以持有的、按单边计算某一合约投机头寸的最大数额。大户报告制度是指当交易所会员或客户某品种某合约持仓量达到规定持仓报告标准，会员和客户应向交易所报告。

(5)强行平仓制度

是指按照有关规定对会员或客户的持仓实行平仓的一种强制措施，目的是为了控制期货交易风险。通常分为两种情况：一是交易所对会员持仓实行强行平仓，二是期货公司对其客户持仓实行强行平仓。

(6)信息披露制度

是指交易所按规定公布交易有关信息的制度。

3. 什么是期权？试述期权的功能。

期权，又称选择权。它是指在确定的日期或这个日期之前，持有人所享有的依照事先约定的价格买进或者卖出某种商品或期货的权利。

(1)套期保值的功能

是指通过设立一个与现货数量相等、方向相反的期权头寸，买进现货时，同时持有卖权；

卖出现货时，同时持有买权。这样对冲组合的总价值将会保持不变。

(2)投机功能

在期权交易中，不管机会价格处于牛市、熊市还是盘整期，都可以为投资者提供投资机会。

(3)杠杆作用

与期货保证金相比，用较少的权利金就可以控制同样数量的合约。也就是说，期权可以为投资者提供更大的杠杆作用，尤其是到期日较短的虚值期权。

4. 什么是权证？权证的种类有哪些？

权证是指基础证券发行人或其以外的第三方发行的，约定持有人在规定期间内或特定到期日，有权按约定价格向发行人购买或出售标的证券，或以现金结算方式收取结算差价的有价证券。

第一，根据基础资产不同，分为股权类权证、债权类权证以及其他权证。目前我国证券市场推出的权证均为股权类权证，其标的资产可以是单只股票或股票组合。

第二，根据发行人不同，分为股本权证和备兑权证。股本权证一般由上市公司发行，持有人行权时上市公司增发新股，对公司股本具有稀释作用。备兑权证是由标的证券发行人以外的第三方发行，其所认兑的股票并非新发行的股票，而是已经在市场上流通的股票，因此不会增加股份公司的股本。

第三，根据权利行使方向不同，分为认购权证和认沽权证。前者属于看涨期权，持有人有权按规定买入标的证券；后者属于看跌期权，持有人有权按规定价格卖出标的证券。

第四，根据行权时间不同，分为美式权证、欧式权证、百慕大式权证。美式权证持有人可在权证到期日前的任何交易日行权；欧式权证持有人只有在权证约定规定到期日才可行权；百慕大式权证持有人可在权证到期日前的规定的时间内行权。

第五，根据结算方式不同，分为现金结算权证和实物交割权证。前者行权时发行人仅对标的证券的市场价格与行权价格的差额部分进行现金结算；后者行权时涉及标的证券的实际转移。

5. 试分析期权费的影响因素有哪些。

(1)市场价格与执行价格。这是影响期权价格最主要的因素。这两种价格的关系不仅决定了期权有无内在价值以及内在价值的大小，而且还决定了有无时间价值和时间价值的大小。市场价格与协定价格的差距越大，时间价值越小；反之，时间价值则越大。

(2)期权的有效期。是指期权成交日到期权到期日的时间。在其他条件不变的情况下，有效期越长，期权价格越高；反之，期权价格越低。

(3)标的资产价格的波动率。标的资产价格的波动率是用来衡量标的资产未来价格变动不确定性的指标。波动率越大，对期权多头越有利期权价格也应越高。

(4)无风险利率。利率变化对期权价格的影响是复杂的。一方面，利率变化会引起期权标的物的市场价格变化，从而引起期权内在价值变化。另一方面，利率变化会引起期权标的物的市场成本变化，同时，利率变化还会引起期权交易的供求关系变化。

(5)标的资产的收益。标的资产的收益将影响标的资产的价格。标的资产收益率越高，看涨期权的价格越低，而看跌期权的价格越高。

6. 试述期权交易制度的主要内容。

(1)保证金制度。在具体操作中，与期货保证金制度最明显的不同是在金融期权交易中，只有期权出售者才必须缴纳保证金，而期权购买者却无需缴纳保证金。

(2)部位限制。是指交易所对每一账户所持有的期权部位的最高限额。这一制度的制定是为了防止个别投资者承受过大的风险，或者对市场有过大的操纵能力。

(3)对冲与履约。在场内期权交易中，若交易者不想继续持有未到期的期权部位，那么在最后交易日或在最后交易日之前，他可以随时通过反向交易来加以结清。在期权的履约中，不同期权有不同的履约方式。

7. 可转换债券的优点与缺点分别有哪些？

(1)优点

对于投资者，可转债具备了股票和债券两者的属性，结合了股票的长期增长潜力和债券所具有的安全和收益固定的优势。此外，可转债比股票还有优先偿还的要求权。

对于发行者，发行可转债有利于提升现有股东权益，其发行成本相对直接发行股票的成本更低。其次，通过举债，可提升公司的资产负债率使其达到相对更为合理的水平，为后续配股或增发新股奠定良好的基础。

(2)缺点

对于投资者，首先，可转债的投资者首先要承担股价波动的风险和利息损失风险。其次要承担提前赎回的风险。

对于发行者，首先，如果可转债发行成功后，当公司经营不善，公司股价长期疲软，或转股条件设计不当等原因导致本次发行的可转债未能如期顺利转换成公司股份，可能会增加公司在债券到期后动用大笔资金赎回到期债券，从而加大公司短期偿债压力。其次，发行手续较为繁琐，时间周期较长。

8. 试述互换交易的功能，并分析其可能存在的风险。

互换交易的功能有：

(1)有效规避风险。当某种货币的币值很不稳定，而该货币又是交易者想要的货币时，通过货币互换可以用一种货币换得想要的币值相对稳定的货币，同时避免了因币值易变而带来的损失。

(2)能够增加资产负债管理的有效性。利率互换在对资产和负债利率暴露头寸进行有效操作中具有比利用货币市场和资本市场进行操作的优势，它可以不经过真实资金运动而对资产负债额及其利率期限结构进行表外重组。

(3)降低筹资成本。在货币互换中，借款人可以利用某些有利条件，举借利率较低的货币，而后转换成所需的货币;在利率互换中，客户能够获得低于市场固定利率或者浮动利率的贷款。

(4)能够填补不同金融工具之间的缺口。互换就是对不同融资工具的各种特征进行交换。

互换交易的风险主要有：

(1)信用风险。是指在互换交易中因一方违约，而使另一方造成损失的可能性。

(2)汇率风险。对于实际上的互换双方而言，这种风险主要来源于利息的收付;对于金融中介机构而言，这种风险既来源于利息的收付，也来源于本金的收付。这种风险既可能由实际上的互换双方的任何一方承担，也可能由金融中介机构承担。

9. 什么是资产支持证券？它有哪些优点？

资产支持证券(Asset - Backed Security, ABS)是一种债券性质的金融工具，是指由银行业金融机构作为发起机构，将信贷资产信托给受托机构，由受托机构发行的、以该财产所产生的现金支付其收益的证券。

资产支持证券相对于其他的证券产品而言，它具有以下几个方面优点：

(1)资产支持证券具有可预期的现金流。

(2)资产支持证券拥有着较为可观的收益。

(3)资产支持证券投资多元化与多样化。

(4)资产支持证券的事件风险小。

(5)资产支持证券有着较高的信用评级。

10. 你怎样看待资产支持证券的意义所在?

(1)资产支持证券对于发起人来讲具有重要意义。

首先，资产支持证券可以增强资产的流动性。

其次，发起人能够获得较低成本的融资。

再次，可以减少发起人的风险资产。

最后，便于发起人进行资产负债管理。

(2)资产支持证券对于投资者也有着重要意义。

资产担保类证券提供了比政府担保债券更高的收益。资产支持证券可以帮助投资者扩大投资规模。投资者的风险偏好各不相同，资产支持证券为投资者提供了多样化的投资品种。

第五章

【思考与练习】

1. 股票内在价值取决于哪些因素?

一般来讲，影响股票投资价值的内部因素主要包括公司净资产、盈利水平、股利政策、股份分割、增资和减资以及资产重组等。(1)上市公司净资产。净资产或资产净值是总资产减去总负债后的净值，它是全体股东的权益，是决定股票投资价值的重要基准，上市公司经过一段时间的营运，其资产净值必然有所变动。股票作为投资的凭证，每一股代表一定数量的净值。从理论上讲，净值应与股价保持一定比例，即净值增加，股价上涨;净值减少，股价下跌。(2)上市公司盈利水平。上市公司业绩好坏集中表现于盈利水平高低。上市公司的盈利水平是影响股票投资价值的基本因素之一。在一般情况下，预期上市公司盈利增加，可分配的股利也会相应增加，股票市场价格上涨;预期上市公司盈利减少，可分配的股利相应减少，股票市场价格下降。但值得注意的是，股票价格的涨跌和上市公司盈利的变化并不完全同时发生。(3)上市公司的股利政策。上市公司的股利政策直接影响股票投资价值。在一般情况下，股票价格与股利水平成正比。股利水平越高，股票价格越高;反之，股利水平越低，股票价格越低。股利来自于上市公司的税后盈利，但上市公司盈利的增加只为股利分配提供了可能，并非盈利增加股利一定增加。上市公司为了合理地在扩大再生产和回报股东之间分配盈利，都会有一定的股利政策。股利政策体现了上市公司的经营作风和发展潜力，不同的股利政策对各期股利收入有不同影响。此外，上市公司对股利的分配方式也会给股价波动带来影响。(4)股份分割。股份分割又称拆股或拆细，是将原有股份均等地拆成若干较小的股份。股份分割一般在年度结算月份进行，通常会刺激股价上升。股份分割给投资者带来的不是现实的利益，因为股份分割前后投资者持有的上市公司净资产和以前一样，得到的股利也相同。但是，投资者持有的股份数量增加了，给投资者带来了今后可多分股利和更高收益的预期，因此股份分割往往比增加股利分配对股价上涨的刺激作用更大。(5)增资和减资。上市公司因业务发展需要增加资本额而发行新股的行为，对不同上市公司股票价格的影响不尽相同。在没有产生相应效益前，增资可能会使每股净资产下降，因而可能会促使股价下跌。但对那些业绩优良、财务结构健全、具有发展潜力的上市公司而言，增资意味着将增加上市公司经营实力，会给股东带来更多回报，股价不仅不会下跌，可能还会上涨。当上市公司宣布减资时，多半是因为经营不善、亏损严重、需要重新整顿，所以股价会大幅下降。(6)上市公司资产重组。上市公司重组总会引起上市公司价值的巨大变动，因而其股价也随之产生剧烈的波动。但需要分析上市公司重组对上市公司是否有利，重组后是否会改善上市公司的经营状况，因为这些是决定股价变动方向的决定因素。

2. 股票估值的方法有哪些？

现金流贴现模型

$$V=\frac{D_1}{1+k}+\frac{D_2}{(1+k)^2}+\frac{D_3}{(1+k)^3}+K+\frac{D_\infty}{(1+k)^\infty}=\sum_{t=1}^{\infty}\frac{D_t}{(1+k)^t}$$

公式中：V 表示股票在期初的内在价值；Dt 表示时期 t 末以现金形式表示的每股股息。

具体地，根据现金流持续时间的不同可以进一步分为：零增长模型、不变增长模型和可变增长模型三种。

3. 股票估值收益法与市场法的优势与缺点是什么？两者的区别是什么？

收益法对于确定上市公司股票价值具有基础性作用，但其实施受到诸多的限制。作为一种面向未来的估值方式，确定公司未来股息现金流和必要收益率都存在一定的主观因素，需要估值人员进行概率判断，这会导致该估值方式的不稳定性，也会导致不同估值人员得到估值结构可能存在较大差异。收益法的另一个缺陷表现为其只关注了公司及其股票的绝对价值，并没有考虑市场供求关系对股票价格的影响。实际估值中，为避免上述缺陷，估值人员常常使用其他方式共同对公司及其股票价值进行估值。其中市场法是最为常用的估值方法。

市场法假设股票市场是有效的，即股票市场对上市公司的估值是客观合理的。在此基础上，通过寻找与待估值公司同类或具有可比性的公司，以之为参照系数，通过构造特定财务比例并结合待估公司财务数据确定公司市场价值的方式。市场法也被称为可比公司法。常用的市场法包括市盈率法(股价/每股收益)、市净率法(股价/每股净资产)和市收率法(股价/每股营业收入)。其中，市盈率法使用范围最广，但对于亏损企业无法估值；市净率法适合净资产在公司价值中占重要作用的公司；市收率法可以弥补市盈率法无法为亏算企业估值的缺陷，对只有营业收入但利润为负的公司进行估值。

4. 债券的内在价值取决于哪些因素？

(1)债券的期限。一般来说，在其他条件不变的情况下，债券的期限越长，其市场价格变动的可能性就越大，投资者要求的收益率补偿也越高。

(2)债券的票面利率。债券的票面利率越低，债券价格的易变性也就越大。在市场利率提高的时候，票面利率较低的债券的价格下降较快。但是，当市场利率下降时，它们的增值潜力也很大。

(3)债券的提前赎回条款。债券的提前赎回条款是债券发行人所拥有的一种选择权，允许债券发行人在债券到期前按约定的赎回价格部分或全部偿还债务。这种规定在财务上对发行人是有利的，因为发行人可以在市场利率降低时发行较低利率的债券，取代原先发行的利率较高的债券，从而降低融资成本。但对投资者来说，提前赎回使他们面临较低的再投资利率。这种风险要从价格上得到补偿。因此，具有较高提前赎回可能性的债券应具有较高的票面利率，其内在价值相对较低。

(4)债券的税收待遇。一般来说，免税债券的到期收益率比类似的应纳税债券的到期收益率低。此外，税收还以其他方式影响着债券的价格和收益率。例如，由于附息债券提供的收益包括息票利息和资本收益两种形式，而美国把这两种收入都当作普通收入而进行征税，但是对于后者的征税可以等到债券出售或到期时才进行。因此，在其他条件相同的情况下，大额折价发行的低利附息债券的税前收益率必然略低于同类高利附息债券。也就是说，低利附息债券比高利附息债券的内在价值要高。

(5)债券的流动性。债券的流动性是指债券可以随时变现的性质，反映债券规避由市场价格波动而导致的实际价格损失的能力。流动性较弱的债券表现为其按市价卖出较困难，持有者会因此面临遭受损失(包括承受较高的交易成本和资本损失)的风险。这种风险必须在债券的定价中得到补偿。因此，流动性好的债券与流动性差的债券相比，前者具有较高的内在价值。

(6)债券的信用级别。债券的信用级别是指债券发行人按期履行合约规定的义务、足额支付利息和本金的可靠性程度。一般来说，除政府债券以外，一般债券都有信用风险(或称违约风险)，只是风险大小不同而已。信用级别越低的债券，投资者要求的收益率越高，债券的内在价值也就越低。

5. 影响债券价格的因素有哪些?

(1)基础利率。基础利率是债券定价过程中必须考虑的一个重要因素。在证券的投资价值分析中，基础利率一般是指无风险证券利率。一般来说，短期政府债券风险最小，可以近似看作无风险证券，其收益率可被用作确定基础利率的参照物。此外，银行的信用度很高，这就使得银行存款的风险较低，况且银行利率应用广泛，因此基础利率也可参照银行存款利率来确定。

(2)市场总体利率水平。市场总体利率水平是债券利率的替代物，是投资于债券的机会成本。在市场总体利率水平上升时，债券的收益率水平也应上升，从而使债券的内在价值降低;反之，在市场总体利率水平下降时，债券的收益率水平也应下降，从而使债券的内在价值增加。

(3)其他因素。影响债券定价的外部因素还有通货膨胀水平以及外汇汇率风险等。通货膨胀的存在可能使投资者从债券投资中实现的收益不足以抵补由于通货膨胀而造成的购买力损失。当投资者投资于某种外币债券时，汇率的变化会使投资者的未来本币收入受到贬值损失。这些损失的可能性都必须在债券的定价中得到体现，使债券的到期收益率增加、债券的内在价值降低。

6. 什么是证券投资基金的资产净值?

基金资产总值是指基金所拥有的各类证券的价值、银行存款本息、基金应收的申购基金款以及其他投资所形成的价值总和。基金资产净值是指基金资产总值减去负债后的价值。基金份额净值是指某一时点上某一投资基金每份基金份额实际代表的价值。基金资产净值和基金份额净值计算公式如下：

基金资产净值 = 基金资产总值 − 基金负债

基金份额净值 = 基金资产净值 ÷ 基金总份额

基金份额净值是衡量一个基金经营业绩的主要指标，也是基金份额交易价格的内在价值和计算依据。一般情况下，基金份额价格与份额净值趋于一致，即资产净值增长，基金份额价格也随之提高。尤其是开放式基金，其基金份额的申购或赎回价格都直接按基金份额净值计价。封闭式基金在证券交易所上市，其价格除取决于基金份额净值外，还受到市场供求状况、经济形势、政治环境等多种因素的影响，其价格与资产份额净值常发生偏离。

7. 证券投资基金的价值与股票、债券价值的联系与区别。

证券投资基金是以证券为投资对象的基金，因而股票、债券等证券的价值是证券投资基金价值的基础。或者说，证券投资基金的价值取决于其投资的证券的价值。区别在于，证券投资基金通过组合投资、分散投资等方式，降低了单一投资证券的风险，因而从总体来讲，证券投资基金的价值比单独股票或债券的价值更为稳定。

第六章

【思考与练习】

1. 在使用期货进行套期保值时应注意哪些事项？

影响期货价格变化的基本因素概括起来主要有以下八个方面：

(1)供求关系。

(2)经济周期。

(3)政府政策。

(4)政治因素。

(5)自然因素。

(6)季节性因素。

(7)心理因素。

(8)金融货币因素。

2. 期货套期保值交易和期货套利交易主要区别是什么？实际操作时如何选择？

套期保值交易的主要目的是规避现货价格波动的风险；套利交易的目的主要是利用期货价格的波动或者相关期货合约之间的价格波动赚取收益。

实际操作时主要看交易者的动机来进行选择。

3. 期货套利交易主要有哪三种？三种主要类型的主要区别是什么？

期货套利主要包括跨期套利、跨品种套利、跨市套利三种，其中牛市套利、熊市套利、蝶式套利属于跨期套利。

根据所买卖的期货合约交割月份及买卖方向的不同，跨期套利可以分为牛市套利、熊市套利、蝶式套利三种；跨品种套利可分为两种情况，一是相关商品间的套利，二是原料与成品间的套利；跨市套利主要是利用在期货市场上，同种期货品种在不同交易所间的价格差额发生短期的变化进行的套利，购买价格相对较低的合约，卖出价格相对较高的合约。

4. 期权交易的基本策略有哪些？并作图对基本策略进行损益分析。

期权交易的基本策略有四种：买进看涨期权、卖出看涨期权、买进看跌期权、卖出看跌期权，其他所有的交易策略都因此而派生。

(1) 买进看涨期权

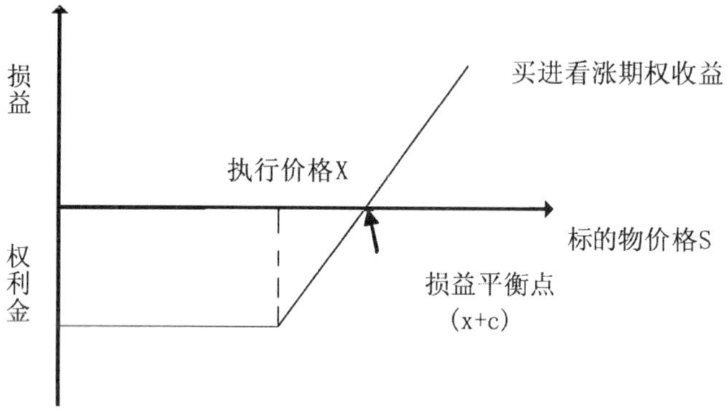

标的物市场价格变化对看涨期权买方损益的影响见下表：

标的物市场价格变化对看涨期权多头损益的影响	
标的物市场价格范围	标的物市场价格的变动方向及买方损益
0≤S≤X	处于亏损状态。无论 S 上涨或下跌，最大损失不变，等于权利金
X＜S＜X＋C	处于亏损状态。亏损会随着 S 上涨而减少，随着 S 下跌而增加
S＝X＋C	损益＝0
S〉X＋C	处于赢利状态，损益为 S－(X＋C)盈利随 S 上涨而增加，随 S 下跌而减少

投资者预期某资产的市场价格上涨，买进以该资产为标的物的看涨期权，之后市场价格果然上涨，且升至执行价格之上，则交易者可执行期权，因为不一定获利。从理论上说，价格可以无限上涨，所以买入看涨期权的盈利理论上无限大。若到期一直未升到执行价格之上，则交易者可放弃期权，其最大损失为期权费。

(2) 卖出看涨期权

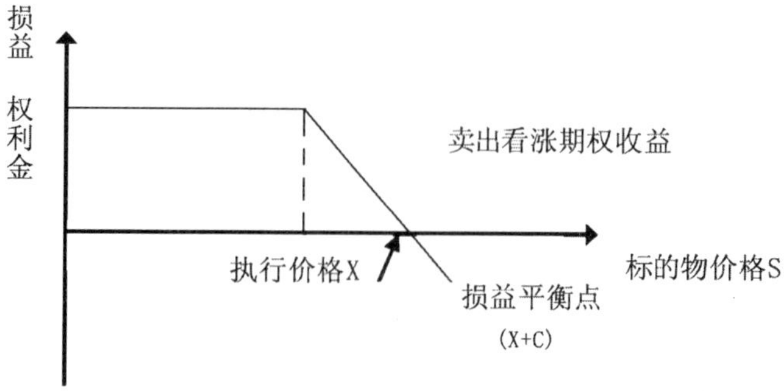

标的物市场价格变化对看涨期权卖方损益的影响见下表：

标的物市场价格变化对看涨期权空头损益的影响	
标的物市场价格范围	标的物市场价格的变动方向及买方损益
0≤S≤X	处于盈利状态。无论 S 上涨或下跌，最大盈利不变，等于权利金
X<S<X+C	处于盈利状态。盈利会随着 S 上涨而减少，随着 S 下跌而增加
S=X+C	损益=0
S>X+C	处于亏损状态，损益为 -S+(X+C)，亏损随着 S 下跌而减少，随着 S 上涨而增加

若交易者卖出看涨期权，在到期日之前没能升至执行价格之上，则作为看涨期权的买方将会放弃期权，而看涨期权的卖方就会取得期权费的收入。反之，看涨期权的买方将会要求执行期权，期权的卖方将损失市场价格减去执行价格和期权费的差。

(3) 买进看跌期权

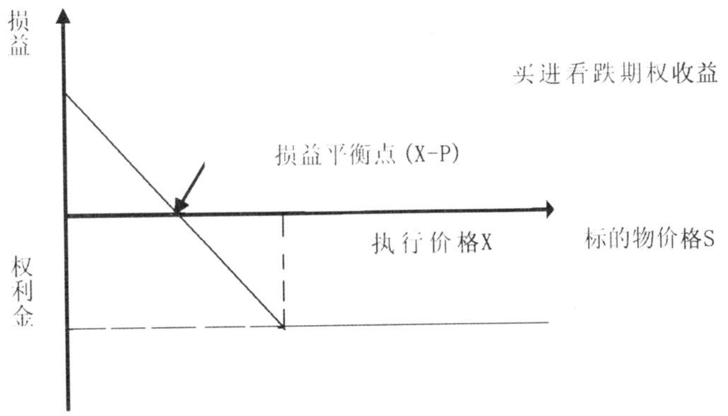

标的物市场价格变化对看跌期权买方损益的影响见下表：

标的物市场价格变化对看跌期权空头损益的影响	
标的物市场价格范围	标的物市场价格的变动方向及卖方损益
S≥X	处于亏损状态。无论 S 上涨或下跌，最大损失不变，等于权利金
X-P<S<X	处于亏损状态。亏损会随着 S 下跌而减少，随着 S 上涨而增加
S=X-P	损益=0
S<X-P	处于盈利状态，损益为(X-P)-S。盈利随着 S 上涨而减少，随着 S 下跌而增加，最大盈利为 (X-P)

投资者预期某资产的市场价格下跌，买进以该资产为标的物的看跌期权，之后市场价格果然下跌，且跌至执行价格之下，则交易者可执行期权。由于价格不可能跌到负数，所以买入看跌期权的最大盈利为执行价格减去期权费之差。若到期一直未跌到执行价格之下，则交易者可放弃期权，其最大损失为期权费。

(4)卖出看跌期权

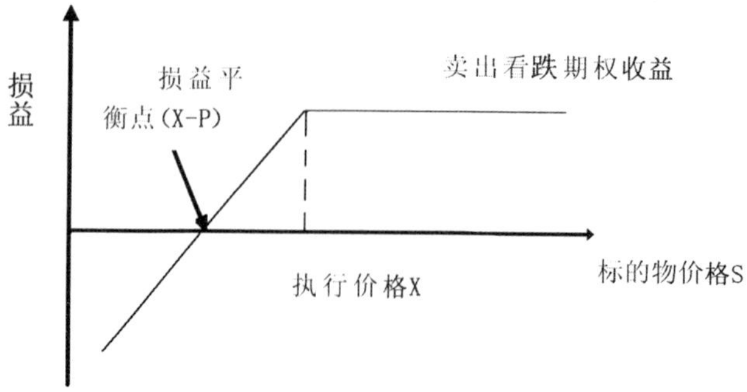

标的物市场价格变化对看跌期权卖方损益的影响见下表：

表6-19:标的物市场价格变化对看涨期权多头损益的影响	
标的物市场价格范围	标的物市场价格的变动方向及买方损益
S≥X	处于盈利状态。无论S上涨或下跌，最大盈利不变，等于权利金
X-P<S<X	处于盈利状态。盈利会随着S上涨而增加，随着S下跌而减少
S=X-P	损益=0
S<X-P	处于亏损状态，损益为S-(X-P)。亏损随着S上涨而减少，随着S下跌而增加，最大亏损=X-P

若交易者卖出看跌期权，在到期日之前没能跌至执行价格之下，则作为看跌期权的买方将会放弃期权，而看跌期权的卖方就会取得期权费的收入。反之，看跌期权的买方将会要求执行期权，期权卖方的损失时执行价格减去市场价格和期权费的差。

第七章

【思考与练习】

1. 简述基本面分析主要要素。

基本面分析主要因素包括：

(1)宏观经济形势分析

反映宏观经济发展状况的指标主要有:经济增长率、固定资产投资规模及其发展速度、失业率、物价水平、进出口额等。

(2)宏观经济政策分析

宏观经济政策主要包括货币政策和财政政策。

(3)行业与板块分析

行业分析的主要内容包括:行业的市场类型分析、行业的生命周期分析、行业变动因素分析等。

(4)上市公司及其财务分析

对公司本身分析主要包括:公司的竞争能力、赢利能力、经营管理能力、科研能力、产品的市场占有率、发展潜力以及财务状况等。公司财务分析主要包括:盈利能力分析、偿债能力分析、资产营运能力分析和成长能力分析。

(5)其他因素分析

除了经济因素影响股市外,社会因素、政治因素、自然因素等也影响股市的走势。

2. 公司财务分析主要分析哪几个部分?

公司财务分析主要包括:盈利能力分析、偿债能力分析、资产营运能力分析和成长能力分析。

3. 简述移动平均线的测市法则。

移动平均线 MA 在股价走势预测中的运用,经典的是葛兰碧法则,其内容是:

(1)平均线从下降开始走平,股价从下上穿平均线;股价连续上升远离平均线,突然下跌,但在平均线附近再度上升;股价在平均线以下,并连续暴跌,远离平均线。以上三种情况均为买入信号。

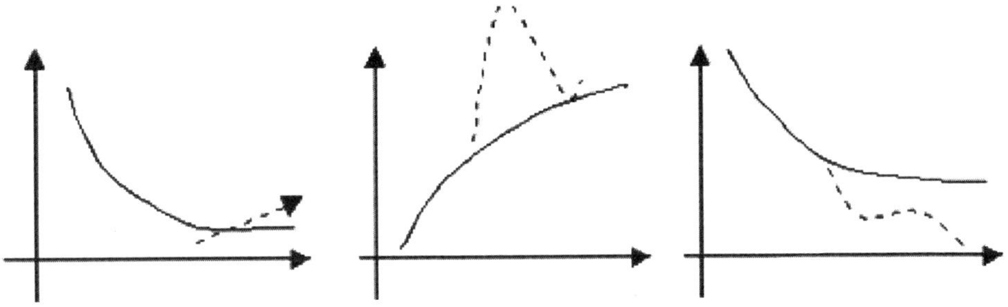

(2)平均线从上升开始走平,股价从上下穿平均线;股价连续下降远离平均线,突然上升,但在平均线附近再度下降;股价在平均线之上,并连续暴涨,远离平均线。以上三种情况均为卖出信号。

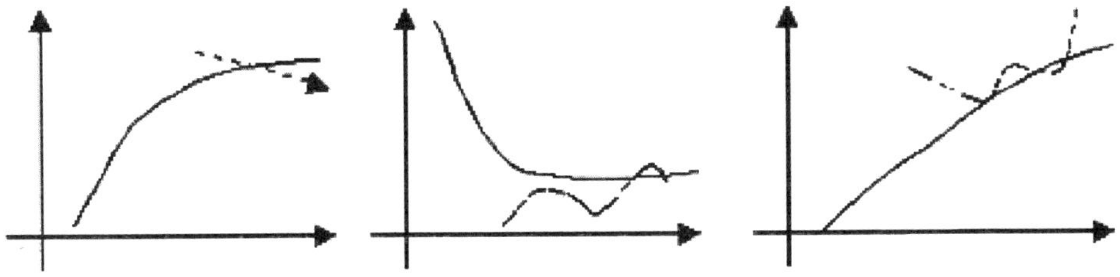

4. 简述趋势线的确认与突破。

要得到一条真正起作用的趋势线,要经多方面的验证才能最终确认,不合条件的一般应删除。首先,必须确实有趋势存在,在上升趋势中,必须确认出两个依次上升的低点;在下降趋势中,必须确认两个依次下降的高点,才能确认趋势的存在。其次,画出直线后,还应得到第三个点的验证才能确认这条趋势线是有效的。一般说来,所画出的直线被触及的次数越多,其作为趋势线的有效性越能得到确认,用它进行预测越准确有效。另外,这条直线延续的时间越长,越具有有效性。

趋势线被突破后,就说明股价下一步的走势将要反转。越重要、越有效的趋势线被突破;

其转势的信号越强烈。被突破的趋势线原来所起的支撑和压力作用，现在将相互交换角色，即原来是支撑线的，现在将起压力作用，原来是压力线的现在将起支撑作用。

5. 简述支撑线和压力线的确认与突破。

每一条支撑线和压力线的确认都是人为的，主要是根据股价变动所画出的图表。一般来说，支撑线或压力线的重要性由三个方面因素决定：一是股价在这个区域停留时间的长短；二是股价在这个区域伴随的成交量大小；三是这个支撑区域或压力区域发生的时间距离当前这个时期的远近。

支撑和压力线也可能相互转变。一个支撑如果被跌破，那么这个支撑将成为压力；同理，一个压力被突破，这个压力将成为支撑。支撑和压力相互转化的重要依据是被突破，可以从三个方面判断是否被突破：①幅度原则；②时间原则；③收盘价原则。

第八章

【思考与练习】

1. 什么是有效组合，如何从可行组合中找出有效组合？

(1)有效组合。有效组合是有效边界上的点所对应的证券组合。有效组合具有如下特征：在期望收益率水平相同的组合中，其方差(标准差)是最小的；在方差(标准差)水平相同的组合中，其期望收益率是最高的。

(2)找出有效组合。1)如果两种证券组合具有相同的收益率方差和不同的期望收益率，即${\sigma_A}^2={\sigma_B}^2$，而$E(r_A)\neq E(r_B)$，且$E(r_A)>E(r_B)$，那么投资者选择期望收益率高的组合，即选$A$。2)如果两种证券组合具有相同的期望收益率和不同的收益率方差，即$E(r_A)=E(r_B)$、${\sigma_A}^2\neq{\sigma_B}^2$，且${\sigma_A}^2<{\sigma_B}^2$，那么投资者选择方差较小的组合，即选B。这种选择原则称为投资者的共同偏好原则。

有效证券组合不止一个，描绘在可行域的图形中，它是可行域的上边界部分，称之为“有效边界”。但是在有效边界上的不同点，按照共同偏好原则不能区分优劣，一个厌恶风险的理性投资者不会选择有效边界以外的点。

2. 证券投资组合管理包括哪些主要内容，各内容的具体含义是什么？

(1)证券投资组合是指个人或机构投资者所持有的各种有价证券的总称，通常包括各种类型的债券、股票及存款单等。

(2)证券投资组合管理的特点主要体现在两个方面：1)投资的分散性；2)风险与收益的匹配性。

(3)证券投资组合管理的方法：根据组合管理者对市场效率的不同看法，其采用的管理方法可大致分为被动管理和主动管理两种类型。被动管理方法指长期稳定持有模拟市场指数的证券组合以获得市场平均收益的管理方法。主动管理方法指经常预测市场行情或寻找定价错误的证券，并借此频繁调整证券组合以获得尽可能高的收益的管理办法。

(4)证券投资组合管理的基本步骤：1)确定证券投资政策；2)进行证券投资分析；3)构建证券投资组合；4)证券投资组合的修正；5)投资组合业绩评估。

3. 什么是资本市场线，什么是证券市场线，它们之间的区别与联系是什么？

（1）资本市场线：在均值标准差平面上，所有有效组合刚好构成连接无风险证券 F 与市场组合 M 的射线 FM，这条射线被称为资本市场线。

（2）证券市场线：资本资产定价模型的图示形式称为证券市场线。它主要用来说明投资组合报酬率与系统风险程度 β 系数之间的关系。SML 揭示了市场上所有风险性资产的均衡期望收益率与风险之间的关系。

（3）区别和联系

1）资本市场线的横轴是标准差（既包括系统性风险又包括非系统性风险），证券市场线的横轴是“β 系数”（只包括系统性风险）；

2）资本市场线揭示的是“持有不同比例的无风险资产和市场组合情况下”风险和报酬的权衡关系；证券市场线揭示的是“证券本身的风险和报酬”之间的对应关系；

3）证券市场线中的“风险组合的期望报酬率”与资本市场线中的“平均股票的要求收益率”含义不同；

4）资本市场线表示的是“期望报酬率”，即投资后期望获得的报酬率；而证券市场线表示的是“要求收益率”，即投资前要求得到的最低收益率；

5）证券市场线的作用在于根据“必要报酬率”，利用股票估价模型，计算股票的内在价值；资本市场线的作用在于确定投资组合的比例；

6）证券市场线比资本市场线的前提宽松，应用也更广泛。

4. 什么是证券的 β 系数，它与标准差之间有哪些区别？

（1）含义

①β 系数反映了证券或证券组合对市场组合方差的贡献率。证券组合方差是市场中每一证券（或组合）与市场组合协方差的加权平均值，加权值是单一证券（或组合）的投资比例，因此 β_P 可以作为单一证券（组合）的风险测定。

②β 系数反映了证券或证券组合的收益水平对市场平均收益水平变化的敏感性。

③β 系数是衡量证券承担系统风险水平的指数。

（2）区别

方差是用资产价格偏离平均价格的程度来度量风险的，衡量了所有的风险（包括系统性风险和非系统性风险）。

β 系数表示的是，资产价格对市场组合的敏感程度。$\beta > 1$ 时代表该资产和市场组合变化方向是一致的，但是波动更剧烈；$\beta = 1$ 代表该资产与市场组合同步变化。β 系数只衡量了系统性风险。

5. 资本资产定价模型和套利定价理论的假设条件有哪些，它们之间有哪些区别？

（1）资本资产定价模型的假设条件：

假设一：所有的投资者都依据期望收益率评价证券组合的收益水平，依据方差（或标准差）评价证券组合的风险水平，并采用一定的方法选择最优投资组合。

假设二：所有的投资者对证券的收益、风险及证券间的关联性具有完全相同的预期。

假设三：证券市场是完美无缺的，没有摩擦。所谓“摩擦”，是指市场对资本和信息自由流动的阻碍。因此，该假设意味着：在分析问题的过程中，不考虑交易成本和对红利、股息及资本利得的征税，信息在市场中自由流动，任何证券的交易单位都是无限可分的，市场只有一个无风险借贷利率，在借贷和卖空上没有限制。

(2)套利定价模型的假设条件:

与资本资产定价模型相比，套利定价理论涉及的假设条件较少，可以概括为三个基本假设。

假设一:投资者是追求收益的，同时也是厌恶风险的。

假设二:所有证券的收益都受到一个共同因素 F 的影响，并且证券的收益具有如下构成形式:

$r_i = a_i + b_i F_1 + \xi_i$

式中:r_i—— 证券的实际收益率;

a_i—— 因素指标 F_1为 0 时证券 i 的收益率;

b_i——因素指标 F_1的系数，反映证券 i 的收益率 r_i 对因素指标 F_1变动的敏感性，也称为灵敏度系数;

F_1 —— 影响证券的那个共同因素的指标值;

ξ_i—— 证券 i 收益率 r_i 的残差项。

假设三:投资者能够发现市场上是否存在套利机会，并利用该机会进行套利。

(3)两者的区别

首先，APT 是一种收益生成模型，它认为证券的收益是由几个因素决定的，但通常并不指明是哪些因素。而 CAPM 则认为惟一影响证券收益的是全市场投资组合。APT 主张风险资产的预期收益率是一个多因素方程，这和 CAPM 定价模型相反，CAPM 是一个单因素模型。

其次，CAPM 模型假设投资者对风险的态度都属于风险回避者，而 APT 并没有对投资者的风险偏好做出规定，因此 APT 理论的适用性更大。

第三，根据 APT 定价理论，投资者可以构建纯因素组合，而且对于同一个证券投资者可能构建出各种因素的纯因素组合，这样，投资者可以根据自己对待风险的态度，选择自己愿意和能够承担的风险，而完全回避掉那些自己不愿意承担的风险，这对投资者选择资产是一个重要的启示和帮助。

6. 证券投资组合业绩评价指标有哪些，它们的经济含义是什么?

(1)夏普业绩指数。夏普(Sharpe)业绩指数是 1966 年由夏普提出的，它以资本市场线为基准，计算每承担一个单位的总风险所获得的风险补偿额的大小。

(2)特雷诺业绩指数。特雷诺(Treynor)业绩指数是 1965 年由特雷诺提出的，他想创建一个适用于所有投资者而不论其风险偏好如何的业绩衡量尺度。他假定风险由两部分组成:一是由于整个市场波动而产生的风险;二是由于组合中单个证券的波动而产生的风险。

(3)詹森业绩指数。詹森(Jensen)业绩指数是 1969 年由詹森提出的。它以证券市场线为基准，指数值实际上就是证券组合的实际平均收益率与由证券市场线所给出的该证券组合的期望收益率之间的差。